BÖLL · MEIN TRAURIGES GESICHT

Universal Bibliothek

BELLETRISTIK

Die schwarzen Schafe

Offenbar bin ich ausersehen, dafür zu sorgen, daß die Kette der schwarzen Schafe in meiner Generation nicht unterbrochen wird. Einer muß es sein, und ich bin es. Niemand hätte es je von mir gedacht, aber es ist nichts daran zu ändern: ich bin es. Weise Leute in unserer Familie behaupten, daß der Einfluß, den Onkel Otto auf mich ausgeübt hat, nicht gut gewesen ist. Onkel Otto war das schwarze Schaf der vorigen Generation und mein Patenonkel. Irgendeiner muß es ja sein, und er war es. Natürlich hatte man ihn zum Patenonkel erwählt, bevor sich herausstellte, daß er scheitern würde; und auch mich, mich hat man zum Paten eines kleinen Jungen gemacht, den man jetzt, seitdem ich für schwarz gehalten werde, ängstlich von mir fernhält. Eigentlich sollte man uns dankbar sein; denn eine Familie, die keine schwarzen Schafe hat, ist keine charakteristische Familie.
Meine Freundschaft mit Onkel Otto fing früh an. Er kam oft zu uns, brachte mehr Süßigkeiten mit, als mein Vater für richtig hielt, redete, redete und landete zuletzt einen Pumpversuch.
Onkel Otto wußte Bescheid; es gab kein Gebiet, auf dem er nicht wirklich beschlagen war: Soziologie, Literatur, Musik, Architektur, alles; und wirklich: er wußte was. Sogar Fachleute unterhielten sich gern mit ihm, fanden ihn anregend, intelligent, außerordentlich nett, bis der Schock des anschließenden Pumpversuches sie ernüchterte; denn das war das Ungeheuerliche: er wütete nicht nur in der Verwandtschaft, sondern stellte seine tückischen Fallen auf, wo immer es ihm lohnenswert erschien.
Alle Leute waren der Meinung, er könne sein Wissen ‚versilbern' — so nannten sie es in der vorigen Generation, aber er versilberte es nicht, er versilberte die Nerven der Verwandtschaft.
Es bleibt sein Geheimnis, wie er es fertigbrachte, den Eindruck zu erwecken, daß er es an diesem Tage nicht tun würde. Aber er tat es. Regelmäßig. Unerbittlich. Ich glaube, er brachte es

nicht über sich, auf eine Gelegenheit zu verzichten. Seine Reden waren so fesselnd, so erfüllt von wirklicher Leidenschaft, scharf durchdacht, glänzend witzig, vernichtend für seine Gegner, erhebend für seine Freunde, zu gut konnte er über alles sprechen, als daß man hätte glauben können, er würde ...! Aber er tat es. Er wußte, wie man Säuglinge pflegt, obwohl er nie Kinder gehabt hatte, verwickelte die Frauen in ungemein fesselnde Gespräche über Diät bei gewissen Krankheiten, schlug Pudersorten vor, schrieb Salbenrezepte auf Zettel, regelte Quantität und Qualität ihrer Trünke, ja er wußte, wie man sie hält: ein schreiendes Kind, ihm anvertraut, wurde sofort ruhig. Es ging etwas Magisches von ihm aus. Genausogut analysierte er die Neunte Sinfonie von Beethoven, setzte juristische Schriftstücke auf, nannte die Nummer des Gesetzes, das in Frage kam, aus dem Kopf ...

Aber wo immer und worüber immer das Gespräch gewesen war, wenn das Ende nahte, der Abschied unerbittlich kam, meist in der Diele, wenn die Tür schon halb zugeschlagen war, steckte er seinen blassen Kopf mit den lebhaften schwarzen Augen noch einmal zurück und sagte, als sei es etwas Nebensächliches, mitten in die Angst der harrenden Familie hinein, zu deren jeweiligem Oberhaupt: „Übrigens, kannst du mir nicht ...?"

Die Summen, die er forderte, schwankten zwischen einer und fünfzig Mark. Fünfzig war das allerhöchste, im Laufe der Jahrzehnte hatte sich ein ungeschriebenes Gesetz gebildet, daß er mehr niemals verlangen dürfe. „Kurzfristig!" fügte er hinzu. Kurzfristig war sein Lieblingswort. Er kam dann zurück, legte seinen Hut noch einmal auf den Garderobenständer, wickelte den Schal vom Hals und fing an zu erklären, wozu er das Geld brauche. Er hatte immer Pläne, unfehlbare Pläne. Er brauchte es nie unmittelbar für sich, sondern immer nur, um endlich seiner Existenz eine feste Grundlage zu geben. Seine Pläne schwankten zwischen einer Limonadenbude, von der er sich ständige und feste Einnahmen versprach, und der Gründung einer politischen Partei, die Europa vor dem Untergang bewahren würde.

Die Phrase ‚Übrigens, kannst du mir ...' wurde zu einem Schreckenswort in unserer Familie, es gab Frauen, Tanten, Großtanten, Nichten sogar, die bei dem Wort ‚kurzfristig' einer Ohnmacht nahe waren.

Onkel Otto — ich nehme an, daß er vollkommen glücklich war, wenn er die Treppe hinunterraste — ging nun in die nächste Kneipe, um seine Pläne zu überlegen. Er ließ sie durch den Kopf gehen bei einem Schnaps oder drei Flaschen Wein, je nachdem, wie groß die Summe war, die er herausgeschlagen hatte.

Ich will nicht länger verschweigen, daß er trank. Er trank, doch hat ihn nie jemand betrunken gesehen. Außerdem hatte er offenbar das Bedürfnis, allein zu trinken. Ihm Alkohol anzubieten, um dem Pumpversuch zu entgehen, war vollkommen zwecklos. Ein ganzes Faß Wein hätte ihn nicht davon abgehalten, beim Abschied, in der allerletzten Minute, den Kopf noch einmal zur Tür hereinzustecken und zu fragen: „Übrigens, kannst du mir nicht kurzfristig...?"

Aber seine schlimmste Eigenschaft habe ich bisher verschwiegen: er gab manchmal Geld zurück. Manchmal schien er irgendwie auch etwas zu verdienen; als ehemaliger Referendar machte er, glaube ich, gelegentlich Rechtsberatungen. Er kam dann an, nahm einen Schein aus der Tasche, glättete ihn mit schmerzlicher Liebe und sagte: „Du warst so freundlich, mir auszuhelfen, hier ist der Fünfer!" Er ging dann sehr schnell weg und kam nach spätestens zwei Tagen wieder, um eine Summe zu fordern, die etwas über der zurückgegebenen lag. Es bleibt sein Geheimnis, wie es ihm gelang, fast sechzig Jahre alt zu werden, ohne das zu haben, was wir einen richtigen Beruf zu nennen gewohnt sind. Und er starb keineswegs an einer Krankheit, die er sich durch seinen Trunk hätte zuziehen können. Er war kerngesund, sein Herz funktionierte fabelhaft, und sein Schlaf glich dem eines gesunden Säuglings, der sich vollgesogen hat und vollkommen ruhigen Gewissens der nächsten Mahlzeit entgegenschläft. Nein, er starb sehr plötzlich: ein Unglücksfall machte seinem Leben ein Ende, und was sich nach seinem Tode vollzog, bleibt das Geheimnisvollste an ihm.

Onkel Otto, wie gesagt, starb durch einen Unglücksfall. Er wurde von einem Lastzug mit drei Anhängern überfahren, mitten im Getriebe der Stadt, und es war ein Glück, daß ein ehrlicher Mann ihn aufhob, der Polizei übergab und die Familie verständigte. Man fand in seinen Taschen ein Portemonnaie, das eine Muttergottes-Medaille enthielt, eine Knipskarte und zwei Fahrten und vierundzwanzigtausend Mark in bar sowie das Duplikat einer Quittung, die er dem Lotterie-Einnehmer hatte unterschreiben müssen, und er kann nicht länger als eine Minute, wahrscheinlich weniger, im Besitz des Geldes gewesen sein, denn der Lastwagen überfuhr ihn kaum fünfzig Meter vom Büro des Lotterie-Einnehmers entfernt. Was nun folgte, hatte für die Familie etwas Beschämendes. In seinem Zimmer herrschte Armut: Tisch, Stuhl, Bett und Schrank, ein paar Bücher und ein großes Notizbuch, und in diesem Notizbuch eine genaue Aufstellung aller derer, die Geld von ihm zu bekommen hatten, einschließlich der Eintragung eines Pumps vom Abend vorher, der ihm vier Mark eingebracht hatte. Außerdem ein sehr kurzes Testament, das mich zum Erben bestimmte.

Mein Vater als Testamentsvollstrecker wurde beauftragt, die schuldigen Summen auszuzahlen. Tatsächlich füllten Onkel Ottos Gläubigerlisten ein ganzes Quartheft aus, und seine erste Eintragung reichte bis in jene Jahre zurück, wo er seine Referendarlaufbahn beim Gericht abgebrochen und sich plötzlich anderen Plänen gewidmet hatte, deren Überlegung ihn soviel Zeit und soviel Geld gekostet hatte. Seine Schulden beliefen sich insgesamt auf fast fünfzehntausend Mark, die Zahl seiner Gläubiger auf über siebenhundert, angefangen von einem Straßenbahnschaffner, der ihm dreißig Pfennige für ein Umsteigebillett vorgestreckt hatte, bis zu meinem Vater, der insgesamt zweitausend Mark zurückzubekommen hatte, weil ihn anzupumpen Onkel Otto wohl am leichtesten gefallen war.

Seltsamerweise wurde ich am Tage des Begräbnisses großjährig, war also berechtigt, die Erbschaft von zehntausend Mark anzutreten, und brach sofort mein eben begonnenes Studium ab, um mich anderen Plänen zu widmen. Trotz der Tränen meiner Eltern zog ich von zu Hause fort, um in Onkel Ottos Zimmer zu ziehen; es zog mich zu sehr dorthin, und ich wohne heute noch dort, obwohl meine Haare längst angefangen haben, sich zu lichten. Das Inventar hat sich weder vermehrt noch verringert. Heute weiß ich, daß ich manches falsch anfing. Es war sinnlos, zu versuchen, Musiker zu werden, gar zu komponieren, ich habe kein Talent dazu. Heute weiß ich es, aber ich habe diese Tatsache mit einem dreijährigen vergeblichen Studium bezahlt und mit der Gewißheit, in den Ruf eines Nichtstuers zu kommen, außerdem ist die ganze Erb-

schaft dabei draufgegangen, aber das ist lange her.
Ich weiß die Reihenfolge meiner Pläne nicht mehr, es waren zu viele. Außerdem wurden die Fristen, die ich nötig hatte, um ihre Sinnlosigkeit einzusehen, immer kürzer. Zuletzt hielt ein Plan gerade noch drei Tage, eine Lebensdauer, die selbst für einen Plan zu kurz ist. Die Lebensdauer meiner Pläne nahm so rapid ab, daß sie zuletzt nur noch kurze, vorüberblitzende Gedanken waren, die ich nicht einmal jemand erklären konnte, weil sie mir selbst nicht klar waren. Wenn ich bedenke, daß ich mich immerhin drei Monate der Physiognomik gewidmet habe, bis ich mich zuletzt innerhalb eines einzigen Nachmittags entschloß, Maler, Gärtner, Mechaniker und Matrose zu werden, und daß ich mit dem Gedanken einschlief, ich sei zum Lehrer geboren, und aufwachte in der felsenfesten Überzeugung, die Zollkarriere sei das, wozu ich bestimmt sei...!
Kurz gesagt, ich hatte weder Onkel Ottos Liebenswürdigkeit noch seine relativ große Ausdauer, außerdem bin ich kein Redner, ich sitze stumm bei den Leuten, langweile sie und bringe meine Versuche, ihnen Geld abzuringen, so abrupt, mitten in ein Schweigen hinein, daß sie wie Erpressungen klingen. Nur mit Kindern werde ich gut fertig, wenigstens diese Eigenschaft scheine ich von Onkel Otto als positive geerbt zu haben. Säuglinge werden ruhig, sobald sie auf meinen Armen liegen, und wenn sie mich ansehen, lächeln sie, soweit sie überhaupt schon lächeln können, obwohl man sagt, daß mein Gesicht die Leute erschreckt. Boshafte Leute haben mir geraten, als erster männlicher Vertreter die Branche der Kindergärtner zu gründen und meine endlose Planpolitik durch die Realisierung dieses Planes zu beschließen. Aber ich tue es nicht. Ich glaube, das ist es, was uns unmöglich macht: daß wir unsere wirklichen Fähigkeiten nicht versilbern können — oder wie man jetzt sagt: gewerblich ausnutzen.
Jedenfalls eins steht fest: wenn ich ein schwarzes Schaf bin — und ich selbst bin keineswegs davon überzeugt, eines zu sein —, wenn ich es aber bin, so vertrete ich eine andere Sorte als Onkel Otto: ich habe nicht seine Leichtigkeit, nicht seinen Charme, und außerdem, meine Schulden drücken mich, während sie ihn offenbar wenig beschwerten. Und ich tat etwas Entsetzliches: ich kapitulierte — ich bat um eine Stelle. Ich beschwor die Familie, mir zu helfen, mich unterzubringen,

ihre Beziehungen spielen zu lassen, um mir einmal, wenigstens einmal eine feste Bezahlung gegen eine bestimmte Leistung zu sichern. Und es gelang ihnen. Nachdem ich die Bitten losgelassen, die Beschwörungen schriftlich und mündlich formuliert hatte, dringend, flehend, war ich entsetzt, als sie ernst genommen und realisiert wurden, und tat etwas, was bisher noch kein schwarzes Schaf getan hat: ich wich nicht zurück, setzte sie nicht drauf, sondern nahm die Stelle an, die sie für mich ausfindig gemacht hatten. Ich opferte etwas, was ich nie hätte opfern sollen: meine Freiheit!

Jeden Abend, wenn ich müde nach Hause kam, ärgerte ich mich, daß wieder ein Tag meines Lebens vergangen war, der mir nur Müdigkeit eintrug, Wut und ebensoviel Geld, wie nötig war, um weiterarbeiten zu können; wenn man diese Beschäftigung Arbeit nennen kann: Rechnungen alphabetisch zu sortieren, sie zu lochen und in einen nagelneuen Ordner zu klemmen, wo sie das Schicksal, nie bezahlt zu werden, geduldig erleiden; oder Werbebriefe zu schreiben, die erfolglos in die Gegend reisen und nur eine überflüssige Last für den Briefträger sind; manchmal auch Rechnungen zu schreiben, die sogar gelegentlich bar bezahlt wurden. Verhandlungen mußte ich führen mit Reisenden, die sich vergeblich bemühten, jemand jenen Schund anzudrehen, den unser Chef herstellte. Unser Chef, dieses rastlose Rindvieh, der nie Zeit hat und nichts tut, der die wertvollen Stunden des Tages zäh zerschwätzt — tödlich sinnlose Existenz —, der sich die Höhe seiner Schulden nicht einzugestehen wagt, sich von Bluff zu Bluff durchgaunert, ein Luftballonakrobat, der den einen aufzublasen beginnt, während der andere eben platzt: übrig bleibt ein widerlicher Gummilappen, der eine Sekunde vorher noch Glanz hatte, Leben und Prallheit.

Unser Büro lag unmittelbar neben der Fabrik, wo ein Dutzend Arbeiter jene Möbel herstellten, die man kauft, um sich sein Leben lang darüber zu ärgern, wenn man sich nicht entschließt, sie nach drei Tagen zu Anmachholz zu zerschlagen: Rauchtische, Nähtische, winzige Kommoden, kunstvoll bepinselte kleine Stühle, die unter dreijährigen Kindern zusammenbrechen, kleine Gestelle für Vasen und Blumentöpfe, schundigen Krimskrams, der sein Leben der Kunst eines Schreiners zu verdanken scheint, während in Wirklichkeit nur ein schlechter Anstreicher ihnen mit Farbe, die für Lack

ausgegeben wird, eine Scheinschönheit verleiht, die die Preise rechtfertigen soll.
So verbrachte ich meine Tage einen nach dem andern — es waren fast vierzehn — im Büro dieses unintelligenten Menschen, der sich selbst ernst nahm, sich außerdem für einen Künstler hielt, denn gelegentlich — es geschah nur einmal, während ich da war — sah man ihn am Reißbrett stehen, mit Stiften und Papier hantieren und irgendein wackliges Ding entwerfen, einen Blumenständer oder eine neue Hausbar, weiteres Ärgernis für Generationen.
Die tödliche Sinnlosigkeit seiner Apparate schien ihm nicht aufzugehen. Wenn er ein solches Ding entworfen hatte — es geschah, wie gesagt, nur einmal, solange ich bei ihm war —, raste er mit seinem Wagen davon, um eine schöpferische Pause zu machen, die sich über acht Tage hinzog, während er nur eine Viertelstunde gearbeitet hatte. Die Zeichnung wurde dem Meister hingeschmissen, der sie auf seine Hobelbank legte, sie stirnrunzelnd studierte, dann die Holzbestände musterte, um die Produktion anlaufen zu lassen. Tagelang sah ich dann, wie sich hinter den verstaubten Fenstern der Werkstatt — er nannte es Fabrik — die neuen Schöpfungen türmten: Wandbretter oder Radiotischchen, die kaum den Leim wert waren, den man an sie verschwendete.
Einzig brauchbar waren die Gegenstände, die sich die Arbeiter ohne Wissen des Chefs herstellten, wenn seine Abwesenheit für einige Tage garantiert war: Fußbänkchen oder Schmuckkästen von erfreulicher Solidität und Einfachheit; die Urenkel werden auf ihnen noch reiten oder ihren Krempel darin aufbewahren: brauchbare Wäschegestelle, auf denen die Hemden mancher Generation noch flattern werden. So wurde das Tröstliche und Brauchbare illegal geschaffen.
Aber die wirklich imponierende Persönlichkeit, die mir während dieses Intermezzos beruflicher Wirksamkeit begegnete — war der Straßenbahnschaffner, der mir mit seiner Knipszange den Tag ungültig stempelte; er hob diesen winzigen Fetzen Papier, meine Wochenkarte, schob ihn in die offene Schnauze seiner Zange, und eine unsichtbar nachfließende Tinte machte zwei laufende Zentimeter darauf — einen Tag meines Lebens — hinfällig, einen wertvollen Tag, der mir nur Müdigkeit eingebracht hatte, Wut und ebensoviel Geld, wie nötig war, um weiter dieser sinnlosen Beschäftigung nachzugehen.

Schicksalhafte Größe wohnte diesem Mann in der schlichten Uniform der städtischen Bahnen inne, der jeden Abend Tausende von Menschentagen für nichtig erklären konnte.
Noch heute ärgere ich mich, daß ich meinem Chef nicht kündigte, bevor ich fast gezwungen wurde, ihm zu kündigen; daß ich ihm den Kram nicht hinwarf, bevor ich fast gezwungen wurde, ihn hinzuwerfen: denn eines Tages führte mir meine Wirtin einen finster dreinblickenden Menschen ins Büro, der sich als Lotterie-Einnehmer vorstellte und mir erklärte, daß ich Besitzer eines Vermögens von 50 000 DM sei, falls ich der und der sei und sich ein bestimmtes Los in meiner Hand befände. Nun, ich war der und der, und das Los befand sich in meiner Hand. Ich verließ sofort ohne Kündigung meine Stelle, nahm es auf mich, die Rechnungen ungelocht, unsortiert liegenzulassen, und es blieb mir nichts anderes übrig, als nach Hause zu gehen, das Geld zu kassieren und die Verwandtschaft durch den Geldbriefträger den neuen Stand der Dinge wissen zu lassen.
Offenbar erwartete man, daß ich bald sterben oder das Opfer eines Unglücksfalles werden würde. Aber vorläufig scheint kein Auto ausersehen, mich des Lebens zu berauben, und mein Herz ist vollkommen gesund, obwohl auch ich die Flasche nicht verschmähe. So bin ich nach Bezahlung meiner Schulden der Besitzer eines Vermögens von fast 30 000 DM, steuerfrei, bin ein begehrter Onkel, der plötzlich wieder Zugang zu seinem Patenkind hat. Überhaupt, die Kinder lieben mich ja, und ich darf jetzt mit ihnen spielen, ihnen Bälle kaufen, sie zu Eis einladen, Eis mit Sahne, darf ganze riesengroße Trauben von Luftballons kaufen, Schiffschaukeln und Karusselle mit der lustigen Schar bevölkern.
Während meine Schwester ihrem Sohn, meinem Patenkind, sofort ein Los gekauft hat, beschäftige ich mich jetzt damit, zu überlegen, stundenlang zu grübeln, wer mir folgen wird in dieser Generation, die dort heranwächst; wer von diesen blühenden, spielenden, hübschen Kindern, die meine Brüder und Schwestern in die Welt gesetzt haben, wird das schwarze Schaf der nächsten Generation sein? Denn wir sind eine charakteristische Familie und bleiben es. Wer wird brav sein, bis zu jenem Punkt, wo er aufhört, brav zu sein? Wer wird sich plötzlich anderen Plänen widmen wollen, unfehlbaren, besseren? Ich möchte es wissen, ich möchte ihn warnen, denn

auch wir haben unsere Erfahrungen, auch unser Beruf hat seine Spielregeln, die ich ihm mitteilen könnte, dem Nachfolger, der vorläufig noch unbekannt ist und wie der Wolf im Schafpelz in der Horde der anderen spielt . . .
Aber ich habe das dunkle Gefühl, daß ich nicht mehr so lange leben werde, um ihn zu erkennen und einzuführen in die Geheimnisse; er wird auftreten, sich entpuppen, wenn ich sterbe und die Ablösung fällig wird, er wird mit erhitztem Gesicht vor seine Eltern treten und sagen, daß er es satt hat, und ich hoffe nur insgeheim, daß dann noch etwas übrig sein wird von meinem Geld, denn ich habe mein Testament geändert und habe den Rest meines Vermögens dem vermacht, der zuerst die untrüglichen Zeichen zeigt, daß er mir nachzufolgen bestimmt ist . . .
Hauptsache, daß er ihnen nichts schuldig bleibt.

Mein teures Bein

Sie haben mir jetzt eine Chance gegeben. Sie haben mir eine Karte geschrieben, ich soll zum Amt kommen, und ich bin zum Amt gegangen. Auf dem Amt waren sie sehr nett. Sie nahmen meine Karteikarte und sagten: „Hm." Ich sagte auch: „Hm."

„Welches Bein?" fragte der Beamte.

„Rechts."

„Ganz?"

„Ganz."

„Hm", machte er wieder. Dann durchsuchte er verschiedene Zettel. Ich durfte mich setzen.

Endlich fand der Mann einen Zettel, der ihm der richtige zu sein schien. Er sagte: „Ich denke, hier ist etwas für Sie. Eine nette Sache. Sie können dabei sitzen. Schuhputzer in einer Bedürfnisanstalt auf dem Platz der Republik. Wie wäre das?"

„Ich kann nicht Schuhe putzen; ich bin immer schon aufgefallen wegen schlechten Schuhputzens."

„Das können Sie lernen", sagte er. „Man kann alles lernen. Ein Deutscher kann alles. Sie können, wenn Sie wollen, einen kostenlosen Kursus mitmachen."

„Hm", machte ich.

„Also gut?"

„Nein", sagte ich, „ich will nicht. Ich will eine höhere Rente haben."

„Sie sind verrückt", sagte er sehr freundlich und milde.

„Ich bin nicht verrückt, kein Mensch kann mir mein Bein ersetzen, ich darf nicht einmal mehr Zigaretten verkaufen, sie machen jetzt schon Schwierigkeiten."

Der Mann lehnte sich weit in seinen Stuhl zurück und schöpfte eine Menge Atem. „Mein lieber Freund", legte er los, „Ihr Bein ist ein verflucht teures Bein. Ich sehe, daß Sie neunundzwanzig Jahre sind, von Herzen gesund, überhaupt vollkommen gesund, bis auf das Bein. Sie werden siebzig Jahre alt. Rechnen Sie sich bitte aus, monatlich siebzig Mark, zwölfmal im Jahr,

also einundvierzig mal zwölf mal siebzig. Rechnen Sie das bitte aus, ohne die Zinsen, und denken Sie doch nicht, daß Ihr Bein das einzige Bein ist. Sie sind auch nicht der einzige, der wahrscheinlich lange leben wird. Und dann Rente erhöhen! Entschuldigen Sie, aber Sie sind verrückt."
„Mein Herr", sagte ich, lehnte mich nun gleichfalls zurück und schöpfte eine Menge Atem, „ich denke, daß Sie mein Bein stark unterschätzen. Mein Bein ist viel teurer, es ist ein sehr teures Bein. Ich bin nämlich nicht nur von Herzen, sondern leider auch im Kopf vollkommen gesund. Passen Sie mal auf."
„Meine Zeit ist sehr kurz."
„Passen Sie auf!" sagte ich. „Mein Bein hat nämlich einer Menge von Leuten das Leben gerettet, die heute eine nette Rente beziehen.
Die Sache war damals so: Ich lag ganz allein irgendwo vorne und sollte aufpassen, wenn sie kämen, damit die anderen zur richtigen Zeit stiftengehen konnten. Die Stäbe hinten waren am Packen und wollten nicht zu früh, aber auch nicht zu spät stiftengehen. Erst waren wir zwei, aber den haben sie totgeschossen, der kostet nichts mehr. Er war zwar verheiratet, aber seine Frau ist gesund und kann arbeiten, Sie brauchen keine Angst zu haben. Der war also furchtbar billig. Er war erst vier Wochen Soldat und hat nichts gekostet als eine Postkarte und ein bißchen Kommißbrot. Das war einmal ein braver Soldat, der hat sich wenigstens richtig totschießen lassen. Nun lag ich aber da allein und hatte Angst, und es war kalt, und ich wollte auch stiftengehen, ja, ich wollte gerade stiftengehen, da..."
„Meine Zeit ist sehr kurz", sagte der Mann und fing an, nach seinem Bleistift zu suchen.
„Nein, hören Sie zu", sagte ich, „jetzt wird es erst interessant. Gerade als ich stiftengehen wollte, kam die Sache mit dem Bein. Und weil ich ja doch liegenbleiben mußte, dachte ich, jetzt kannst du's auch durchgeben, und ich hab's durchgegeben, und sie hauten alle ab, schön der Reihe nach, erst die Division, dann das Regiment, dann das Bataillon, und so weiter, immer hübsch der Reihe nach. Eine dumme Geschichte, sie vergaßen nämlich, mich mitzunehmen, verstehen Sie! Sie hatten's so eilig. Wirklich eine dumme Geschichte, denn hätte ich das Bein nicht verloren, wären sie alle tot, der

General, der Oberst, der Major, immer schön der Reihe nach, und Sie brauchten ihnen keine Rente zu zahlen. Nun rechnen Sie mal aus, was mein Bein kostet. Der General ist zweiundfünfzig, der Oberst achtundvierzig und der Major fünfzig, alle kerngesund, von Herzen und im Kopf, und sie werden bei ihrer militärischen Lebensweise mindestens achtzig, wie Hindenburg. Bitte rechnen Sie jetzt aus: einhundertsechzig mal zwölf mal dreißig, sagen wir ruhig durchschnittlich dreißig, nicht wahr? Mein Bein ist ein wahnsinnig teures Bein geworden, eines der teuersten Beine, die ich mir denken kann, verstehen Sie?"

„Sie sind doch verrückt", sagte der Mann.

„Nein", erwiderte ich, „ich bin nicht verrückt. Leider bin ich von Herzen ebenso gesund wie im Kopf, und es ist schade, daß ich nicht auch zwei Minuten, bevor das mit dem Bein kam, totgeschossen wurde. Wir hätten viel Geld gespart."

„Nehmen Sie die Stelle an?" fragte der Mann.

„Nein", sagte ich und ging.

Geschäft ist Geschäft

Mein Schwarzhändler ist jetzt ehrlich geworden; ich hatte ihn lange nicht gesehen, schon seit Monaten nicht, und nun entdeckte ich ihn heute in einem ganz anderen Stadtteil, an einer verkehrsreichen Straßenkreuzung. Er hat dort eine Holzbude, wunderbar weißlackiert mit sehr solider Farbe; ein prachtvolles, stabiles, nagelneues Zinkdach schützt ihn vor Regen und Kälte, und er verkauft Zigaretten, Dauerlutscher, alles jetzt legal. Zuerst habe ich mich gefreut; man freut sich doch, wenn jemand in die Ordnung des Lebens zurückgefunden hat. Denn damals, als ich ihn kennenlernte, ging es ihm schlecht, und wir waren traurig. Wir hatten unsere alten Soldatenkappen über der Stirn, und wenn ich gerade Geld hatte, ging ich zu ihm, und wir sprachen manchmal miteinander, vom Hunger, vom Krieg; und er schenkte mir manchmal eine Zigarette, wenn ich kein Geld hatte; ich brachte ihm dann schon einmal Brotmarken mit, denn ich kloppte gerade Steine für einen Bäcker, damals.

Jetzt schien es ihm gut zu gehen. Er sah blendend aus. Seine Backen hatten jene Festigkeit, die nur von regelmäßiger Fettzufuhr herrühren kann, seine Miene war selbstbewußt, und ich beobachtete, daß er ein kleines, schmutziges Mädchen mit heftigen Schimpfworten bedachte und wegschickte, weil ihm fünf Pfennig zu einem Dauerlutscher fehlten. Dabei fletschte er dauernd mit der Zunge im Mund herum, als hätte er stundenlang Fleischfasern aus den Zähnen zu zerren. — Er hatte viel zu tun; sie kauften viele Zigaretten bei ihm, auch Dauerlutscher.

Vielleicht hätte ich es nicht tun sollen — ich ging zu ihm, sagte „Ernst", zu ihm und wollte mit ihm sprechen. Damals hatten wir uns alle geduzt, und die Schwarzhändler sagten auch du zu einem.

Er war sehr erstaunt, sah mich merkwürdig an und sagte: „Wie meinen Sie?" Ich sah, daß er mich erkannte, daß ihm selber aber wenig daran lag, erkannt zu werden.

Ich schwieg. Ich tat so, als hätte ich nie ‚Ernst' zu ihm gesagt, kaufte ein paar Zigaretten, denn ich hatte gerade etwas Geld, und ging. Ich beobachtete ihn noch eine Zeitlang; meine Bahn kam nicht, und ich hatte auch gar keine Lust, nach Hause zu gehen. Zu Hause kommen immer Leute, die Geld haben wollen; meine Wirtin für die Miete und der Mann, der das Geld für den Strom kassiert. Außerdem darf ich zu Hause nicht rauchen; meine Wirtin riecht alles, sie ist dann sehr böse, und ich bekomme zu hören, daß ich wohl Geld für Tabak, aber keins für die Miete habe. Denn es ist eine Sünde, wenn die Armen rauchen oder Schnaps trinken. Ich weiß, daß es Sünde ist, deshalb tue ich es heimlich, ich rauche draußen, und nur manchmal, wenn ich wach liege und alles still ist, wenn ich weiß, daß bis morgens der Rauch nicht mehr zu riechen ist, dann rauche ich auch zu Hause.

Das Furchtbare ist, daß ich keinen Beruf habe. Man muß ja jetzt einen Beruf haben. Sie sagen es. Damals sagten sie alle, es wäre nicht nötig, wir brauchten nur Soldaten. Jetzt sagen sie, daß man einen Beruf haben muß. Ganz plötzlich. Sie sagen, man ist faul, wenn man keinen Beruf hat. Aber es stimmt nicht. Ich bin nicht faul, aber die Arbeiten, die sie von mir verlangen, will ich nicht tun. Schutt räumen und Steine tragen und so. Nach zwei Stunden bin ich schweißüberströmt, es schwindelt mir vor den Augen, und wenn ich dann zu den Ärzten komme, sagen sie, es ist nichts. Vielleicht sind es die Nerven. Sie reden jetzt viel von Nerven. Aber ich glaube, es ist Sünde, wenn die Armen Nerven haben. Arm sein und Nerven haben, ich glaube, das ist mehr, als sie vertragen. Meine Nerven sind aber bestimmt hin; ich war zu lange Soldat. Neun Jahre, glaube ich. Vielleicht mehr, ich weiß nicht genau. Damals hätte ich gern einen Beruf gehabt, ich hatte große Lust, Kaufmann zu werden. Aber damals — wozu davon reden; jetzt habe ich nicht einmal mehr Lust, Kaufmann zu werden. Am liebsten liege ich auf dem Bett und träume. Ich rechne mir dann aus, wieviel hunderttausend Arbeitstage sie an so einer Brücke bauen oder an einem großen Haus, und ich denke daran, daß sie in einer einzigen Minute Brücke und Haus kaputtschmeißen können. Wozu da noch arbeiten? Ich finde es sinnlos, da noch zu arbeiten. Ich glaube, das ist es, was mich verrückt macht, wenn ich Steine tragen muß oder Schutt räumen, damit sie wieder ein Café bauen können.

Ich sagte eben, es wären die Nerven, aber ich glaube, das ist es: daß es sinnlos ist.
Im Grunde genommen ist mir egal, was sie denken. Aber es ist schrecklich, nie Geld zu haben. Man muß einfach Geld haben. Man kommt nicht daran vorbei. Da ist ein Zähler, und man hat eine Lampe, manchmal braucht man natürlich Licht, knipst an, und schon fließt das Geld oben aus der Birne heraus. Auch wenn man kein Licht braucht, muß man bezahlen, Zählermiete. Überhaupt: Miete. Man muß anscheinend ein Zimmer haben. Zuerst habe ich in einem Keller gewohnt, da war es nicht übel, ich hatte einen Ofen und klaute mir Briketts; aber da haben sie mich aufgestöbert, sie kamen von der Zeitung, haben mich geknipst, einen Artikel geschrieben mit einem Bild: Elend eines Heimkehrers. Ich mußte einfach umziehen. Der Mann vom Wohnungsamt sagte, es wäre eine Prestigefrage für ihn, und ich mußte das Zimmer nehmen. Manchmal verdiene ich natürlich auch Geld. Das ist klar. Ich mache Besorgungen, trage Briketts und stapele sie fein säuberlich in eine Kellerecke. Ich kann wunderbar Briketts stapeln, ich mache es auch billig. Natürlich verdiene ich nicht viel, es langt nie für die Miete, manchmal für den Strom, ein paar Zigaretten und Brot...
Als ich jetzt an der Ecke stand, dachte ich an alles.
Mein Schwarzhändler, der jetzt ehrlich geworden ist, sah mich manchmal mißtrauisch an. Dieses Schwein kennt mich ganz genau, man kennt sich doch, wenn man zwei Jahre fast täglich miteinander gesprochen hat. Vielleicht glaubt er, ich wollte bei ihm klauen. So dumm bin ich nicht, da zu klauen, wo es von Menschen wimmelt und wo jede Minute eine Straßenbahn ankommt, wo sogar ein Schupo an der Ecke steht. Ich klaue an ganz anderen Stellen: natürlich klaue ich manchmal, Kohlen und so. Auch Holz. Neulich habe ich sogar ein Brot in einer Bäckerei geklaut. Es ging unheimlich schnell und einfach. Ich nahm einfach das Brot und ging hinaus, ich bin ruhig gegangen, erst an der nächsten Ecke habe ich angefangen zu laufen. Man hat eben keine Nerven mehr.
Ich klaue doch nicht an einer solchen Ecke, obwohl das manchmal einfach ist, aber meine Nerven sind dahin. Es kamen viele Bahnen, auch meine, und ich habe ganz genau gesehen, wie Ernst mir zuschielte, als meine kam. Dieses Schwein weiß doch ganz genau, welche Bahn meine ist!

Aber ich warf die Kippe von der ersten Zigarette weg, machte eine zweite an und blieb stehen. So weit bin ich also schon, daß ich die Kippen wegschmeiße. Doch es schlich da jemand herum, der die Kippen aufhob, und man muß auch an die Kameraden denken. Es gibt noch welche, die Kippen aufheben. Es sind nicht immer dieselben. In der Gefangenschaft sah ich Obersten, die Kippen aufhoben, der da aber war kein Oberst. Ich habe ihn beobachtet. Er hatte sein System, wie eine Spinne, die im Netz hockt, hatte er irgendwo in einem Trümmerhaufen sein Standquartier, und wenn gerade eine Bahn angekommen oder abgefahren war, kam er heraus und ging seelenruhig am Bordstein vorbei und sammelte die Kippen ein. Am liebsten wäre ich zu ihm gegangen und hätte mit ihm gesprochen, ich fühle, daß ich zu ihm gehöre: aber ich weiß, das ist sinnlos; diese Burschen sagen nichts.
Ich weiß nicht, was mit mir los war, aber ich hatte an diesem Tage gar keine Lust, nach Hause zu fahren. Schon das Wort: zu Hause. Es war mir jetzt alles egal, ich ließ noch eine Bahn fahren und machte noch eine Zigarette an. Ich weiß nicht, was uns fehlt. Vielleicht entdeckt es eines Tages ein Professor und schreibt es in die Zeitung: sie haben für alles eine Erklärung. Ich wünsche nur, ich hätte noch die Nerven zum Klauen wie im Krieg. Damals ging es schnell und glatt. Damals, im Krieg, wenn es etwas zu klauen gab, mußten wir immer klauen gehen; da hieß es: der macht das schon, und wir sind klauen gegangen. Die anderen haben nur mitgefressen, mitgesoffen, haben es nach Hause geschickt und alles, aber sie hatten nicht geklaut. Ihre Nerven waren tadellos, und die weiße Weste war tadellos.
Und als wir nach Hause kamen, sind sie aus dem Krieg ausgestiegen wie aus einer Straßenbahn, die gerade dort etwas langsamer fuhr, wo sie wohnten, sie sind abgesprungen, ohne den Fahrpreis zu bezahlen. Sie haben eine kleine Kurve genommen, sind eingetreten, und siehe da: das Vertiko stand noch, es war nur ein bißchen Staub in der Bibliothek, die Frau hatte Kartoffeln im Keller, auch Eingemachtes; man umarmte sie ein bißchen, wie es sich gehörte, und am nächsten Morgen ging man fragen, ob die Stelle noch frei war: die Stelle war noch frei. Es war alles tadellos, die Krankenkasse lief weiter, man ließ sich ein bißchen entnazifizieren — so wie man zum Friseur geht, um den lästigen Bart abnehmen zu lassen —, man erzählte von Orden, Verwundungen, Heldentaten und fand,

daß man schließlich doch ein Prachtbengel sei: man hatte letzten Endes nichts als seine Pflicht getan. Es gab sogar wieder Wochenkarten bei der Straßenbahn, das beste Zeichen, daß wirklich alles in Ordnung war.

Wir aber fuhren inzwischen weiter mit der Straßenbahn und warteten, ob irgendwo eine Station käme, die uns bekannt genug vorgekommen wäre, daß wir auszusteigen riskiert hätten: die Haltestelle kam nicht. Manche fuhren noch ein Stück mit, aber sie sprangen auch bald irgendwo ab und taten jedenfalls so, als wenn sie am Ziel wären.

Wir aber fuhren weiter und weiter, der Fahrpreis erhöhte sich automatisch, und wir hatten außerdem für großes und schweres Gepäck den Preis zu entrichten: für die bleierne Masse des Nichts, die wir mitzuschleppen hatten; und es kamen eine Menge Kontrolleure, denen wir achselzuckend unsere leeren Taschen zeigten. Runterschmeißen konnten sie uns ja nicht, die Bahn fuhr zu schnell — „und wir sind ja Menschen" —, aber wir wurden aufgeschrieben, aufgeschrieben, immer wieder wurden wir notiert, die Bahn fuhr immer schneller; die raffiniert waren, sprangen schnell noch ab, irgendwo, immer weniger wurden wir, und immer weniger hatten wir Mut und Lust auszusteigen. Insgeheim hatten wir uns vorgenommen, das Gepäck in der Straßenbahn stehenzulassen, es dem Fundbüro zur Versteigerung zu überlassen, sobald wir an der Endstation angekommen wären; aber die Endstation kam nicht, der Fahrpreis wurde immer teurer, das Tempo immer schneller, die Kontrolleure immer mißtrauischer, wir sind eine äußerst verdächtige Sippschaft.

Ich warf auch die Kippe von der dritten Zigarette weg und ging langsam auf die Haltestelle zu; ich wollte jetzt nach Hause fahren. Mir wurde schwindelig; man sollte nicht auf den nüchternen Magen soviel rauchen, ich weiß.

Ich blickte nicht mehr dorthin, wo mein ehemaliger Schwarzhändler jetzt einen legalen Handel betreibt; gewiß habe ich kein Recht, böse zu sein; er hat es geschafft, er ist abgesprungen, sicher im richtigen Augenblick, aber ich weiß nicht, ob es dazugehört, die Kinder anzuschnauzen, denen fünf Pfennig zu einem Dauerlutscher fehlen. Vielleicht gehört das zum legalen Handel: ich weiß nicht.

Kurz bevor meine Straßenbahn kam, ging auch der Kumpel wieder seelenruhig vorne am Bordstein vorbei und schritt die

Front der Wartenden ab, um die Kippen aufzusammeln. Sie sehen das nicht gern, ich weiß. Es wäre ihnen lieber, es gäbe das nicht, aber es gibt es...

Erst als ich einstieg, habe ich noch einmal Ernst angesehen, aber er hat weggeguckt und laut geschrien: „Schokolade, Bonbons, Zigaretten, alles frei!" Ich weiß nicht, was los ist, aber ich muß sagen, daß er mir früher besser gefallen hat, wo er nicht jemand wegzuschicken brauchte, dem fünf Pfennig fehlten; aber jetzt hat er ja ein richtiges Geschäft, und Geschäft ist Geschäft.

An der Angel

Ich weiß, daß alles töricht ist. Ich sollte gar nicht mehr dorthin gehen, es ist so sinnlos; und doch lebe ich davon, dorthin zu gehen. Es ist eine einzige Minute Hoffnung und dreiundzwanzig Stunden und neunundfünfzig Minuten Verzweiflung. Davon lebe ich. Das ist nicht viel, das ist fast gar keine Substanz. Ich sollte nicht mehr dorthin gehen. Ich gehe kaputt dabei, das ist es: es macht mich kaputt. Aber ich muß, ich muß, ich muß dorthin gehen ...

Es ist immer derselbe Zug, mit dem sie kommen soll. Dreizehnuhrzwanzig. Der Zug läuft immer planmäßig ein, ich beobachte alles ganz genau, sie können mir nichts vormachen.

Der Mann mit dem Winklöffel weiß schon Bescheid, wenn ich komme; wenn er aus seinem Häuschen tritt — vorher habe ich schon das Klingeln in seinem Häuschen gehört —, wenn er also hinaustritt, gehe ich auf ihn zu — er kennt mich schon: er macht ein mitleidiges Gesicht, mitleidig und etwas beunruhigt; ja, der Mann mit dem Winklöffel ist beunruhigt; vielleicht glaubt er, ich würde eines Tages über ihn herfallen; vielleicht falle ich auch eines Tages über ihn her, ich schlage ihn dann einfach tot und schmeiß ihn zwischen die Schienen, daß er von dem Dreizehnuhrzwanziger überfahren wird. Denn der Mann mit dem Winklöffel — ich traue ihm nicht. Ich weiß nicht, ob sein Mitleid gespielt ist; vielleicht ist sein Mitleid gespielt. Seine Beunruhigung ist echt, er hat auch Grund zur Beunruhigung: eines Tages werde ich ihn mit seinem eigenen Winklöffel kaltmachen. Ich traue ihm nicht. Vielleicht liegt er mit ihnen unter einer Decke. Er hat ja Telefon in seinem Häuschen — er braucht ja nur zu kurbeln und anzurufen — diese Bahnfritzen haben in einer Sekunde Anschluß; vielleicht nimmt er den Hörer ab, ruft die vorletzte Station an und sagt ihnen: „Nehmt sie raus, verhaftet sie; laßt sie nicht mitfahren ... wie? ... ja, die Frau mit dem braunen Haar und dem kleinen grünen Hütchen; ja, die; haltet sie fest — er lacht dann —, ja, der Verrückte ist wieder hier, er soll wieder umsonst warten. Haltet sie fest, ja."

Er hängt dann ein und lacht; dann kommt er raus, setzt sein mitleidiges Gesicht auf, wenn er mich heranschleichen sieht, und sagt, wie immer, noch ehe ich ihn gefragt habe: „Keine Verspätung gemeldet, mein Herr, nein, auch heute keine Verspätung gemeldet."
Die Ungewißheit, ob ich ihm trauen kann, macht mich verrückt. Vielleicht grinst er, sobald er mir den Rücken dreht. Er dreht mir nämlich immer den Rücken und tut so, als ob er etwas zu tun hätte, auf dem Bahnsteig und so; er geht hin und her, scheucht die Leute von der Bahnsteigkante weg, macht sich allerlei Arbeit, die er gar nicht zu tun braucht, denn die Leute treten schon von der Bahnsteigkante weg, wenn sie ihn kommen sehen. Er tut nur so; er tut, als ob er beschäftigt wäre, und vielleicht grinst er, sobald er mir den Rücken dreht. Einmal hab ich ihn auf die Probe stellen wollen, ich bin ganz schnell rumgesprungen und habe ihm ins Gesicht gesehen. Aber da war nichts, was meinen Verdacht bestärkt hat: nur Angst...
Trotzdem traue ich ihm nicht; diese Burschen haben sich mehr in der Gewalt als unsereiner; die bringen alles fertig; diese Clique hat Kraft und Sicherheit, während wir — wir Wartenden, wir haben nichts; wir leben auf des Messers Schneide, wir balancieren uns von einer Minute der Hoffnung zur anderen Minute der Hoffnung; dreiundzwanzig Stunden und neunundfünfzig Minuten lang balancieren wir auf des Messers Schneide, eine einzige Minute dürfen wir ausruhen. Sie haben uns fest an der Kandare, diese Brüder, diese Winklöffelfritzen, diese Schweine; sie telefonieren untereinander ein kleines Gespräch, und unser Leben ist wieder einmal hin, wieder einmal weg für dreiundzwanzig Stunden und neunundfünfzig Minuten. Das sind die Menschen, denen das Leben gehört, diese Burschen...
Sein Mitleid ist gespielt; ich bin jetzt ganz sicher; wenn ich es recht überlege, muß ich mir sagen, daß er mich betrügt; sie betrügen alle. Sie halten sie fest; ich weiß, daß sie kommen wollte. Sie hat mir's geschrieben: ‚Ich liebe Dich, und ich komme mit dem Zug dreizehnuhrzwanzig.' Dreizehnuhrzwanzig dort, hat sie geschrieben, vor drei Monaten schon, vor drei Monaten und vier Tagen genau. Sie wird festgehalten, sie wollen es nicht, sie gönnen sie mir nicht, sie gönnen mir nicht, daß ich einmal mehr als eine Minute Hoffnung habe oder gar

Freude. Sie verhindern unser Rendezvous; da sitzen sie irgendwo und lachen, diese Clique; sie lachen und telefonieren, und dieser Winklöffelfritze wird gut dafür bezahlt, daß er jeden Tag mit seiner heuchlerischen Fratze zu mir sagt: „Auch heute keine Verspätung gemeldet, mein Herr." Schon, daß er ‚Mein Herr' sagt, ist eine Gemeinheit. Ich bin gar kein Herr, ich bin ein abgerissenes armes Schwein, das von einer einzigen Minute Hoffnung am Tage lebt. Sonst nichts. Ich bin kein Herr, ich scheiß was auf sein ‚Mein Herr'. Sie sollen mich alle kreuzweise, aber sie sollen sie loslassen, sie sollen sie fahren lassen; sie müssen sie mir geben, sie ist mein, sie hat mir doch telegrafiert: ‚Ich liebe Dich, ankomme dreizehnuhrzwanzig dort.' Dort, das ist doch meine Heimat. Die Telegramme sind so. Man schreibt dort, und man meint die Stadt, in der der andere wohnt. ‚Ankomme dreizehnuhrzwanzig dort ...'
Heute werde ich ihn kaltmachen. Meine Wut kennt keine Grenzen mehr. Meine Geduld ist erschöpft, auch meine Kraft. Ich kann nicht mehr. Wenn ich ihn heute sehe, ist er verloren. Es geht zu lange so. Ich habe auch kein Geld mehr. Kein Geld mehr für die Straßenbahn. Ich habe schon alles verscheuert. Drei Monate und vier Tage habe ich von der Substanz gelebt. Alles verscheuert, auch die Tischdecke; heute muß ich feststellen, daß nichts mehr da ist. Es langt gerade noch, um einmal mit der Straßenbahn zu fahren. Nicht einmal mehr zurück, zurück muß ich zu Fuß gehen ... oder ... oder ...
Jedenfalls wird dieser Winklöffelfritze blutig zwischen den Schienen liegen, und der Dreizehnuhrzwanziger wird über ihn fahren, er wird zu nichts werden, so wie ich heute mittag um dreizehnuhrzwanzig nichts mehr sein werde ... oder ... Gott!
Es ist zu bitter, wenn man nicht einmal das Fahrgeld für zurück hat; sie machen es einem zu schwer. Diese Clique hält zusammen, sie verwalten die Hoffnung, sie verwalten das Paradies, den Trost. Sie haben alles in den Klauen. Wir dürfen nur dran nippen, nur eine Minute am Tage. Dreiundzwanzig Stunden und neunundfünfzig Minuten müssen wir schmachten, müssen wir lauern; nicht einmal die künstlichen Paradiese rücken sie heraus. Dabei brauchen sie sie doch gar nicht; ich frage mich, warum sie alles festhalten. Ob es ihnen nur ums Geld ist? Warum geben sie einem nichts zu saufen, nichts zu rauchen, warum machen sie den Trost so furchtbar teuer? Sie

halten uns an der Angel, immer wieder beißen wir an, immer wieder lassen wir uns hochziehen bis an die Oberfläche, immer wieder atmen wir eine Minute das Licht, die Schönheit, die Freude, und immer wieder lacht so ein Schwein, läßt die Schnur locker, und wir sitzen im Dunkeln...
Sie machen es uns zu schwer; heute werde ich mich rächen; ich werde diesen Winklöffelfritzen, diesen Vorposten der Sicherheit werde ich zwischen die Schienen schmeißen; vielleicht bekommen sie doch einen Schrecken an ihrem Telefon da hinten; ach, wenn man sie nur einmal erschrecken könnte! Aber man kommt nicht gegen sie an, das ist es; sie halten alles fest, Brot, Wein und Tabak, alles haben sie, und sie haben auch sie: ‚Ankomme dreizehnuhrzwanzig dort.' Ohne Datum. Das ist es: sie schreibt nie ein Datum.
Sie gönnen mir nicht, daß ich sie vielleicht geküßt hätte; nein, nein, nein, wir sollen verrecken, wir sollen ersticken, wir sollen ganz verzweifeln, keinen Trost haben, wir sollen alles verscheuern, und wenn wir nichts mehr haben, sollen wir...
Denn das ist das Furchtbare: die Minute schrumpft. Ich habe es vorige Tage gemerkt: die Minute schrumpft. Vielleicht sind es nur noch dreißig Sekunden, vielleicht viel weniger, ich wage gar nicht, mir richtig klarzuwerden, wieviel es überhaupt noch ist. Gestern jedenfalls merkte ich, daß es weniger war. Immer, wenn der Zug in der Biegung sichtbar wurde, schwarz und schnaubend vor dem großen Horizont der Stadt, immer dann spürte ich, daß ich glücklich war. Sie kommt, dachte ich, es ist ihr gelungen, sich durchzuschlagen, sie kommt! Die ganze Zeit dachte ich das, bis der Zug stand, die Leute langsam herauskamen — sich der Bahnsteig allmählich leerte ... und ... nichts...
Nein, dann dachte ich es schon nicht mehr. Ich muß vor allen Dingen versuchen, ehrlich zu mir selbst zu sein. Wenn die ersten Leute ausstiegen und sie war nicht dabei, dachte ich es schon nicht mehr, dann war es aus. Dieses Glück, es war nicht so, daß es früher aufhörte, es fing später an. So war es. Man muß ehrlich und nüchtern sein. Es fing später an, so war es. Sonst fing es an, wenn der Zug sichtbar wurde, schwarz und schnaubend vor dem grauen Horizont der Stadt; gestern fing es erst an, als er stand. Als er ganz ohne Bewegung war, richtig stand, fing ich erst an zu hoffen; und als er stand, gingen auch schon die Türen auf ... und sie kam nicht...

Ich frage mich, ob das überhaupt noch dreißig Sekunden waren. Ich wage nicht, ganz ehrlich zu sein und zu sagen: es ist nur eine Sekunde ... und ... und dreiundzwanzig Stunden neunundfünfzig Minuten und neunundfünfzig Sekunden schwarze Finsternis ...
Ich wage es nicht; ich wage kaum noch hinzugehen; es wäre furchtbar, wenn nicht wenigstens diese Sekunde noch bliebe. Ob sie mir auch das noch nehmen?
Es ist zu wenig. Es gibt eine Grenze. Eine gewisse Substanz braucht auch die letzte Kreatur, auch die letzte Kreatur braucht mindestens eine Sekunde am Tage. Sie dürfen mir diese eine Sekunde nicht nehmen, sie machen es zu kurz.
Ihre Hartherzigkeit nimmt furchtbare Formen an. Nicht einmal mehr Geld, um zurückzufahren, habe ich. Nicht einmal mehr für die einfache Fahrt geradeaus zurück; dabei müßte ich eigentlich umsteigen. Es scheitert schon an einem Groschen. Ihre Härte ist grausam. Sie kaufen nicht einmal mehr. Sie wollen nicht einmal mehr Ware. Bisher schrien sie immer nach Ware. Aber ihre Habgier ist so gräßlich geworden, daß sie jetzt auf dem Geld sitzen und es fressen. Ich glaube, sie fressen Geld. Ich frage mich, wozu? Was wollen sie eigentlich? Sie haben Brot, Wein, Tabak, haben Geld, alles, sie haben ihre dicken Weiber — was wollen sie denn noch? Warum rücken sie nichts mehr heraus? Kein Geld, kein Gramm Brot, keinen Tabak, keinen Schluck Schnaps ... nichts ... nichts. Sie treiben mich zum Äußersten.
Ich werde den Kampf aufnehmen müssen, ich werde ihren Vorposten kaltmachen, dieses Winklöffelschwein mit der mitleidigen Fratze, der mich bescheißt, denn er telefoniert mit ihnen! Er liegt unter einer Decke mit ihnen, das weiß ich jetzt ganz sicher. Gestern habe ich ihn nämlich belauscht! Dieses Schwein verrät mich, ich weiß es jetzt ganz sicher. Ich bin viel früher gegangen gestern, viel früher, er konnte noch nicht wissen, daß ich da war, ich habe mich unters Fenster geduckt und habe gewartet, und natürlich! — er hat gekurbelt, es hat geklingelt, und ich hörte seine Stimme! „Herr Amtmann", hat er gesagt, „Herr Amtmann, es muß etwas getan werden. Es geht nicht so weiter mit diesem Burschen. Es geht schließlich um die Sicherheit eines Beamten! Herr Amtmann", seine Stimme flehte, eine solche Angst hat dieses Schwein. „Ja, Bahnsteig 4b. Schluß."

Gut, ich habe ihn also überführt. Jetzt werden sie das Letzte wagen. Jetzt geht es auf mich los. Jetzt entbrennt der Kampf. Wenigstens eine klare Lage. Ich freue mich. Ich werde kämpfen wie ein Löwe. Ich werde diese ganze Clique über den Haufen rennen, zusammentreiben und vor den Dreizehnuhrzwanziger schmeißen...

Nichts mehr gönnen sie mir. Sie treiben mich zur Verzweiflung, meine letzte Sekunde wollen sie mir nehmen. Und sie kaufen auch nichts mehr. Nicht einmal mehr Uhren, bisher waren sie immer scharf auf Uhren. Für meine Bücher habe ich insgesamt drei Pfund Tee bekommen, es waren immerhin zweihundert ganz nette Bücher. Ich nehme an, daß sie ganz nett waren. Früher habe ich mich sehr für Literatur interessiert. Aber für zweihundert Bücher drei Pfund Tee, das war gemein; die Bettwäsche brachte kaum etwas Brot, der Schmuck meiner Mutter langte für einen Monat zu leben, und man braucht so wahnsinnig viel, wenn man auf des Messers Schneide lebt. Drei Monate und vier Tage sind eine lange Zeit, man braucht zu viel.

Schließlich bleibt Vaters Uhr. Die Uhr hat ihren Wert. Kein Mensch kann der Uhr ihren Wert absprechen; vielleicht langt sie für die Rückfahrt; vielleicht hat der Schaffner ein gutes Herz und läßt mich für die Uhr zurückfahren, vielleicht, vielleicht werde ich zwei Rückfahrscheine brauchen; Gott!

Es ist halb eins, und ich muß mich fertigmachen; das ist nicht viel Arbeit, eigentlich überhaupt keine Arbeit; ich brauche nur aufzustehen von meinem Bett, das ist das ganze Fertigmachen; das Zimmer ist kahl, ich habe alles verscheuert. Man muß doch leben. Die Wirtin hat die Matratzen für einen Monat Miete in Zahlung genommen. Eine anständige Frau, eine hochanständige Frau, eine der anständigsten Frauen, die mir je begegnet sind. Eine gute Frau. Auf der Drahteinlage kann man ausgezeichnet pennen. Keiner weiß, wie gut man auf einer Drahteinlage pennen kann, wenn man überhaupt pennt, ich penne nie, ich lebe von der Substanz, ich lebe von einer Sekunde Hoffnung, von der Sekunde, wenn die Türen aufgehen und niemand kommt...

Ich muß mich zusammenreißen, es geht in die Schlacht. Es ist Viertel vor eins, um zehn vor fährt die Bahn, dann bin ich pünktlich um Viertel nach am Bahnhof, um achtzehn nach auf dem Bahnsteig; wenn der Winklöffelfritze aus seinem

Häuschen kommt, bin ich gerade recht, um mir von ihm sagen zu lassen: „Auch heute keine Verspätung gemeldet, mein Herr!“
Dieses Schwein sagt tatsächlich ‚Mein Herr‘ zu mir; alle anderen schnauzt er an und sagt einfach: ‚Sie da ... gehen Sie weg von der Bahnsteigkante, Sie da!‘ Zu mir sagt er: ‚Mein Herr!‘ Das ist ein Kennzeichen: sie heucheln, sie heucheln ganz furchtbar; wenn man sie sieht, könnte man glauben, auch sie hätten Hunger, hätten keinen Tee mehr, keinen Tabak, nichts zu saufen; sie machen ein Gesicht, daß man versucht wäre, sein letztes Hemd für sie zu verscheuern.
Sie heucheln, daß man jahrelang darüber weinen könnte. Ich muß versuchen zu weinen; ich glaube, weinen ist schön, es ist ein Ersatz für Wein, Tabak, Brot und vielleicht auch ein Ersatz, wenn die eine einzige Sekunde erlischt und mir nichts bleibt als vierundzwanzig nackte volle Stunden Verzweiflung.
In der Straßenbahn kann ich natürlich nicht weinen; ich muß mich zusammennehmen, ich muß mich schwer zusammenreißen. Sie sollen nichts merken; und am Bahnhof muß ich aufpassen. Bestimmt haben sie irgendwo Leute versteckt. ‚Es geht schließlich um die Sicherheit eines Beamten. Bahnsteig 4b.‘ Ich muß verdammt aufpassen; die Schaffnerin sieht mich beunruhigend oft an; sie fragt ein paarmal „Haben Sie schon?“ und sieht dabei nur mich an; dabei habe ich wirklich schon; ich könnte den Fahrschein zücken und ihr unter die Nase halten, sie hat ihn mir selbst gegeben, aber sie weiß es schon nicht mehr. „Haben Sie schon?“ Sie fragt dreimal und sieht mich dabei an, ich werde rot, dabei habe ich wirklich; sie geht, und alle Leute denken, er hat nicht; er betrügt die Straßenbahn. Dabei habe ich meine letzten zwanzig Pfennig gegeben, ich habe sogar einen Umsteigefahrschein ...
Ich muß höllisch aufpassen; fast wäre ich wie früher durch die Sperre gerannt; dabei können sie überall stehen; als ich durchrennen wollte, merkte ich, daß ich keine Bahnsteigkarte hatte, keinen Groschen. Es ist siebzehn nach, in drei Minuten kommt der Zug, ich werde verrückt. „Nehmen Sie die Uhr“, sage ich. Der Mann ist beleidigt. „Mein Gott, nehmen Sie die Uhr.“ Er stößt mich zurück. Die noble Kundschaft stockt. Ich muß tatsächlich zurück, es ist siebzehneinhalb nach.
„Eine Uhr!“ rufe ich. „Eine Uhr für einen Groschen. Eine

ehrliche Uhr, nicht geklaut, nichts, eine Uhr von meinem Vater." Die Leute halten mich für verrückt oder einen Verbrecher. Keine Sau will die Uhr. Vielleicht holen sie die Polizei. Ich muß zu den Kumpels. Die Kumpels wenigstens werden mir helfen. Die Kumpels stehen unten. Es ist achtzehn nach, ich werde verrückt. Soll ich ausgerechnet heute den Zug versäumen, heute, wo sie kommen wird? ‚Ankomme dreizehnuhrzwanzig dort.'

„Kumpel", sage ich zum nächsten, „gib mir einen Groschen für die Uhr, aber schnell, schnell", sage ich.

Auch er stockt, sogar der Kumpel stockt. „Kumpel", sage ich, „ich habe nur noch eine Minute Zeit, verstehst du?"

Er versteht, er versteht natürlich falsch, aber er versteht wenigstens falsch, wenigstens etwas, wenn man falsch verstanden wird. Es ist doch wenigstens Verstehen. Die anderen verstehen gar nichts.

Er gibt mir eine Mark, er ist großzügig. „Kumpel" sage ich, „ich brauche einen Groschen, verstehst du, keine Mark, verstehst du?"

Er versteht wieder falsch, aber es ist so schön, wenigstens falsch verstanden zu werden; wenn ich lebend aus der Schlacht herauskomme, werde ich dich umarmen, Kumpel.

Er schenkt mir noch einen Groschen dazu, so sind die Kumpels, sie geben noch etwas zu und verstehen wenigstens falsch.

Es gelingt mir, neunzehneinhalb Minuten nach eins die Treppe heraufzurasen. Ich muß trotz allem wachsam sein, ich muß wahnsinnig aufpassen. Hinten kommt der Zug, schwarz und schnaubend vor dem grauen Horizont der Stadt. Mein Herz schweigt bei seinem Anblick, aber ich bin pünktlich, das ist es. Es ist mir gelungen, trotz allem pünktlich zu sein.

Ich halte mich ganz fern von dem Winklöffelfritzen; er steht mitten unter den Leuten, und plötzlich hat er mich erspäht, er schreit, er hat Angst, und er winkt seiner Clique, die in seinem Häuschen verborgen ist, winkt, sie sollen mich schnappen. Sie stürzen aus dem Häuschen, sie werden mich schnappen, aber ich lache sie aus, ich lache sie aus, denn der Zug ist eingelaufen, und noch ehe sie mich erreicht haben, liegt sie an meiner Brust, sie, und ich besitze nichts mehr als sie und eine Bahnsteigkarte, sie und eine gelochte Bahnsteigkarte...

Mein trauriges Gesicht

Als ich am Hafen stand, um den Möwen zuzusehen, fiel mein trauriges Gesicht einem Polizisten auf, der in diesem Viertel die Runde zu gehen hatte. Ich war ganz versunken in den Anblick der schwebenden Vögel, die vergebens aufschossen und niederstürzten, nach etwas Eßbarem zu suchen: der Hafen war verödet, grünlich das Wasser, dick von schmutzigem Öl, und in seiner krustigen Haut schwamm allerlei weggeworfener Krempel; kein Schiff war zu sehen, die Krane verrostet, Lagerhallen verfallen; nicht einmal Ratten schienen die schwarzen Trümmer am Kai zu bevölkern, still war es. Viele Jahre schon war jede Verbindung nach außen abgeschnitten.

Ich hatte eine bestimmte Möwe ins Auge gefaßt, deren Flüge ich beobachtete. Ängstlich wie eine Schwalbe, die das Unwetter ahnt, schwebte sie meist nahe der Oberfläche des Wassers, manchmal nur wagte sie kreischend den Sturz nach oben, um ihre Bahn mit der der Genossen zu vereinen. Hätte ich einen Wunsch aussprechen können, so wäre mir ein Brot das liebste gewesen, es den Möwen zu verfüttern, Brocken zu brechen und den planlosen Flügen einen weißen Punkt zu bestimmen, ein Ziel zu setzen, auf das sie zufliegen würden; dieses kreischende Geschwebe wirrer Bahnen zu straffen durch den Wurf eines Brotstückes, hineinpackend in sie wie in eine Zahl von Schnüren, die man rafft. Aber auch ich war hungrig wie sie, auch müde, doch glücklich trotz meiner Trauer, denn es war schön, dort zu stehen, die Hände in den Taschen, den Möwen zuzusehen und Trauer zu trinken.

Plötzlich aber legte sich eine amtliche Hand auf meine Schulter, und eine Stimme sagte: „Kommen Sie mit!“ Dabei versuchte die Hand, mich an der Schulter zu zerren und herumzureißen. Ich blieb stehen, schüttelte sie ab und sagte ruhig: „Sie sind verrückt.“

„Kamerad“, sagte der immer noch Unsichtbare zu mir, „ich warne Sie.“

„Mein Herr“, gab ich zurück.

„Es gibt keine Herren", rief er zornig. „Wir sind alle Kameraden."
Und nun trat er neben mich, blickte mich von der Seite an, und ich war gezwungen, meinen glücklich schweifenden Blick zurückzuholen und in seine braven Augen zu versenken: Er war ernst wie ein Büffel, der seit Jahrzehnten nichts anderes gefressen hat als die Pflicht.
„Welchen Grund ...", wollte ich anfangen.
„Grund genug", sagte er, „Ihr trauriges Gesicht."
Ich lachte.
„Lachen Sie nicht!" Sein Zorn war echt. Erst hatte ich gedacht, es sei ihm langweilig gewesen, weil keine unregistrierte Hure, kein taumelnder Seemann, nicht Dieb noch Durchbrenner zu verhaften war, aber nun sah ich, daß es ernst war: er wollte mich verhaften.
„Kommen Sie mit ...!"
„Und weshalb?" fragte ich ruhig.
Ehe ich mich versehen hatte, war mein linkes Handgelenk mit einer dünnen Kette umschlossen, und in diesem Augenblick wußte ich, daß ich wieder verloren war. Ein letztes Mal wandte ich mich zu den schweifenden Möwen, blickte in den schönen grauen Himmel und versuchte, mit einer plötzlichen Wendung ins Wasser zu stürzen, denn es schien mir doch schöner, selbst in dieser schmutzigen Brühe allein zu ertrinken, als irgendwo auf einem Hinterhof von den Sergeanten erdrosselt oder wieder eingesperrt zu werden. Aber der Polizist hatte mich mit einem Ruck so nahe gezogen, daß kein Entweichen mehr möglich war.
„Und weshalb?" fragte ich noch einmal.
„Es gibt das Gesetz, daß Sie glücklich zu sein haben."
„Ich bin glücklich!" rief ich.
„Ihr trauriges Gesicht ...", er schüttelte den Kopf.
„Aber dieses Gesetz ist neu", sagte ich.
„Es ist sechsunddreißig Stunden alt, und Sie wissen wohl, daß jedes Gesetz vierundzwanzig Stunden nach seiner Verkündung in Kraft tritt."
„Aber ich kenne es nicht."
„Kein Schutz vor Strafe. Es wurde vorgestern verkündet, durch alle Lautsprecher, in allen Zeitungen, und denjenigen", hier blickte er mich verächtlich an, „denjenigen, die weder der Segnungen der Presse noch der des Funks teilhaftig sind,

wurde es durch Flugblätter bekanntgegeben, über allen Straßen des Reiches wurden sie abgeworfen. Es wird sich also zeigen, wo Sie die letzten sechsunddreißig Stunden verbracht haben, Kamerad."

Er zog mich fort. Jetzt erst spürte ich, daß es kalt war und ich keinen Mantel hatte, jetzt erst kam mein Hunger richtig hoch und knurrte vor der Pforte des Magens, jetzt erst begriff ich, daß ich auch schmutzig war, unrasiert, zerlumpt und daß es Gesetze gab, nach denen jeder Kamerad sauber, rasiert, glücklich und satt zu sein hatte. Er schob mich vor sich her wie eine Vogelscheuche, die, des Diebstahls überführt, die Stätte ihrer Träume am Feldrain hat verlassen müssen. Die Straßen waren leer, der Weg zum Revier nicht weit, und obwohl ich gewußt hatte, daß sie bald wieder einen Grund finden würden, mich zu verhaften, so wurde mein Herz doch schwer, denn er führte mich durch die Stätten meiner Jugend, die ich nach der Besichtigung des Hafens hatte besuchen wollen: Gärten, die voll Sträucher gewesen waren, schön von Unordnung, überwachsene Wege — alles dieses war nun planiert, geordnet, sauber, viereckig für die vaterländischen Verbände hergerichtet, die montags, mittwochs und samstags hier ihre Aufmärsche durchzuführen hatten. Nur der Himmel war wie früher und die Luft wie in jenen Tagen, da mein Herz voller Träume gewesen war.

Hier und da im Vorübergehen sah ich, daß in mancher Liebeskaserne schon das staatliche Zeichen für jene ausgehängt wurde, die mittwochs an der Reihe waren, der hygienischen Freude teilhaftig zu werden; auch manche Kneipen schienen bevollmächtigt, das Zeichen des Trunkes schon auszuwerfen, ein aus Blech gestanztes Bierglas, das in den Farben des Reiches quergestreift war: hellbraun-dunkelbraun-hellbraun. Freude herrschte sicher schon in den Herzen derer, die in der staatlichen Liste der Mittwochstrinker geführt wurden und des Mittwochsbieres teilhaftig werden würden.

Allen Leuten, die uns begegneten, haftete das unverkennbare Zeichen des Eifers an, das dünne Fluidum der Emsigkeit umgab sie, um so mehr wohl, da sie den Polizisten erblickten; alle gingen schneller, machten ein vollkommen pflichterfülltes Gesicht, und die Frauen, die aus den Magazinen kamen, waren bemüht, ihren Gesichtern den Ausdruck jener Freude zu verleihen, die man von ihnen erwartete, denn es war geboten,

Freude zu zeigen, muntere Heiterkeit über die Pflichten der Hausfrau, die abends den staatlichen Arbeiter mit gutem Mahl zu erfrischen angehalten war.
Aber alle diese Leute wichen uns geschickt aus, so, daß keiner unmittelbar unseren Weg zu kreuzen gezwungen war; wo sich Spuren von Leben auf der Straße zeigten, verschwanden sie zwanzig Schritte vor uns, jeder bemühte sich, schnell in ein Magazin einzutreten oder um eine Ecke zu biegen, und mancher mag ein ihm unbekanntes Haus betreten und hinter der Tür ängstlich gewartet haben, bis unsere Schritte verhallt waren.
Nur einmal, als wir gerade eine Straßenkreuzung passierten, begegnete uns ein älterer Mann, an dem ich flüchtig die Abzeichen des Schulmeisters erkannte; er konnte nicht mehr ausweichen und bemühte sich nun, nachdem er erst vorschriftsmäßig den Polizisten gegrüßt hatte (indem er sich selbst zum Zeichen absoluter Demut dreimal mit der flachen Hand auf den Kopf schlug), bemühte er sich also, seine Pflicht zu erfüllen, die von ihm verlangte, mir dreimal ins Gesicht zu speien und mich mit dem obligatorischen Ruf ‚Verräterschwein' zu belegen. Er zielte gut, doch war der Tag heiß gewesen, seine Kehle mußte trocken sein, denn es trafen mich nur einige kümmerliche, ziemlich substanzlose Flatschen, die ich — entgegen der Vorschrift — unwillkürlich mit dem Ärmel abzuwischen versuchte; daraufhin trat mich der Polizist in den Hintern und schlug mich mit der Faust in die Mitte des Rückgrates, fügte mit ruhiger Stimme hinzu: „Stufe 1", was soviel bedeutet wie: erste mildeste Form der von jedem Polizisten anwendbaren Bestrafung.
Der Schulmeister war schnell von dannen geeilt. Sonst gelang es allen, uns auszuweichen; nur eine Frau noch, die gerade an einer Liebeskaserne vor den abendlichen Freuden die vorgeschriebene Lüftung vornahm, eine blasse, geschwollene Blondine, warf mir flüchtig eine Kußhand zu, und ich lächelte dankbar, während der Polizist sich bemühte, so zu tun, als habe er nichts bemerkt. Sie sind angehalten, diesen Frauen Freiheiten zu gestatten, die jedem anderen Kameraden unweigerlich schwere Bestrafung einbringen würden; denn da sie sehr wesentlich zur Hebung der allgemeinen Arbeitsfreude beitragen, läßt man sie als außerhalb des Gesetzes stehend gelten, ein Zugeständnis, dessen Tragweite der Staatsphilosoph Dr. Dr. Dr. Bleigoeth in der obligatorischen Zeitschrift

für (Staats-)Philosophie als ein Zeichen beginnender Liberalisierung gebrandmarkt hat. Ich hatte es am Tage vorher auf meinem Wege in die Hauptstadt gelesen, als ich auf dem Klo eines Bauernhofes einige Seiten der Zeitschrift fand, die ein Student — wahrscheinlich der Sohn des Bauern — mit sehr geistreichen Glossen versehen hatte.

Zum Glück erreichten wir jetzt die Station, denn eben ertönten die Sirenen, und das bedeutete, daß die Straßen überströmen würden von Tausenden von Leuten mit einem milden Glück auf den Gesichtern (denn es war befohlen, bei Arbeitsschluß eine nicht zu große Freude zu zeigen, weil sich dann erweise, daß die Arbeit eine Last sei; Jubel dagegen sollte bei Beginn der Arbeit herrschen, Jubel und Gesang), alle diese Tausende hätten mich anspucken müssen. Allerdings bedeutete das Sirenenzeichen zehn Minuten vor Feierabend, denn jeder war angehalten, sich zehn Minuten einer gründlichen Waschung hinzugeben, gemäß der Parole des derzeitigen Staatschefs: Glück und Seife.

Die Tür zum Revier dieses Viertels, einem einfachen Betonklotz, war von zwei Posten bewacht, die mir im Vorübergehen die übliche ‚körperliche Maßnahme' angedeihen ließen: sie schlugen mir ihre Seitengewehre heftig gegen die Schläfe und knallten mir die Läufe ihrer Pistolen gegen das Schlüsselbein, gemäß der Präambel zum Staatsgesetz Nr. 1: ‚Jeder Polizist hat sich jedem Ergriffenen (sie meinen Verhafteten) gegenüber als Gewalt an sich zu dokumentieren, ausgenommen der, der ihn ergreift, da dieser des Glücks teilhaftig werden wird, bei der Vernehmung die erforderlichen körperlichen Maßnahmen vorzunehmen.' Das Staatsgesetz Nr. 1 selbst hat folgenden Wortlaut: ‚Jeder Polizist *kann* jeden bestrafen, er *muß* jeden bestrafen, der sich eines Vergehens schuldig gemacht hat. Es gibt für alle Kameraden keine Straffreiheit, sondern eine Straffreiheitsmöglichkeit.'

Wir durchschritten nun einen langen kahlen Flur, der mit vielen großen Fenstern versehen war; dann öffnete sich automatisch eine Tür, denn inzwischen hatten die Posten unsere Ankunft schon durchgegeben, und in jenen Tagen, da alles glücklich war, brav, ordentlich, und jeder sich bemühte, das vorgeschriebene Pfund Seife am Tage zu verwaschen, in jenen Tagen bedeutete die Ankunft eines Ergriffenen (Verhafteten) schon ein Ereignis.

Wir betraten einen fast leeren Raum, der nur einen Schreibtisch mit Telefon und zwei Sessel enthielt, ich selbst hatte mich in die Mitte des Raumes zu postieren; der Polizist nahm seinen Helm ab und setzte sich.
Erst war Stille und nichts geschah; sie machen es immer so; das ist das Schlimmste; ich spürte, wie mein Gesicht immer mehr zusammenfiel, ich war müde und hungrig, und auch die letzte Spur jenes Glückes der Trauer war nun verschwunden, denn ich wußte, daß ich verloren war. Nach wenigen Sekunden trat wortlos ein blasser langer Mensch ein, in der bräunlichen Uniform des Vorvernehmers; er setzte sich, ohne ein Wort zu sagen, hin und blickte mich an.
„Beruf?"
„Einfacher Kamerad."
„Geboren?"
„1. 1. eins", sagte ich.
„Letzte Beschäftigung?"
„Sträfling."
Die beiden blickten sich an. „Wann und wo entlassen?"
„Gestern, Haus 12, Zelle 13."
„Wohin entlassen?"
„In die Hauptstadt."
„Schein."
Ich nahm aus meiner Tasche den Entlassungsschein und reichte ihn hinüber. Er heftete ihn an die grüne Karte, die er mit meinen Angaben zu beschreiben begonnen hatte.
„Damaliges Delikt?"
„Glückliches Gesicht."
Die beiden blickten sich an.
„Erklären", sagte der Vorvernehmer.
„Damals", sagte ich, „fiel mein glückliches Gesicht einem Polizisten auf an einem Tage, da allgemeine Trauer befohlen war. Es war der Todestag des Chefs."
„Länge der Strafe?"
„Fünf."
„Führung?"
„Schlecht."
„Grund?"
„Mangelhafter Arbeitseinsatz."
„Erledigt."
Dann erhob sich der Vorvernehmer, trat auf mich zu und schlug

mir genau die drei vorderen mittleren Zähne aus: ein Zeichen, daß ich als Rückfälliger gebrandmarkt werden sollte, eine verschärfte Maßnahme, auf die ich nicht gerechnet hatte. Dann verließ der Vorvernehmer den Raum, und ein dicker Bursche in einer dunkelbraunen Uniform trat ein: der Vernehmer.
Sie schlugen mich alle: der Vernehmer, der Obervernehmer, der Hauptvernehmer, der Anrichter und der Schlußrichter, und nebenbei vollzog der Polizist alle körperlichen Maßnahmen, wie das Gesetz es befahl; und sie verurteilten mich wegen meines traurigen Gesichtes zu zehn Jahren, so wie sie mich fünf Jahre vorher wegen meines glücklichen Gesichtes zu fünf Jahren verurteilt hatten.
Ich aber muß versuchen, gar kein Gesicht mehr zu haben, wenn es mir gelingt, die nächsten zehn Jahre bei Glück und Seife zu überstehen ...

Nicht nur zur Weihnachtszeit

1

In unserer Verwandtschaft machen sich Verfallserscheinungen bemerkbar, die man eine Zeitlang stillschweigend zu übergehen sich bemühte, deren Gefahr ins Auge zu blicken man nun aber entschlossen ist. Noch wage ich nicht, das Wort ‚Zusammenbruch' anzuwenden, aber die beunruhigenden Tatsachen häufen sich derart, daß sie eine Gefahr bedeuten und mich zwingen, von Dingen zu berichten, die den Ohren der Zeitgenossen zwar befremdlich klingen werden, deren Realität aber niemand bestreiten kann. Schimmelpilze der Zersetzung haben sich unter der ebenso dicken wie harten Kruste der Anständigkeit eingenistet, Kolonien tödlicher Schmarotzer, die das Ende der Unbescholtenheit einer ganzen Sippe ankündigen. Heute müssen wir es bedauern, die Stimme unseres Vetters Franz überhört zu haben, der schon früh begann, auf die schrecklichen Folgen aufmerksam zu machen, die ein ‚an sich' harmloses Ereignis haben werde. Dieses Ereignis selbst war so geringfügig, daß uns das Ausmaß der Folgen nun erschreckt. Franz hat schon früh gewarnt. Leider genoß er zu wenig Reputation. Er hat einen Beruf erwählt, der in unserer gesamten Verwandtschaft bisher nicht vorgekommen ist, auch nicht hätte vorkommen dürfen: er ist Boxer geworden. Schon in seiner Jugend schwermütig und von einer Frömmigkeit, die immer als ‚inbrünstiges Getue' bezeichnet wurde, ging er früh auf Bahnen, die meinem Onkel Franz — diesem herzensguten Menschen — Kummer bereiteten. Er liebte es, sich der Schulpflicht in einem Ausmaß zu entziehen, das nicht mehr als normal bezeichnet werden kann. Er traf sich mit fragwürdigen Kumpanen in abgelegenen Parks und dichten Gebüschen vorstädtischen Charakters. Dort übten sie die harten Regeln des Faustkampfes, ohne sich bekümmert darum zu zeigen, daß das humanistische Erbe vernachlässigt wurde. Diese Burschen zeigten schon früh die Untugenden ihrer Generation, von der sich ja inzwischen herausgestellt hat, daß sie nichts taugt. Die

erregenden Geisteskämpfe früherer Jahrhunderte interessierten sie nicht, zu sehr waren sie mit den fragwürdigen Aufregungen ihres eigenen Jahrhunderts beschäftigt. Zunächst schien mir, Franzens Frömmigkeit stehe im Gegensatz zu diesen regelmäßigen Übungen in passiver und aktiver Brutalität. Doch heute beginne ich manches zu ahnen. Ich werde darauf zurückkommen müssen.
Franz also war es, der schon frühzeitig warnte, der sich von der Teilnahme an gewissen Feiern ausschloß, das Ganze als Getue und Unfug bezeichnete, sich vor allem später weigerte, an Maßnahmen teilzunehmen, die zur Erhaltung dessen, was er Unfug nannte, sich als erforderlich erwiesen. Doch — wie gesagt — besaß er zu wenig Reputation, um in der Verwandtschaft Gehör zu finden.
Jetzt allerdings sind die Dinge in einer Weise ins Kraut geschossen, daß wir ratlos dastehen, nicht wissend, wie wir ihnen Einhalt gebieten sollen.
Franz ist längst ein berühmter Faustkämpfer geworden, doch weist er heute das Lob, das ihm in der Familie gespendet wird, mit derselben Gleichgültigkeit zurück, mit der er sich damals jede Kritik verbat.
Sein Bruder aber — mein Vetter Johannes —, ein Mensch, für den ich jederzeit meine Hand ins Feuer gelegt hätte, dieser erfolgreiche Rechtsanwalt, Lieblingssohn meines Onkels — Johannes soll sich der Kommunistischen Partei genähert haben, ein Gerücht, das zu glauben ich mich hartnäckig weigere. Meine Kusine Lucie, bisher eine normale Frau, soll sich nächtlicherweise in anrüchigen Lokalen, von ihrem hilflosen Gatten begleitet, Tänzen hingeben, für die ich kein anderes Beiwort als existentialistisch finden kann, Onkel Franz selbst, dieser herzensgute Mensch, soll geäußert haben, er sei lebensmüde, er, der in der gesamten Verwandtschaft als ein Muster an Vitalität galt und als ein Vorbild dessen, was man uns einen christlichen Kaufmann zu nennen gelehrt hat.
Arztrechnungen häufen sich, Psychiater, Seelentestler werden einberufen. Einzig meine Tante Milla, die als Urheberin all dieser Erscheinungen bezeichnet werden muß, erfreut sich bester Gesundheit, lächelt, ist wohl und heiter, wie sie es fast immer war. Ihre Frische und Munterkeit beginnen jetzt langsam uns aufzuregen, nachdem uns ihr Wohlergehen lange Zeit so sehr

am Herzen lag. Denn es gab eine Krise in ihrem Leben, die bedenklich zu werden drohte. Gerade darauf muß ich näher eingehen.

2

Es ist einfach, rückwirkend den Herd einer beunruhigenden Entwicklung auszumachen — und merkwürdig, erst jetzt, wo ich es nüchtern betrachte, kommen mir die Dinge, die sich seit fast zwei Jahren bei unseren Verwandten begeben, außergewöhnlich vor.
Wir hätten früher auf die Idee kommen können, es stimme etwas nicht. Tatsächlich, es stimmt etwas nicht, und wenn überhaupt jemals irgend etwas gestimmt hat — ich zweifle daran —, hier gehen Dinge vor sich, die mich mit Entsetzen erfüllen. Tante Milla war in der ganzen Familie von jeher wegen ihrer Vorliebe für die Ausschmückung des Weihnachtsbaumes bekannt, eine harmlose, wenn auch spezielle Schwäche, die in unserem Vaterland ziemlich verbreitet ist. Ihr Schwäche wurde allgemein belächelt, und der Widerstand, den Franz von frühester Jugend an gegen diesen ‚Rummel' an den Tag legte, war immer Gegenstand heftigster Entrüstung, zumal Franz ja sowieso eine beunruhigende Erscheinung war. Er weigerte sich, an der Ausschmückung des Baumes teilzunehmen. Das alles verlief bis zu einem gewissen Zeitpunkt normal. Meine Tante hatte sich daran gewöhnt, daß Franz den Vorbereitungen in der Adventszeit fernblieb, auch der eigentlichen Feier, und erst zum Essen erschien. Man sprach nicht einmal mehr darüber.
Auf die Gefahr hin, mich unbeliebt zu machen, muß ich hier eine Tatsache erwähnen, zu deren Verteidigung ich nur sagen kann, daß sie wirklich eine ist. In den Jahren 1939 bis 1945 hatten wir Krieg. Im Krieg wird gesungen, geschossen, geredet, gekämpft, gehungert und gestorben — und es werden Bomben geschmissen — lauter unerfreuliche Dinge, mit deren Erwähnung ich meine Zeitgenossen in keiner Weise langweilen will. Ich muß sie nur erwähnen, weil der Krieg Einfluß auf die Geschichte hatte, die ich erzählen will. Denn der Krieg wurde von meiner Tante Milla nur registriert als eine Macht, die schon Weihnachten 1939 anfing, ihren Weihnachtsbaum

zu gefährden. Allerdings war ihr Weihnachtsbaum von einer besonderen Sensibilität.

Die Hauptattraktion am Weihnachtsbaum meiner Tante Milla waren gläserne Zwerge, die in ihren hocherhobenen Armen einen Korkhammer hielten und zu deren Füßen glockenförmige Ambosse hingen. Unter den Fußsohlen der Zwerge waren Kerzen befestigt, und wenn ein gewisser Wärmegrad erreicht war, geriet ein verborgener Mechanismus in Bewegung, eine hektische Unruhe teilte sich den Zwergenarmen mit, sie schlugen wie irr mit ihren Korkhämmern auf die glockenförmigen Ambosse und riefen so, ein Dutzend an der Zahl, ein konzertantes, elfenhaft feines Gebimmel hervor. Und an der Spitze des Tannenbaumes hing ein silbrig gekleideter rotwangiger Engel, der in bestimmten Abständen seine Lippen voneinander hob und „Frieden" flüsterte, „Frieden". Das mechanische Geheimnis dieses Engels ist, konsequent gehütet, mir später erst bekannt geworden, obwohl ich damals fast wöchentlich Gelegenheit hatte, ihn zu bewundern. Außerdem gab es am Tannenbaum meiner Tante natürlich Zuckerkringel, Gebäck, Engelhaar, Marzipanfiguren und — nicht zu vergessen — Lametta, und ich weiß noch, daß die sachgemäße Anbringung des vielfältigen Schmuckes erhebliche Mühe kostete, die Beteiligung aller erforderte und die ganze Familie am Weihnachtsabend vor Nervosität keinen Appetit hatte, die Stimmung dann — wie man so sagt — einfach gräßlich war, ausgenommen bei meinem Vetter Franz, der an diesen Vorbereitungen ja nicht teilgenommen hatte und sich als einziger Braten und Spargel, Sahne und Eis schmecken ließ. Kamen wir dann am zweiten Weihnachtstag zu Besuch und wagten die kühne Vermutung, das Geheimnis des sprechenden Engels beruhe auf dem gleichen Mechanismus, der gewisse Puppen veranlaßt, „Mama" oder „Papa" zu sagen, so ernteten wir nur höhnisches Gelächter.

Nun wird man sich denken können, daß in der Nähe fallende Bomben einen solch sensiblen Baum aufs höchste gefährdeten. Es kam zu schrecklichen Szenen, wenn die Zwerge vom Baum gefallen waren, einmal stürzte sogar der Engel. Meine Tante war untröstlich. Sie gab sich unendliche Mühe, nach jedem Luftangriff den Baum komplett wiederherzustellen, ihn wenigstens während der Weihnachtstage zu erhalten. Aber schon im Jahre 1940 war nicht mehr daran zu denken. Wieder auf die Gefahr hin, mich sehr unbeliebt zu machen, muß ich hier kurz erwähnen, daß die Zahl der Luftangriffe auf unsere Stadt tatsächlich erheblich war, von ihrer Heftigkeit ganz zu schweigen. Jedenfalls wurde der Weihnachtsbaum meiner Tante ein Opfer — von anderen Opfern zu sprechen, verbietet mir der rote Faden — der modernen Kriegführung; fremdländische Ballistiker löschten seine Existenz vorübergehend aus.

Wir alle hatten wirklich Mitleid mit unserer Tante, die eine reizende und liebenswürdige Frau war. Es tat uns leid, daß sie nach harten Kämpfen, endlosen Disputen, nach Tränen und Szenen sich bereit erklären mußte, für Kriegsdauer auf ihren Baum zu verzichten.

Glücklicherweise — oder soll ich sagen unglücklicherweise? — war dies fast das einzige, was sie vom Krieg zu spüren bekam. — Der Bunker, den mein Onkel baute, war einfach bombensicher, außerdem stand jederzeit ein Wagen bereit, meine Tante Milla in Gegenden zu entführen, wo von der unmittelbaren Wirkung des Krieges nichts zu sehen war; es wurde alles getan, um ihr den Anblick der gräßlichen Zerstörungen zu ersparen. Meine beiden Vettern hatten das Glück, den Kriegsdienst nicht in seiner härtesten Form zu erleben. Johannes trat schnell in die Firma meines Onkels ein, die in der Gemüseversorgung unserer Stadt eine entscheidende Rolle spielt. Zudem war er gallenleidend. Franz hingegen wurde zwar Soldat, war aber nur mit der Bewachung von Gefangenen betraut worden, ein Posten, den er zur Gelegenheit nahm, sich auch bei den militärischen Vorgesetzten unbeliebt zu machen, indem er Russen und Polen wie Menschen behandelte. Meine Kusine Lucie war damals noch nicht verheiratet und half im Geschäft. Einen Nachmittag in der Woche half sie im freiwilligen Kriegsdienst in einer Hakenkreuzstickerei. Doch will ich hier nicht die politischen Sünden meiner Verwandten aufzählen.

Aufs Ganze gesehen jedenfalls fehlte es weder an Geld noch an Nahrungsmitteln und jeglicher erforderlichen Sicherheit, und meine Tante empfand nur den Verzicht auf ihren Baum als bitter. Mein Onkel Franz, dieser herzensgute Mensch, hat sich fast fünfzig Jahre hindurch erhebliche Verdienste erworben, indem er in tropischen und subtropischen Ländern Apfelsinen und Zitronen aufkaufte und sie gegen einen ent-

sprechenden Aufschlag weiter in den Handel gab. Im Kriege dehnte er sein Geschäft auch auf weniger wertvolles Obst und Gemüse aus. Aber nach dem Kriege kamen die erfreulichen Früchte, denen sein Hauptinteresse galt, als Zitrusfrüchte wieder auf und wurden Gegenstand des schärfsten Interesses aller Käuferschichten. Hier gelang es Onkel Franz, sich wieder maßgebend einzuschalten, und er brachte die Bevölkerung in den Genuß von Vitaminen und sich in den eines ansehnlichen Vermögens.
Aber er war fast siebzig, wollte sich nun zur Ruhe setzen, das Geschäft seinem Schwiegersohn übergeben. Da fand jenes Ereignis statt, das wir damals belächelten, das uns heute aber als Ursache der ganzen unseligen Entwicklung erscheint.
Meine Tante Milla fing wieder mit dem Weihnachtsbaum an. Das war an sich harmlos; sogar die Zähigkeit, mit der sie darauf bestand, daß alles ‚so sein sollte wie früher', entlockte uns nur ein Lächeln. Zunächst bestand wirklich kein Grund, diese Sache allzu ernst zu nehmen. Zwar hatte der Krieg manches zerstört, das wiederherzustellen mehr Sorge bereitete, aber warum — so sagten wir uns — einer scharmanten alten Dame diese kleine Freude nehmen?
Jedermann weiß, wie schwer es war, damals Butter und Speck zu bekommen. Aber sogar für meinen Onkel Franz, der über die besten Beziehungen verfügte, war die Beschaffung von Marzipanfiguren, Schokoladenkringeln und Kerzen im Jahre 1945 unmöglich. Erst im Jahre 1946 konnte alles bereitgestellt werden. Glücklicherweise war noch eine komplette Garnitur von Zwergen und Ambossen sowie ein Engel erhalten geblieben.
Ich entsinne mich des Tages noch gut, an dem wir eingeladen waren. Es war im Januar 1947, Kälte herrschte draußen. Aber bei meinem Onkel war es warm, und es herrschte kein Mangel an Eßbarem. Und als die Lampen gelöscht, die Kerzen angezündet waren, als die Zwerge anfingen zu hämmern, der Engel „Frieden" flüsterte, „Frieden", fühlte ich mich lebhaft zurückversetzt in eine Zeit, von der ich angenommen hatte, sie sei vorbei.
Immerhin, dieses Erlebnis war, wenn auch überraschend, so doch nicht außergewöhnlich. Außergewöhnlich war, was ich drei Monate später erlebte. Meine Mutter — es war Mitte März geworden — hatte mich hinübergeschickt, nachzuforschen, ob

bei Onkel Franz ‚nichts zu machen' sei. Es ging ihr um Obst. Ich schlenderte in den benachbarten Stadtteil — die Luft war mild, es dämmerte. Ahnungslos schritt ich an bewachsenen Trümmerhalden und verwilderten Parks vorbei, öffnete das Tor zum Garten meines Onkels, als ich plötzlich bestürzt stehenblieb. In der Stille des Abends war sehr deutlich zu hören, daß im Wohnzimmer meines Onkels gesungen wurde. Singen ist eine gute deutsche Sitte, und es gibt viele Frühlingslieder — hier aber hörte ich deutlich:

holder Knabe im lockigen Haar . . .

Ich muß gestehen, daß ich verwirrt war. Ich ging langsam näher, wartete das Ende des Liedes ab. Die Vorhänge waren zugezogen, ich beugte mich zum Schlüsselloch. In diesem Augenblick drang das Gebimmel der Zwergenglocken an mein Ohr, und ich hörte deutlich das Flüstern des Engels. Ich hatte nicht den Mut einzudringen und ging langsam nach Hause zurück. In der Familie rief mein Bericht allgemeine Belustigung hervor. Aber erst als Franz auftauchte und Näheres berichtete, erfuhren wir, was geschehen war:
Um Mariä Lichtmeß herum, zu der Zeit also, wo man in unseren Landen die Christbäume plündert, sie dann auf den Kehricht wirft, wo sie von nichtsnutzigen Kindern aufgegriffen, durch Asche und sonstigen Unrat geschleift und zu mancherlei Spiel verwendet werden, um Lichtmeß herum war das Schreckliche geschehen. Als mein Vetter Johannes am Abend des Lichtmeßtages, nachdem ein letztes Mal der Baum gebrannt hatte — als Johannes begann, die Zwerge von den Klammern zu lösen, fing meine bis dahin so milde Tante jämmerlich zu schreien an, und zwar so heftig und plötzlich, daß mein Vater erschrak, die Herrschaft über den leise schwankenden Baum verlor, und schon war es geschehen: es klirrte und klingelte, Zwerge und Glocken, Ambosse und der Spitzenengel, alles stürzte hinunter, und meine Tante schrie. Sie schrie fast eine Woche lang. Neurologen wurden herbeitelegraphiert, Psychiater kamen in Taxen herangerast — aber alle, auch Kapazitäten, verließen achselzuckend, ein wenig erschreckt auch, das Haus. Keiner hatte diesem unerfreulich schrillen Konzert ein Ende bereiten können. Nur die stärksten Mittel brachten einige Stunden Ruhe, doch ist

die Dosis Luminal, die man einer Sechzigjährigen verabreichen kann, ohne ihr Leben zu gefährden, leider gering. Es ist aber eine Qual, eine aus allen Leibeskräften schreiende Frau im Hause zu haben: schon am zweiten Tage befand sich die Familie in völliger Auflösung. Auch der Zuspruch des Priesters, der am Heiligen Abend der Feier beizuwohnen pflegte, blieb vergeblich: meine Tante schrie.

Franz machte sich besonders unbeliebt, weil er riet, einen regelrechten Exorzismus anzuwenden. Der Pfarrer schalt ihn, die Familie war bestürzt über seine mittelalterlichen Anschauungen, der Ruf seiner Brutalität überwog für einige Wochen seinen Ruf als Faustkämpfer.

Inzwischen wurde alles versucht, meine Tante aus ihrem Zustand zu erlösen. Sie verweigerte die Nahrung, sprach nicht, schlief nicht; man wandte kaltes Wasser an, heißes, Fußbäder, Wechselbäder, die Ärzte schlugen in Lexika nach, suchten nach dem Namen dieses Komplexes, fanden ihn nicht.

Und meine Tante schrie. Sie schrie so lange, bis mein Onkel Franz — dieser wirklich herzensgute Mensch — auf die Idee kam, einen neuen Tannenbaum aufzustellen.

3

Die Idee war ausgezeichnet, aber sie auszuführen, erwies sich als äußerst schwierig. Es war fast Mitte Februar geworden, und es ist verhältnismäßig schwer, um diese Zeit einen diskutablen Tannenbaum auf dem Markt zu finden. Die gesamte Geschäftswelt hat sich längst — mit erfreulicher Schnelligkeit übrigens — auf andere Dinge eingestellt. Karneval ist nahe: Masken und Pistolen, Cowboyhüte und verrückte Kopfbedeckungen für Czardasfürstinnen füllen die Schaufenster, in denen man sonst Engel und Engelhaar, Kerzen und Krippen hat bewundern können. Die Zuckerwarenläden haben längst den Weihnachtskrempel in ihre Lager zurücksortiert, während Knallbonbons nun ihre Fenster zieren. Jedenfalls Tannenbäume gibt es um diese Zeit auf dem regulären Markt nicht.

Es wurde schließlich eine Expedition raublustiger Enkel mit Taschengeld und einem scharfen Beil ausgerüstet: sie fuhren in den Staatsforst und kamen gegen Abend, offenbar in bester Stimmung, mit einer Edeltanne zurück. Aber inzwischen war

festgestellt worden, daß vier Zwerge, sechs glockenförmige Ambosse und der Spitzenengel völlig zerstört waren. Die Marzipanfiguren und das Gebäck waren den gierigen Enkeln zum Opfer gefallen. Auch diese Generation, die dort heranwächst, taugt nichts, und wenn je eine Generation etwas getaugt hat — ich zweifle daran —, so komme ich doch zu der Überzeugung, daß es die Generation unserer Väter war.
Obwohl es an Barmitteln, auch an den nötigen Beziehungen nicht fehlte, dauerte es weitere vier Tage, bis die Ausrüstung komplett war. Währenddessen schrie meine Tante ununterbrochen. Telegramme an die deutschen Spielzeugzentren, die gerade im Aufbau begriffen waren, wurden durch den Äther gejagt, Blitzgespräche geführt, von jungen erhitzten Postgehilfen wurden in der Nacht Expreßpakete angebracht, durch Bestechung wurde kurzfristig eine Einfuhrgenehmigung aus der Tschechoslowakei durchgesetzt.
Diese Tage werden in der Chronik der Familie meines Onkels als Tage mit außerordentlich hohem Verbrauch an Kaffee, Zigaretten und Nerven erhalten bleiben. Inzwischen fiel meine Tante zusammen: ihr rundliches Gesicht wurde hart und eckig, der Ausdruck der Milde wich dem einer unnachgiebigen Strenge, sie aß nicht, trank nicht, schrie dauernd, wurde von zwei Krankenschwestern bewacht, und die Dosis Luminal mußte täglich erhöht werden.
Franz erzählte uns, daß in der ganzen Familie eine krankhafte Spannung geherrscht habe, als endlich am 12. Februar die Tannenbaumausrüstung wieder vollständig war. Die Kerzen wurden entzündet, die Vorhänge zugezogen, meine Tante wurde aus dem Krankenzimmer herübergebracht, und man hörte unter den Versammelten nur Schluchzen und Kichern. Der Gesichtsausdruck meiner Tante milderte sich schon im Schein der Kerzen, und als deren Wärme den richtigen Grad erreicht hatte, die Glasburschen wie irr zu hämmern anfingen, schließlich auch der Engel „Frieden" flüsterte, „Frieden", ging ein wunderschönes Lächeln über ihr Gesicht, und kurz darauf stimmte die ganze Familie das Lied *O Tannenbaum* an. Um das Bild zu vervollständigen, hatte man auch den Pfarrer eingeladen, der ja üblicherweise den Heiligen Abend bei Onkel Franz zu verbringen pflegte; auch er lächelte, auch er war erleichtert und sang mit.
Was kein Test, kein tiefenpsychologisches Gutachten, kein

fachmännisches Aufspüren verborgener Traumata vermocht hatte: das fühlende Herz meines Onkels hatte das Richtige getroffen. Die Tannenbaumtherapie dieses herzensguten Menschen hatte die Situation gerettet.

Meine Tante war beruhigt und fast — so hoffte man damals — geheilt, und nachdem man einige Lieder gesungen, einige Schüsseln Gebäck geleert hatte, war man müde und zog sich zurück, und siehe da: meine Tante schlief ohne jedes Beruhigungsmittel. Die beiden Krankenschwestern wurden entlassen, die Ärzte zuckten die Schultern, alles schien in Ordnung zu sein. Meine Tante aß wieder, trank wieder, war wieder liebenswürdig und milde. Aber am Abend darauf, als die Dämmerstunde nahte, saß mein Onkel zeitunglesend neben seiner Frau unter dem Baum, als diese plötzlich sanft seinen Arm berührte und zu ihm sagte: „So wollen wir denn die Kinder zur Feier rufen; ich glaube, es ist Zeit." Mein Onkel gestand uns später, daß er erschrak, aber aufstand, um in aller Eile seine Kinder und Enkel zusammenzurufen und einen Boten zum Pfarrer zu schicken. Der Pfarrer erschien, etwas abgehetzt und erstaunt, aber man zündete die Kerzen an, ließ die Zwerge hämmern, den Engel flüstern, man sang, aß Gebäck — und alles schien in Ordnung zu sein.

4

Nun ist die gesamte Vegetation gewissen biologischen Gesetzen unterworfen, und Tannenbäume, dem Mutterboden entrissen, haben bekanntlich die verheerende Neigung, Nadeln zu verlieren, besonders, wenn sie in warmen Räumen stehen, und bei meinem Onkel war es warm. Die Lebensdauer der Edeltanne ist etwas länger als die der gewöhnlichen, wie die bekannte Arbeit *Abies vulgaris und Abies nobilis* von Dr. Hergenring ja bewiesen hat. Doch auch die Lebensdauer der Edeltanne ist nicht unbeschränkt. Schon als Karneval nahte, zeigte es sich, daß man versuchen mußte, meiner Tante neuen Schmerz zu bereiten: der Baum verlor rapide an Nadeln, und beim abendlichen Singen der Lieder wurde ein leichtes Stirnrunzeln bei meiner Tante bemerkt. Auf Anraten eines wirklich hervorragenden Psychologen wurde nun der Versuch unternommen, in leichtem Plauderton von einem möglichen Ende

der Weihnachtszeit zu sprechen, zumal die Bäume schon angefangen hatten auszuschlagen, was ja allgemein als ein Zeichen des herannahenden Frühlings gilt, während man in unseren Breiten mit dem Wort ‚Weihnachten' unbedingt winterliche Vorstellungen verbindet. Mein sehr geschickter Onkel schlug eines Abends vor, die Lieder *Alle Vögel sind schon da* und *Komm, lieber Mai, und mache* anzustimmen, doch schon beim ersten Vers des erstgenannten Liedes machte meine Tante ein derart finsteres Gesicht, daß man sofort abbrach und *O Tannenbaum* intonierte. Drei Tage später wurde mein Vetter Johannes beauftragt, einen milden Plünderungszug zu unternehmen, aber schon, als er seine Hände ausstreckte und einem der Zwerge den Korkhammer nahm, brach meine Tante in so heftiges Geschrei aus, daß man den Zwerg sofort wieder komplettierte, die Kerzen anzündete und etwas hastig, aber sehr laut in das Lied *Stille Nacht* ausbrach.
Aber die Nächte waren nicht mehr still; singende Gruppen jugendlicher Trunkenbolde durchzogen die Stadt mit Trompeten und Trommeln, alles war mit Luftschlangen und Konfetti bedeckt, maskierte Kinder bevölkerten tagsüber die Straßen, schossen, schrien, manche sangen auch, und einer privaten Statistik zufolge gab es mindestens sechzigtausend Cowboys und vierzigtausend Czardasfürstinnen in unserer Stadt: kurzum, es war Karneval, ein Fest, das man bei uns mit ebensolcher, fast mit mehr Heftigkeit zu feiern gewohnt ist als Weihnachten. Aber meine Tante schien blind und taub zu sein: sie bemängelte karnevalistische Kleidungsstücke, wie sie um diese Zeit in den Garderoben unserer Häuser unvermeidlich sind; mit trauriger Stimme beklagte sie das Sinken der Moral, da man nicht einmal an den Weihnachtstagen in der Lage sei, von diesem unsittlichen Treiben zu lassen, und als sie im Schlafzimmer meiner Kusine einen Luftballon entdeckte, der zwar eingefallen war, aber noch deutlich einen mit weißer Farbe aufgemalten Narrenhut zeigte, brach sie in Tränen aus und bat meinen Onkel, diesem unheiligen Treiben Einhalt zu gebieten. Mit Schrecken mußte man feststellen, daß meine Tante sich wirklich in dem Wahn befand, es sei Heiliger Abend. Mein Onkel berief jedenfalls eine Familienversammlung ein, bat um Schonung für seine Frau, Rücksichtnahme auf ihren merkwürdigen Geisteszustand und rüstete zunächst wieder eine Expedition aus, um wenigstens den Frieden des

abendlichen Festes garantiert zu wissen.
Während meine Tante schlief, wurde der Schmuck vom alten Baum ab- und auf den neuen montiert, und ihr Zustand blieb erfreulich.

5

Aber auch der Karneval ging vorüber, der Frühling kam wirklich, statt des Liedes *Komm, lieber Mai* hätte man schon singen können ‚Lieber Mai, du bist gekommen'. Es wurde Juni. Vier Tannenbäume waren schon verschlissen, und keiner der neuerlich zugezogenen Ärzte konnte Hoffnung auf Besserung geben. Meine Tante blieb fest. Sogar der als internationale Kapazität bekannte Dr. Bless hatte sich achselzuckend wieder in sein Studierzimmer zurückgezogen, nachdem er als Honorar die Summe von 1365 Mark kassiert hatte, womit er zum wiederholten Male seine Weltfremdheit bewies. Einige weitere sehr vage Versuche, die Feier abzubrechen oder ausfallen zu lassen, wurden mit solchem Geschrei von seiten meiner Tante quittiert, daß man von derlei Sakrilegien endgültig Abstand nehmen mußte.
Das Schreckliche war, daß meine Tante darauf bestand, alle ihr nahestehenden Personen müßten anwesend sein. Zu diesen gehörten auch der Pfarrer und die Enkelkinder. Selbst die Familienmitglieder waren nur mit äußerster Strenge zu veranlassen, pünktlich zu erscheinen, aber mit dem Pfarrer wurde es schwierig. Einige Wochen hielt er zwar ohne Murren mit Rücksicht auf seine alte Pönitentin durch, aber dann versuchte er unter verlegenem Räuspern, meinem Onkel klarzumachen, daß es so nicht weiterging. Die eigentliche Feier war zwar kurz — sie dauerte etwa achtunddreißig Minuten —, aber selbst diese kurze Zeremonie sei auf die Dauer nicht durchzuhalten, behauptete der Pfarrer. Er habe andere Verpflichtungen, abendliche Zusammenkünfte mit seinen Konfratres, seelsorgerische Aufgaben, ganz zu schweigen vom samstäglichen Beichthören. Immerhin hatte er einige Wochen Terminverschiebungen in Kauf genommen, aber gegen Ende Juni fing er an, energisch Befreiung zu erheischen. Franz wütete in der Familie herum, suchte Komplizen für seinen Plan, die Mutter in eine Anstalt zu bringen, stieß aber überall auf Ablehnung.

Jedenfalls: es machten sich Schwierigkeiten bemerkbar. Eines Abends fehlte der Pfarrer, war weder telefonisch noch durch einen Boten aufzutreiben, und es wurde klar, daß er sich einfach gedrückt hatte. Mein Onkel fluchte fürchterlich, er nahm dieses Ereignis zum Anlaß, die Diener der Kirche mit Worten zu bezeichnen, die zu wiederholen ich mich weigern muß. In alleräußerster Not wurde einer der Kapläne, ein Mensch einfacher Herkunft, gebeten, auszuhelfen. Er tat es, benahm sich aber so fürchterlich, daß es fast zur Katastrophe gekommen wäre. Immerhin, man muß bedenken, es war Juni, also heiß, trotzdem waren die Vorhänge zugezogen, um winterliche Dunkelheit wenigstens vorzutäuschen, außerdem brannten Kerzen. Dann ging die Feier los; der Kaplan hatte zwar von diesem merkwürdigen Ereignis schon gehört, aber keine rechte Vorstellung davon. Zitternd stellte man meiner Tante den Kaplan vor, er vertrete den Pfarrer. Unerwarteterweise nahm sie die Veränderung des Programms hin. Also: die Zwerge hämmerten, der Engel flüsterte, es wurde *O Tannenbaum* gesungen, dann aß man Gebäck, sang noch einmal das Lied, und plötzlich bekam der Kaplan einen Lachkrampf. Später hat er gestanden, die Stelle „... nein, auch im Winter, wenn es schneit' habe er einfach nicht ohne zu lachen ertragen können. Er plusterte mit klerikaler Albernheit los, verließ das Zimmer und ward nicht mehr gesehen. Alles blickte gespannt auf meine Tante, doch sie sagte nur resigniert etwas vom „Proleten im Priestergewande" und schob sich ein Stück Marzipan in den Mund. Auch wir erfuhren damals von diesem Vorfall mit Bedauern — doch bin ich heute geneigt, ihn als einen Ausbruch natürlicher Heiterkeit zu bezeichnen.
Ich muß hier — wenn ich der Wahrheit die Ehre lassen will — einflechten, daß mein Onkel seine Beziehungen zu den höchsten Verwaltungsstellen der Kirche ausgenutzt hat, um sich sowohl über den Pfarrer wie den Kaplan zu beschweren. Die Sache wurde mit äußerster Korrektheit angefaßt, ein Prozeß wegen Vernachlässigung seelsorgerischer Pflichten wurde angestrengt, der in erster Instanz von den beiden Geistlichen gewonnen wurde. Ein zweites Verfahren schwebt noch.
Zum Glück fand man einen pensionierten Prälaten, der in der Nachbarschaft wohnte. Dieser reizende alte Herr erklärte sich mit liebenswürdiger Selbstverständlichkeit bereit, sich zur Verfügung zu halten und täglich die abendliche Feier zu ver-

vollständigen. Doch ich habe vorgegriffen. Mein Onkel Franz, der nüchtern genug war, zu erkennen, daß keinerlei ärztliche Hilfe zum Ziel gelangen würde, sich auch hartnäckig weigerte, einen Exorzismus zu versuchen, war Geschäftsmann genug, sich nun auf Dauer einzustellen und die wirtschaftlichste Art herauszukalkulieren. Zunächst wurden schon Mitte Juni die Enkelexpeditionen eingestellt, weil sich herausstellte, daß sie zu teuer wurden. Mein findiger Vetter Johannes, der zu allen Kreisen der Geschäftswelt die besten Beziehungen unterhält, spürte den Tannenbaum-Frischdienst der Firma Söderbaum auf, eines leistungsfähigen Unternehmens, das sich nun schon fast zwei Jahre um die Nerven meiner Verwandtschaft hohe Verdienste erworben hat. Nach einem halben Jahr schon wandelte die Firma Söderbaum die Lieferung des Baumes in ein wesentlich verbilligtes Abonnement um und erklärte sich bereit, die Lieferfrist von ihrem Nadelbaumspezialisten, Dr. Alfast, genauestens festlegen zu lassen, so daß schon drei Tage, bevor der alte Baum indiskutabel wird, der neue anlangt und mit Muße geschmückt werden kann. Außerdem werden vorsichtshalber zwei Dutzend Zwerge auf Lager gehalten, und drei Spitzenengel sind in Reserve gelegt.
Ein wunder Punkt sind bis heute die Süßigkeiten geblieben. Sie zeigen die verheerende Neigung, vom Baume schmelzend herunterzutropfen, schneller und endgültiger als schmelzendes Wachs. Jedenfalls in den Sommermonaten. Jeder Versuch, sie durch geschickt getarnte Kühlvorrichtungen in weihnachtlicher Starre zu erhalten, ist bisher gescheitert, ebenso eine Versuchsreihe, die begonnen wurde, um die Möglichkeiten der Präparierung eines Baumes zu prüfen. Doch ist die Familie für jeden fortschrittlichen Vorschlag, der geeignet ist, dieses stetige Fest zu verbilligen, dankbar und aufgeschlossen.

6

Inzwischen haben die abendlichen Feiern im Hause meines Onkels eine fast professionelle Starre angenommen: man versammelt sich unter dem Baum oder um den Baum herum. Meine Tante kommt herein, man entzündet die Kerzen, die Zwerge beginnen zu hämmern, und der Engel flüstert „Frieden, Frieden", dann singt man einige Lieder, knabbert Gebäck, plaudert ein wenig und zieht sich gähnend mit dem Glückwunsch „Frohes Fest auch" zurück — und die Jugend gibt sich den jahreszeitlich bedingten Vergnügungen hin, während mein herzensguter Onkel Franz mit Tante Milla zu Bett geht. Kerzenrauch bleibt im Raum, der sanfte Geruch erhitzter Tannenzweige und das Aroma von Spezereien. Die Zwerge, ein wenig phosphoreszierend, bleiben starr in der Dunkelheit stehen, die Arme bedrohlich erhoben, und der Engel läßt sein silbriges, offenbar ebenfalls phosphoreszierendes Gewand sehen.

Es erübrigt sich vielleicht, festzustellen, daß die Freude am wirklichen Weihnachtsfest in unserer gesamten Verwandtschaft erhebliche Einbuße erlitten hat: wir können, wenn wir wollen, bei unserem Onkel jederzeit einen klassischen Weihnachtsbaum bewundern — und es geschieht oft, wenn wir sommers auf der Veranda sitzen und uns nach des Tages Last und Müh Onkels milde Apfelsinenbowle in die Kehle gießen, daß von drinnen der sanfte Klang gläserner Glocken kommt, und man kann im Dämmer die Zwerge wie flinke kleine Teufelchen herumhämmern sehen, während der Engel „Frieden" flüstert, „Frieden". Und immer noch kommt es uns befremdlich vor, wenn mein Onkel mitten im Sommer seinen Kindern plötzlich zuruft: „Macht bitte den Baum an, Mutter kommt gleich." Dann tritt, meist pünktlich, der Prälat ein, ein milder alter Herr, den wir alle in unser Herz geschlossen haben, weil er seine Rolle vorzüglich spielt, wenn er überhaupt weiß, daß er eine und welche er spielt. Aber gleichgültig: er spielt sie, weißhaarig, lächelnd, und der violette Rand unterhalb seines Kragens gibt seiner Erscheinung den letzten Hauch von Vornehmheit. Und es ist ein ungewöhnliches Erlebnis, in lauen Sommernächten den erregten Ruf zu hören: „Das Löschhorn, schnell, wo ist das Löschhorn?" Es ist schon vorgekommen, daß während eines heftigen Gewitters die Zwerge sich plötzlich bewogen fühlten, ohne Hitzeeinwirkung die Arme zu erheben und sie wild zu schwingen, gleichsam ein Extrakonzert zu geben, eine Tatsache, die man ziemlich phantasielos mit dem trockenen Wort ‚Elektrizität' zu deuten versuchte.

Eine nicht ganz unwesentliche Seite dieses Arrangements ist die finanzielle. Wenn auch in unserer Familie im allgemeinen kein Mangel an Barmitteln herrscht, solch außergewöhnliche Ausgaben stürzen die Kalkulation um. Denn trotz aller Vorsicht ist natürlich der Verschleiß an Zwergen, Ambossen und Hämmern enorm, und der sensible Mechanismus, der den Engel zu einem sprechenden macht, bedarf der stetigen Sorgfalt und Pflege und muß hin und wieder erneuert werden. Ich habe das Geheimnis übrigens inzwischen entdeckt: der Engel ist durch ein Kabel mit einem Mikrophon im Nebenzimmer verbunden, vor dessen Metallschnauze sich eine ständig rotierende Schallplatte befindet, die, mit gewissen Pausen dazwischen, „Frieden" flüstert, „Frieden". Alle diese Dinge sind um so kostspieliger, als sie für den Gebrauch von nur wenigen Tagen des Jahres erdacht sind, nun aber das ganze Jahr strapaziert werden. Ich war erstaunt, als mein Onkel mir eines Tages erklärte, daß die Zwerge tatsächlich alle drei Monate erneuert werden müssen und daß ein kompletter Satz nicht weniger als 128 Mark kostet. Er habe einen befreundeten Ingenieur gebeten, sie durch einen Kautschuküberzug zu verstärken, ohne jedoch ihre Klangschönheit zu beeinträchtigen. Dieser Versuch ist gescheitert. Der Verbrauch an Kerzen, Spekulatius, Marzipan, das Baumabonnement, Arztrechnungen und die vierteljährliche Aufmerksamkeit, die man dem Prälaten zukommen lassen muß, alles zusammen, sagte mein Onkel, komme ihn täglich im Durchschnitt auf elf Mark, ganz zu schweigen von dem Verschleiß an Nerven und von sonstigen gesundheitlichen Störungen, die damals anfingen, sich bemerkbar zu machen. Doch war das im Herbst, und man schrieb die Störungen einer gewissen herbstlichen Sensibilität zu, wie sie ja allgemein beobachtet wird.

7

Das wirkliche Weihnachtsfest verlief ganz normal. Es ging etwas wie ein Aufatmen durch die Familie meines Onkels, da man auch andere Familien nun unter Weihnachtsbäumen versammelt sah, andere auch singen und Spekulatius essen mußten. Aber die Erleichterung dauerte nur so lange an, wie die weihnachtliche Zeit dauerte. Schon Mitte Januar brach bei meiner Kusine Lucie ein merkwürdiges Leiden aus: beim Anblick der Tannenbäume, die auf den Straßen und Trümmerhaufen herumlagen, brach sie in ein hysterisches Geschluchze aus. Dann hatte sie einen regelrechten Anfall von

Wahnsinn, den man als Nervenzusammenbruch zu kaschieren versuchte. Sie schlug einer Freundin, bei der sie zum Kaffeeklatsch war, die Schüssel aus der Hand, als diese ihr milde lächelnd Spekulatius anbot. Meine Kusine ist allerdings das, was man eine temperamentvolle Frau nennt; sie schlug also ihrer Freundin die Schüssel aus der Hand, nahte sich dann deren Weihnachtsbaum, riß ihn vom Ständer und trampelte auf Glaskugeln, künstlichen Pilzen, Kerzen und Sternen herum, während ein anhaltendes Gebrüll ihrem Munde entströmte. Die versammelten Damen entflohen, einschließlich der Hausfrau, man ließ Lucie toben, wartete in der Diele auf den Arzt, gezwungen, zuzuhören, wie drinnen Porzellan zerschlagen wurde. Es fällt mir schwer, aber ich muß hier berichten, daß Lucie in einer Zwangsjacke abtransportiert wurde.
Anhaltende hypnotische Behandlung brachte das Leiden zwar zum Stillstand, aber die eigentliche Heilung ging nur sehr langsam vor sich. Vor allem schien ihr die Befreiung von der abendlichen Feier, die der Arzt erzwang, zusehends wohlzutun; nach einigen Tagen schon begann sie aufzublühen. Schon nach zehn Tagen konnte der Arzt riskieren, mit ihr über Spekulatius wenigstens zu reden, ihn zu essen, weigerte sie sich jedoch hartnäckig. Dem Arzt kam dann die geniale Idee, sie mit sauren Gurken zu füttern, ihr Salate und kräftige Fleischspeisen anzubieten. Das war wirklich die Rettung für die arme Lucie. Sie lachte wieder, und sie begann die endlosen therapeutischen Unterredungen, die ihr Arzt mit ihr pflegte, mit ironischen Bemerkungen zu würzen.
Zwar war die Lücke, die durch ihr Fehlen bei der abendlichen Feier entstand, schmerzlich für meine Tante, wurde aber durch einen Umstand erklärt, der für alle Frauen als hinlängliche Entschuldigung gelten kann, durch Schwangerschaft.
Aber Lucie hatte das geschaffen, was man einen Präzedenzfall nennt; sie hatte bewiesen, daß die Tante zwar litt, wenn jemand fehlte, aber nicht sofort zu schreien begann, und mein Vetter Johannes und sein Schwager Karl versuchten nun, die strenge Disziplin zu durchbrechen, indem sie Krankheit vorschützten, geschäftliche Verhinderung oder andere, recht durchsichtige Gründe angaben. Doch blieb mein Onkel hier erstaunlich hart: mit eiserner Strenge setzte er durch, daß nur in Ausnahmefällen Atteste eingereicht, sehr kurze Beurlau-

bungen beantragt werden konnten. Denn meine Tante merkte jede weitere Lücke sofort und brach in stilles, aber anhaltendes Weinen aus, was zu den bittersten Bedenken Anlaß gab.
Nach vier Wochen kehrte auch Lucie zurück und erklärte sich bereit, an der täglichen Zeremonie wieder teilzunehmen, doch hat ihr Arzt durchgesetzt, daß für sie ein Glas Gurken und ein Teller mit kräftigen Butterbroten bereitgehalten wird, da sich ihr Spekulatiustrauma als unheilbar erwies. So waren eine Zeitlang durch meinen Onkel, der hier eine unerwartete Härte bewies, alle Disziplinschwierigkeiten aufgehoben.

8

Schon kurz nach dem ersten Jahrestag der ständigen Weihnachtsfeier gingen beunruhigende Gerüchte um: mein Vetter Johannes sollte sich von einem befreundeten Arzt ein Gutachten haben ausstellen lassen, auf wie lange wohl die Lebenszeit meiner Tante noch zu bemessen wäre, ein wahrhaft finsteres Gerücht, das ein bedenkliches Licht auf eine allabendlich friedlich versammelte Familie wirft. Das Gutachten soll vernichtend für Johannes gewesen sein. Sämtliche Organe meiner Tante, die zeitlebens sehr solide war, sind völlig intakt, die Lebensdauer ihres Vaters hat achtundsiebzig, die ihrer Mutter sechsundachtzig Jahre betragen. Meine Tante selbst ist zweiundsechzig, und so besteht kein Grund, ihr ein baldiges seliges Ende zu prophezeien. Noch weniger, so finde ich, es ihr zu wünschen. Als meine Tante dann mitten im Sommer einmal erkrankte — Erbrechen und Durchfall suchten diese arme Frau heim —, wurde gemunkelt, sie sei vergiftet worden, aber ich erkläre hier ausdrücklich, daß dieses Gerücht einfach eine Erfindung übelmeinender Verwandter ist. Es ist eindeutig erwiesen, daß es sich um eine Infektion handelte, die von einem Enkel eingeschleppt wurde. Analysen, die mit den Exkrementen meiner Tante vorgenommen wurden, ergaben aber auch nicht die geringste Spur von Gift.
Im gleichen Sommer zeigten sich bei Johannes die ersten gesellschaftsfeindlichen Bestrebungen: er trat aus seinem Gesangverein aus, erklärte, auch schriftlich, daß er an der Pflege des deutschen Liedes nicht mehr teilzunehmen gedenke. Allerdings, ich darf hier einflechten, daß er immer, trotz des

akademischen Grades, den er errang, ein ungebildeter Mensch war. Für die *Virbymnia* war es ein großer Verlust, auf seinen Baß verzichten zu müssen. — Mein Schwager Karl fing an, sich heimlich mit Auswanderungsbüros in Verbindung zu setzen. Das Land seiner Träume mußte besondere Eigenschaften haben: es durften dort keine Tannenbäume gedeihen, deren Import mußte verboten oder durch hohe Zölle unmöglich gemacht sein; außerdem — das seiner Frau wegen — mußte dort das Geheimnis der Spekulatiusherstellung unbekannt und das Singen von Weihnachtsliedern verboten sein. Karl erklärte sich bereit, harte körperliche Arbeit auf sich zu nehmen.
Inzwischen sind seine Versuche vom Fluche der Heimlichkeit befreit, weil sich auch in meinem Onkel eine vollkommene und sehr plötzliche Wandlung vollzogen hat. Diese geschah auf so unerfreulicher Ebene, daß wir wirklich Grund hatten, zu erschrecken. Dieser biedere Mensch, von dem ich nur sagen kann, daß er ebenso hartnäckig wie herzensgut ist, wurde auf Wegen beobachtet, die einfach unsittlich sind, es auch bleiben werden, solange die Welt besteht. Es sind von ihm Dinge bekannt geworden, auch durch Zeugen belegt, auf die nur das Wort Ehebruch angewandt werden kann. Und das Schrecklichste ist, er leugnet es schon nicht mehr, sondern stellt für sich den Anspruch, in Verhältnissen und Bedingungen zu leben, die moralische Sondergesetze berechtigt erscheinen lassen müßten. Ungeschickterweise wurde diese plötzliche Wandlung gerade zu dem Zeitpunkt offenbar, wo der zweite Termin gegen die beiden Geistlichen seiner Pfarre fällig geworden war. Onkel Franz muß als Zeuge, als verkappter Kläger einen solch minderwertigen Eindruck gemacht haben, daß es ihm allein zuzuschreiben ist, wenn auch der zweite Termin günstig für die beiden Geistlichen auslief. Aber das alles ist Onkel Franz inzwischen gleichgültig geworden: bei ihm ist der Verfall komplett, schon vollzogen.
Er war auch der erste, der die Idee hatte, sich von einem Schauspieler bei der abendlichen Feier vertreten zu lassen. Er hatte einen arbeitslosen Bonvivant aufgetrieben, der ihn vierzehn Tage lang so vorzüglich nachahmte, daß nicht einmal seine Frau die ausgewechselte Identität bemerkte. Auch seine Kinder bemerkten es nicht. Es war einer der Enkel, der während einer kleinen Singpause plötzlich in den Ruf ausbrach: „Opa hat Ringelsocken an!", wobei er triumphierend

das Hosenbein des Bonvivants hochhob. Für den armen Künstler muß diese Szene schrecklich gewesen sein, auch die Familie war bestürzt, und um Unheil zu vermeiden, stimmte man, wie so oft schon in peinlichen Situationen, schnell ein Lied an. Nachdem die Tante zu Bett gegangen, war die Identität des Künstlers schnell festgestellt. Es war das Signal zum fast völligen Zusammenbruch.

9

Immerhin: man muß bedenken, eineinhalb Jahre, das ist eine lange Zeit, und der Hochsommer war wieder gekommen, eine Jahreszeit, in der meinen Verwandten die Teilnahme an diesem Spiel am schwersten fällt. Lustlos knabbern sie in dieser Hitze an Printen und Pfeffernüssen, lächeln starr vor sich hin, während sie ausgetrocknete Nüsse knacken, sie hören den unermüdlich hämmernden Zwergen zu und zucken zusammen, wenn der rotwangige Engel über ihre Köpfe hinweg „Frieden" flüstert, „Frieden", aber sie harren aus, während ihnen trotz sommerlicher Kleidung der Schweiß über Hals und Wangen läuft und ihnen die Hemden festkleben. Vielmehr: sie haben ausgeharrt.

Geld spielt vorläufig noch keine Rolle — fast im Gegenteil. Man beginnt sich zuzuflüstern, daß Onkel Franz nun auch geschäftlich zu Methoden gegriffen hat, die die Bezeichnung ‚christlicher Kaufmann' kaum noch zulassen. Er ist entschlossen, keine wesentliche Schwächung des Vermögens zuzulassen, eine Versicherung, die uns zugleich beruhigt und erschreckt.

Nach der Entlarvung des Bonvivants kam es zu einer regelrechten Meuterei, deren Folge ein Kompromiß war: Onkel Franz hat sich bereit erklärt, die Kosten für ein kleines Ensemble zu übernehmen, das ihn, Johannes, meinen Schwager Karl und Lucie ersetzt, und es ist ein Abkommen getroffen worden, daß immer einer von den vieren im Original an der abendlichen Feier teilzunehmen hat, damit die Kinder in Schach gehalten werden. Der Prälat hat bisher nichts von diesem Betrug gemerkt, den man keineswegs mit dem Adjektiv fromm wird belegen können. Abgesehen von meiner Tante und den Kindern ist er die einzige originale Figur bei diesem Spiel.

Es ist ein genauer Plan aufgestellt worden, der in unserer

Verwandtschaft Spielplan genannt wird, und durch die Tatsache, daß einer immer wirklich teilnimmt, ist auch für die Schauspieler eine gewisse Vakanz gewährleistet. Inzwischen hat man auch gemerkt, daß diese sich nicht ungern zu der Feier hergeben, sich gerne zusätzlich etwas Geld verdienen, und man hat mit Erfolg die Gage gedrückt, da ja glücklicherweise an arbeitslosen Schauspielern kein Mangel herrscht. Karl hat mir erzählt, daß man hoffen könne, diesen ‚Posten' noch ganz erheblich herunterzusetzen, zumal ja den Schauspielern eine Mahlzeit geboten wird und die Kunst bekanntlich, wenn sie nach Brot geht, billiger wird.

10

Lucies verhängnisvolle Entwicklung habe ich schon angedeutet: sie treibt sich fast nur noch in Nachtlokalen herum, und besonders an den Tagen, wo sie gezwungenermaßen an der häuslichen Feier hat teilnehmen müssen, ist sie wie toll. Sie trägt Kordhosen, bunte Pullover, läuft in Sandalen herum und hat sich ihr prachtvolles Haar abgeschnitten, um eine schmucklose Fransenfrisur zu tragen, von der ich jetzt erfahre, daß sie unter dem Namen Pony schon einige Male modern war. Obwohl ich offenkundige Unsittlichkeit bei ihr bisher nicht beobachten konnte, nur eine gewisse Exaltation, die sie selbst als Existentialismus bezeichnet, trotzdem kann ich mich nicht entschließen, diese Entwicklung erfreulich zu finden; ich liebe die milden Frauen mehr, die sich sittsam im Takte des Walzers bewegen, die angenehme Verse zitieren und deren Nahrung nicht ausschließlich aus sauren Gurken und mit Paprika überwürztem Gulasch besteht. Die Auswanderungspläne meines Schwagers Karl scheinen sich zu realisieren: er hat ein Land entdeckt, nicht weit vom Äquator, das seinen Bedingungen gerecht zu werden verspricht, und Lucie ist begeistert: man trägt in diesem Lande Kleider, die den ihren nicht unähnlich sind, man liebt dort die scharfen Gewürze und tanzt nach Rhythmen, ohne die nicht mehr leben zu können sie vorgibt. Es ist zwar ein wenig schockierend, daß diese beiden dem Sprichwort ‚Bleibe im Lande und nähre dich redlich' nicht zu folgen gedenken, aber andererseits verstehe ich, daß sie die Flucht ergreifen.

Schlimmer ist es mit Johannes. Leider hat sich das böse Gerücht bewahrheitet: er ist Kommunist geworden. Er hat alle Beziehungen zur Familie abgebrochen, kümmert sich um nichts mehr und existiert bei den abendlichen Feiern nur noch in seinem Double. Seine Augen haben einen fanatischen Ausdruck angenommen, derwischähnlich produziert er sich in öffentlichen Veranstaltungen seiner Partei, vernachlässigt seine Praxis und schreibt wütende Artikel in den entsprechenden Organen. Merkwürdigerweise trifft er sich jetzt häufiger mit Franz, der ihn und den er vergeblich zu bekehren versucht. Bei aller geistigen Entfremdung sind sie sich persönlich etwas nähergekommen.

Franz selbst habe ich lange nicht gesehen, nur von ihm gehört. Er soll von tiefer Schwermut befallen sein, hält sich in dämmrigen Kirchen auf, ich glaube, man kann seine Frömmigkeit getrost als übertrieben bezeichnen. Er fing an, seinen Beruf zu vernachlässigen, nachdem das Unheil über seine Familie gekommen war, und neulich sah ich an der Mauer eines zertrümmerten Hauses ein verblichenes Plakat mit der Aufschrift ‚Letzter Kampf unseres Altmeisters Lenz gegen Lecoq. Lenz hängt die Boxhandschuhe an den Nagel'. Das Plakat war vom März, und jetzt haben wir längst August. Franz soll sehr heruntergekommen sein. Ich glaube, er befindet sich in einem Zustand, der in unserer Familie bisher noch nicht vorgekommen ist: er ist arm. Zum Glück ist er ledig geblieben, die sozialen Folgen seiner unverantwortlichen Frömmigkeit treffen also nur ihn selbst. Mit erstaunlicher Hartnäckigkeit hat er versucht, einen Jugendschutz für die Kinder von Lucie zu erwirken, die er durch die abendlichen Feiern gefährdet glaubte. Aber seine Bemühungen sind ohne Erfolg geblieben; Gott sei Dank sind ja die Kinder begüterter Menschen nicht dem Zugriff sozialer Institutionen ausgesetzt.

Am wenigstens von der übrigen Verwandtschaft entfernt hat sich trotz mancher widerwärtiger Züge — Onkel Franz. Zwar hat er tatsächlich trotz seines hohen Alters eine Geliebte, auch sind seine geschäftlichen Praktiken von einer Art, die wir zwar bewundern, keinesfalls aber billigen können. Neuerdings hat er einen arbeitslosen Inspizienten aufgetan, der die abendliche Feier überwacht und sorgt, daß alles wie am Schnürchen läuft. Es läuft wirklich alles wie am Schnürchen.

11

Fast zwei Jahre sind inzwischen verstrichen: eine lange Zeit. Und ich konnte es mir nicht versagen, auf einem meiner abendlichen Spaziergänge einmal am Hause meines Onkels vorbeizugehen, in dem nun keine natürliche Gastlichkeit mehr möglich ist, seitdem fremdes Künstlervolk dort allabendlich herumläuft und die Familienmitglieder sich befremdenden Vergnügungen hingeben. Es war ein lauer Sommerabend, als ich dort vorbeikam, und schon als ich um die Ecke in die Kastanienallee einbog, hörte ich den Vers:

weihnachtlich glänzet der Wald...

Ein vorüberfahrender Lastwagen machte den Rest unhörbar, ich schlich mich langsam ans Haus und sah durch einen Spalt zwischen den Vorhängen ins Zimmer. Die Ähnlichkeit der anwesenden Mimen mit den Verwandten, die sie darstellten, war so erschreckend, daß ich im Augenblick nicht erkennen konnte, wer nun wirklich an diesem Abend die Aufsicht führte — so nennen sie es. Die Zwerge konnte ich nicht sehen, aber hören. Ihr zirpendes Gebimmel bewegt sich auf Wellenlängen, die durch alle Wände dringen. Das Flüstern des Engels war unhörbar. Meine Tante schien wirklich glücklich zu sein: sie plauderte mit dem Prälaten, und erst spät erkannte ich meinen Schwager als einzige, wenn man so sagen darf, reale Person. Ich erkannte ihn daran, wie er beim Auspusten des Streichholzes die Lippen spitzte. Es scheint doch unverwechselbare Züge der Individualität zu geben. Dabei kam mir der Gedanke, daß die Schauspieler offenbar auch mit Zigarren, Zigaretten und Wein traktiert werden — zudem gibt es ja jeden Abend Spargel. Wenn sie unverschämt sind — und welcher Künstler wäre das nicht? —, bedeutet dies eine erhebliche zusätzliche Verteuerung für meinen Onkel. Die Kinder spielten mit Puppen und hölzernen Wagen in einer Zimmerecke; sie sahen blaß und müde aus. Tatsächlich, vielleicht müßte man auch an sie denken. Mir kam der Gedanke, daß man sie vielleicht durch Wachspuppen ersetzen könne, solcherart, wie sie in den Schaufenstern der Drogerien als Reklame für Milchpulver und Hautcreme Verwendung finden. Ich finde, die sehen doch recht natürlich aus.

Tatsächlich will ich die Verwandtschaft einmal auf die möglichen Auswirkungen dieser ungewöhnlichen täglichen Erregung auf die kindlichen Gemüter aufmerksam machen. Obwohl eine gewisse Disziplin ihnen ja nichts schadet, scheint man sie hier doch über Gebühr zu beanspruchen.
Ich verließ meinen Beobachtungsposten, als man drinnen anfing, *Stille Nacht* zu singen. Ich konnte das Lied wirklich nicht ertragen. Die Luft ist so lau — und ich hatte einen Augenblick lang den Eindruck, einer Versammlung von Gespenstern beizuwohnen. Ein scharfer Appetit auf saure Gurken befiel mich ganz plötzlich und ließ mich leise ahnen, wie sehr Lucie gelitten haben muß.

12

Inzwischen ist es mir gelungen, durchzusetzen, daß die Kinder durch Wachspuppen ersetzt werden. Die Anschaffung war kostspielig — Onkel Franz scheute lange davor zurück —, aber es war nicht länger zu verantworten, die Kinder täglich mit Marzipan zu füttern und sie Lieder singen zu lassen, die ihnen auf die Dauer psychisch schaden können. Die Anschaffung der Puppen erwies sich als nützlich, weil Karl und Lucie wirklich auswanderten und auch Johannes seine Kinder aus dem Haushalt des Vaters zog. Zwischen großen Überseekisten stehend, habe ich mich von Karl, Lucie und den Kindern verabschiedet, sie erschienen mir glücklich, wenn auch etwas beunruhigt. Auch Johannes ist aus unserer Stadt weggezogen. Irgendwo ist er damit beschäftigt, einen Bezirk seiner Partei umzuorganisieren.
Onkel Franz ist lebensmüde. Mit klagender Stimme erzählte er mir neulich, daß man immer wieder vergißt, die Puppen abzustauben. Überhaupt machen ihm die Dienstboten Schwierigkeiten, und die Schauspieler scheinen zur Disziplinlosigkeit zu neigen. Sie trinken mehr, als ihnen zusteht, und einige sind dabei ertappt worden, daß sie sich Zigarren und Zigaretten einsteckten. Ich riet meinem Onkel, ihnen gefärbtes Wasser vorzusetzen und Pappzigarren anzuschaffen.
Die einzig Zuverlässigen sind meine Tante und der Prälat. Sie plaudern miteinander über die gute alte Zeit, kichern und scheinen recht vergnügt und unterbrechen ihr Gespräch nur, wenn ein Lied angestimmt wird.

Jedenfalls: die Feier wird fortgesetzt.
Mein Vetter Franz hat eine merkwürdige Entwicklung genommen. Er ist als Laienbruder in ein Kloster der Umgebung aufgenommen worden. Als ich ihn zum erstenmal in der Kutte sah, war ich erschreckt: diese große Gestalt mit der zerschlagenen Nase und den dicken Lippen, sein schwermütiger Blick — er erinnerte mich mehr an einen Sträfling als an einen Mönch. Es schien fast, als habe er meine Gedanken erraten. „Wir sind mit dem Leben bestraft", sagte er leise. Ich folgte ihm ins Sprechzimmer. Wir unterhielten uns stockend, und er war offenbar erleichtert, als die Glocke ihn zum Gebet in die Kirche rief. Ich blieb nachdenklich stehen, als er ging. Er eilte sehr, und seine Eile schien aufrichtig zu sein.

Mein Onkel Fred

Mein Onkel Fred ist der einzige Mensch, der mir die Erinnerung an die Jahre nach 1945 erträglich macht. Er kam an einem Sommernachmittag aus dem Kriege heim, schmucklos gekleidet, als einzigen Besitz eine Blechbüchse an einer Schnur um den Hals tragend sowie beschwert durch das unerhebliche Gewicht einiger Kippen, die er sorgfältig in einer kleinen Dose aufbewahrte. Er umarmte meine Mutter, küßte meine Schwester und mich, murmelte die Worte „Brot, Schlaf, Tabak" und rollte sich auf unser Familiensofa, und so entsinne ich mich seiner als eines Menschen, der bedeutend länger war als unser Sofa, ein Umstand, der ihn zwang, seine Beine entweder anzuwinkeln oder sie einfach überhängen zu lassen. Beide Möglichkeiten veranlaßten ihn, sich wütend über das Geschlecht unserer Großeltern auszulassen, dem wir die Anschaffung dieses wertvollen Möbelstückes verdankten. Er nannte diese biedere Generation muffig und pyknisch, verachtete ihren Geschmack für jenes säuerliche Rosa des Stoffes, mit dem das Sofa überzogen war, fühlte sich aber keineswegs gehindert, einem sehr ausgiebigen Schlaf zu frönen.

Ich selbst übte damals eine undankbare Funktion in unserer unbescholtenen Familie aus: ich war vierzehn Jahre alt und das einzige Bindeglied zu jener denkwürdigen Institution, die wir Schwarzmarkt nannten. Mein Vater war gefallen, meine Mutter bezog eine winzige Pension, und so bestand meine Aufgabe darin, fast täglich kleinere Teile unseres geretteten Besitzes zu verscheuern oder sie gegen Brot, Kohle und Tabak zu tauschen. Die Kohle war damals Anlaß zu erheblichen Verletzungen des Eigentumsbegriffes, die man heute mit dem harten Wort Diebstahl bezeichnen muß. So ging ich fast täglich zum Diebstahl oder Verscheuern aus, und meine Mutter, obwohl ihr die Notwendigkeit solch anrüchigen Tuns einleuchtete, sah mich morgens nur mit Tränen in den Augen meinen komplizierten Pflichten entgegengehen. So hatte ich die Aufgabe, ein Kopfkissen zu Brot, eine Sammeltasse zu Grieß oder drei Bände Gustav Freytag zu fünfzig Gramm

Kaffee zu machen, Aufgaben, denen ich zwar mit sportlichem Eifer, aber nicht ganz ohne Erbitterung und Angst oblag. Denn die Wertbegriffe — so nannten es die Erwachsenen damals — waren erheblich verschoben, und ich kam hin und wieder unberechtigterweise in den Verdacht der Unehrlichkeit, weil der Wert eines zu verscheuernden Objektes keineswegs dem entsprach, den meine Mutter für angemessen hielt. Es war schon eine bittere Aufgabe, als Vermittler zwischen zwei Wertwelten zu stehen, die sich inzwischen angeglichen zu haben scheinen.

Onkel Freds Ankunft weckte in uns allen die Erwartung starker männlicher Hilfe. Aber zunächst enttäuschte er uns. Schon vom ersten Tage an erfüllte mich sein Appetit mit großer Sorge, und als ich diese meiner Mutter ohne Zögern mitteilte, bat sie mich, ihn erst einmal ‚zu sich kommen zu lassen'. Es dauerte fast acht Wochen, ehe er zu sich kam. Trotz aller Flüche über das unzulängliche Sofa schlief er dort recht gut, verbrachte den Tag dösend oder indem er uns mit leidender Stimme erklärte, welche Stellung er im Schlaf bevorzuge.

Ich glaube, es war die Stellung eines Sprinters vor dem Start, die er damals allen anderen vorzog. Er liebte es, nach dem Essen auf dem Rücken liegend, mit angezogenen Beinen, ein großes Stück Brot genußvoll in sich hineinzubröckeln, dann eine Zigarette zu drehen und dem Abendessen entgegenzuschlafen. Er war sehr groß und blaß und hatte am Kinn eine kranzförmige Narbe, die seinem Gesicht etwas von einem angeschlagenen Marmordenkmal gab. Obwohl mich sein Appetit und sein Schlafbedürfnis weiterhin beunruhigten, mochte ich ihn sehr gern. Er war der einzige, mit dem ich wenigstens über den Schwarzmarkt theoretisieren konnte, ohne Streit zu bekommen. Offenbar war er über das Zerwürfnis zwischen den beiden Wertwelten informiert.

Unserem Drängen, vom Kriege zu erzählen, gab er nie nach; er behauptete, es lohne sich nicht. Er beschränkte sich darauf, uns hin und wieder von seiner Musterung zu berichten, die offenbar überwiegend darin bestanden hatte, daß ein uniformierter Mensch Onkel Fred mit heftiger Stimme aufgefordert hatte, in ein Reagenzglas zu urinieren, eine Aufforderung, der Onkel Fred nicht gleich hatte nachkommen können, womit seine militärische Laufbahn von vornherein

unter einem ungünstigen Zeichen stand.
Er behauptete, daß das lebhafte Interesse des Deutschen Reiches für seinen Urin ihn mit erheblichem Mißtrauen erfüllt habe, mit einem Mißtrauen, das er in sechs Jahren Krieg bedenklich bestätigt fand.
Er war früher Buchhalter gewesen, und als die ersten vier Wochen auf unserem Sofa vorüber waren, forderte meine Mutter ihn mit schwesterlicher Sanftmut auf, sich nach seiner alten Firma zu erkundigen — er gab diese Aufforderung behutsam an mich weiter, aber alles, was ich ermitteln konnte, war ein absoluter Trümmerhaufen von zirka acht Meter Höhe, den ich nach einstündiger mühsamer Pilgerschaft in einem zerstörten Stadtteil auffand. Onkel Fred war über das Ergebnis meiner Ermittlung sehr beruhigt.
Er lehnte sich zurück, drehte sich eine Zigarette, nickte meiner Mutter triumphierend zu und bat sie, seine Habseligkeiten herauszusuchen. In einer Ecke unseres Schlafraumes fand sich eine sorgfältig vernagelte Kiste, die wir unter großer Spannung mit Hammer und Zange öffneten; es kamen heraus: zwanzig Romane mittleren Umfangs und mittlerer Qualität, eine goldene Taschenuhr, verstaubt, aber unbeschädigt, zwei Paar Hosenträger, einige Notizbücher, das Diplom der Handelskammer und ein Sparkassenbuch über zwölfhundert Mark. Das Sparkassenbuch wurde mir zum Abholen des Geldes, alles andere zum Verscheuern übergeben, einschließlich des Diploms von der Handelskammer, das aber keinen Abnehmer fand, weil Onkel Freds Name mit schwarzer Tusche geschrieben war.
So waren wir vier Wochen jegliche Sorge um Brot, Tabak und Kohlen los, ein Umstand, den ich sehr erleichternd fand, zumal alle Schulen wieder einladend ihre Tore öffneten und ich aufgefordert wurde, meine Bildung zu vervollständigen.
Noch heute, wo meine Bildung längst komplett ist, bewahre ich den Suppen, die es damals gab, eine zärtliche Erinnerung, vor allem, weil man fast kampflos zu dieser zusätzlichen Mahlzeit kam, die dem gesamten Bildungswesen eine erfreuliche zeitgemäße Note gab.
Aber das Ereignis in dieser Zeit war die Tatsache, daß Onkel Fred gut acht Wochen nach seiner erfreulichen Heimkehr die Initiative ergriff. Er erhob sich an einem Spätsommertag morgens von seinem Sofa, rasierte sich so umständlich, daß wir

erschraken, verlangte saubere Wäsche, lieh sich mein Fahrrad und verschwand.
Seine späte Heimkehr stand unter dem Zeichen großen Lärms und eines heftigen Weingeruchs; der Weingeruch entströmte dem Munde meines Onkels, der Lärm rührte von einem halben Dutzend Zinkeimern, die er mit einem großen Seil zusammengebunden hatte. Unsere Verwirrung legte sich erst, als wir erfuhren, daß er entschlossen sei, den Blumenhandel in unserer arg zerstörten Stadt zum Leben zu erwecken. Meine Mutter, voller Mißtrauen gegen die neue Wertwelt, verwarf den Plan und behauptete, für Blumen bestehe kein Bedürfnis. Aber sie täuschte sich.
Es war ein denkwürdiger Morgen, als wir Onkel Fred halfen, die frischgefüllten Eimer an die Straßenbahnhaltestelle zu bringen, wo er sein Geschäft startete. Und ich habe den Anblick der gelben und roten Tulpen, der feuchten Nelken noch heute im Gedächtnis und werde nie vergessen, wie schön er aussah, als er inmitten der grauen Gestalten und der Trümmerhaufen stand und mit schallender Stimme anfing zu rufen: „Blumen ohne!" Über die Entwicklung seines Geschäftes brauche ich nichts zu sagen: sie war kometenhaft. Schon nach vier Wochen war er Besitzer von drei Dutzend Zinkeimern, Inhaber zweier Filialen, und einen Monat später war er Steuerzahler. Die ganze Stadt schien mir verändert: an vielen Ecken tauchten nun Blumenstände auf, der Bedarf war nicht zu decken; immer mehr Zinkeimer wurden angeschafft, Bretterbuden errichtet und Karren zusammengezimmert.
Jedenfalls waren wir nicht nur dauernd mit frischen Blumen, sondern auch mit Brot und Kohlen versehen, und ich konnte meine Vermittlertätigkeit niederlegen, eine Tatsache, die viel zu meiner moralischen Festigung beigetragen hat. Onkel Fred ist längst ein gemachter Mann. Seine Filialen blühen immer noch, er hat ein Auto, und ich bin als sein Erbe vorgesehen und habe den Auftrag, Volkswirtschaft zu studieren, um die steuerliche Betreuung des Unternehmens schon vor Antritt der Erbschaft übernehmen zu können.
Wenn ich ihn heute sehe, einen massigen Menschen am Steuer seines rotlackierten Wagens, kommt es mir merkwürdig vor, daß es wirklich eine Zeit in meinem Leben gab, in der mir sein Appetit schlaflose Nächte bereitete.

Die Postkarte

Niemand von denen, die mich kennen, begreift die Sorgfalt, mit der ich einen Papierfetzen aufbewahre, der völlig wertlos ist, lediglich die Erinnerung an einen bestimmten Tag meines Lebens wachhält und mich in den Ruf einer Sentimentalität bringt, die man meines Bildungsgrades für unwürdig hält: Ich bin Prokurist einer Textilfirma. Doch ich wehre mich gegen den Vorwurf der Sentimentalität und versuche immer wieder, diesem Papierfetzen dokumentarischen Wert zuzusprechen. Es ist ein winziges, rechteckiges Stück einfachen Papiers, das zwar das Ausmaß, nicht aber das Format einer Briefmarke hat, es ist schmäler und länger als eine solche, und obwohl es von der Post stammt, hat es nicht den geringsten Sammelwert. Es ist mit einem kräftigen Rot umrandet, durch einen weiteren roten Querstrich in zwei Rechtecke verschiedener Größe geteilt, und im kleineren dieser Rechtecke steht ein fettes schwarzgedrucktes R, im größeren schwarzgedruckt ‚Düsseldorf' und eine Zahl — die Zahl 634. Das ist alles, und das Papierstückchen ist vergilbt, fast schon verschlissen, und nun, da ich es genau beschrieben habe, entschließe ich mich, es wegzuwerfen: ein einfaches Einschreibe-Etikett, wie jede Postanstalt sie täglich rollenweise verklebt.

Aber dieses Papierstückchen erinnert mich an einen Tag meines Lebens, der wirklich unvergeßlich ist, obwohl man vielfach versucht hat, ihn aus meiner Erinnerung zu streichen. Doch mein Gedächtnis funktioniert zu gut.

Zuerst, wenn ich an diesen Tag denke, rieche ich Vanillepudding, eine warme und süße Wolke, die unter meiner Schlafzimmertür hereinkroch und mich an das gute Herz meiner Mutter gemahnte. Ich hatte sie gebeten, mir an meinem ersten Urlaubstag Vanilleeis zu machen, und als ich wach wurde, roch ich es.

Es war halb elf. Ich steckte mir eine Zigarette an, schob das Kopfkissen hoch und malte mir aus, wie ich den Nachmittag verbringen würde. Ich wollte schwimmen gehen; nach dem Essen würde ich ins Strandbad fahren, würde ein bißchen

schwimmen, lesen, rauchen und auf eine kleine Kollegin warten, die versprochen hatte, nach fünf ins Strandbad zu kommen.
In der Küche klopfte meine Mutter Fleisch, und wenn sie für einen Augenblick aussetzte, hörte ich, daß sie etwas vor sich hinsummte. Es war ein Kirchenlied. Ich war sehr glücklich. Am Tage vorher hatte ich die Gehilfenprüfung bestanden, ich hatte eine gute Stelle in einer Textilfabrik, eine Stelle mit Aufstiegsmöglichkeiten — aber jetzt hatte ich Urlaub, vierzehn Tage Urlaub, und es war Sommer. Draußen war es heiß, aber ich hatte Hitze damals noch gern: durch die Spalten der Läden sah ich draußen das, was man uns Glast zu nennen gelehrt hat; ich sah das Grün der Bäume vor unserem Haus, hörte die Straßenbahn. Und ich freute mich auf das Frühstück. Dann kam die Mutter, um an meiner Tür zu horchen; sie ging durch die Diele, blieb vor meiner Tür stehen, es war einen Augenblick still in unserer Wohnung, und ich wollte gerade „Mutter" rufen, da klingelte es. Meine Mutter ging zur Tür, und ich hörte unten dieses merkwürdig helle Brummen des Summers, vier-, fünf-, sechsmal brummte er, und meine Mutter sprach draußen mit Frau Kurz, die neben uns wohnte. Dann kam eine Männerstimme, und ich wußte sofort, daß es der Briefträger war, obwohl ich ihn nur selten gehört hatte. Der Briefträger kam in unseren Flur, meine Mutter sagte: „Was?" und der Briefträger sagte: „Hier — unterschreiben Sie bitte." Dann war es einen Augenblick sehr still, der Briefträger sagte: „Danke schön", meine Mutter warf die Tür hinter ihm zu, und ich hörte, daß sie in die Küche zurückging.
Kurz danach stand ich auf und ging ins Badezimmer. Ich rasierte mich, wusch mich lange und gründlich, und als ich den Wasserhahn abstellte, hörte ich, daß meine Mutter angefangen hatte, den Kaffee zu mahlen. Es war wie sonntags, nur daß ich an diesem Tage nicht in der Kirche gewesen war.
Niemand wird es mir glauben, aber mein Herz war mir plötzlich schwer. Ich weiß nicht warum, aber es war schwer. Ich hörte die Kaffeemühle nicht mehr. Ich trocknete mich ab, zog Hemd und Hose an, Strümpfe und Schuhe, kämmte mich und ging ins Wohnzimmer. Blumen standen auf dem Tisch, schöne rosa Nelken, es war alles sauber gedeckt, und auf meinem Teller lag eine rote Packung Zigaretten.
Dann kam die Mutter mit der Kaffeekanne aus der Küche,

und ich sah sofort, daß sie geweint hatte. Sie hielt in der einen Hand die Kaffeekanne, in der anderen ein kleines Päckchen Post, und ihre Augen waren gerötet. Ich ging ihr entgegen, nahm ihr die Kanne aus der Hand, küßte sie auf die Wange und sagte: „Guten Morgen." Sie blickte mich an, sagte: „Guten Morgen, hast du gut geschlafen?" Dabei versuchte sie zu lächeln, aber es gelang ihr nicht.
Wir setzten uns, meine Mutter goß Kaffee ein, und ich öffnete die rote Packung, die auf meinem Teller lag, und steckte eine Zigarette an. Ich hatte plötzlich keinen Appetit mehr. Ich rührte Milch und Zucker im Kaffee um, versuchte die Mutter anzusehen, aber ich senkte immer wieder schnell den Blick. „Ist Post gekommen?" fragte ich, obwohl es sinnlos war, denn die rote, kleine Hand der Mutter ruhte auf dem kleinen Päckchen, auf dem zuoberst die Zeitung lag.
„Ja" sagte sie und schob mir den Packen zu. Ich schlug die Zeitung auf, während meine Mutter anfing, mir ein Butterbrot zu schmieren. Auf dem Titelblatt der Zeitung stand als Schlagzeile: ‚Fortgesetzte Schikanen gegen Deutsche im Korridor!' Ähnliches stand schon seit Wochen auf den Titelblättern der Zeitungen. Berichte von dem ‚Geknalle an der polnischen Grenze und von den Flüchtlingen, die die Sphäre polnischen Haders verließen und ins Reich flüchteten'. Ich legte die Zeitung weg. Dann las ich den Prospekt einer Weinfirma, die uns manchmal beliefert hatte, als der Vater noch lebte. Irgendwelche Rieslinge wurden äußerst wohlfeil angeboten. Ich legte auch den Prospekt weg.
Inzwischen hatte meine Mutter das Butterbrot fertig, legte es mir auf den Teller und sagte: „Iß doch was!" Sie brach in heftiges Schluchzen aus. Ich brachte es nicht über mich, sie anzusehen. Ich kann keinen Menschen ansehen, der wirklich leidet — aber ich begriff jetzt erst, daß es irgend etwas mit der Post sein mußte. Die Post mußte es sein. Ich drückte die Zigarette aus, biß in mein Butterbrot und nahm den nächsten Brief, und als ich ihn aufhob, sah ich, daß darunter noch eine Postkarte lag. Aber den Einschreibezettel hatte ich nicht gesehen, diesen winzigen Papierfetzen, den ich heute noch aufbewahre und der mich in den Ruf der Sentimentalität bringt. So las ich erst den Brief. Der Brief war von Onkel Edi. Onkel Edi schrieb, daß er endlich nach langen Assessorjahren Studienrat geworden war, aber er hatte sich in ein kleines Hunsrücknest

versetzen lassen müssen; es war finanziell kaum eine Verbesserung, weil er nun in die miserabelste Ortsklasse geraten war. Und seine Kinder hatten Keuchhusten gehabt, und alles kotze ihn an, schrieb er, wir wüßten ja warum. Wir wußten warum, und auch uns kotzte es an. Es kotzte viele an.
Als ich nach der Postkarte greifen wollte, sah ich, daß sie weg war. Meine Mutter hatte sie genommen, hielt sie sich vor die Augen, und ich starrte auf mein angebissenes Butterbrot, rührte in meinem Kaffee und wartete.
Ich vergesse das nicht. Meine Mutter hatte nur einmal so schrecklich geweint: als mein Vater gestorben war, und auch damals hatte ich nicht gewagt, sie anzusehen. Eine Scheu, für die ich keinen Namen kannte, hatte mich davon abgehalten, sie zu trösten.
Ich versuchte, in das Butterbrot zu beißen, aber es würgte mir im Halse, denn ich hatte plötzlich begriffen, daß es nur etwas sein konnte, das mich betraf, was die Mutter so außer Fassung brachte. Die Mutter sagte irgend etwas, was ich nicht verstand, und gab mir die Karte, und jetzt sah ich das Einschreibe-Etikett: Dieses rotumrandete Rechteck, das durch einen roten Strich in zwei weitere Rechtecke geteilt war, von denen das kleinere ein fettes schwarzes R und das größere das Wort ‚Düsseldorf' und die Zahl 634 enthielt. Sonst war die Postkarte ganz normal, sie war an mich adressiert, und auf der Rückseite stand: ‚Herrn Bruno Schneider! Sie haben sich am 5. 8. 39 in der Schlieffen-Kaserne in Adenbrück zu einer achtwöchigen Übung einzufinden.' Die Worte ‚Bruno Schneider', das Datum und ‚Adenbrück' waren getippt, alles andere war vorgedruckt, und darunter war irgendein Kritzler und dann gedruckt das Wort ‚Major'.
Heute weiß ich, daß der Kritzler überflüssig war. Eine Majorsunterschriftsmaschine würde denselben Dienst tun. Wichtig war nur der aufgeklebte kleine Zettel, für den meine Mutter eine Quittung hatte unterschreiben müssen.
Ich legte meine Hand auf den Arm meiner Mutter und sagte: „Mein Gott, nur für acht Wochen." Und meine Mutter sagte: „Ach ja."
„Nur acht Wochen", sagte ich, und ich wußte, daß ich log, und meine Mutter trocknete die Tränen, sagte: „Ja, natürlich", und wir logen beide, ohne zu wissen, warum wir logen, aber wir taten es und wußten darum.

Ich griff wieder zu meinem Butterbrot, und da fiel mir ein, daß schon der Vierte war und daß ich anderen Tags um zehn Uhr dreihundert Kilometer östlich sein mußte. Ich spürte, daß ich blaß wurde, legte das Brot wieder hin und stand auf, ohne auf die Mutter zu achten. Ich ging in mein Zimmer. Ich stand an meinem Schreibtisch, zog die Schublade heraus, schob sie wieder hinein. Ich blickte rund, spürte, daß etwas geschehen war, und wußte nicht was. Das Zimmer gehörte mir nicht mehr. Das war alles. Heute weiß ich es, aber damals tat ich sinnlos Dinge, um mich meines Besitzes über dieses Zimmer zu vergewissern. Es war nutzlos, daß ich in dem Karton mit den Briefen herumkramte, meine Bücher zurechtrückte. Ehe ich wußte, was ich tat, hatte ich angefangen, meine Aktentasche zu füllen: mit Hemd, Unterhose, Handtuch und Socken, und ging ins Badezimmer, um mein Rasierzeug zu holen. Die Mutter saß noch immer am Frühstückstisch. Sie weinte nicht mehr. Mein angebissenes Butterbrot lag noch da, Kaffee war noch in meiner Tasse, und ich sagte zu meiner Mutter: „Ich gehe bei Gießelbachs anrufen, wann ich fahren muß."
Als ich von Gießelbachs kam, läutete es zwölf. Es roch nach Braten und Blumenkohl in unserer Diele, und die Mutter hatte angefangen, in einem Sack Eis kleinzuschlagen, um es in unsere kleine Eismaschine zu füllen.
Mein Zug fuhr um acht abends, und ich würde morgens gegen sechs in Adenbrück sein. Bus zum Bahnhof war es nur eine Viertelstunde Weg, aber ich ging schon um drei Uhr aus dem Haus. Ich belog meine Mutter, die nicht wußte, wie lange man bis Adenbrück fahren mußte.
Diese drei Stunden, die ich noch zu Hause blieb, sind mir in der Erinnerung schlimmer und kommen mir länger vor als die ganze Zeit, die ich später weg war, und es war eine lange Zeit. Ich weiß nicht, was wir taten. Das Essen schmeckte uns nicht. Die Mutter brachte bald den Braten, den Blumenkohl, die Kartoffeln und das Vanilleeis in die Küche zurück. Dann tranken wir den Kaffee, der noch vom Frühstück her unter einer gelben Kaffeemütze stand, und ich rauchte Zigaretten, und hin und wieder wechselten wir ein paar Worte. „Acht Wochen", sagte ich, und meine Mutter sagte: „Ja, ja — ja, natürlich", und sie weinte nicht mehr. Drei Stunden lang logen wir uns an, bis ich es nicht mehr aushielt. Die Mutter segnete mich, küßte mich auf die Wangen, und als ich die Haustür

hinter mir schloß, wußte ich, daß sie weinte.
Ich ging zum Bahnhof. Am Bahnhof war Hochbetrieb. Es war Ferienzeit; braungebrannte fröhliche Menschen liefen dort herum. Ich trank ein Bier im Wartesaal und entschloß mich gegen halb vier, die kleine Kollegin anzurufen, mit der ich mich im Strandbad hatte treffen wollen.
Während ich die Nummer wählte, die durchlöcherte Nikkelscheibe immer wieder — fünfmal — in ihre Ruhelage zurückrastete, bereute ich es fast schon, aber ich wählte auch die sechste Zahl, und als ihre Stimme fragte: „Wer ist da?", schwieg ich erst einen Augenblick, dann sagte ich langsam: „Bruno" und: „Kannst du kommen? Ich muß weg — zum Kommiß."
„Gleich?" fragte sie.
„Ja."
Sie überlegte einen Augenblick, und ich hörte im Telefon die Stimmen der anderen, die offenbar Geld einsammelten, um Eis zu holen.
„Gut", sagte sie, „ich komme. Zum Bahnhof?"
„Ja", sagte ich.
Sie kam sehr schnell zum Bahnhof, und ich weiß heute noch nicht, obwohl sie doch schon seit zehn Jahren meine Frau ist, heute weiß ich noch nicht, ob ich dieses Telefongespräch bereuen soll. Immerhin hat sie meine Stelle bei der Firma offengehalten, hat meinen erloschenen Ehrgeiz, als ich nach Hause kam, wieder zum Leben erweckt, und im Grunde verdanke ich ihr, daß die Aufstiegsmöglichkeiten, die meine Stelle damals bot, sich jetzt als real erwiesen haben.
Aber auch bei ihr blieb ich damals nicht so lange, wie ich hätte bleiben können. Wir gingen ins Kino, und in diesem leeren, sehr heißen und dunklen Kinosaal küßte ich sie, obwohl ich wenig Lust dazu hatte.
Ich küßte sie oft, und ich ging schon um sechs auf den Bahnsteig, obwohl ich bis acht Zeit gehabt hätte. Auf dem Bahnsteig küßte ich sie noch einmal und stieg in irgendeinen Zug, der östlich fuhr. Seitdem kann ich keine Strandbäder mehr sehen, ohne Schmerz zu verspüren. Die Sonne, das Wasser und die Lustigkeit der Leute kommen mir falsch vor, und ich ziehe es vor, bei Regenwetter allein durch die Stadt zu schlendern und in ein Kino zu gehen, wo ich niemanden mehr küssen muß. Meine Aufstiegsmöglichkeiten bei der Firma sind noch nicht

erschöpft. Ich könnte Direktor werden, und wahrscheinlich werde ich es, nach dem Gesetz einer paradoxen Trägheit. Denn man ist überzeugt, daß ich an der Firma hänge und etwas für sie tun werde. Aber ich hänge nicht an ihr und denke nicht daran, etwas für sie zu tun...

Mit großer Nachdenklichkeit habe ich sehr oft dieses Einschreibe-Etikett betrachtet, das meinem Leben eine sehr plötzliche Wendung gegeben hat. Und wenn im Sommer die Gehilfenprüfungen stattfinden und unsere Lehrlinge nachher strahlenden Gesichtes zu mir kommen, um sich gratulieren zu lassen, bin ich verpflichtet, ihnen eine kleine Rede zu halten, in der das Wort ‚Aufstiegsmöglichkeiten' eine traditionelle Rolle spielt.

Der Lacher

Wenn ich nach meinem Beruf gefragt werde, befällt mich Verlegenheit. Ich werde rot, stammele, ich, der ich sonst als ein sicherer Mensch bekannt bin. Ich beneide die Leute, die sagen können: ich bin Maurer. Friseuren, Buchhaltern und Schriftstellern neide ich die Einfachheit ihrer Bekenntnisse, denn alle diese Berufe erklären sich aus sich selbst und erfordern keine längeren Erklärungen. Ich aber bin gezwungen, auf solche Fragen zu antworten: Ich bin Lacher. Ein solches Bekenntnis erfordert weitere, da ich auch die zweite Frage „Leben Sie davon?" wahrheitsgemäß mit Ja beantworten muß. Ich lebe tatsächlich von meinem Lachen, und ich lebe gut, denn mein Lachen ist — kommerziell ausgedrückt — gefragt. Ich bin ein guter, bin ein gelernter Lacher, kein anderer lacht so wie ich, keiner beherrscht so die Nuancen meiner Kunst. Lange Zeit habe ich mich — um lästigen Erklärungen zu entgehen — als Schauspieler bezeichnet, doch sind meine mimischen und sprecherischen Fähigkeiten so gering, daß mir diese Bezeichnung als nicht der Wahrheit gemäß erschien; ich liebe die Wahrheit, und die Wahrheit ist: ich bin Lacher. Ich bin weder Clown noch Komiker, ich erheitere die Menschen nicht, sondern stelle Heiterkeit dar: ich lache wie ein römischer Imperator oder wie ein sensibler Abiturient, das Lachen des 17. Jahrhunderts ist mir so geläufig wie das des 19., und wenn es sein muß, lache ich alle Jahrhunderte, alle Gesellschaftsklassen, alle Altersklassen durch: ich habs's einfach gelernt, wie man lernt, Schuhe zu besohlen. Das Lachen Amerikas ruht in meiner Brust, das Lachen Afrikas, weißes, rotes, gelbes Lachen — und gegen ein entsprechendes Honorar lasse ich es erklingen, so wie die Regie es vorschreibt.

Ich bin unentbehrlich geworden, ich lache auf Schallplatten, lache auf Band, und die Hörspielregisseure behandeln mich rücksichtsvoll. Ich lache schwermütig, gemäßigt, hysterisch — lache wie ein Straßenbahnschaffner oder wie ein Lehrling der Lebensmittelbranche; das Lachen am Morgen, das Lachen am Abend, nächtliches Lachen und das Lachen der Dämmer-

stunde, kurzum: wo immer und wie immer gelacht werden muß: ich mache es schon.
Man wird mir glauben, daß ein solcher Beruf anstrengend ist, zumal ich — das ist meine Spezialität — auch das ansteckende Lachen beherrsche; so bin ich unentbehrlich geworden auch für Komiker dritten und vierten Ranges, die mit Recht um ihre Pointen zittern, und ich sitze fast jeden Abend in den Varietés herum als eine subtilere Art Claqueur, um an schwachen Stellen des Programms ansteckend zu lachen. Es muß Maßarbeit sein: mein herzhaftes, wildes Lachen darf nicht zu früh, darf auch nicht zu spät, es muß im richtigen Augenblick kommen — dann platze ich programmgemäß aus, die ganze Zuhörerschaft brüllt mit, und die Pointe ist gerettet.
Ich aber schleiche dann erschöpft zur Garderobe, ziehe meinen Mantel über, glücklich darüber, daß ich endlich Feierabend habe. Zu Hause liegen meist Telegramme für mich ‚Brauchen dringend Ihr Lachen, Aufnahme Dienstag', und ich hocke wenige Stunden später in einem überheizten D-Zug und beklage mein Geschick.
Jeder wird begreifen, daß ich nach Feierabend oder im Urlaub wenig Neigung zum Lachen verspüre. Der Melker ist froh, wenn er die Kuh, der Maurer glücklich, wenn er den Mörtel vergessen darf, und die Tischler haben zu Hause meistens Türen, die nicht funktionieren, oder Schubkästen, die sich nur mit Mühe öffnen lassen. Zuckerbäcker lieben saure Gurken, Metzger Marzipan, und der Bäcker zieht die Wurst dem Brot vor; Stierkämpfer lieben den Umgang mit Tauben, Boxer werden blaß, wenn ihre Kinder Nasenbluten haben: ich verstehe das alles, denn ich lache nach Feierabend nie. Ich bin ein todernster Mensch, und die Leute halten mich — vielleicht mit Recht — für einen Pessimisten.
In den ersten Jahren unserer Ehe sagte meine Frau oft zu mir: „Lach doch mal!", aber inzwischen ist ihr klargeworden, daß ich diesen Wunsch nicht erfüllen kann. Ich bin glücklich, wenn ich meine angestrengten Gesichtsmuskeln, wenn ich mein strapaziertes Gemüt durch tiefen Ernst entspannen darf. Ja, auch das Lachen anderer macht mich nervös, weil es mich zu sehr an meinen Beruf erinnert. So führen wir eine stille, eine friedliche Ehe, weil auch meine Frau das Lachen verlernt hat: hin und wieder ertappe ich sie bei einem Lächeln, und dann lächle auch ich. Wir sprechen leise miteinander, denn ich hasse

den Lärm der Varietés, hasse den Lärm, der in den Aufnahmeräumen herrschen kann. Menschen, die mich nicht kennen, halten mich für verschlossen. Vielleicht bin ich es, weil ich zu oft meinen Mund zum Lachen öffnen muß.
Mit unbewegter Miene gehe ich durch mein eigenes Leben, erlaube mir nur hin und wieder ein sanftes Lächeln, und ich denke oft darüber nach, ob ich wohl je gelacht habe. Ich glaube: nein. Meine Geschwister wissen zu berichten, daß ich immer ein ernster Junge gewesen sei.
So lache ich auf vielfältige Weise, aber mein eigenes Lachen kenne ich nicht.

Schicksal einer henkellosen Tasse

In diesem Augenblick stehe ich draußen auf der Fensterbank und fülle mich langsam mit Schnee; der Strohhalm ist in der Seifenlauge festgefroren, Spatzen hüpfen um mich herum, rauhe Vögel, die sich um die Brösel balgen, die man ihnen hingestreut hat, und ich zittere um mein Leben, um das ich schon so oft zittern mußte; wenn einer von diesen fetten Spatzen mich umstößt, falle ich von der Fensterbank auf den Betonstreifen unten — die Seifenlauge wird als gefrorenes ovales Etwas liegenbleiben, der Strohhalm wird knicken —, und meine Scherben wird man in den Müllkasten werfen.

Matt nur sehe ich die Lichter des Weihnachtsbaumes durch die beschlagenen Scheiben schimmern, leise nur höre ich das Lied, das drinnen gesungen wird. Das Schimpfen der Spatzen übertönt alles.

Niemand von denen da drinnen weiß natürlich, daß ich vor genau fünfundzwanzig Jahren unter einem Weihnachtsbaum geboren wurde und daß fünfundzwanzig Lebensjahre ein erstaunlich hohes Alter für eine simple Kaffeetasse sind. Die Geschöpfe unserer Rasse, die unbenutzt in Vitrinen dahindämmern, leben bedeutend länger als wir einfachen Tassen. Doch bin ich sicher, daß von meiner Familie keiner mehr lebt, daß meine Eltern, meine Geschwister, sogar meine Kinder längst gestorben sind, während ich auf einem Fenstersims in Hamburg meinen fünfundzwanzigsten Geburtstag in der Gesellschaft schimpfender Spatzen verbringen muß.

Mein Vater war ein Kuchenteller und meine Mutter eine ehrbare Butterdose; ich hatte fünf Geschwister: zwei Tassen und drei Untertassen, doch blieb unsere Familie nur wenige Wochen vereint; die meisten Tassen sterben jung und plötzlich, und so wurden zwei meiner Brüder und eine meiner lieben Schwestern schon am zweiten Weihnachtstag vom Tisch gestoßen. Sehr bald auch mußten wir uns von unserem lieben Vater trennen. In Gesellschaft meiner Schwester Josephine, einer Untertasse, begleitet von meiner Mutter, reiste ich südwärts; in Zeitungspapier verpackt, zwischen einem Schlaf-

anzug und einem Frottiertuch, fuhren wir nach Rom, um dort dem Sohn unseres Besitzers zu dienen, der sich dem Studium der Archäologie ergeben hatte.
Dieser Lebensabschnitt — ich nenne ihn meine römischen Jahre — war für mich hochinteressant: Erst nahm mich Julius — so hieß der Student — täglich mit in die Thermen des Caracalla, dieses Restgemäuer einer riesigen Badeanstalt; dort in den Thermen freundete ich mich sehr mit einer Thermosflasche an, die mich und meinen Herrn zur Arbeit begleitete. Die Thermosflasche hieß Hulda, oft lagen wir stundenlang zusammen im Grase, wenn Julius mit dem Spaten arbeitete; ich verlobte mich später mit Hulda, heiratete sie in meinem zweiten römischen Jahr, obwohl ich heftige Vorwürfe meiner Mutter zu hören bekam, die die Ehe mit einer Thermosflasche als meiner unwürdig empfand. Meine Mutter wurde überhaupt seltsam: sie fühlte sich gedemütigt, weil sie als Tabakdose Verwendung fand, wie es meine liebe Schwester Josephine als äußerste Kränkung empfand, zum Aschenbecher erniedrigt worden zu sein.
Ich verlebte glückliche Monate mit Hulda, meiner Frau; zusammen lernten wir alles kennen, was auch Julius kennenlernte: das Grab des Augustus, die Via Appia, das Forum Romanum — doch blieb mir letzteres in trauriger Erinnerung, weil hier Hulda, meine geliebte Frau, durch den Steinwurf eines römischen Straßenjungen zerstört wurde. Sie starb durch ein faustgroßes Stück Marmor aus einer Statue der Göttin Venus.
Dem Leser, der geneigt ist, weiterhin meinen Gedanken zu folgen, der Herz genug hat, auch einer henkellosen Tasse Schmerz und Lebensweisheit zuzugestehen —, diesem kann ich jetzt melden, daß die Spatzen längst die Brösel weggepickt haben, so daß keine unmittelbare Lebensgefahr mehr für mich besteht, auch ist inzwischen auf der beschlagenen Scheibe eine blanke Stelle von der Größe eines Suppentellers entstanden, und ich sehe den Baum drinnen deutlich, sehe auch das Gesicht meines Freundes Walter, der seine Nase an der Scheibe plattdrückt und mir zulächelt; Walter hat noch vor drei Stunden, bevor die Bescherung anfing, Seifenblasen gemacht, jetzt deutet er mit dem Finger auf mich, sein Vater schüttelt den Kopf, deutet mit seinem Finger auf die nagelneue Eisenbahn, die Walter bekommen hat, aber Walter schüttelt den Kopf —

und ich weiß, während die Scheibe sich wieder beschlägt, daß ich spätestens in einer halben Stunde im warmen Zimmer sein werde ...

Die Freude am Genuß der römischen Jahre wurde nicht nur durch den Tod meiner Frau, mehr noch durch die Absonderlichkeiten meiner Mutter und die Unzufriedenheit meiner Schwester getrübt, die sich abends, wenn wir beisammen im Schrank saßen, heftig bei mir über die Verkennung ihrer Bestimmung beklagten. Doch standen auch mir Erniedrigungen bevor, die eine selbstbewußte Tasse nur mit Mühe ertragen kann: Julius trank Schnaps aus mir! Von einer Tasse sagen: „Aus der ist schon Schnaps getrunken worden", bedeutet dasselbe, als wenn man von einem Menschen sagt: „Der ist in schlechter Gesellschaft gewesen!" Und es wurde sehr viel Schnaps aus mir getrunken.

Es waren erniedrigende Zeiten für mich. Sie währten so lange, bis in Begleitung eines Kuchens und eines Hemdes einer meiner Vettern, ein Eierbecher, aus München nach Rom geschickt wurde. Von diesem Tag an wurde der Schnaps aus meinem Vetter getrunken, und ich wurde von Julius an eine Dame verschenkt, die mit demselben Ziel wie Julius nach Rom gekommen war.

Hatte ich drei Jahre lang vom Fenstersims unserer römischen Wohnung auf das Grab des Augustus blicken können, so zog ich nun um und blickte die beiden nächsten Jahre von meiner neuen Wohnung auf die Kirche Santa Maria Maggiore. In meiner neuen Lebenslage war ich zwar von meiner Mutter getrennt, doch diente ich wieder meinem eigentlichen Lebenszweck: es wurde Kaffee aus mir getrunken, ich wurde täglich zweimal gesäubert und stand in einem hübschen kleinen Schränkchen.

Doch blieben mir auch hier Erniedrigungen nicht erspart: Meine Gesellschaft in jenem hübschen Schränkchen war eine Hurz! Die ganze Nacht und viele, viele Stunden des Tages — und dies zwei Jahre hindurch — mußte ich die Gesellschaft der Hurz ertragen. Die Hurz war aus dem Geschlecht derer von Hurlewang, ihre Wiege hatte im Stammschloß der Hurlewang in Hürzenich an der Hürze gestanden, und sie war neunzig Jahre alt. Doch hatte sie in ihren neunzig Jahren wenig erlebt.

Meine Frage, warum sie immer im Schrank stünde, beantwortete sie hochnäsig: „Aus einer Hurz trinkt man doch nicht!" Die Hurz war schön, sie war von einem zarten Grauweiß, hatte winzige grüne Pünktchen aufgemalt, und jedesmal, wenn ich sie schockierte, wurde sie blaß, daß die grünen Pünktchen ganz deutlich zu sehen waren. Ohne jede böse Absicht schockierte ich sie oft: zunächst durch einen Heiratsantrag. Sie wurde, als ich ihr Herz und Hand antrug, so blaß, daß ich um ihr Leben bangte; es dauerte einige Minuten, bis sie wieder etwas Farbe bekam, dann flüsterte sie: „Bitte, sprechen Sie nie wieder davon; mein Bräutigam steht in Erlangen in einer Vitrine und wartet auf mich."

„Wie lange schon?" fragte ich.

„Seit zwanzig Jahren", sagte sie; „wir haben uns im Frühjahr 1914 verlobt — doch wurden wir jäh getrennt. Ich verlebte den Krieg im Safe der Sicherheitsbank in Frankfurt, er im Keller unseres Hauses in Erlangen. Nach dem Krieg kam ich infolge von Erbstreitigkeiten in eine Vitrine nach München, er, infolge der gleichen Erbstreitigkeiten, in eine Vitrine nach Erlangen. Unsere einzige Hoffnung ist die, daß Diana" — so hieß unsere Herrin — „sich mit Wolfgang, dem Sohn der Dame in Erlangen, in deren Vitrine mein Bräutigam steht, verheiratet, dann werden wir in der Erlanger Vitrine wieder vereint sein."

Ich schwieg, um sie nicht wieder zu kränken, denn ich hatte natürlich längst gemerkt, daß Julius und Diana einander nähergekommen waren. Diana hatte zu Julius während einer Exkursion nach Pompeji gesagt: „Ach, wissen Sie, ich habe zwar eine Tasse, aber so eine, aus der man nicht trinken darf."

„Ach", hatte Julius gesagt, „ich darf Ihnen doch aus dieser Verlegenheit helfen?"

Später, da ich sie nie mehr um ihre Hand bat, verstand ich mich mit der Hurz ganz gut. Wenn wir abends zusammen im Schrank standen, sagte sie immer: „Ach, erzählen Sie mir doch etwas, aber bitte nicht ganz so ordinär, wenn es geht."

Daß aus mir Kaffee, Kakao, Milch, Wein und Wasser getrunken worden waren, fand sie schon reichlich merkwürdig, aber als ich davon erzahlte, daß Julius aus mir Schnaps getrunken hatte, bekam sie wieder einen Ohnmachtsanfall und erlaubte sich die (meiner bescheidenen Meinung nach) unberechtigte Äußerung: „Hoffentlich fällt Diana nicht auf diesen ordinären Burschen herein."

Doch alles sah so aus, als ob Diana auf den ordinären Burschen

hereinfallen würde. Die Bücher in Dianas Zimmer verstaubten, wochenlang blieb in der Schreibmaschine ein einziger Bogen eingespannt, auf den nur ein halber Satz geschrieben war: ‚Als Winckelmann in Rom...‘
Ich wurde nur noch hastig gesäubert, und selbst die weltfremde Hurz begann zu ahnen, daß ihr Wiedersehen mit dem Verlobten in Erlangen immer unwahrscheinlicher wurde, denn Diana bekam zwar Briefe aus Erlangen, ließ diese Briefe aber unbeantwortet liegen. Diana wurde seltsam: sie trank — nur zögernd gebe ich dies zu Protokoll — Wein aus mir, und als ich dieses der Hurz abends erzählte, kippte sie fast um und sagte, als sie wieder zu sich kam: „Ich kann unmöglich im Besitz einer Dame bleiben, die es fertigbringt, Wein aus einer Tasse zu trinken.“
Sie wußte nicht, die gute Hurz, wie bald sich ihr Wunsch erfüllen würde: Die Hurz wanderte zu einem Pfandleiher, und Diana nahm den Bogen mit dem angefangenen Satz ‚Als Winckelmann in Rom ...‘ aus der Maschine und schrieb an Wolfgang.
Später kam ein Brief von Wolfgang, den Diana, während sie aus mir Milch trank, beim Frühstück las, und ich hörte sie flüstern: „Es ging ihm also nicht um mich, nur um die blöde Hurz.“ Ich sah noch, daß sie den Pfandschein aus dem Buch ‚Einführung in die Archäologie‘ nahm, ihn in einen Briefumschlag steckte — und so darf ich annehmen, daß die gute Hurz inzwischen in Erlangen mit ihrem Bräutigam vereint in der Vitrine steht, und ich bin sicher, daß Wolfgang eine würdige Frau gefunden hat.
Für mich folgten merkwürdige Jahre. Ich fuhr, zusammen mit Julius und Diana, nach Deutschland zurück. Sie hatten beide kein Geld, und ich galt ihnen als kostbarer Besitz, weil man aus mir Wasser trinken konnte, klares, schönes Wasser, wie man es aus den Brunnen der Bahnhöfe trinken kann. Wir fuhren weder nach Erlangen noch nach Frankfurt, sondern nach Hamburg, wo Julius eine Anstellung bei einem Bankhaus angenommen hatte.
Diana war schöner geworden. Julius war blaß — ich aber war wieder mit meiner Mutter und meiner Schwester vereint, und die beiden waren Gott sei Dank etwas zufriedener. Meine Mutter pflegte, wenn wir abends auf dem Küchenherd beieinanderstanden, zu sagen: „Na ja, immerhin Margarine ...“,

und meine Schwester wurde sogar ein wenig hochnäsig, weil sie als Wurstteller diente: mein Vetter aber, der Eierbecher, machte eine Karriere, wie sie selten einem Eierbecher beschieden ist: er diente als Blumenvase. Gänseblümchen, Butterblumen, winzigen Margeriten diente er als Aufenthalt, und wenn Diana und Julius Eier aßen, stellten sie sie an den Rand der Untertasse.

Julius wurde ruhiger, Diana wurde Mutter — ein Krieg kam, und ich dachte oft an die Hurz, die sicher wieder im Safe einer Bank lag, und obwohl sie mich oft gekränkt hatte, so hoffte ich doch, sie möge auch im Banksafe mit ihrem Mann vereint sein. Zusammen mit Diana und dem ältesten Kind Johanna verbrachte ich den Krieg in der Lüneburger Heide, und oft hatte ich Gelegenheit, Julius' nachdenkliches Gesicht zu betrachten, wenn er auf Urlaub kam und lange in mir rührte. Diana erschrak oft, wenn Julius solange in mir rührte, und sie rief: „Was hast du nur — du rührst ja stundenlang im Kaffee."

Merkwürdig genug, daß sowohl Diana wie Julius vergessen zu haben scheinen, wie lange ich schon bei ihnen bin: sie lassen es zu, daß ich hier draußen friere, nun von einer herumstreunenden Katze wieder gefährdet werde — während drinnen Walter nach mir weint. Walter liebt mich, er hat mir sogar einen Namen gegeben, nennt mich ‚Trink-wie-Iwans' — ich diene ihm nicht nur als Seifenblasenbasis, diene auch als Futterkrippe für seine Tiere, als Badewanne für seine winzigen Holzpuppen, ich diene ihm zum Anrühren von Farbe, von Kleister ... Und ich bin sicher, daß er versuchen wird, mich mit dem neuen Zug, den er geschenkt bekam, zu transportieren.

Walter weint heftig, ich höre ihn, und ich bange um den Familienfrieden, den ich an diesem Abend gewährleistet haben möchte — und doch betrübt es mich, zu erfahren, wie schnell die Menschen alt werden. Weiß Julius denn nicht mehr, daß eine henkellose Tasse wichtiger und wertvoller sein kann als eine nagelneue Eisenbahn? Er hat es vergessen; hartnäckig verweigert er Walter, mich wieder hereinzuholen — ich höre ihn schimpfen, höre nicht nur Walter, sondern auch Diana weinen, und daß Diana weint, ist mir schlimm: ich liebe Diana.

Sie war es zwar, die mir den Henkel abbrach; als sie mich einpackte beim Umzug von der Lüneburger Heide nach Hamburg, vergaß sie, mich genügend zu polstern, und so verlor ich

meinen Henkel, doch blieb ich wertvoll; damals war selbst eine Tasse ohne Henkel noch wertvoll, und merkwürdig, als es wieder Tassen zu kaufen gab, war es Julius, der mich wegwerfen wollte, aber Diana sagte: „Julius, du willst wirklich die Tasse wegwerfen — diese Tasse?"
Julius errötete, er sagte „Verzeih!" — und so blieb ich am Leben, diente bittere Jahre lang als Topf für Rasierseife, und wir Tassen hassen es, als Rasiertopf zu enden.
Ich ging spät noch eine zweite Ehe ein mit einer Haarnadelbüchse aus Porzellan; diese meine zweite Frau hieß Gertrud, sie war gut zu mir und war weise, und wir standen zwei ganze Jahre lang nebeneinander auf dem Glasbord im Badezimmer.
Es ist dunkel geworden, sehr plötzlich; immer noch weint Walter drinnen, und ich höre, wie Julius von Undankbarkeit spricht — ich kann nur den Kopf schütteln. Wie töricht doch diese Menschen sind! Es ist still hier draußen: Schnee fällt — längst ist die Katze weggeschlichen, doch nun erschrecke ich: das Fenster wird aufgerissen, Julius ergreift mich, und am Griff seiner Hände spüre ich, wie zornig er ist: wird er mich zerschmettern?
Man muß eine Tasse sein, um zu wissen, wie schrecklich solche Augenblicke sind, wo man ahnt, daß man an die Wand, auf den Boden geworfen werden soll. Doch Diana rettete mich im letzten Augenblick, sie nahm mich aus Julius' Hand, schüttelte den Kopf und sagte leise: „Diese Tasse willst du ..." Und Julius lächelte plötzlich, sagte: „Verzeih, ich bin so aufgeregt ..."
Längst hat Walter aufgehört zu weinen, längst sitzt Julius mit seiner Zeitung am Ofen, und Walter beobachtet von Julius' Schoß aus, wie die gefrorene Seifenlauge in mir auftaut, er hat den Strohhalm schon herausgezogen — und nun stehe ich, ohne Henkel, fleckig und alt, mitten im Zimmer zwischen den vielen nagelneuen Sachen, und es erfüllt mich mit Stolz, daß ich es war, die den Frieden wiederhergestellt hat, obwohl ich mir wohl Vorwürfe machen müßte, die gewesen zu sein, die ihn störte. Aber ist es meine Schuld, daß Walter mich mehr liebt als seine neue Eisenbahn?
Ich wünsche nur, Gertrud, die vor einem Jahr starb, lebte noch, um Julius' Gesicht zu sehen; es sieht so aus, als habe er etwas begriffen ...

Die unsterbliche Theodora

Immer, wenn ich die Bengelmannstraße entlanggehe, muß ich an Bodo Bengelmann denken, dem die Akademie den Rang eines Unsterblichen zuerkannt hat. Auch wenn ich nicht die Bengelmannstraße betrete, denke ich oft an Bodo, aber immerhin: sie geht von Nr. 1 bis 678, führt aus dem Zentrum der Stadt, an den Leuchtreklamen der Bars vorbei bis in ländliche Gefilde, wo die Kühe abends brüllend darauf warten, an die Tränke geführt zu werden. Diese Straße trägt Bodos Namen quer durch die Stadt, in ihr liegt das Pfandhaus, liegt ‚Beckers billiger Laden', und ich gehe oft ins Pfandhaus, gehe oft in ‚Beckers billigen Laden', oft genug, um an Bodo erinnert zu werden.

Wenn ich dem Beamten des Leihhauses meine Uhr über die Theke schiebe, er die Lupe vor die Augen klemmt, die Uhr taxiert, sie mit einem verächtlichen „Vier Mark" über die Theke zurück auf mich zuschiebt, wenn ich dann geknickt den Zettel unterschrieben, die Uhr wieder über die Theke geschoben habe, wenn ich zur Kasse schlendere und dort warte, bis die Rohrpost meinen Pfandschein herüberbringt, habe ich Zeit genug, an Bodo Bengelmann zu denken, mit dem ich oft genug an dieser Kasse gestanden habe.

Bodo hatte eine alte Remington-Schreibmaschine, auf der er seine Gedichte — mit jeweils vier Durchschlägen — ins reine schrieb. Fünfmal haben wir vergeblich versucht, auf diese Maschine ein Darlehen des städtischen Leihhauses zu bekommen. Die Maschine war zu alt, klapperte und ächzte, und die Verwaltung des Leihhauses blieb hart, vorschriftsmäßig hart. Bodos Großvater, der Eisenhändler, Bodos Vater, der Steuerberater, Bodo selbst, der Lyriker — drei Generationen von Bengelmanns hatten zu oft auf dieser Maschine herumgehämmert, als daß sie eines städtischen Darlehens (monatlich 2%) würdig gewesen wäre.

Jetzt freilich gibt es eine Bengelmann-Gedächtnisstätte, in der man einen rötlichen, zerkauten Federhalter aufbewahrt, der unter Glas liegt, mit der Aufschrift versehen: ‚Die Feder, mit

der Bodo Bengelmann schrieb.'
Tatsächlich hat Bodo nur zwei von seinen fünfhundert Gedichten mit diesem Federhalter geschrieben, den er seiner Schwester Lotte aus dem Ledermäppchen stahl. Die meisten seiner Gedichte schrieb er mit Tintenstift, manche direkt in die Maschine, die wir an einem Tage äußerster Depression für ihren bloßen Schrottwert von sechs Mark achtzig einem Manne verkauften, der Heising hieß und nichts von der unsterblichen Lyrik ahnte, die ihr entquollen war. Heising wohnte in der Humboldtstraße, lebte vom Althandel und ist von Bodo in dem Gedicht ,Kammer des kauzigen Krämers' verewigt worden.
So ist Bodos wirkliches Schreibgerät nicht in der Bengelmann-Gedächtnisstätte zu finden, sondern dieser Federhalter, der die Spuren von Lotte Bengelmanns Zähnen zeigt. Lotte selbst hat längst vergessen, daß er ihr gehörte, sie bringt es fertig, heute weinend davorzustehen, Tränen zu vergießen einer Tatsache wegen, die nie eine gewesen ist. Sie hat ihre kümmerlichen Schulaufsätze damit geschrieben, während Bodo — ich entsinne mich dessen genau — nach dem Verzehr zweier Koteletts, eines Haufens Salat, eines großen Vanillepuddings und zweier Käseschnitten — mit diesem Federhalter ohne abzusetzen die Gedichte: ,Herbstlich zernebeltes Herz' und ,Weine, o Woge, weine' niederschrieb. Er schrieb seine besten Gedichte mit vollem Magen, war überhaupt gefräßig, wie viele schwermütige Menschen, und hat den Federhalter seiner Schwester nur achtzehn Minuten gebraucht, während seine gesamte lyrische Produktion sich über acht Jahre erstreckte.
Heute lebt Lotte vom lyrischen Ruhm ihres Bruders; sie hat zwar einen Mann geheiratet, der Hosse heißt, nennt sich aber nur „Bodo Bengelmanns Schwester'. Sie war immer gemein. Sie verpetzte Bodo immer, wenn er dichtete, denn Dichten gehörte zu den Dingen, die man bei Bengelmanns für zeitraubend, deshalb überflüssig hielt.
Bodos Qual war groß. Es drängte ihn einfach, war sein Fluch, reine Poesie von sich zu geben. Aber immer, wenn er dichtete: Lotte entdeckte es, ihre kreischende Stimme ertönte im Flur, in der Küche, sie rannte triumphierend in Herrn Bengelmanns Büro, schrie: „Bodo dichtet wieder!", und Herr Bengelmann — ein furchtbar energischer Mensch — rief: „Wo ist das Schwein?" (Der Wortschatz der Bengelmanns war etwas or-

dinär.) Dann gab es Senge. Bodo, sensibel wie alle Lyriker, wurde am Wickel gepackt, die Treppe hinuntergezerrt und mit dem stählernen Lineal verprügelt, mit dem Herr Bengelmann Striche unter die Kontoauszüge seiner Kunden zog.
Später schrieb Bodo viel bei uns zu Hause, und ich bin Besitzer von fast siebzig unveröffentlichten Bengelmanns, die ich mir als Altersrente aufzubewahren gedenke. Eines dieser Gedichte beginnt „Lotte, du Luder, latentes ...‘ (Bodo gilt als Erneuerer des Stabreims.)
Unter Qualen, völlig verkannt, häufig verprügelt, hat Bodo sein siebzehntes Jahr vollendet, ist in den hohen Genuß der mittleren Reife gekommen und zu einem Tapetenhändler in die Lehre gegeben worden. Die Umstände begünstigten seine lyrische Produktion. Der Tapetenhändler lag meistens betrunken unter der Theke, und Bodo schrieb auf die Rückseite von Tapetenmustern.
Einen weiteren Auftrieb erhielt seine Produktion, als er sich in jenes Mädchen verliebte, das er in den ‚Liedern für Theodora‘ besungen hat, obwohl sie nicht Theodora hieß.
So wurde Bodo neunzehn, und an einem ersten Dezember investierte er sein ganzes Lehrlingsgehalt von 50,— DM in Porto und schickte dreihundert Gedichte an dreihundert verschiedene Redaktionen, ohne Rückporto beizulegen: eine Kühnheit, die in der gesamten Literaturgeschichte einmalig ist. Vier Monate später — noch keine zwanzig Jahre alt — war er ein berühmter Mann.
Einhundertzweiundfünfzig von seinen Gedichten waren gedruckt worden, und der schweißtriefende Geldbriefträger stieg nun jeden Morgen vor dem Bengelmannschen Hause vom Fahrrad. Das Weitere ist nur eine Multiplikationsaufgabe, bei der man die Anzahl von Bodos Gedichten mit der Anzahl der Zeitungen, dieses Zwischenergebnis mit 40 zu multiplizieren hat.
Leider genoß er nur zwei Jahre seinen Ruhm. Er starb an einem Lachkrampf. Eines Tages gestand er mir: „Ruhm ist nur eine Portofrage“ — flüsterte weiter: „ich habe es doch gar nicht so ernst gemeint“, brach in heftiges, immer heftiger werdendes Lachen aus — und verschied. Das waren die einzigen Sätze in gültiger Prosa, die er je äußerte; ich übergebe sie hiermit der Nachwelt. Nun ist Bodos Ruhm in der Hauptsache begründet worden durch seine ‚Lieder an Theodora‘, eine

zweihundert Gedichte umfassende Sammlung von Liebeslyrik, die an Inbrunst ihresgleichen noch sucht. Verschiedene Kritiker haben sich schon essayistisch an dem Thema versucht: ‚Wer war Theodora?‘; einer identifizierte sie schamlos mit einer zeitgenössischen, noch lebenden Dichterin, bewies es triftig, peinlich genug für die Dichterin, die Bodo nie gesehen hat, nun aber fast gezwungen ist, zuzugeben, daß sie Theodora ist. Aber sie ist es nicht; ich weiß es genau, weil ich Theodora kenne. Sie heißt Käte Barutzki, steht in ‚Beckers billigem Laden‘ an Tisch 6, wo sie Schreibwaren verkauft. Auf Papier aus ‚Beckers billigem Laden‘ sind Bodos sämtliche Gedichte ins reine geschrieben; oft genug habe ich mit ihm am Tisch dieser Käte Barutzki gestanden, die übrigens eine reizende Person ist. Sie ist blond, lispelt ein wenig, hat von höherer Literatur keine Ahnung und liest abends in der Straßenbahn ‚Beckers billige Bücher‘, die den Angestellten zum Vorzugspreis verkauft werden.
Auch Bodo wußte von dieser Lektüre; es tat seiner Liebe nicht den geringsten Abbruch. Oft haben wir vor dem Laden gestanden, haben Käte aufgelauert, sind ihr gefolgt, an Sommerabenden, in herbstlichem Nebel sind wir diesem Mädchen nachgeschlichen, bis in den Vorort, in dem sie heute noch wohnt. Schade, daß Bodo zu schüchtern war, sie jemals anzusprechen. Er brachte es nicht fertig, obwohl die Flamme heftig in ihm brannte. Auch als er berühmt war, das Geld nur so floß, kaufte er immer in ‚Beckers billigem Laden‘, nur um oft dieses hübsche Mädchen zu sehen, die kleine Käte Barutzki, die lächelte und lispelte wie eine Göttin. Daher kommt so oft in den ‚Liedern für Theodora‘ die Wendung ‚zauberischer Zungenschlag, zahmer ...‘ vor.
Bodo schickte ihr auch oft anonyme Briefe mit Gedichten, aber ich muß annehmen, daß diese Lyrik im Ofen der Barutzkis gelandet beziehungsweise gestrandet ist, wenn man mir als schlichtem Epiker ein schlichtes Bild gestatten will.
Noch oft gehe ich abends zu ‚Beckers billigem Laden‘, und ich habe festgestellt, daß Käte neuerdings von einem jungen Mann abgeholt wird, der offenbar weniger schüchtern als Bodo und — seiner Kleidung nach zu urteilen — Autoschlosser ist. Ich könnte mich dem Forum der Literaturgeschichte stellen, könnte beweisen, daß diese Käte mit Bodo Bengelmanns

Theodora identisch ist. Aber ich tue es nicht, weil ich um Kätes Wohl, das Glück des Autoschlossers zittere. Nur manchmal gehe ich zu ihr, wühle in Flitterpapier, krame in ‚Beckers billigen Büchern', suche mir einen Radiergummi aus, blicke Käte an und spüre, wie der Atem der Geschichte mich anweht.

Bekenntnis eines Hundefängers

Nur zögernd bekenne ich mich zu einem Beruf, der mich zwar ernährt, mich aber zu Handlungen zwingt, die ich nicht immer reinen Gewissens vornehmen kann: Ich bin Angestellter des Hundesteueramtes und durchwandere die Gefilde unserer Stadt, um unangemeldete Beller aufzuspüren. Als friedlicher Spaziergänger getarnt, rundlich und klein, eine Zigarre mittlerer Preislage im Mund, gehe ich durch Parks und stille Straßen, lasse mich mit Leuten, die Hunde spazierenführen, in ein Gespräch ein, merke mir ihre Namen, ihre Adresse, kraule freundlich tuend dem Hund den Hals, wissend, daß er demnächst fünfzig Mark einbringen wird.
Ich kenne die angemeldeten Hunde, rieche es gleichsam, spüre es, wenn ein Köter reinen Gewissens an einem Baum steht und sich erleichtert. Mein besonderes Interesse gilt trächtigen Hündinnen, die der freudigen Geburt zukünftiger Steuerzahler entgegensehen. Ich beobachte sie, merke mir genau den Tag des Wurfes und überwache, wohin die Jungen gebracht werden, lasse sie ahnungslos groß werden bis zu jenem Stadium, wo niemand sie mehr zu ertränken wagt — und überliefere sie dann dem Gesetz. Vielleicht hätte ich einen anderen Beruf erwählen sollen, denn ich habe Hunde gern, und so befinde ich mich dauernd im Zustand der Gewissensqual; Pflicht und Liebe streiten sich in meiner Brust, und ich gestehe offen, daß manchmal die Liebe siegt. Es gibt Hunde, die ich einfach nicht melden kann, bei denen ich — wie man so sagt — beide Augen zudrücke. Besondere Milde beseelt mich jetzt, zumal mein eigener Hund auch nicht angemeldet ist: ein Bastard, den meine Frau liebevoll ernährt, liebstes Spielzeug meiner Kinder, die nicht ahnen, welch ungesetzlichem Wesen sie ihre Liebe schenken.
Das Leben ist wirklich riskant. Vielleicht sollte ich vorsichtiger sein; aber die Tatsache, bis zu einem gewissen Grade Hüter des Gesetzes zu sein, stärkt mich in der Gewißheit, es permanent brechen zu dürfen. Mein Dienst ist hart. Ich hocke stundenlang in dornigen Gebüschen der Vorstadt, warte darauf, daß Gebell aus einem Befehlsheim dringt oder wildes

Gekläff aus einer Baracke, in der ich einen verdächtigen Hund vermute. Oder ich ducke mich hinter Mauerreste und lauere einem Fox auf, von dem ich weiß, daß er nicht Inhaber einer Karteikarte, Träger einer Kontonummer ist. Ermüdet, beschmutzt kehre ich dann heim, rauche meine Zigarre am Ofen und kraule unserem Pluto das Fell, der mit dem Schwanz wedelt und mich an die Paradoxie meiner Existenz erinnert.
So wird man begreifen, daß ich sonntags einen ausgiebigen Spaziergang mit Frau und Kindern und Pluto zu schätzen weiß, einen Spaziergang, auf dem ich mich für Hunde gleichsam nur platonisch zu interessieren brauche, denn sonntags sind selbst die unangemeldeten Hunde der Beobachtung entzogen.
Nur muß ich in Zukunft einen anderen Weg bei unseren Spaziergängen wählen, denn schon zwei Sonntage hintereinander bin ich meinem Chef begegnet, der jedesmal stehenbleibt, meine Frau, meine Kinder begrüßt und unserem Pluto das Fell krault. Aber merkwürdigerweise: Pluto mag ihn nicht, er knurrt, setzt zum Sprung an, etwas, das mich im höchsten Grade beunruhigt, mich jedesmal zu einem hastigen Abschied veranlaßt und das Mißtrauen meines Chefs wachzurufen beginnt, der stirnrunzelnd die Schweißtropfen betrachtet, die sich auf meiner Stirn sammeln.
Vielleicht hätte ich Pluto anmelden sollen, aber mein Einkommen ist gering — vielleicht hätte ich einen anderen Beruf ergreifen sollen, aber ich bin fünfzig, und in meinem Alter wechselt man nicht mehr gern; jedenfalls wird mein Lebensrisiko zu permanent, und ich würde Pluto anmelden, wenn es noch ginge. Aber es geht nicht mehr. In leichtem Plauderton hat meine Frau dem Chef berichtet, daß wir das Tier schon drei Jahre besitzen, daß es mit der Familie verwachsen sei, unzertrennlich von den Kindern — und ähnliche Scherze, die es mir unmöglich machen, Pluto jetzt noch anzumelden.
Vergebens versuche ich, meiner inneren Gewissensqual Herr zu werden, indem ich meinen Diensteifer verdoppele: es nützt mir alles nichts, ich habe mich in eine Situation begeben, aus der mir kein Ausweg möglich erscheint. Zwar soll man dem Ochsen, der da drischt, das Maul nicht verbinden, aber ich weiß nicht, ob mein Chef elastischen Geistes genug ist, Bibeltexte gelten zu lassen. Ich bin verloren, und manche werden mich für einen Zyniker halten, aber wie soll ich es nicht werden, da ich dauernd mit Hunden zu tun habe? ...

Erinnerungen eines jungen Königs

Als ich dreizehn Jahre alt war, wurde ich zum König von Capota ausgerufen. Ich saß gerade in meinem Zimmer und war damit beschäftigt, aus einem ‚Nicht genügend' unter einem Aufsatz das ‚Nicht' wegzuradieren. Mein Vater, Pig Gi der Erste von Capota, war für vier Wochen im Gebirge zur Jagd, und ich sollte ihm meinen Aufsatz mit dem königlichen Eilkurier nachsenden. So rechnete ich mit der schlechten Beleuchtung der Jagdhütten und radierte eifrig, als ich plötzlich vor dem Palast heftiges Geschrei hörte: „Es lebe Pig Gi der Zweite!"
Kurz darauf kam mein Kammerdiener ins Zimmer gestürzt, warf sich auf der Türschwelle nieder und flüsterte hingebungsvoll: „Majestät geruhen bitte, mir nicht nachzutragen, daß ich Majestät damals wegen Rauchens dem Herrn Ministerpräsidenten gemeldet habe."
Die Untertänigkeit des Kammerdieners war mir widerwärtig, ich wies ihn hinaus und radierte weiter. Mein Hauslehrer pflegte mit rotem Tintenstift zu zensieren. Ich hatte gerade ein Loch ins Heft radiert, als ich wieder unterbrochen wurde: der Ministerpräsident trat ein, kniete an der Tür nieder und rief: „Hoch, Pig Gi der Zweite, dreimal hoch!" Er setzte hinzu: „Majestät, das Volk wünscht Sie zu sehen."
Ich war sehr verwirrt, legte den Radiergummi beiseite, klopfte mir den Schmutz von den Händen und fragte: „Warum wünscht das Volk mich zu sehen?"
„Weil Sie König sind."
„Seit wann?"
„Seit einer halben Stunde. Ihr allergnädigster Herr Vater wurde auf der Jagd von einem Rasac erschossen." (Rasac ist die Abkürzung für ‚Rasante Sadisten Capotas'.)
„Oh, diese Rasacs!" rief ich. Dann folgte ich dem Ministerpräsidenten und zeigte mich vom Balkon aus dem Volk. Ich lächelte, schwenkte die Arme und war sehr verwirrt.
Diese spontane Kundgebung dauerte zwei Stunden. Erst gegen Abend, als es dunkel wurde, zerstreute sich das Volk; als Fackelzug kam es einige Stunden später wieder am Palast vorbei.

Ich ging in meine Zimmer zurück, zerriß das Aufsatzheft und streute die Fetzen in den Innenhof des Königspalastes. Dort wurden sie — wie ich später erfuhr — von Andenkensammlern aufgehoben und in fremde Länder verkauft, wo man heute die Beweise meiner Schwächen in Rechtschreibung unter Glas aufbewahrt.
Es folgten nun anstrengende Monate. Die Rasacs versuchten zu putschen, wurden aber von den Misacs (‚Milde Sadisten Capotas') und vom Heer unterdrückt. Mein Vater wurde beerdigt, und ich mußte an den Parlamentssitzungen teilnehmen und Gesetze unterschreiben — aber im großen ganzen gefiel mir das Königtum, weil ich meinem Hauslehrer gegenüber nun andere Methoden anwenden konnte.
Fragte er mich im mündlichen Unterricht: „Geruhen Eure Majestät, mir aufzusagen, welche Regeln es bezüglich der Behandlung unechter Brüche gibt?" Dann sagte ich: „Nein, ich geruhe nicht", und er konnte nichts machen. Sagte er: „Würden Eure Majestät es untragbar finden, wenn ich Eure Majestät bäte, mir — etwa drei Seiten lang — aufzuschreiben, welches die Motive des Tell waren, als er Geßler ermordete?" Dann sagte ich: „Ja, ich würde es untragbar finden" — und ich forderte ihn auf, mir die Motive des Tell aufzuzählen.
So erlangte ich fast mühelos eine gewisse Bildung, verbrannte sämtliche Schulbücher und Hefte und gab mich meinen eigentlichen Leidenschaften hin: ich spielte Ball, warf mit meinem Taschenmesser nach der Türfüllung, las Kriminalromane und hielt lange Konferenzen ab mit dem Leiter des Hofkinos. Ich ordnete an, daß alle meine Lieblingsfilme angeschafft würden, und trat im Parlament für eine Schulreform ein.
Es war eine herrliche Zeit, obwohl mich die Parlamentssitzungen ermüdeten. Es gelang mir, nach außen hin den schwermütigen jugendlichen König zu markieren, und ich verließ mich ganz auf den Ministerpräsidenten Pelzer, der ein Freund meines Vaters und ein Vetter meiner verstorbenen Mutter gewesen war.
Aber nach drei Monaten forderte Pelzer mich auf zu heiraten. Er sagte: „Sie müssen dem Volke Vorbild sein, Majestät." Vor dem Heiraten hatte ich keine Angst, schlimm war nur, daß Pelzer mir seine elfjährige Tochter Jadwiga antrug, ein dünnes kleines Mädchen, das ich oft im Hof Ball spielen sah. Sie galt als doof, machte schon zum zweiten Male die fünfte Klasse

durch, war blaß und sah tückisch aus. Ich bat mir von Pelzer Bedenkzeit aus, wurde nun wirklich schwermütig, lag stundenlang im Fenster meines Zimmers und sah Jadwiga zu, die Ball oder Hüpfen spielte. Sie war etwas netter angezogen, blickte hin und wieder zu mir hinauf und lächelte. Aber ihr Lächeln kam mir künstlich vor.

Als die Bedenkzeit um war, trat Pelzer in Galauniform vor mich. Er war ein mächtiger Mann mit gelbem Gesicht, schwarzem Bart und funkelnden Augen. „Geruhen Eure Majestät", sagte er, „mir Ihre Entscheidung mitzuteilen. Hat mein Kind Gnade vor Ihrer Majestät Augen gefunden?" Als ich schlankweg „Nein" sagte, geschah etwas Schreckliches: Pelzer riß sich die Epauletten von den Schultern, die Tressen von der Brust, warf mir sein Portefeuille — es war aus Kunstleder — vor die Füße, raufte sich den Bart und schrie: „Das also ist die Dankbarkeit capotischer Könige!"

Ich war in einer peinlichen Situation. Ohne Pelzer war ich verloren. Kurz entschlossen sagte ich: „Ich bitte Sie um Jadwigas Hand."

Pelzer stürzte vor mir nieder, küßte mir inbrünstig die Fußspitzen, hob Epauletten, Tressen und das Portefeuille aus Kunstleder wieder auf.

Wir wurden in der Kathedrale von Huldebach getraut. Das Volk bekam Bier und Wurst, es gab pro Kopf acht Zigaretten und auf meine persönliche Anregung hin zwei Freifahrscheine für die Karussells; acht Tage lang umbrandete Lärm den Palast.

Ich half nun Jadwiga bei den Aufgaben, wir spielten Ball, spielten Hüpfen, ritten gemeinsam aus und bestellten uns, sooft wir Lust hatten, Marzipan aus der Hofkonditorei oder gingen ins Hofkino. Das Königtum gefiel mir immer noch — aber ein schwerer Zwischenfall beendete endgültig meine Karriere.

Als ich vierzehn wurde, wurde ich zum Oberst und Kommandeur des 8. Reiterregiments ernannt. Jadwiga wurde Major. Wir mußten hin und wieder die Front des Regiments abreiten, an Kasinoabenden teilnehmen und an jedem hohen Feiertage Orden an die Brust verdienter Soldaten heften. Ich selbst bekam eine Menge Orden. Aber dann geschah die Geschichte mit Poskopek.

Poskopek war ein Soldat der vierten Schwadron meines Regiments, der an einem Sonntagabend desertierte, um einer Zirkusreiterin über die Landesgrenze zu folgen. Er wurde gefangen, in Arrest gebracht und von einem Kriegsgericht zum Tode verurteilt. Ich sollte als Regimentskommandeur das Urteil unterschreiben, aber ich schrieb einfach darunter: ‚Wird zu vierzehn Tagen Arrest begnadigt. Pig Gi der Zweite.

Diese Notiz hatte schreckliche Folgen: Die Offiziere meines Regiments rissen sich alle ihre Epauletten von den Schultern, die Tressen und Orden von der Brust und ließen sie von einem jungen Leutnant in meinem Zimmer verstreuen. Die ganze capotische Armee schloß sich der Meuterei an, und am Abend des Tages war mein ganzes Zimmer mit Epauletten, Tressen und Orden angefüllt; es sah schrecklich aus.

Zwar jubelte das Volk mir zu, aber in der Nacht schon verkündete mir Pelzer, daß die ganze Armee zu den Rasacs übergegangen sei. Es knallte, es schoß, und das wilde Hämmern von Maschinengewehren zerriß die Stille um den Palast. Zwar hatten die Misacs mir eine Leibwache geschickt, aber Pelzer ging im Laufe der Nacht zu den Rasacs über, und ich war gezwungen, mit Jadwiga zu fliehen.

Wir rafften Kleider, Banknoten und Schmuck zusammen, die Misacs requirierten ein Taxi, wir erreichten mit knapper Not den Grenzbahnhof des Nachbarlandes, sanken erschöpft in ein Schlafwagenabteil zweiter Klasse und fuhren westwärts.

Über die Grenze Capotas herüber erklang Geknalle, wildes Geschrei, die ganze schreckliche Musik des Aufruhrs.

Wir fuhren vier Tage und stiegen in einer Stadt aus, die Wickelheim hieß: Wickelheim — dunkle Erinnerungen aus meinem Geographieunterricht sagten es mir — war die Hauptstadt des Nachbarlandes.

Inzwischen hatten Jadwiga und ich Dinge kennengelernt, die wir zu schätzen begannen: den Geruch der Eisenbahn, bitter und würzig, den Geschmack von Würstchen auf wildfremden Bahnhöfen; ich durfte rauchen, soviel ich wollte, und Jadwiga begann aufzublühen, weil sie von der Last der Schulaufgaben befreit war.

Am zweiten Tag unseres Aufenthaltes in Wickelheim wurden überall Plakate aufgeklebt, die unsere Aufmerksamkeit erregten: ‚*Zirkus Hunke* — die berühmte Reiterin Hula mit ihrem Partner Jürgen Poskopek.‘ Jadwiga war ganz aufgeregt, sie

sagte: „Pig Gi, denke an unsere Existenz, Poskopek wird dir helfen."
In unserem Hotel kam stündlich ein Telegramm aus Capota an, das den Sieg der Misacs verkündete, die Erschießung Pelzers, eine Reorganisation des Militärs.
Der neue Ministerpräsident — er hieß Schmidt und war Anführer der Misacs — bat mich zurückzukehren, die stählerne Krone der Könige von Capota aus den Händen des Volkes wieder aufzunehmen.
Einige Tage lang zögerte ich, aber letzten Endes siegte doch Jadwigas Angst vor den Schulaufgaben, ich ging zum Zirkus Hunke, fragte nach Poskopek und wurde von ihm mit stürmischer Freude begrüßt: „Retter meines Lebens", rief er, in der Tür seines Wohnwagens stehend, aus, „was kann ich für Sie tun?"
„Verschaffen Sie mir eine Existenz", sagte ich schlicht.
Poskopek war rührend: er verwandte sich für mich bei Herrn Hunke, und ich verkaufte zuerst Limonade, dann Zigaretten, später Gulasch im Zirkus Hunke. Ich bekam einen Wohnwagen und wurde nach kurzer Frist Kassierer. Ich nahm den Namen Tückes an, Wilhelm Tückes, und wurde seitdem mit Telegrammen aus Capota verschont.
Man hält mich für tot, für verschollen, während ich mit der immer mehr aufblühenden Jadwiga im Wohnwagen des Zirkus Hunke die Lande durchziehe. Ich rieche fremde Länder, sehe sie, erfreue mich des großen Vertrauens, das Herr Hunke mir entgegenbringt. Und wenn nicht Poskopek mich hin und wieder besuchte und mir von Capota erzählte, wenn nicht Hula, die schöne Reiterin, seine Frau, mir immer wieder versicherte, daß ihr Mann mir sein Leben verdankt, dann würde ich überhaupt nicht mehr daran denken, daß ich einmal König war.
Aber neulich habe ich einen wirklichen Beweis meines früheren königlichen Lebens entdeckt.
Wir hatten ein Gastspiel in Madrid, und ich schlenderte morgens mit Jadwiga durch die Stadt, als ein großes graues Gebäude mit der Aufschrift ‚National-Museum' unsere Aufmerksamkeit erregte. „Laß uns dort hingehen", sagte Jadwiga, und wir gingen hinein in dieses Museum, in einen der großen abgelegenen Säle, über dem ein Schild ‚Handschriftenkunde' hing.

Ahnungslos sahen wir uns die Handschriften verschiedener Staatspräsidenten und Könige an, bis wir an einen Glaskasten kamen, auf dem ein schmaler weißer Zettel klebte: ‚Königreich Capota, seit zwei Jahren Republik.' Ich sah die Handschrift meines Großvaters Wuck XL., ein Stück aus dem berühmten Capotischen Manifest, das er eigenhändig verfaßt hatte, ich fand ein Notizblatt aus den Jagdtagebüchern meines Vaters — und schließlich einen Fetzen aus meinem Schulheft, ein Stück schmutzigen Papiers, auf dem ich las: „Rehgen bringt Sehgen.' Beschämt wandte ich mich Jadwiga zu, aber sie lächelte nur und sagte: „Das hast du nun hinter dir, für immer."
Wir verließen schnell das Museum, denn es war ein Uhr geworden, um drei fing die Vorstellung an, und ich mußte um zwei die Kasse eröffnen.

Im Lande der Rujuks

Die großen Fähigkeiten von James Wodruff sind schon früh einem kleinen Kreis von Spezialisten bekannt geworden, und wenn ich kurz von diesen Fähigkeiten berichte, statte ich eine alte Dankesschuld ab, denn immerhin — obwohl ich seit Jahren mit ihm verkracht bin —, James Wodruff war mein Lehrer. Er hatte (hat noch) den einzigen Lehrstuhl für Rujukforschung inne, den es auf dieser Welt gibt, gilt mit Recht als der Begründer der Rujukforschung, und wenn er auch innerhalb der letzten dreißig Jahre nur zwei Schüler gehabt hat, so ist sein Verdienst nicht zu unterschätzen, denn er hat diesen Volksstamm entdeckt, seine Sprache, seine Sitten, seine Religion erforscht, hat zwei Expeditionen auf eine unwirtliche Insel südlich Australiens geleitet, und sein Verdienst bleibt, wenn er auch Irrtümern unterlegen ist, unschätzbar für die Wissenschaft.

Sein erster Schüler war Bill van der Lohe, von dem aber nur zu berichten ist, daß er sich im Hafen von Sydney eines Besseren besann, Geldwechsler wurde, heiratete, Kinder zeugte und später im Inneren Australiens eine Rinderfarm betrieb. Bill ging der Wissenschaft verloren.

Wodruffs zweiter Schüler war ich. Dreizehn Jahre meines Lebens habe ich darauf verwandt, Sprache, Sitte und Religion der Rujuks zu erlernen; fünf weitere Jahre verbrachte ich damit, Medizin zu studieren, um als Arzt bei den Rujuks zu leben; doch verzichtete ich darauf, das Staatsexamen abzulegen, weil die Rujuks — mit Recht — sich nicht für die Diplome europäischer Hochschulen, sondern für die Fähigkeiten eines Arztes interessieren. Außerdem war nach achtzehnjährigem Studium meine Ungeduld, wirkliche Rujuks kennenzulernen, zu einer Krise gekommen, und ich wollte keine Woche, wollte keinen Tag mehr warten, um endlich lebende Exemplare eines Volkes zu sehen, dessen Sprache ich fließend sprach. Ich packte Rucksäcke, Koffer, eine transportable Apotheke, meinen Instrumentenkasten, überprüfte mein Travellerscheckbuch, machte — für alle Fälle — mein

Testament, denn ich besitze ein Landhaus in der Eifel und bin Inhaber der Nutzungsrechte eines Obstgutes am Rhein. Dann nahm ich ein Taxi vom Flugplatz, löste eine Flugkarte nach Sydney, von wo mich ein Walfänger mitnehmen sollte.
Mein Lehrer James Wodruff begleitete mich. Er selbst war zu hinfällig, noch eine Expedition zu riskieren, drückte mir aber zum Abschied noch einmal seine berühmte Schrift ‚Volk nahe der Arktis' in die Hand, obwohl er genau wußte, daß ich diese Schrift auswendig herzusagen verstand. Bevor ich das Flugzeug bestieg, rief Wodruff mir zu: „Bruwal doidoi duraboi!", was (frei übersetzt) heißen könnte: ‚Mögen die Geister der Luft dich beschützen!' Genau würde es wohl heißen: ‚Der Wind möge keine widerspenstigen Geister gegen dich senden!', denn die Rujuks leben vom Fischfang, und die Gunst des Windes ist ihnen heilig.
Der Wind sandte keine widerspenstigen Geister gegen uns, und ich landete wohlbehalten in Sydney, bestieg dort den Walfänger, wurde acht Tage später an einer winzigen Insel ausgesetzt, die, wie mein Lehrer mir versichert hatte, von den P-Rujuks bewohnt sein sollte, die sich von den eigentlichen Rujuks dadurch unterscheiden, daß ihr Abc das P enthält.
Doch die Insel erwies sich als unbewohnt, jedenfalls von Rujuks unbewohnt. Ich irrte einen Tag lang zwischen mageren Wiesen und steilen Felsen umher, fand zwar Spuren von Rujuk-Häusern, zu deren Bau sie eine Art Fischleim als Mörtel benutzten, aber der einzige Mensch, den ich auf dieser Insel traf, war ein Waschbärjäger, der für europäische Zoos unterwegs war. Ich fand ihn betrunken in seinem Zelt, und als ich ihn geweckt, ihn von meiner Harmlosigkeit überzeugt hatte, fragte er mich in ziemlich ordinärem Englisch nach einer gewissen Rita Hayworth. Da ich den Namen nicht genau verstand, schrieb er ihn auf einen Zettel und rollte dabei lüstern die Augen. Ich kannte eine Frau dieses Namens nicht und konnte ihm keine Auskunft geben. Drei Tage war ich gezwungen, die Gesellschaft dieses Banausen zu ertragen, der fast nur von Filmen sprach. Endlich konnte ich ihm gegen Überschreibung von Travellerschecks im Werte von 80 Dollar ein Schlauchboot abhandeln, und unter Lebensgefahr ruderte ich bei stiller See zu der acht Kilometer entfernten Insel hinüber, auf der die eigentlichen Rujuks wohnen sollten. Diese Angabe wenigstens erwies sich als richtig. Schon von weitem

sah ich Menschen am Ufer stehen, sah Netze aufgehängt, sah einen Bootsschuppen, und heftig rudernd und winkend näherte ich mich dem Ufer, den Ruf auf den Lippen: „Joi wuba, joi wuba, buweida guhal!" (Vom Meer, vom Meer komme ich, euch zu helfen, Brüder!)
Doch als ich dem Ufer näher gekommen war, sah ich, daß die Aufmerksamkeit der dort Stehenden einem anderen Fahrzeug galt: das Tuckern eines Motorbootes näherte sich von Westen, Tücher wurden geschwenkt, und ich landete völlig unbeachtet auf der Insel meiner Sehnsucht, denn das Motorboot kam fast gleichzeitig mit mir an, und alle rannten zum Landungssteg.
Ich zog müde mein Boot auf den Strand, entkorkte die Kognakflasche meiner transportablen Apotheke und nahm einen tiefen Schluck. Wäre ich ein Dichter, würde ich sagen: ‚Ein Traum brach mir entzwei', obwohl Träume ja nicht brechen können.
Ich wartete ab, bis sich das Postboot entfernt hatte, schulterte mein Gepäck und ging auf ein Gebäude zu, das die schlichte Aufschrift ‚Bar' trug. Ein bärtiger Rujuk hockte dort auf einem Stuhl und las eine Postkarte. Ich sank erschöpft auf eine hölzerne Bank und sagte leise: „Doidoi kruw mali." (Der Wind hat meine Kehle ausgedörrt.) Der Alte legte die Karte beiseite, sah mich erstaunt an und sagte in einem Gemisch aus Rujuk und Film-Englisch: „Komm her, mein Junge, sprich deutlich. Willste Bier oder Whisky?"
„Whisky", sagte ich matt.
Er stand auf, schob mir die Postkarte zu und sagte: „Da lies, was mein Enkel mir schreibt."
Die Karte trug den Poststempel Hollywood, und auf der Rückseite stand ein einziger Satz: ‚Zeuger meines Erzeugers, komm übers große Wasser, hier rollen die Dollars.'
Ich blieb bis zur Ankunft des nächsten Postbootes auf der Insel, saß abends in der Bar und vertrank meine Travellerschecks. Kein einziger dort sprach mehr reines Rujuk, nur wurde oft der Name einer Frau erwähnt, die ich zuerst für eine mythische Figur hielt, deren Ursprung mir aber inzwischen klargeworden ist: Zarah Leander.
Ich muß gestehen, daß auch ich die Rujuk-Forschung aufgab. Zwar flog ich zu Wodruff zurück und ließ mich mit ihm noch auf einen Streit ein über die Anwendung der Vokabel ‚buhal', denn ich blieb dabei, daß es Wasser bedeutet, Wodruff aber

versteifte sich darauf, es bedeute Liebe.
Doch längst schon sind mir diese Probleme nicht mehr so wichtig. Ich habe mein Landhaus vermietet, züchte Obst und spiele immer noch mit dem Gedanken, mein medizinisches Studium durchs Staatsexamen zu krönen, aber ich bin nun fünfundvierzig geworden, und was ich einst mit wissenschaftlichem Ernst betrieb, betreibe ich nun als Liebhaberei, worüber Wodruff besonders empört ist. Während der Arbeit an meinen Obstbäumen singe ich Rujuk-Lieder vor mich hin, besonders das eine liebe ich:

Woi suhal buwacha
bruwal nui loha
graga bahu, graga wiuwa
moha deiwa buwacha.

(Warum treibt es dich in die Ferne, mein Sohn,
haben dich alle guten Geister verlassen?
Keine Fische gibt es dort, keine Gnade,
und deine Mutter weint um ihren Sohn.)

Auch zum Fluchen eignet sich die Rujuk-Sprache. Wenn die Großhändler mich betrügen wollen, sage ich leise vor mich hin: „Graga weita“ (Keinen Segen soll es dir bringen), oder „Pichal gromchit“ (Die Gräte soll dir im Halse steckenbleiben), einen der schlimmsten Flüche der Rujuk.
Aber wer auf dieser Erde versteht schon Rujuk, außer Wodruff, dem ich hin und wieder eine Kiste Äpfel schicke und eine Postkarte mit den Worten: ‚Wahu bahui‘ (Verehrter Meister, du irrst), worauf er mir zu antworten pflegt, ebenfalls auf einer Postkarte: ‚Hugai‘ (Abtrünniger), und ich zünde mir meine Pfeife an und blicke auf den Rhein hinunter, der schon solange da unten vorüberfließt.

Hier ist Tibten

Herzlose Menschen begreifen nicht, daß ich soviel Sorgfalt und Demut auf eine Beschäftigung verwende, die sie meiner für unwürdig halten. Meine Beschäftigung mag nicht meinem Bildungsgrad entsprechen, auch war sie nicht der Gegenstand irgendeines der zahlreichen Lieder, die an meiner Wiege gesungen wurden, aber sie macht mir Spaß und ernährt mich: Ich sage den Leuten, wo sie sind. Zeitgenossen, die abends auf dem Heimatbahnhof in Züge steigen, die sie in ferne Gegenden tragen, die nachts dann auf unserem Bahnhof erwachen, verwirrt ins Dunkel blicken, nicht wissen, ob sie übers Ziel hinausgefahren oder noch vor dem Ziel sind, möglicherweise gar am Ziel (denn unsere Stadt birgt Sehenswürdigkeiten mannigfacher Art und lockt viele Reisende an), allen diesen sage ich, wo sie sind. Ich schalte den Lautsprecher ein, sobald ein Zug eingelaufen ist und die Räder der Lokomotive stillstehen, und ich spreche es zögernd in die Nacht hinein: „Hier ist Tibten — Sie sind in Tibten! Reisende, die das Grab des Tiburtius besuchen wollen, müssen hier aussteigen!", und von den Bahnsteigen her kommt das Echo bis in meine Kabine zurück: Dunkle Stimme aus dem Dunkeln, die etwas Zweifelhaftes zu verkünden scheint, obwohl sie die nackte Wahrheit spricht. Manche stürzen dann hastig mit Koffern auf den schwach erleuchteten Bahnsteig, denn Tibten war ihr Ziel, und ich sehe sie die Treppe hinuntersteigen, auf Bahnsteig 1 wieder auftauchen und dem schläfrigen Beamten an der Sperre ihre Fahrkarten übergeben. Nur selten kommen nachts Leute mit geschäftlichen Ambitionen, Reisende, die bei den Tibtenschen Bleigruben den Bedarf ihrer Firmen zu decken gedenken. Meist sind es Touristen, die das Grab des Tiburtius anlockt, eines römischen Jünglings, der vor 1800 Jahren einer tibtenschen Schönheit wegen Selbstmord beging. ‚Er war noch ein Knabe', steht auf seinem Grabstein, den man in unserem Heimatmuseum bewundern kann, ‚doch die Liebe überwältigte ihn!' — Er kam aus Rom hierher, um Blei für seinen Vater zu kaufen, der Heereslieferant war.

Gewiß hätte ich nicht fünf Universitäten frequentieren und zwei Doktorgrade erwerben müssen, um Nacht für Nacht ins Dunkel hinein zu sagen: „Hier ist Tibten! Sie sind in Tibten!" Und doch erfüllt mich meine Tätigkeit mit Befriedigung. Ich sage meinen Spruch leise, so, daß die Schlafenden nicht erwachen, die Wachen ihn aber nicht überhören, und ich lege gerade so viel Beschwörung in meine Stimme, daß die Dösenden sich besinnen und überlegen, ob Tibten nicht ihr Ziel war.

Spät am Vormittag dann, wenn ich vom Schlaf erwache und aus dem Fenster schaue, sehe ich jene Reisenden, die nachts der Lockung meiner Stimme erlagen, durch unser Städtchen ziehen, mit jenen Prospekten bewaffnet, die unser Verkehrsbüro großzügig in die ganze Welt verschickt. Beim Frühstück haben sie schon gelesen, daß Tibten aus dem lateinischen Tiburtinum im Lauf der Jahrhunderte in seine gegenwärtige Form verschlissen wurde, und sie ziehen nun zum Heimatmuseum, wo sie den Grabstein bewundern, den man dem römischen Werther vor 1800 Jahren setzte: Aus rötlichem Sandstein ist das Profil eines Knaben gemeißelt, der vergebens die Hände nach einem Mädchen ausstreckt. ‚Er war noch ein Knabe, doch die Liebe überwältigte ihn!' Auf sein jugendliches Alter weisen auch die Gegenstände hin, die man in seinem Grab fand: Figürchen aus elfenbeinfarbigem Stoff; zwei Elefanten, ein Pferd und eine Dogge, die — wie Brusler in seiner ‚Theorie über das Grab des Tiburtius' behauptet — einer Art von Schachspiel gedient haben sollen. Doch bezweifle ich diese Theorie, ich bin sicher, daß Tiburtius mit diesen Dingen einfach so gespielt hat. Die kleinen Dinger aus Elfenbein sehen genauso aus wie die, die wir beim Einkauf eines halben Pfundes Margarine als Zugabe bekommen, und sie erfüllten denselben Zweck: Kinder spielten mit ihnen ... Vielleicht wäre ich hier verpflichtet, auf das ausgezeichnete Werk unseres Heimatschriftstellers Volker von Volkersen hinzuweisen, der unter dem Titel ‚Tiburtius, ein römisches Schicksal, das sich in unserer Stadt vollendete' einen ausgezeichneten Roman schrieb. Doch halte ich Volkersens Werk für irreführend, weil auch er Bruslers Theorie über den Zweck des Spielzeugs anhängt.

Ich selbst — hier muß ich endlich ein Geständnis ablegen — bin im Besitz der originalen Figürchen, die in Tiburtius' Grab lagen; ich habe sie im Museum gestohlen, sie durch jene ersetzt, die ich beim Einkauf von einem halben Pfund Margarine als Zugabe bekomme: zwei Elefanten, ein Pferd und eine Dogge; sie sind weiß wie Tiburtius' Tiere, sie haben dieselbe Größe, dieselbe Schwere, und — was mir als das Wichtigste erscheint — sie erfüllen denselben Zweck.

So kommen Reisende aus der ganzen Welt, um das Grab des Tiburtius und sein Spielzeug zu bewundern. Plakate mit dem Text ‚Come to Tibten' hängen in den Wartesälen der angelsächsischen Welt, und wenn ich nachts meinen Spruch spreche: „Hier ist Tibten! Sie sind in Tibten! Reisende, die das Grab des Tiburtius besuchen wollen, müssen hier aussteigen ...", dann locke ich jene Zeitgenossen aus den Zügen, die in heimatlichen Bahnhöfen der Verführung unseres Plakates erlagen. Gewiß, sie sehen die Sandsteinplatte, deren historische Echtheit nicht zu bezweifeln ist. Sie sehen das rührende Profil eines römischen Jünglings, der von der Liebe überwältigt wurde und sich in einem abgesoffenen Schacht der Bleigruben ertränkte. Und dann gleiten die Augen der Reisenden über die Tierchen: zwei Elefanten, ein Pferd und eine Dogge — und gerade an diesen könnten sie die Weisheit dieser Welt studieren, aber sie tun's nicht. Gerührte In- und Ausländerinnen häufen Rosen auf das Grab dieses Knaben. Gedichte werden geschrieben; auch meine Tiere, das Pferd und die Dogge (zwei Pfund Margarine mußte ich verbrauchen, um in ihren Besitz zu gelangen!), sind schon Gegenstand lyrischer Versuche geworden. ‚Spieltest, wie wir spielen, mit Dogge und Pferd ...' lautet der Vers aus dem Gedicht eines nicht unbekannten Lyrikers. Da liegen sie also: Gratiszugaben der Firma ‚Klüßhenners Eigelb-Margarine', auf rotem Samt unter dickem Glas in unserem Heimatmuseum: Zeugen meines Margarineverbrauchs. Oft, bevor ich nachmittags zur Schicht gehe, besuche ich eine Minute das Heimatmuseum und betrachte sie. Sie sehen echt aus, gelblich angefärbt und sind nicht im geringsten von denen zu unterscheiden, die in meiner Schublade liegen, denn ich habe die Originale zu jenen geworfen, die ich beim Einkauf von ‚Klüßhenners Margarine' hinzubekomme, und versuche vergebens, sie wieder herauszufinden.

Nachdenklich gehe ich dann zum Dienst, hänge meine Mütze an den Haken, ziehe den Rock aus, lege meine Brote in die Schublade, lege mir Zigarettenpapier, Tabak, die Zeitung zurecht und sage, wenn ein Zug einläuft, den Spruch, den zu sprechen ich verpflichtet bin „Hier ist Tibten! Sie sind in Tibten! Reisende, die das Grab des Tiburtius besuchen wollen, müssen hier aussteigen ...“ Leise sage ich es, so daß die Schlafenden nicht erwachen, die Wachen mich nicht überhören, und ich lege gerade so viel Beschwörung in meine Stimme, daß die Dösenden sich besinnen und überlegen, ob Tibten nicht ihr Ziel war.

Und ich begreife nicht, daß man diese Beschäftigung meiner für unwürdig hält ...

Es wird etwas geschehen

Eine handlungsstarke Geschichte

Zu den merkwürdigsten Abschnitten meines Lebens gehört wohl der, den ich als Angestellter in Alfred Wunsiedels Fabrik zubrachte. Von Natur bin ich mehr dem Nachdenken und dem Nichtstun zugeneigt als der Arbeit, doch hin und wieder zwingen mich anhaltende finanzielle Schwierigkeiten — denn Nachdenken bringt sowenig ein wie Nichtstun —, eine sogenannte Stelle anzunehmen. Wieder einmal auf einem solchen Tiefpunkt angekommen, vertraute ich mich der Arbeitsvermittlung an und wurde mit sieben anderen Leidensgenossen in Wunsiedels Fabrik geschickt, wo wir einer Eignungsprüfung unterzogen werden sollten.
Schon der Anblick der Fabrik machte mich mißtrauisch. Die Fabrik war ganz aus Glasziegeln gebaut, und meine Abneigung gegen helle Gebäude und helle Räume ist so stark wie meine Abneigung gegen die Arbeit. Noch mißtrauischer wurde ich, als uns in der hellen, fröhlich ausgemalten Kantine gleich ein Frühstück serviert wurde: hübsche Kellnerinnen brachten uns Eier, Kaffee und Toaste, in geschmackvollen Karaffen stand Organgensaft; Goldfische drückten ihre blasierten Gesichter gegen die Wände hellgrüner Aquarien. Die Kellnerinnen waren so fröhlich, daß sie vor Fröhlichkeit fast zu platzen schienen. Nur starke Willensanstrengung — so schien mir — hielt sie davon zurück, dauernd zu trällern. Sie waren mit ungesungenen Liedern so angefüllt wie Hühner mit ungelegten Eiern.
Ich ahnte gleich, was meine Leidensgenossen nicht zu ahnen schienen: daß auch dieses Frühstück zur Prüfung gehöre; und so kaute ich hingebungsvoll, mit dem vollen Bewußtsein eines Menschen, der genau weiß, daß er seinem Körper wertvolle Stoffe zuführt. Ich tat etwas, wozu mich normalerweise keine Macht dieser Welt bringen würde: ich trank auf nüchternen Magen Orangensaft, ließ den Kaffee und ein Ei stehen, den größten Teil des Toastes liegen, stand auf und marschierte handlungsschwanger in der Kantine auf und ab.
So wurde ich als erster in den Prüfungsraum geführt, wo auf reizenden Tischen die Fragebogen bereitlagen. Die Wände

waren in einem Grün getönt, das Einrichtungsfanatikern das Wort „Entzückend!“ auf die Lippen gezaubert hätte. Niemand war zu sehen, und doch war ich so sicher, beobachtet zu werden, daß ich mich benahm, wie ein Handlungsschwangerer sich benimmt, wenn er sich unbeobachtet glaubt: ungeduldig riß ich meinen Füllfederhalter aus der Tasche, schraubte ihn auf, setzte mich an den nächstbesten Tisch und zog den Fragebogen an mich heran, wie Choleriker Wirtshausrechnungen zu sich hinziehen.

Erste Frage: Halten Sie es für richtig, daß der Mensch nur zwei Arme, zwei Beine, Augen und Ohren hat?

Hier erntete ich zum ersten Male die Früchte meiner Nachdenklichkeit und schrieb ohne Zögern hin: ‚Selbst vier Arme, Beine, Ohren würden meinem Tatendrang nicht genügen. Die Ausstattung des Menschen ist kümmerlich.‘

Zweite Frage: Wieviel Telefone können Sie gleichzeitig bedienen?

Auch hier war die Antwort so leicht wie die Lösung einer Gleichung ersten Grades. ‚Wenn es nur sieben Telefone sind‘, schrieb ich, ‚werde ich ungeduldig; erst bei neun fühle ich mich vollkommen ausgelastet.‘

Dritte Frage: Was machen Sie nach Feierabend?

Meine Antwort: ‚Ich kenne das Wort Feierabend nicht mehr — an meinem fünfzehnten Geburtstag strich ich es aus meinem Vokabular, denn am Anfang war die Tat.‘

Ich bekam die Stelle. Tatsächlich fühlte ich mich sogar mit den neun Telefonen nicht ganz ausgelastet. Ich rief in die Muschel der Hörer: „Handeln Sie sofort!“ oder „Tun Sie etwas! — Es muß etwas geschehen — Es wird etwas geschehen — Es ist etwas geschehen — Es sollte etwas geschehen.“ Doch meistens — denn das schien mir der Atmosphäre gemäß — bediente ich mich des Imperativs.

Interessant waren die Mittagspausen, wo wir in der Kantine, von lautloser Fröhlichkeit umgeben, vitaminreiche Speisen aßen. Es wimmelte in Wunsiedels Fabrik von Leuten, die verrückt darauf waren, ihren Lebenslauf zu erzählen, wie eben handlungsstarke Persönlichkeiten es gern tun. Ihr Lebenslauf ist ihnen wichtiger als ihr Leben, man braucht nur auf einen Knopf zu drücken, und schon erbrechen sie ihn in Ehren.

Wunsiedels Stellvertreter war ein Mann mit Namen Broschek, der seinerseits einen gewissen Ruhm erworben hatte, weil er als Student sieben Kinder und eine gelähmte Frau durch

Nachtarbeit ernährt, zugleich vier Handelsvertretungen erfolgreich ausgeübt und dennoch innerhalb von zwei Jahren zwei Staatsprüfungen mit Auszeichnung bestanden hatte. Als ihn Reporter gefragt hatten: „Wann schlafen Sie denn, Broschek?" hatte er geantwortet: „Schlafen ist Sünde!"
Wunsiedels Sekretärin hatte einen gelähmten Mann und vier Kinder durch Stricken ernährt, hatte gleichzeitig in Psychologie und Heimatkunde promoviert, Schäferhunde gezüchtet und war als Barsängerin unter dem Namen ‚Vamp 7' berühmt geworden.
Wunsiedel selbst war einer von den Leuten, die morgens, kaum erwacht, schon entschlossen sind, zu handeln. ‚Ich muß handeln', denken sie, während sie energisch den Gürtel des Bademantels zuschnüren. ‚Ich muß handeln', denken sie, während sie sich rasieren, und sie blicken triumphierend auf die Barthaare, die sie mit dem Seifenschaum von ihrem Rasierapparat abspülen. Diese Reste der Behaarung sind die ersten Opfer ihres Tatendranges. Auch die intimeren Verrichtungen lösen Befriedigung bei diesen Leuten aus: Wasser rauscht, Papier wird verbraucht. Es ist etwas geschehen. Brot wird gegessen, dem Ei wird der Kopf abgeschlagen.
Die belangloseste Tätigkeit sah bei Wunsiedel wie eine Handlung aus. Wie er den Hut aufsetzte, wie er — bebend vor Energie — den Mantel zuknöpfte, der Kuß, den er seiner Frau gab, alles war Tat.
Wenn er sein Büro betrat, rief er seiner Sekretärin als Gruß zu: „Es muß etwas geschehen!" Und diese rief frohen Mutes: „Es wird etwas geschehen!" Wunsiedel ging dann von Abteilung zu Abteilung, rief sein fröhliches: „Es muß etwas geschehen!" Alle antworteten: „Es wird etwas geschehen!" Und auch ich rief ihm, wenn er mein Zimmer betrat, strahlend zu: „Es wird etwas geschehen!"
Innerhalb der ersten Woche steigerte ich die Zahl der bedienten Telefone auf elf, innerhalb der zweiten Woche auf dreizehn, und es machte mir Spaß, morgens in der Straßenbahn neue Imperative zu erfinden oder das Verbum ‚geschehen' durch die verschiedenen Tempora, durch die verschiedenen Genera, durch Konjunktiv und Indikativ zu hetzen; zwei Tage lang sagte ich nur den einen Satz, weil ich ihn so schön fand: „Es hätte etwas geschehen müssen", zwei weitere Tage lang einen anderen: „Das hätte nicht geschehen dürfen."

So fing ich an, mich tatsächlich ausgelastet zu fühlen, als wirklich etwas geschah. An einem Dienstagmorgen — ich hatte mich noch gar nicht richtig zurechtgesetzt — stürzte Wunsiedel in mein Zimmer und rief sein: „Es muß etwas geschehen!" Doch etwas Unerklärliches auf seinem Gesicht ließ mich zögern, fröhlich und munter, wie es vorgeschrieben war, zu antworten: „Es wird etwas geschehen!" Ich zögerte wohl zu lange, denn Wunsiedel, der sonst selten schrie, brüllte mich an: „Antworten Sie! Antworten Sie, wie es vorgeschrieben ist!" Und ich antwortete leise und widerstrebend wie ein Kind, das man zu etwas zwingt: ‚Ich bin ein böses Kind.' Nur mit großer Anstrengung brachte ich den Satz heraus: „Es wird etwas geschehen", und kaum hatte ich ihn ausgesprochen, da geschah tatsächlich etwas: Wunsiedel stürzte zu Boden, rollte im Stürzen auf die Seite und lag quer vor der offenen Tür. Ich wußte gleich, was sich mir bestätigte, als ich langsam um meinen Tisch herum auf den Liegenden zuging: daß er tot war.

Kopfschüttelnd stieg ich über Wunsiedel hinweg, ging langsam durch den Flur zu Broscheks Zimmer und trat dort ohne anzuklopfen ein. Broschek saß an seinem Schreibtisch, hatte in jeder Hand einen Telefonhörer, im Mund einen Kugelschreiber, mit dem er Notizen auf einen Block schrieb, während er mit den bloßen Füßen eine Strickmaschine bediente, die unter dem Schreibtisch stand. Auf diese Weise trägt er dazu bei, die Bekleidung seiner Familie zu vervollständigen.

„Es ist etwas geschehen", sagte ich leise.

Broschek spuckte den Kugelstift aus, legte die beiden Hörer hin, löste zögernd seine Zehen von der Strickmaschine.

„Was ist denn geschehen?" fragte er.

„Herr Wunsiedel ist tot", sagte ich.

„Nein", sagte Broschek.

„Doch", sagte ich, „kommen Sie!"

„Nein", sagte Broschek, „das ist unmöglich", aber er schlüpfte in seine Pantoffeln und folgte mir über den Flur. „Nein", sagte er, als wir an Wunsiedels Leiche standen, „nein, nein!" Ich widersprach ihm nicht. Vorsichtig drehte ich Wunsiedel auf den Rücken, drückte ihm die Augen zu und betrachtete ihn nachdenklich.

Ich empfand fast Zärtlichkeit für ihn, und zum ersten Male wurde mir klar, daß ich ihn nie gehaßt hatte. Auf seinem

Gesicht war etwas, wie es auf den Gesichtern der Kinder ist, die sich hartnäckig weigern, ihren Glauben an den Weihnachtsmann aufzugeben, obwohl die Argumente der Spielkameraden so überzeugend klingen.

„Nein", sagte Broschek, „nein."

„Es muß etwas geschehen", sagte ich leise zu Broschek.

„Ja", sagte Broschek, „es muß etwas geschehen."

Es geschah etwas: Wunsiedel wurde beerdigt, und ich wurde ausersehen, einen Kranz künstlicher Rosen hinter seinem Sarg herzutragen, denn ich bin nicht nur mit einem Hang zur Nachdenklichkeit und zum Nichtstun ausgestattet, sondern auch mit einer Gestalt und einem Gesicht, die sich vorzüglich für schwarze Anzüge eignen. Offenbar habe ich — mit dem Kranz künstlicher Rosen in der Hand hinter Wunsiedels Sarg hergehend — großartig ausgesehen. Ich erhielt das Angebot eines eleganten Beerdigungsinstitutes, dort als berufsmäßiger Trauernder einzutreten. „Sie sind der geborene Trauernde", sagte der Leiter des Instituts, „die Garderobe bekommen Sie gestellt. Ihr Gesicht — einfach großartig!"

Ich kündigte Broschek mit der Begründung, daß ich mich dort nicht richtig ausgelastet fühle, daß Teile meiner Fähigkeiten trotz der dreizehn Telefone brachlägen. Gleich nach meinem ersten berufsmäßigen Trauergang wußte ich: Hierhin gehörst du, das ist der Platz, der für dich bestimmt ist.

Nachdenklich stehe ich hinter dem Sarg in der Trauerkapelle, mit einem schlichten Blumenstrauß in der Hand, während Händels Largo gespielt wird, ein Musikstück, das viel zuwenig geachtet ist. Das Friedhofscafé ist mein Stammlokal, dort verbringe ich die Zeit zwischen meinen beruflichen Auftritten, doch manchmal gehe ich auch hinter Särgen her, zu denen ich nicht beordert bin, kaufe aus meiner Tasche einen Blumenstrauß und geselle mich zu dem Wohlfahrtsbeamten, der hinter dem Sarg eines Heimatlosen hergeht. Hin und wieder auch besuche ich Wunsiedels Grab, denn schließlich verdanke ich es ihm, daß ich meinen eigentlichen Beruf entdeckte, einen Beruf, bei dem Nachdenklichkeit geradezu erwünscht und Nichtstun meine Pflicht ist.

Spät erst fiel mir ein, daß ich mich nie für den Artikel interessiert habe, der in Wunsiedels Fabrik hergestellt wurde. Es wird wohl Seife gewesen sein.

Unberechenbare Gäste

Ich habe nichts gegen Tiere, im Gegenteil, ich mag sie, und ich liebe es, abends das Fell unseres Hundes zu kraulen, während die Katze auf meinem Schoß sitzt. Es macht mir Spaß, den Kindern zuzusehen, die in der Wohnzimmerecke die Schildkröte füttern. Sogar das kleine Nilpferd, das wir in unserer Badewanne halten, ist mir ans Herz gewachsen, und die Kaninchen, die in unserer Wohnung frei herumlaufen, regen mich schon lange nicht mehr auf. Außerdem bin ich gewohnt, abends unerwarteten Besuch vorzufinden: ein piepsendes Kücken oder einen herrenlosen Hund, dem meine Frau Unterkunft gewährt hat. Denn meine Frau ist eine gute Frau, sie weist niemanden von der Tür, weder Mensch noch Tier, und schon lange ist dem Abendgebet unserer Kinder die Floskel angehängt: ‚Herr, schicke uns Bettler und Tiere.'
Schlimmer ist schon, daß meine Frau auch Vertretern und Hausierern gegenüber keinen Widerstand kennt, und so häufen sich bei uns Dinge, die ich für überflüssig halte: Seife, Rasierklingen, Bürsten und Stopfwolle, und in Schubladen liegen Dokumente herum, die mich beunruhigen, Versicherungs- und Kaufverträge verschiedener Art. Meine Söhne sind in einer Ausbildungs-, meine Töchter in einer Aussteuerversicherung, doch können wir sie bis zur Hochzeit oder bis zur Ablegung des zweiten Staatsexamens weder mit Stopfwolle noch mit Seife füttern, und selbst Rasierklingen sind nur in Ausnahmefällen dem menschlichen Organismus zuträglich.
So wird man begreifen, daß ich hin und wieder Anfälle leichter Ungeduld zeige, obwohl ich im allgemeinen als ruhiger Mensch bekannt bin. Oft ertappe ich mich dabei, daß ich neidisch die Kaninchen betrachte, die es sich unter dem Tisch gemütlich machen und seelenruhig an Mohrrüben herumknabbern, und der stupide Blick des Nilpferds, das in unserer Badewanne die Schlammbildung beschleunigt, veranlaßt mich, ihm manchmal die Zunge herauszustrecken. Auch die Schildkröte, die stoisch an Salatblättern herumfrißt, ahnt nicht im geringsten, welche Sorgen mein Herz bewegen: die Sehnsucht nach einem frisch

duftenden Kaffee, nach Tabak, Brot und Eiern und der wohligen Wärme, die der Schnaps in den Kehlen sorgenbeladener Menschen hervorruft. Mein einziger Trost ist dann Bello, unser Hund, der vor Hunger gähnt wie ich. Kommen dann noch unerwartete Gäste, Zeitgenossen, die unrasiert sind wie ich, oder Mütter mit Babys, die mit heißer Milch getränkt, mit aufgeweichtem Zwieback gespeist werden, so muß ich an mich halten, um meine Ruhe zu bewahren. Aber ich bewahre sie, weil sie fast mein einziger Besitz geblieben ist.

Es kommen Tage, wo der bloße Anblick frischgekochter, gelber Kartoffeln mir das Wasser in den Mund treibt; denn schon lange — dies gebe ich nur zögernd und mit heftigem Erröten zu —, schon lange verdient unsere Küche die Bezeichnung ‚bürgerlich' nicht mehr. Von Tieren und von menschlichen Gästen umgeben, nehmen wir nur hin und wieder, stehend, eine improvisierte Mahlzeit ein.

Zum Glück ist meiner Frau nun für längere Zeit der Ankauf von unnützen Dingen unmöglich gemacht, denn wir besitzen kein Bargeld mehr, meine Gehälter sind auf unbestimmte Zeit gepfändet, und ich selbst bin gezwungen, in einer Verkleidung, die mich unkenntlich macht, in fernen Vororten Rasierklingen, Seife und Knöpfe in den Abendstunden weit unter Preis zu verkaufen; denn unsere Lage ist bedenklich geworden. Immerhin besitzen wir einige Zentner Seife, Tausende von Rasierklingen, Knöpfe jeglichen Sortiments, und ich taumele gegen Mitternacht heim, suche Geld aus meinen Taschen zusammen; meine Kinder, meine Tiere, meine Frau umstehen mich mit glänzenden Augen, denn ich habe meistens unterwegs eingekauft: Brot, Äpfel, Fett, Kaffee und Kartoffeln, eine Speise übrigens, nach der Kinder wie Tiere heftig verlangen, und zu nächtlicher Stunde vereinigen wir uns in einem fröhlichen Mahl. Zufriedene Tiere, zufriedene Kinder umgeben mich, meine Frau lächelt mir zu, und wir lassen die Tür unseres Wohnzimmers dann offenstehen, damit das Nilpferd sich nicht ausgeschlossen fühlt, und sein fröhliches Grunzen tönt aus dem Badezimmer zu uns herüber. Meistens gesteht mir dann meine Frau, daß sie in der Vorratskammer noch einen zusätzlichen Gast versteckt hält, den man mir erst zeigt, wenn meine Nerven durch eine Mahlzeit gestärkt sind. Schüchterne, unrasierte Männer nehmen dann händereibend am Tisch Platz, Frauen drücken sich zwischen unsere Kinder auf die Sitzbank,

Milch wird für schreiende Babys erhitzt. Auf diese Weise lerne ich dann auch Tiere kennen, die mir ungeläufig waren: Möwen, Füchse und Schweine, nur einmal war es ein kleines Dromedar.

„Ist es nicht süß?" fragte meine Frau, und ich sagte notgedrungen, ja, es sei süß, und beobachtete beunruhigt das unermüdliche Mampfen des pantoffelfarbenen Tieres, das uns auf schiefergrauen Augen anblickte. Zum Glück blieb das Dromedar nur eine Woche, und meine Geschäfte gingen gut. Die Qualität meiner Ware, meine herabgesetzten Preise hatten sich rundgesprochen, und ich konnte hin und wieder sogar Schnürsenkel verkaufen und Bürsten, Artikel, die sonst nicht sehr gefragt sind. So erlebten wir eine gewisse Scheinblüte, und meine Frau — in völliger Verkennung der ökonomischen Fakten — brachte einen Spruch auf, der mich beunruhigte: „Wir sind auf dem aufsteigenden Ast." Ich jedoch sah unsere Seifenvorräte schwinden, die Rasierklingen abnehmen, und nicht einmal der Vorrat an Bürsten und Stopfwolle war mehr erheblich.

Gerade zu diesem Zeitpunkt, wo eine seelische Stärkung mir wohlgetan hätte, machte sich eines Abends, während wir friedlich beisammensaßen, eine Erschütterung unseres Hauses bemerkbar, die der eines mittleren Erdbebens glich: die Bilder wackelten, der Tisch bebte, und ein Kranz gebratener Blutwurst rollte von meinem Teller. Ich wollte aufspringen, mich nach der Ursache umsehen, als ich unterdrücktes Lachen auf den Mienen meiner Kinder bemerkte: „Was geht hier vor sich?" schrie ich, und zum erstenmal in meinem abwechslungsreichen Leben war ich wirklich außer Fassung.

„Walter", sagte meine Frau leise und legte die Gabel hin, „es ist ja nur Wollo." Sie begann zu weinen, und gegen ihre Tränen bin ich machtlos; denn sie hat mir sieben Kinder geschenkt.

„Wer ist Wollo?" fragte ich müde, und in diesem Augenblick wurde das Haus wieder durch ein Beben erschüttert. „Wollo", sagte meine jüngste Tochter, „ist der Elefant, den wir jetzt im Keller haben."

Ich muß gestehen, daß ich verwirrt war, und man wird meine Verwirrung verstehen. Das größte Tier, das wir beherbergt hatten, war das Dromedar gewesen, und ich fand einen Elefanten zu groß für unsere Wohnung, denn wir sind der Segnungen des sozialen Wohnungsbaues noch nicht teilhaftig geworden.

Meine Frau und meine Kinder, nicht im geringsten so verwirrt wie ich, gaben Auskunft; von einem bankerotten Zirkusunternehmer war das Tier bei uns sichergestellt worden. Die Rutsche hinunter, auf der wir sonst unsere Kohlen befördern, war es mühelos in den Keller gelangt. „Er rollte sich zusammen wie eine Kugel", sagte mein ältester Sohn, „wirklich ein intelligentes Tier." Ich zweifelte nicht daran, fand mich mit Wollos Anwesenheit ab und wurde unter Triumph in den Keller geleitet. Das Tier war nicht übermäßig groß, wackelte mit den Ohren und schien sich bei uns wohl zu fühlen, zumal ein Ballen Heu zu seiner Verfügung stand. „Ist er nicht süß?" fragte meine Frau, aber ich weigerte mich, das zu bejahen. Süß schien mir nicht die passende Vokabel zu sein. Überhaupt war die Familie offenbar enttäuscht über den geringen Grad meiner Begeisterung, und meine Frau sagte, als wir den Keller verließen: „Du bist gemein; willst du denn, daß er unter den Hammer kommt?"
„Was heißt hier Hammer", sagte ich, „und was heißt gemein? Es ist übrigens strafbar, Teile einer Konkursmasse zu verbergen."
„Das ist mir gleich", sagte meine Frau, „dem Tier darf nichts geschehen."
Mitten in der Nacht weckte uns der Zirkusbesitzer, ein schüchterner dunkelhaariger Mann, und fragte, ob wir nicht noch Platz für ein Tier hätten. „Es ist meine ganze Habe, mein letzter Besitz. Nur für eine Nacht. Wie geht es übrigens dem Elefanten?"
„Gut", sagte meine Frau, „nur seine Verdauung macht mir Kummer."
„Das gibt sich", sagte der Zirkusbesitzer. „Es ist nur die Umstellung. Die Tiere sind so sensibel. Wie ist es — nehmen Sie die Katze noch — für eine Nacht?" Er sah mich an, und meine Frau stieß mich in die Seite und sagte: „Sei doch nicht so hart."
„Hart?" sagte ich, „nein, hart will ich nicht sein. Meinetwegen leg die Katze in die Küche."
„Ich hab sie draußen im Wagen", sagte der Mann.
Ich überließ die Unterbringung der Katze meiner Frau und kroch ins Bett zurück.
Meine Frau sah etwas blaß aus, als sie ins Bett kam, und ich hatte den Eindruck, sie zitterte ein wenig. „Ist dir kalt?" fragte ich.

„Ja“, sagte sie, „mich fröstelt's so komisch.“
„Das ist nur Müdigkeit.“
„Vielleicht ja“, sagte meine Frau, aber sie sah mich dabei so merkwürdig an.
Wir schliefen ruhig, nur sah ich im Traum immer den merkwürdigen Blick meiner Frau auf mich gerichtet, und unter einem seltsamen Zwang erwachte ich früher als gewöhnlich. Ich beschloß, mich einmal zu rasieren.
Unter unserem Küchentisch lag ein mittelgroßer Löwe; er schlief ganz ruhig, nur sein Schwanz bewegte sich ein wenig, und es verursachte ein Geräusch, wie wenn jemand mit einem sehr leichten Ball spielt.
Ich seifte mich vorsichtig ein und versuchte, kein Geräusch zu machen, aber als ich mein Gesicht nach rechts drehte, um meine linke Wange zu rasieren, sah ich, daß der Löwe die Augen offenhielt und mir zublickte. ‚Sie sehen tatsächlich wie Katzen aus‘, dachte ich. Was der Löwe dachte, ist mir unbekannt: er beobachtete mich weiter, und ich rasierte mich, ohne mich zu schneiden, muß aber hinzufügen, daß es ein merkwürdiges Gefühl ist, sich in Gegenwart eines Löwen zu rasieren. Meine Erfahrungen im Umgang mit Raubtieren waren minimal, und ich beschränkte mich darauf, den Löwen scharf anzublicken, trocknete mich ab und ging ins Schlafzimmer zurück.
Meine Frau war schon wach, sie wollte gerade etwas sagen, aber ich schnitt ihr das Wort ab und rief: „Wozu da noch sprechen!“ Meine Frau fing an zu weinen, und ich legte meine Hand auf ihren Kopf und sagte: „Es ist immerhin ungewöhnlich, das wirst du zugeben.“
„Was ist nicht ungewöhnlich!“ sagte meine Frau, und darauf wußte ich keine Antwort.
Inzwischen waren die Kaninchen erwacht, die Kinder lärmten im Badezimmer, das Nilpferd — es hieß Gottlieb — trompetete schon, Bello räkelte sich, nur die Schildkröte schlief noch — sie schläft übrigens fast immer.
Ich ließ die Kaninchen in die Küche, wo ihre Futterkiste unter dem Schrank steht. Die Kaninchen beschnupperten den Löwen, der Löwe die Kaninchen, und meine Kinder — unbefangen und den Umgang mit Tieren gewöhnt, wie sie sind — waren längst auch in die Küche gekommen. Mir schien fast, als lächle der Löwe; mein drittjüngster Sohn hatte sofort einen

Namen für ihn: Bombilus. Dabei blieb es.
Einige Tage später wurden Elefant und Löwe abgeholt. Ich muß gestehen, daß ich den Elefanten ohne Bedauern schwinden sah; ich fand ihn albern, während der ruhige, freundliche Ernst des Löwen mein Herz gewonnen hatte, so daß Bombilus' Weggang mich schmerzte. Ich hatte mich so an ihn gewöhnt; er war eigentlich das erste Tier, das meine volle Sympathie genoß.

Die Suche nach dem Leser

Mein Freund hat einen merkwürdigen Beruf: er scheut sich nicht, sich Schriftsteller zu nennen, einzig deshalb, weil er einige latente Kenntnisse der Rechtschreibung besitzt, ein paar Regeln der Syntax vage beherrscht und nun Tippseite um Tippseite mit stilistischen Übungen bedeckt, die er Manuskript nennt, sobald sich ein Bündel davon gebildet hat.
Jahrelang hat er auf den Steppen der Kultur das magere Gras dieser Kunst gefressen, bis er einen Verleger fand. Bald nach Erscheinen seines Buches traf ich ihn in tiefster Niedergeschlagenheit. Sein Bericht war tatsächlich bedrückend: laut Abrechnung seines Verlages waren innerhalb eines halben Jahres 350 Exemplare honorarfrei zur Besprechung verschickt worden, einige gute Kritiken waren erschienen und 13 Exemplare wirklich verkauft — womit sich für meinen Freund ein Guthaben von 5,46 DM ergab. Aber er hatte 800 DM Vorschuß bekommen, und bei gleichbleibendem Verkauf würde dieser Vorschuß in etwa 150 Jahren abgegolten sein.
Nun ist die Lebensdauer des Menschen im allgemeinen geringer; man setzt sie, wenn man von einigen, fast sagenhaften Türken absieht, mit 70 an, und bei den denkwürdigen Strapazen, die unserer verlorenen Generation auferlegt wurden, kann man getrost weitere 10 Jahre streichen.
Ich riet meinem Freund, ein zweites Buch zu schreiben. Es wurde nach Erscheinen in Fachkreisen freudig begrüßt, die Zahl der Besprechungsexemplare steigerte sich auf über 400, die Anzahl der verkauften betrug nach einem halben Jahr 29. Ich drehte meinem Freund zwei Zigaretten, klopfte ihm auf die Schulter und schlug vor, nun ein drittes Buch zu schreiben. Aber merkwürdigerweise faßte er das als Ironie auf und zog sich gekränkt zurück.
Inzwischen war er als „Transparent-Witt" in die Literaturgeschichte eingegangen, und ein Buch über ihn, das erschienen war, wurde mehr gekauft als seine Bücher.
Fast ein halbes Jahr sah ich ihn nicht: er schien wieder auf den Gefilden einsamer Genialität herumzutraben. Dann erschien

er bei mir, bekannte reumütig, doch ein drittes Buch begonnen zu haben. Ich machte ihm den Vorschlag, diese Arbeit in einer hektographierten Auflage von 30 bis 50 Stück in den Buchhandel zu geben. Doch die richtige Druckerschwärze hatte es ihm angetan, außerdem hatte er wieder Vorschuß genommen, sein zweites Kind war unterwegs, und er behauptete, sich nicht mitschuldig machen zu wollen an der Arbeitslosigkeit einiger Setzer und Drucker, Packerinnen und Einlegerinnen. (Sein soziales Empfinden war immer schon sehr stark!)
Inzwischen waren fast 100 gute Kritiken über ihn erschienen und über 90 Exemplare seiner beiden Bücher verkauft. Sein Verleger hatte eine Aktion gestartet, die er „Die Suche nach dem Leser" nannte. An alle Buchhandlungen waren Handzettel geschickt worden, des Inhalts, daß jeder Witt-Käufer festzustellen und sofort dem Verlag zu melden sei, damit man versuchen könne, den Kontakt zwischen Autor und Leser herzustellen.
Der Erfolg dieser Aktion ließ nicht lange auf sich warten. Vier Wochen nach dem Start muß im hohen Norden ein Mann aufgetaucht sein, der nach einem Buch meines Freundes fragte, es erwarb und bezahlte. Der Inhaber der Buchhandlung schickte sofort ein Telegramm: „Witt-Käufer aufgetaucht — was tun?" Inzwischen hielt er den Käufer durch ein Gespräch fest, goß Kaffee ein, öffnete Zigarettenschachteln — alles Handlungen, die den Käufer zwar erstaunten, die er aber ruhig über sich ergehen ließ. Dann traf blitztelegraphisch die Antwort des Verlegers ein: „Käufer zu mir schicken — übernehme Gesamtkosten." Zum Glück war der Kunde Studienrat, hatte Ferien und nichts gegen eine kostenlose Reise nach Süddeutschland einzuwenden. Er fuhr am ersten Tage bis Köln, übernachtete dort in einem guten Hotel, fuhr dann am schönen Rhein entlang gen Süden und genoß die Fahrt sehr.
Nachmittags gegen vier des zweiten Tages war er am Ziel, fuhr mit der Taxe vom Bahnhof zum Verlag und verbrachte eine anregende Stunde bei Kaffee und Kuchen mit der reizenden Gattin des Verlegers. Dann wurde er mit neuen Reisespesen ausgerüstet, zum Bahnhof zurückbefördert und fuhr nun zweiter Klasse in jenes stille Städtchen, wo mein Freund den Musen dient. Dort war inzwischen das zweite Kind längst angekommen: die Frau meines Freundes war ins Kino gegangen — eine Ausspannung, die man den Frauen von Schrift-

stellern trotz aller finanziellen Bedrängnis nicht versagen sollte. Der Käufer traf also meinen Freund gerade an, als dieser seinen Kindern die Abendmilch wärmte und ihnen zur Beruhigung ein Lied vorsang, in dem eine ordinäre Vokabel vorherrschte. Dieses Wort warf ein übles Licht auf die junge deutsche Literatur...

Mein Freund begrüßte seinen Leser mit Begeisterung, drückte ihm die Kaffeemühle in die Hand und entledigte sich rasch seiner Vaterpflichten. Bald kochte auch das Kaffeewasser, und das Gespräch hätte beginnen können. Aber sie waren beide so schüchterne Menschen, daß sie sich erst in gegenseitiger stummer Bewunderung ansahen, eine ganze Zeit lang, bis mein Freund mit dem Ruf explodierte:

„Sie sind ein Genie — ein ausgewachsenes Genie!"

„O nein", sagte der Gast milde, „ich dachte Sie."

„Irrtum", sagte mein Freund und goß endlich Kaffee ein, „das Hauptmerkmal des Genies ist seine Rarität, und Sie gehören einer rareren Menschenklasse an als ich."

Der Besucher versuchte bescheidene Einwände vorzubringen, wurde aber in grober Weise belehrt: „Nichts da", sagte mein Freund, „ein Buch zu schreiben ist halb so schlimm, wie es gemacht wird. Einen Verleger zu finden ist Spielerei, aber ein Buch kaufen — das nenne ich eine geniale Tat. — Nehmen Sie doch Milch und Zucker."

Der Mann nahm Milch und Zucker, zog dann schüchtern aus der rechten Innentasche seines Mantels das im hohen Norden gekaufte Buch und bat um eine Widmung.

„Nur unter einer Bedingung", sagte mein Freund hart, „nur unter der Bedingung, daß Sie mir eine Widmung auf mein Manuskript schreiben!"

Er zog aus einem Regal einen Leitz-Ordner, entnahm ihm ein Paket beschriebener Blätter, legte es neben die Kaffeetasse seines Gastes und sagte: „Machen Sie mir die Freude!"

Der Gast zückte verwirrt einen Füllfederhalter und schrieb zögernd auf den unteren Rand der letzten Manuskriptseite: „In aufrichtiger Verehrung — Günther Schlegel."

Aber eine halbe Minute später, während mein Freund noch, um die Tinte zu trocknen, sein Manuskript über dem Ofen schwenkte, zog der Gast aus der linken Innentasche seines Mantels einen Packen betippter Blätter und bat meinen Freund, diese Arbeit, die er als seinen Beitrag zur jungen

Literatur betrachte, dem Verlag zur Begutachtung vorzulegen.
Mein Freund erzählte mir, er sei einige Minuten sprachlos vor Enttäuschung gewesen. Die Sorge um das Schicksal dieses Mannes habe ihn mit tiefster Bitternis erfüllt.
So saßen sie sich wieder einige Minuten stumm gegenüber, bis mein Freund leise sagte: „Ich flehe Sie an, tun Sie es nicht — Sie beheben sich Ihrer Originalität!"
Der Gast schwieg hartnäckig und umklammerte sein Manuskript.
„Sie werden keine Reisespesen mehr bekommen", sagte mein Freund, „kein Sahnekuchen wird mehr aufgetischt. Die Frau des Verlegers wird ihr sauerstes Gesicht machen. Um Ihrer selbst willen flehe ich Sie an: Lassen Sie es!"
Aber der Gast schüttelte den Kopf, und mein Freund, in dem heißen Bemühen, einen Menschen zu retten, schreckte nicht davor zurück, die Verlagsabrechnungen zu holen. Aber das alles interessierte Schlegel nicht.
Hier pflegte mein Freund seinen Bericht abzubrechen, und ich nehme an, daß er einfach Streit mit seinem Besucher bekam. Jedenfalls entstand hier eine Pause, während mein Freund nachdenklich seine geballten Fäuste betrachtete und Unverständliches vor sich hinmurmelte. Ich erfuhr noch, daß Schlegel nach knappem Gruß gegangen war und sein Manuskript liegengelassen hatte.
Inzwischen hat Schlegels Roman „Weh dir, Penelope!", eine Heimkehrergeschichte, in Fachkreisen berechtigtes Aufsehen erregt. Schlegel hat die Schullaufbahn verlassen, einen richtigen Beruf also aufgegeben, um sich einem anderen zu widmen, von dem ich immer noch annehme, daß er keiner ist...

Doktor Murkes gesammeltes Schweigen

Jeden Morgen, wenn er das Funkhaus betreten hatte, unterzog sich Murke einer existentiellen Turnübung: er sprang in den Paternosteraufzug, stieg aber nicht im zweiten Stockwerk, wo sein Büro lag, aus, sondern ließ sich höher tragen, am dritten, am vierten, am fünften Stockwerk vorbei, und jedesmal befiel ihn Angst, wenn die Plattform der Aufzugskabine sich über den Flur des fünften Stockwerks hinweg erhob, die Kabine sich knirschend in den Leerraum schob, wo geölte Ketten, mit Fett beschmierte Stangen, ächzendes Eisenwerk die Kabine aus der Aufwärts- in die Abwärtsrichtung brachten, und Murke starrte voller Angst auf diese einzige unverputzte Stelle des Funkhauses, atmete auf, wenn die Kabine sich zurechtgerückt, die Schleuse passiert und sich wieder eingereiht hatte und langsam nach unten sank, am fünften, am vierten, am dritten Stockwerk vorbei; Murke wußte, daß seine Angst unbegründet war: selbstverständlich würde nie etwas passieren, es konnte gar nichts passieren, und wenn etwas passierte, würde er im schlimmsten Falle gerade oben sein, wenn der Aufzug zum Stillstand kam, und würde eine Stunde, höchstens zwei dort oben eingesperrt sein. Er hatte immer ein Buch in der Tasche, immer Zigaretten mit; doch seit das Funkhaus stand, seit drei Jahren, hatte der Aufzug noch nicht einmal versagt. Es kamen Tage, an denen er nachgesehen wurde, Tage, an denen Murke auf diese viereinhalb Sekunden Angst verzichten mußte, und er war an diesen Tagen gereizt und unzufrieden, wie Leute, die kein Frühstück gehabt haben. Er brauchte diese Angst, wie andere ihren Kaffee, ihren Haferbrei oder ihren Fruchtsaft brauchen.
Wenn er dann im zweiten Stock, wo die Abteilung Kulturwort untergebracht war, vom Aufzug absprang, war er heiter und gelassen, wie eben jemand heiter und gelassen ist, der seine Arbeit liebt und versteht. Er schloß die Tür zu seinem Büro auf, ging langsam zu seinem Sessel, setzte sich und steckte eine Zigarette an; er war immer der erste im Dienst. Er war jung, intelligent und liebenswürdig, und selbst

seine Arroganz, die manchmal kurz aufblitzte, selbst diese verzieh man ihm, weil man wußte, daß er Psychologie studiert und mit Auszeichnung promoviert hatte.
Nun hatte Murke seit zwei Tagen aus einem besonderen Grund auf sein Angstfrühstück verzichtet: er hatte schon um acht ins Funkhaus kommen, gleich in ein Studio rennen und mit der Arbeit beginnen müssen, weil er vom Intendanten den Auftrag erhalten hatte, die beiden Vorträge über das Wesen der Kunst, die der große Bur-Malottke auf Band gesprochen hatte, den Anweisungen Bur-Malottkes gemäß zu schneiden. Bur-Malottke, der in der religiösen Begeisterung des Jahres 1945 konvertiert hatte, waren plötzlich ‚über Nacht', so sagte er, ‚religiöse Bedenken gekommen', er hatte sich ‚plötzlich angeklagt gefühlt, an der religiösen Überlagerung des Rundfunks mitschuldig zu sein', und war zu dem Entschluß gelangt, Gott, den er in seinen beiden halbstündigen Vorträgen über das Wesen der Kunst oft zitiert hatte, zu streichen und durch eine Formulierung zu ersetzen, die mehr der Mentalität entsprach, zu der er sich vor 1945 bekannt hatte; Bur-Malottke hatte dem Intendanten vorgeschlagen, das Wort ‚Gott' durch die Formulierung ‚jenes höhere Wesen, das wir verehren' zu ersetzen, hatte sich aber geweigert, die Vorträge neu zu sprechen, sondern darum gebeten, ‚Gott' aus den Vorträgen herauszuschneiden und ‚jenes höhere Wesen, das wir verehren' hineinzukleben. Bur-Malottke war mit dem Intendanten befreundet, aber nicht diese Freundschaft war die Ursache für des Intendanten Entgegenkommen: Bur-Malottke widersprach man einfach nicht. Er hatte zahlreiche Bücher essayistisch-philosophisch-religiös-kulturgeschichtlichen Inhalts geschrieben, er saß in der Redaktion von drei Zeitschriften und zwei Zeitungen, er war Cheflektor des größten Verlages. Er hatte sich bereit erklärt, am Mittwoch für eine Viertelstunde ins Funkhaus zu kommen und ‚jenes höhere Wesen, das wir verehren' so oft auf Band zu sprechen, wie ‚Gott' in seinen Vorträgen vorkam. Das übrige überließ er der technischen Intelligenz der Funkleute.

Es war für den Intendanten schwierig gewesen, jemanden zu finden, dem er diese Arbeit zumuten konnte; es fiel ihm zwar Murke ein, aber die Plötzlichkeit, mit der ihm Murke einfiel, machte ihn mißtrauisch — er war ein vitaler und gesunder

Mann —, und so überlegte er fünf Minuten, dachte an Schwendling, an Humkoke, an Fräulein Broldin, kam aber doch wieder auf Murke. Der Intendant mochte Murke nicht; er hatte ihn zwar sofort engagiert, als man es ihm vorschlug, er hatte ihn engagiert, so wie ein Zoodirektor, dessen Liebe eigentlich den Kaninchen und Rehen gehört, natürlich auch Raubtiere anschafft, weil in einen Zoo eben Raubtiere gehören — aber die Liebe des Intendanten gehörte eben doch den Kaninchen und Rehen, und Murke war für ihn eine intellektuelle Bestie. Schließlich siegte seine Vitalität, und er beauftragte Murke, Bur-Malottkes Vorträge zu schneiden. Die beiden Vorträge waren am Donnerstag und Freitag im Programm, und Bur-Malottkes Gewissensbedenken waren in der Nacht vom Sonntag auf Montag gekommen — und man hätte ebensogut Selbstmord begehen können wie Bur-Malottke zu widersprechen, und der Intendant war viel zu vital, um an Selbstmord zu denken.

So hatte Murke am Montagnachmittag und am Dienstagmorgen dreimal die beiden halbstündigen Vorträge über das Wesen der Kunst abgehört, hatte ‚Gott' herausgeschnitten und in den kleinen Pausen, die er einlegte, während er stumm mit dem Techniker eine Zigarette rauchte, über die Vitalität des Intendanten und über das niedrige Wesen, das Bur-Malottke verehrte, nachgedacht. Er hatte nie eine Zeile von Bur-Malottke gelesen, nie zuvor einen Vortrag von ihm gehört. Er hatte in der Nacht von Montag auf Dienstag von einer Treppe geträumt, die so hoch und so steil war wie der Eiffelturm, und er war hinaufgestiegen, hatte aber bald gemerkt, daß die Treppenstufen mit Seife eingeschmiert waren, und unten stand der Intendant und rief: „Los, Murke, los ... zeigen Sie, was Sie können ... los!" In der Nacht von Dienstag auf Mittwoch war der Traum ähnlich gewesen: Er war ahnungslos auf einem Rummelplatz zu einer Rutschbahn gegangen, hatte dreißig Pfennig an einen Mann bezahlt, der ihm bekannt vorkam, und als er die Rutschbahn betrat, hatte er plötzlich gesehen, daß sie mindestens zehn Kilometer lang war, hatte gewußt, daß es keinen Weg zurück gab, und ihm war eingefallen, daß der Mann, dem er die dreißig Pfennig gegeben hatte, der Intendant war. — An den beiden Morgen nach diesen Träumen hatte er das harmlose Angstfrühstück oben im Leerraum des Paternosters nicht mehr gebraucht.

Jetzt war Mittwoch, und er hatte in der Nacht nichts von Seife, nichts von Rutschbahnen, nicht von Intendanten geträumt. Er betrat lächelnd das Funkhaus, stieg in den Paternoster, ließ sich bis in den sechsten Stock fahren — viereinhalb Sekunden Angst, das Knirschen der Ketten, die unverputzte Stelle — dann ließ er sich bis zum vierten Stock hinuntertragen, stieg aus und ging auf das Studio zu, wo er mit Bur-Malottke verabredet war. Es war zwei Minuten vor zehn, als er sich in den grünen Sessel setzte, dem Techniker zuwinkte und sich seine Zigarette anzündete. Er atmete ruhig, nahm einen Zettel aus der Brusttasche und blickte auf die Uhr: Bur-Malottke war pünktlich, jedenfalls ging die Sage von seiner Pünktlichkeit; und als der Sekundenzeiger die sechzigste Minute der zehnten Stunde füllte, der Minutenzeiger auf die Zwölf, der Stundenzeiger auf die Zehn rutschte, öffnete sich die Tür und Bur-Malottke trat ein. Murke erhob sich, liebenswürdig lächelnd, ging auf Bur-Malottke zu und stellte sich vor. Bur-Malottke drückte ihm die Hand, lächelte und sagte: „Na, dann los!"
Murke nahm den Zettel vom Tisch, steckte die Zigarette in den Mund und sagte, vom Zettel ablesend, zu Bur-Malottke: „In den beiden Vorträgen kommt ‚Gott' genau siebenundzwanzigmal vor — ich müßte Sie also bitten, siebenundzwanzigmal das zu sprechen, was wir einkleben können. Wir wären Ihnen dankbar, wenn wir Sie bitten dürften, es fünfunddreißigmal zu sprechen, da wir eine gewisse Reserve beim Kleben werden gebrauchen können."
„Genehmigt", sagte Bur-Malottke lächelnd und setzte sich.
„Eine Schwierigkeit allerdings", sagte Murke, „ist folgende: Bei dem Worte ‚Gott' — so ist es jedenfalls in Ihrem Vortrag — wird, abgesehen vom Genitiv, der kasuale Bezug nicht deutlich, bei ‚jenem höheren Wesen, das wir verehren' muß er aber deutlich gemacht werden. Wir haben" — er lächelte liebenswürdig zur Bur-Malottke hin — „insgesamt nötig: zehn Nominative und fünf Akkusative, fünfzehnmal also: ‚jenes höhere Wesen, das wir verehren' — dann sieben Genitive, also: ‚jenes höheren Wesens, das wir verehren' — fünf Dative: ‚jenem höheren Wesen, das wir verehren' — es bleibt noch ein Vokativ, die Stelle, wo Sie ‚o Gott' sagen. Ich erlaube mir, Ihnen vorzuschlagen, daß wir es beim Vokativ belassen und Sie sprechen: ‚O du höheres Wesen, das wir verehren!'"

Bur-Malottke hatte offenbar an diese Komplikationen nicht gedacht; er begann zu schwitzen, die Kasualverschiebung machte ihm Kummer.
Murke fuhr fort: „Insgesamt", sagte er liebenswürdig und freundlich, „werden wir für die siebenundzwanzig neugesprochenen Sätze eine Sendeminute und zwanzig Sekunden benötigen, während das siebenundzwanzigmalige Sprechen von ‚Gott' nur zwanzig Sekunden Sprechzeit erforderte. Wir müssen also zugunsten Ihrer Veränderung aus jedem Vortrag eine halbe Minute streichen."
Bur-Malottke schwitzte heftiger; er verfluchte sich innerlich selbst seiner plötzlichen Bedenken wegen und fragte: „Geschnitten haben Sie schon, wie?"
„Ja", sagte Murke, zog eine blecherne Zigarettenschachtel aus der Tasche, öffnete sie und hielt sie Bur-Malottke hin: es waren kurze schwärzliche Tonbandschnippel in der Schachtel, und Murke sagte leise: „Siebenundzwanzigmal ‚Gott', von Ihnen gesprochen. Wollen Sie sie haben?"
„Nein", sagte Bur-Malottke wütend, „danke. Ich werde mit dem Intendanten wegen der beiden halben Minuten sprechen. Welche Sendungen folgen auf meine Vorträge?"
„Morgen", sagte Murke, „folgt Ihrem Vortrag die Routinesendung *Internes aus KUV*, eine Sendung, die Dr. Grehm redigiert."
„Verflucht", sagte Bur-Malottke, „Grehm wird nicht mit sich reden lassen!"
„Und übermorgen", sagte Murke, „folgt Ihrem Vortrag die Sendung *Wir schwingen das Tanzbein.*"
„Huglieme", stöhnte Bur-Malottke, „noch nie hat die Abteilung Unterhaltung an die Kultur auch nur eine Fünftelminute abgetreten!"
„Nein", sagte Murke, „noch nie, jedenfalls" — und er gab seinem jungen Gesicht den Ausdruck tadelloser Bescheidenheit — „jedenfalls noch nie, solange ich in diesem Hause arbeite."
„Schön", sagte Bur-Malottke und blickte auf die Uhr, „in zehn Minuten wird es wohl vorüber sein, ich werde dann mit dem Intendanten wegen der Minute sprechen. Fangen wir an. Können Sie mir Ihren Zettel hierlassen?"
„Aber gern", sagte Murke, „ich habe die Zahlen genau im Kopf."
Der Techniker legte die Zeitung aus der Hand, als Murke in

die kleine Glaskanzel kam. Der Techniker lächelte. Murke und der Techniker hatten während der sechs Stunden am Montag und Dienstag, als sie Bur-Malottkes Vorträge abgehört und daran herumgeschnitten hatten, nicht ein einziges privates Wort miteinander gesprochen; sie hatten sich nur hin und wieder angesehen, das eine Mal hatte der Techniker Murke, das andere Mal Murke dem Techniker die Zigarettenschachtel hingehalten, wenn sie eine Pause machten, und als Murke jetzt den Techniker lächeln sah, dachte er: ‚Wenn es überhaupt Freundschaft auf dieser Welt gibt, dann ist dieser Mann mein Freund.' Er legte die Blechschachtel mit den Schnippeln aus Bur-Malottkes Vortrag auf den Tisch und sagte leise: „Jetzt geht es los." Er schaltete sich ins Studio und sagte ins Mikrofon: „Das Probesprechen können wir uns sicher sparen, Herr Professor. Am besten fangen wir gleich an. Ich darf Sie bitten, mit den Nominativen zu beginnen."
Bur-Malottke nickte, Murke schaltete sich aus, drückte auf den Knopf, der drinnen im Studio das grüne Licht zum Leuchten brachte, dann hörten sie Bur-Malottkes feierliche, wohlakzentuierte Stimme sagen: „Jenes höhere Wesen, das wir verehren — jenes höhere Wesen ..."
Bur-Malottkes Lippen wölbten sich der Schnauze des Mikrofons zu, als ob er es küssen wollte, Schweiß lief über sein Gesicht, und Murke beobachtete durch die Glaswand hindurch kaltblütig, wie Bur-Malottke sich quälte; dann schaltete er plötzlich Bur-Malottke aus, brachte das ablaufende Band, das Bur-Malottkes Worte aufnahm, zum Stillstand und weidete sich daran, Bur-Malottke stumm wie einen dicken, sehr schönen Fisch hinter der Glaswand zu sehen. Er schaltet sich ein, sagte ruhig ins Studio hinein: „Es tut mir leid, aber unser Band war defekt, und ich muß sie bitten, noch einmal von vorne mit den Nominativen zu beginnen." Bur-Malottke fluchte, aber es waren stumme Flüche, die nur er selbst hörte, denn Murke hatte ihn ausgeschaltet, schaltete ihn erst wieder ein, als er angefangen hatte, „jenes höhere Wesen ..." zu sagen. Murke war zu jung, hatte sich zu gebildet gefühlt, um das Wort ‚Haß' zu mögen. Hier aber, hinter der Glaswand, während Bur-Malottke seine Genitive sprach, wußte er plötzlich, was Haß ist: er haßte die großen, dicken und schönen Menschen, dessen Bücher in zwei Millionen und dreihundertfünfzigtausend Kopien in Bibliotheken, Büchereien, Bücherschränken und

Buchhandlungen herumlagen, und er dachte nicht eine Sekunde Sekunde daran, diesen Haß zu unterdrücken. Murke schaltete sich, nachdem Bur-Malottke zwei Genitive gesprochen hatte, wieder ein, sagte ruhig: „Verzeihung, daß ich Sie unterbreche: Die Nominative waren ausgezeichnet, auch der erste Genitiv, aber bitte, vom zweiten Genitiv an noch einmal; ein wenig weicher, ein wenig gelassener, ich spiel es Ihnen mal 'rein." Und er gab, obwohl Bur-Malottke heftig den Kopf schüttelte, dem Techniker ein Zeichen, das Band ins Studio zu spielen. Sie sahen, daß Bur-Malottke zusammenzuckte, noch heftiger schwitzte, sich dann die Ohren zuhielt, bis das Band durchgelaufen war. Er sagte etwas, fluchte, aber Murke und der Techniker hörten ihn nicht, sie hatten ihn ausgeschaltet. Kalt wartete Murke, bis er von Bur-Malottkes Lippen ablesen konnte, daß er wieder mit dem höheren Wesen begonnen hatte, er schaltete Mikrofon und Band ein, und Bur-Malottke fing mit den Dativen an: „jenem höheren Wesen, das wir verehren."

Nachdem er die Dative gesprochen hatte, knüllte er Murkes Zettel zusammen, erhob sich, in Schweiß gebadet und zornig, wollte zur Tür gehen; aber Murkes sanfte, liebenswürdige junge Stimme rief ihn zurück. Murke sagte: „Herr Professor, Sie haben den Vokativ vergessen." Bur-Malottke warf ihm einen haßerfüllten Blick zu und sprach ins Mikrofon: „O du höheres Wesen, das wir verehren!"

Als er hinausgehen wollte, rief ihn abermals Murkes Stimme zurück. Murke sagte: „Verzeihen Sie, Herr Professor, aber in dieser Weise gesprochen, ist der Satz unbrauchbar."

„Um Gottes willen", flüsterte ihm der Techniker zu, „übertreiben Sie's nicht!"

Bur-Malottke war mit dem Rücken zur Glaskanzel an der Tür stehengeblieben, als sei er durch Murkes Stimme festgeklebt.

Er war, was er noch nie gewesen war: er war ratlos, und diese so junge, liebenswürdige, so maßlos intelligente Stimme peinigte ihn, wie ihn noch nie etwas gepeinigt hatte.

Murke fuhr fort: „Ich kann es natürlich so in den Vortrag hineinkleben, aber ich erlaube mir, Sie darauf aufmerksam zu machen, Herr Professor, daß es nicht gut wirken wird."

Bur-Malottke drehte sich um, ging wieder zum Mikrofon zurück und sagte leise und feierlich: „O du höheres Wesen, das wir verehren."

Ohne sich nach Murke umzusehen, verließ er das Studio. Es war genau Viertel nach zehn, und er stieß in der Tür mit einer jungen, hübschen Frau zusammen, die Notenblätter in der Hand hielt. Die junge Frau war rothaarig und blühend, sie ging energisch zum Mikrofon, drehte es, rückte den Tisch zurecht, so daß sie frei vor dem Mikrofon stehen konnte.
In der Glaskanzel unterhielt sich Murke eine halbe Minute mit Huglieme, dem Redakteur der Unterhaltungsabteilung. Huglieme sagte, indem er auf die Zigarettenschachtel deutete: „Brauchen Sie das noch?" Und Murke sagte: „Ja, das brauche ich noch." Drinnen sang die rothaarige junge Frau: „Nimm meine Lippen, so wie sie sind, und sie sind schön." Huglieme schaltete sich ein und sagte ruhig ins Mikrofon: „Halte doch bitte noch für zwanzig Sekunden die Fresse, ich bin noch nicht ganz soweit." Die junge Frau lachte, schürzte den Mund und sagte: „Du schwules Kamel!"
Murke sagte zum Techniker: „Ich komme also um elf, dann schnippeln wir's auseinander und kleben es 'rein."
„Müssen wir's nachher auch noch abhören?" fragte der Techniker. „Nein", sagte Murke, „nicht um eine Million Mark höre ich es noch einmal ab."
Der Techniker nickte, legte das Band für die rothaarige Sängerin ein, und Murke ging.
Er steckte eine Zigarette in den Mund, ließ sie unangezündet und ging durch den rückwärtigen Flur auf den zweiten Paternoster zu, der an der Südseite lag und zur Kantine hinunterführte. Die Teppiche, die Flure, die Möbel und Bilder, alles reizte ihn. Es waren schöne Teppiche, schöne Flure, schöne Möbel und geschmackvolle Bilder, aber er hatte plötzlich den Wunsch, das kitschige Herz-Jesu-Bildchen, das seine Mutter ihm geschickt hatte, hier irgendwo an der Wand zu sehen. Er blieb stehen, blickte um sich, lauschte, zog das Bildchen aus der Tasche und klemmte es zwischen Tapete und Türfüllung an die Tür des Hilfsregisseurs der Hörspielabteilung. Das Bildchen war bunt, grell, und unter der Abbildung des Herzens Jesu war zu lesen: *Ich betete für Dich in Sankt Jacobi.*
Murke ging weiter, stieg in den Paternoster und ließ sich nach unten tragen. Auf dieser Seite des Funkhauses waren die Schrörschnauzaschenbecher, die beim Preisausschreiben um die besten Aschenbecher den ersten Preis bekommen hatten, schon angebracht. Sie hingen neben den erleuchteten roten

Zahlen, die das Stockwerk angaben: eine rote Vier, ein Schrörschnauzaschenbecher, eine rote Drei, ein Schrörschnauzaschenbecher, eine rote Zwei, ein Schrörschnauzaschenbecher. Es waren schöne, aus Kupfer getriebene, muschelförmige Aschenbecher, deren Stütze irgendein aus Kupfer getriebenes, originelles Meeresgewächs war: knotige Algen — und jeder Aschenbecher hatte zweihundertachtundfünfzig Mark und siebenundsiebzig Pfennig gekostet. Sie waren so schön, daß Murke noch nie den Mut gehabt hatte, sie mit seiner Zigarettenasche oder gar mit etwas Unästhetischem wie einer Kippe zu verunreinigen. Allen anderen Rauchern schien es ähnlich zu gehen — leere Zigarettenschachteln, Kippen und Asche lagen immer unter den schönen Aschenbechern auf dem Boden; niemand schien den Mut zu finden, diese Aschenbecher wirklich als solche zu benutzen; kupfern waren sie, blank und immer leer.

Murke sah schon den fünften Aschenbecher neben der rot erleuchteten Null auf sich zukommen, die Luft wurde wärmer, es roch nach Speisen, Murke sprang ab und taumelte in die Kantine. In der Ecke saßen drei freie Mitarbeiter an einem Tisch. Eierbecher, Brotteller und Kaffeekannen standen um sie herum.

Die drei Männer hatten zusammen die Hörfolge *Die Lunge, Organ des Menschen* verfaßt, hatten zusammen ihr Honorar abgeholt, zusammen gefrühstückt, tranken jetzt einen Schnaps miteinander und knobelten um den Steuerbeleg. Murke kannte einen von ihnen gut, Wendrich; aber Wendrich rief gerade heftig: „Kunst!" — „Kunst", rief er noch einmal, „Kunst, Kunst!", und Murke zuckte erschrocken zusammen, wie der Frosch, an dem Galvani die Elektrizität entdeckte. Murke hatte das Wort ‚Kunst' an den beiden letzten Tagen zu oft gehört, aus Bur-Malottkes Mund; es kam genau einhundertvierunddreißigmal in den beiden Vorträgen vor; und er hatte die Vorträge dreimal, also vierhundertundzweimal das Wort ‚Kunst' gehört, zu oft, um Lust auf eine Unterhaltung darüber zu verspüren. Er drückte sich an der Theke vorbei in eine Laube in der entgegengesetzten Ecke der Kantine und atmete erleichtert auf, als die Laube frei war. Er setzte sich in den gelben Polstersessel, zündete die Zigarette an, und als Wulla kam, die Kellnerin, sagte er: „Bitte Apfelsaft", und war froh, daß Wulla gleich wieder verschwand. Er kniff die Augen zu,

lauschte aber, ohne es zu wollen, auf das Gespräch der freien Mitarbeiter in der Ecke, die sich leidenschaftlich über Kunst zu streiten schienen; jedesmal, wenn einer von ihnen „Kunst" rief, zuckte Murke zusammen. ‚Es ist, als ob man ausgepeitscht würde', dachte er.
Wulla, die ihm Apfelsaft brachte, sah in besorgt an. Sie war groß und kräftig, aber nicht dick, hatte ein gesundes, fröhliches Gesicht, und während sie den Apfelsaft aus der Karaffe ins Glas goß, sagte sie: „Sie sollten Ihren Urlaub nehmen, Herr Doktor, und das Rauchen besser lassen."
Früher hatte sie sich Wilfriede-Ulla genannt, dann aber den Namen der Einfachheit halber zu Wulla zusammengezogen. Sie hatte einen besonderen Respekt vor den Leuten von der kulturellen Abteilung.
„Lassen Sie mich in Ruhe", sagte Murke, „bitte lassen Sie mich!"
„Und Sie sollten mal mit 'nem einfachen netten Mädchen ins Kino gehen", sagte Wulla.
„Das werde ich heute abend tun", sagte Murke, „ich verspreche es Ihnen."
„Es braucht nicht gleich eins von den Flittchen zu sein", sagte Wulla, „ein einfaches, nettes, ruhiges Mädchen mit Herz. Die gibt es immer noch."
„Ich weiß", sagte Murke, „es gibt sie, und ich kenne sogar eine."
‚Na also', dachte Wulla und ging zu den freien Mitarbeitern hinüber, von denen einer drei Schnäpse und drei Tassen Kaffee bestellt hatte. ‚Die armen Herren', dachte Wulla, ‚die Kunst macht sie noch ganz verrückt.' Sie hatte ein Herz für die freien Mitarbeiter und war immer darauf aus, sie zur Sparsamkeit anzuhalten. ‚Haben sie mal Geld', dachte sie, ‚dann hauen sie's gleich auf den Kopf', und sie ging zur Theke und gab kopfschüttelnd dem Büfettier die Bestellung der drei Schnäpse und der drei Tassen Kaffee durch.
Murke trank von dem Apfelsaft, drückte die Zigarette in den Aschenbecher und dachte voller Angst an die Stunden zwischen elf und eins, in denen er Bur-Malottkes Sprüche auseinanderschneiden und an die richtigen Stellen in den Vorträgen hineinkleben mußte. Um zwei wollte der Intendant die beiden Vorträge in sein Studio gespielt haben. Murke dachte an Schmierseife, an Treppen, steile Treppen und Rutsch-

bahnen, er dachte an die Vitalität des Intendanten, dachte an Bur-Malottke und erschrak, als er Schwendling in die Kantine kommen sah.
Schwendling hatte ein rot-schwarzes, großkariertes Hemd an und steuerte zielsicher auf die Laube zu, in der Murke sich verbarg. Schwendling summte den Schlager, der jetzt sehr beliebt war: „Nimm meine Lippen, so wie sie sind, und sie sind schön ...“, stutzte, als er Murke sah, und sagte: „Na, du? Ich denke, du schneidest den Käse von Bur-Malottke zurecht?“
„Um elf geht es weiter“, sagte Murke.
„Wulla, ein Bier“, brüllte Schwendling zur Theke hin, „einen halben Liter. — Na“, sagte er zu Murke hin, „du hättest dafür 'nen Extraurlaub verdient; das muß ja gräßlich sein. Der Alte hat mir erzählt, worum es geht.“
Murke schwieg, und Schwendling sagte: „Weißt du das Neueste von Muckwitz?“
Murke schüttelte erst uninteressiert den Kopf, fragte dann aus Höflichkeit: „Was ist denn mit ihm?“
Wulla brachte das Bier, Schwendling trank davon, blähte sich ein wenig und sagte langsam: „Muckwitz verfeaturet die Taiga.“
Murke lachte und sagte: „Was macht Fenn?“
„Der“, sagte Schwendling, „der verfeaturet die Tundra.“
„Und Weggucht?“
„Weggucht macht eine Feature über mich, und später mache ich eins über ihn nach dem Wahlspruch: Verfeature du mich, dann verfeature ich dich ...“
Einer der freien Mitarbeiter war jetzt aufgesprungen und brüllte emphatisch in die Kantine hinein: „Kunst — Kunst — das allein ist es, worauf es ankommt!“
Murke duckte sich, wie ein Soldat sich duckt, der im feindlichen Schützengraben die Abschüsse der Granatwerfer gehört hat. Er trank noch einen Schluck Apfelsaft und zuckte wieder zusammen, als eine Stimme durch den Lautsprecher sagte: „Herr Doktor Murke wird im Studio dreizehn erwartet — Herr Doktor Murke wird im Studio dreizehn erwartet.“ Er blickte auf die Uhr, es war erst halb elf, aber die Stimme fuhr unerbittlich fort: „Herr Doktor Murke wird im Studio dreizehn erwartet — Herr Doktor Murke wird im Studio dreizehn erwartet.“ Der Lautsprecher hing über der Theke des Kantinenraumes, gleich unterhalb des Spruches, den der Intendant

hatte an die Wand malen lassen: *Disziplin ist alles.*
„Na", sagte Schwendling, „es nutzt nichts, geh."
„Nein", sagte Murke, „es nutzt nichts." Er stand auf, legte Geld für den Apfelsaft auf den Tisch, drückte sich am Tisch der freien Mitarbeiter vorbei, stieg draußen in den Paternoster und ließ sich an den fünf Schrörschnauzaschenbechern vorbei wieder nach oben tragen. Er sah sein Herz-Jesu-Bildchen noch in die Türfüllung des Hilfsregisseurs geklemmt und dachte: ‚Gott sei Dank, jetzt ist wenigstens ein kitschiges Bild im Funkhaus!'
Er öffnete die Tür zur Kanzel des Studios, sah den Techniker allein und ruhig vor vier Pappkartons sitzen und fragte müde: „Was ist denn los?"
„Die waren früher fertig, als sie gedacht hatten, und wir haben eine halbe Stunde gewonnen", sagte der Techniker; „ich dachte, es läge Ihnen vielleicht daran, die halbe Stunde auszunutzen."
„Da liegt mir allerdings dran", sagte Murke, „ich habe um eins eine Verabredung. Also fangen wir an. Was ist mit den Kartons?"
„Ich habe", sagte der Techniker, „für jeden Kasus einen Karton — die Akkusative im ersten, im zweiten die Genitive, im dritten die Dative und in dem da" — er deutete auf den Karton, der am weitesten rechts stand, einen kleinen Karton, auf dem *Reine Schokolade* stand, und sagte: „und da drin liegen die beiden Vokative, in der rechten Ecke der gute, in der linken der schlechte."
„Das ist großartig", sagte Murke, „Sie haben den Dreck also schon auseinandergeschnitten."
„Ja", sagte der Techniker, „und wenn Sie sich die Reihenfolge notiert haben, in der die Fälle eingeklebt werden müssen, sind wir spätestens in 'ner Stunde fertig. Haben Sie sich's notiert?"
„Hab ich", sagte Murke. Er zog einen Zettel aus der Tasche, auf dem die Ziffern 1 bis 27 notiert waren; hinter jeder Ziffer stand ein Kasus.
Murke setzte sich, hielt dem Techniker die Zigarettenschachtel hin; sie rauchten beide, während der Techniker die zerschnittenen Bänder mit Bur-Malottkes Vorträgen auf die Rolle legte.
„In den ersten Schnitt", sagte Murke, „müssen wir einen Akkusativ einkleben."

Der Techniker griff in den ersten Karton, nahm einen der Bandschnippel und klebte ihn in die Lücke.
„In den zweiten", sagte Murke, „'nen Dativ."
Sie arbeiteten flink, und Murke war erleichtert, weil es so rasch ging.
„Jetzt", sagte er, „kommt der Vokativ; natürlich nehmen wir den schlechten."
Der Techniker lachte und klebte Bur-Malottkes schlechten Vokativ in das Band. „Weiter", sagte er, „weiter!" — „Genitiv", sagte Murke.

Der Intendant las gewissenhaft jeden Hörerbrief. Der, den er jetzt gerade las, hatte folgenden Wortlaut:
Lieber Rundfunk, gewiß hast Du keine treuere Hörerin als mich. Ich bin eine alte Frau, ein Mütterchen von siebenundsiebzig Jahren, und ich höre Dich seit dreißig Jahren täglich. Ich bin nie sparsam mit meinem Lob gewesen. Vielleicht entsinnst Du Dich meines Briefes über die Sendung ‚Die sieben Seelen der Kuh Kaweida'. Es war eine großartige Sendung — aber nun muß ich böse mit Dir werden! Die Vernachlässigung, die die Hundeseele im Rundfunk erfährt, wird allmählich empörend. Das nennst Du dann Humanismus. Hitler hatte bestimmt seine Nachteile. Wenn man alles glauben kann, was man so hört, war er ein garstiger Mensch, aber eins hatt' er: er hatte ein Herz für Hunde und tat etwas für sie. Wann kommt der Hund endlich im deutschen Rundfunk wieder zu seinem Recht? So wie Du es in der Sendung ‚Wie Katz und Hund' versucht hast, geht es jedenfalls nicht. Es war eine Beleidigung für jede Hundeseele. Wenn mein kleiner Lohengrin reden könnte, der würd's Dir sagen! Und gebellt hat er, der Liebe, während Deine mißglückte Sendung ablief, gebellt hat er, daß einem 's Herz aufgehen konnte vor Scham. Ich zahle meine zwei Mark im Monat wie jeder andere Hörer und mache von meinem Recht Gebrauch und stelle die Frage: Wann kommt die Hundeseele endlich im Rundfunk wieder zu ihrem Recht?
Freundlich — obwohl ich so böse mit Dir bin —

Deine Jadwiga Herchen, ohne Beruf.

PS Sollte keiner von den zynischen Gesellen, die Du Dir zur Mitarbeit aussuchst, fähig sein, die Hundeseele in ent-

sprechender Weise zu würdigen, so bediene Dich meiner bescheidenen Versuche, die ich Dir beilege. Aufs Honorar würde ich verzichten. Du kannst es gleich dem Tierschutzverein überweisen.
Beiliegend: 35 Manuskripte.

Deine J. H.

Der Intendant seufzte. Er suchte nach den Manuskripten, aber seine Sekretärin hatte sie offenbar schon wegsortiert. Der Intendant stopfte sich eine Pfeife, steckte sie an, leckte sich über die vitalen Lippen, hob den Telefonhörer und ließ sich mit Krochy verbinden. Krochy hatte ein winziges Stübchen mit einem winzigen, aber geschmackvollen Schreibtisch oben in der Abteilung Kulturwort und verwaltete ein Ressort, das so schmal war wie sein Schreibtisch: Das Tier in der Kultur.
„Krochy", sagte der Intendant, als dieser sich bescheiden meldete, „wann haben wir zuletzt etwas über Hunde gebracht?"
„Über Hunde?" sagte Krochy, „Herr Intendant, ich glaube, noch nie, jedenfalls solange ich hier bin, noch nicht."
„Und wie lange sind Sie schon hier, Krochy?" Und Krochy oben in seinem Zimmer zitterte, weil die Stimme des Intendanten so sanft wurde; er wußte, daß nichts Gutes bevorstand, wenn diese Stimme sanft wurde.
„Zehn Jahre bin ich jetzt hier, Herr Intendant", sagte Krochy.
„Es ist eine Schweinerei", sagte der Intendant, „daß Sie noch nie etwas über Hunde gebracht haben; schließlich fällt es in Ihr Ressort. Wie hieß der Titel Ihrer letzten Sendung?"
„Meine letzte Sendung hieß ...", stotterte Krochy.
„Sie brauchen den Satz nicht zu wiederholen", sagte der Intendant, „wir sind nicht beim Militär."
„*Eulen im Gemäuer*", sagte Krochy schüchtern.
„Innerhalb der nächsten drei Wochen", sagte der Intendant, nun wieder sanft, „möchte ich eine Sendung über die Hundeseele hören."
„Jawohl", sagte Krochy, er hörte den Klicks, mit dem der Intendant den Hörer aufgelegt hatte, seufzte tief und sagte: „O mein Gott!"
Der Intendant griff zum nächsten Hörerbrief.
In diesem Augenblick trat Bur-Malottke ein. Er durfte sich

die Freiheit nehmen, jederzeit unangemeldet hereinzukommen, und er nahm sich diese Freiheit häufig. Er schwitzte noch, setzte sich müde auf einen Stuhl dem Intendanten gegenüber und sagte: „Guten Morgen also."

„Guten Morgen", sagte der Intendant und schob den Hörerbrief beiseite. „Was kann ich für Sie tun?"

„Bitte", sagte Bur-Malottke, „schenken Sie mir eine Minute."

„Bur-Malottke", sagte der Intendant und machte eine großartige, vitale Geste, „braucht mich nicht um eine Minute zu bitten, Stunden, Tage stehen zu Ihrer Verfügung."

„Nein", sagte Bur-Malottke, „es handelt sich nicht um eine gewöhnliche Zeitminute, sondern um eine Sendeminute. Mein Vortrag ist durch die Änderung um eine Minute länger geworden."

Der Intendant wurde ernst, wie ein Satrap, der Provinzen verteilt. „Hoffentlich", sagte er sauer, „ist es nicht eine politische Minute."

„Nein", sagte Bur-Malottke, „eine halbe lokale und eine halbe Unterhaltungsminute."

„Gott sei Dank", sagte der Intendant, „ich habe bei der Unterhaltung noch neunundsiebzig Sekunden, bei den Lokalen noch dreiundachtzig Sekunden gut, gerne gebe ich einem Bur-Malottke eine Minute."

„Sie beschämen mich", sagte Bur-Malottke.

„Was kann ich sonst noch für Sie tun?" fragte der Intendant.

„Ich wäre Ihnen dankbar", sagte Bur-Malottke, „wenn wir gelegentlich darangehen könnten, alle Bänder zu korrigieren, die ich seit 1945 besprochen habe. Eines Tages", sagte er — er fuhr sich über die Stirn und blickte schwermütig auf den echten Brüller, der über des Intendanten Schreibtisch hing — „eines Tages werde ich" — er stockte, denn die Mitteilung, die er dem Intendanten zu machen hatte, war zu schmerzlich für die Nachwelt — „eines Tages werde ich — sterben werde ich —", und er machte wieder eine Pause und gab dem Intendanten Gelegenheit, bestürzt auszusehen und abwehrend mit der Hand zu winken — „und es ist mir unerträglich, daran zu denken, daß nach meinem Tode möglicherweise Bänder ablaufen, auf denen ich Dinge sage, von denen ich nicht mehr überzeugt war. Besonders zu politischen

Äußerungen habe ich mich im Eifer des fünfundvierziger Jahres hinreißen lassen, zu Äußerungen, die mich heute mit starken Bedenken erfüllen und die ich nur auf das Konto jener Jugendlichkeit setzen kann, die von jeher mein Werk ausgezeichnet hat. Die Korrekturen meines geschriebenen Werkes laufen bereits an; ich möchte Sie bitten, mir bald die Gelegenheit zu geben, auch mein gesprochenes Werk zu korrigieren."

Der Intendant schwieg, hüstelte nur leicht, und kleine, sehr helle Schweißtröpfchen zeigten sich auf seiner Stirn. Es fiel ihm ein, daß Bur-Malottke seit 1945 jeden Monat mindestens eine Stunde gesprochen hatte, und er rechnete flink, während Bur-Malottke weitersprach: zwölf Stunden mal zehn waren einhundertzwanzig Stunden gesprochenen Bur-Malottkes.

„Pedanterie", sagte Bur-Malottke, „wird ja nur von unsauberen Geistern als des Genies unwürdig bezeichnet, wir wissen ja", — und der Intendant fühlte sich geschmeichelt, durch das Wir unter die sauberen Geister eingereiht zu sein — „daß die wahren, die großen Genies Pedanten waren. Himmelsheim ließ einmal eine ganze, ausgedruckte Auflage seines *Seelon* auf eigene Kosten neu binden, weil drei oder vier Sätze in der Mitte dieses Werkes ihm nicht mehr entsprechend erschienen. Der Gedanke, daß Vorträge von mir gesendet werden können, von denen ich nicht mehr überzeugt war, als ich das Zeitliche segnete — der Gedanke ist mir unerträglich. Welche Lösung würden Sie vorschlagen?"

Die Schweißtropfen auf der Stirn des Intendanten waren größer geworden. „Es müßte", sagte er leise, „erst einmal eine genaue Aufstellung aller von Ihnen gesprochenen Sendungen gemacht und dann im Archiv nachgesehen werden, ob diese Bänder noch alle dort sind."

„Ich hoffe", sagte Bur-Malottke, „daß man keins der Bänder gelöscht hat, ohne mich zu verständigen. Man hat mich nicht verständigt, also kein Band gelöscht."

„Ich werde alles veranlassen", sagte der Intendant.

„Ich bitte darum", sagte Bur-Malottke spitz und stand auf. „Guten Morgen."

„Guten Morgen", sagte der Intendant und geleitete Bur-Malottke zur Tür.

Die freien Mitarbeiter in der Kantine hatten sich entschlossen, ein Mittagessen zu bestellen. Sie hatten noch mehr Schnaps getrunken, sprachen immer noch über Kunst, ihr Gespräch war ruhiger, aber nicht weniger leidenschaftlich geworden. Sie sprangen alle erschrocken auf, als plötzlich Wanderburn in die Kantine trat. Wanderburn war ein großer, melancholisch aussehender Dichter mit dunklem Haar, einem sympathischen Gesicht, das ein wenig vom Stigma des Ruhmes gekerbt war. Er war an diesem Tage unrasiert und sah deshalb noch sympathischer aus. Er ging auf den Tisch der freien Mitarbeiter zu, setzte sich erschöpft hin und sagte: „Kinder, gebt mir etwas zu trinken. In diesem Hause habe ich immer das Gefühl, zu verdursten."
Sie gaben ihm zu trinken, einen Schnaps, der noch dastand, und den Rest aus einer Sprudelflasche. Wanderburn trank, setzte das Glas ab, blickte die drei Männer der Reihe nach an und sagte: „Ich warne Sie vor dem Funk, vor diesem Scheißkasten — vor diesem geleckten, geschniegelten, aalglatten Scheißkasten. Ich warne Sie. Er macht uns alle kaputt."
Seine Warnung war aufrichtig und beeindruckte die drei jungen Männer sehr; aber die drei jungen Männer wußten nicht, daß Wanderburn gerade von der Kasse kam, wo er sich viel Geld als Honorar für eine leichte Bearbeitung des Buches Hiob abgeholt hatte.
„Sie schneiden uns", sagte Wanderburn, „zehren unsere Substanz auf, kleben uns, und wir alle werden es nicht aushalten."
Er trank den Sprudel aus, setzte das Glas auf den Tisch und schritt mit melancholisch wehendem Mantel zur Tür.

Punkt zwölf war Murke mit dem Kleben fertig. Sie hatten den letzten Schnippel, einen Dativ, gerade eingeklebt, als Murke aufstand. Er hatte schon die Türklinke in der Hand, da sagte der Techniker: „Ein so empfindliches und kostspieliges Gewissen möcht ich auch mal haben. Was machen wir mit der Dose?" Er zeigte auf die Zigarettenschachtel, die oben im Regal zwischen den Kartons mit neuen Bändern stand.
„Lassen Sie sie stehen", sagte Murke.
„Wozu?"
„Vielleicht brauchen wir sie noch."
„Halten Sie's für möglich, daß er wieder Gewissensqualen bekommt?"

„Nicht unmöglich", sagte Murke, „warten wir besser ab. Auf Wiedersehen." Er ging zum vorderen Paternoster, ließ sich zum zweiten Stock hinuntertragen und betrat erstmals an diesem Tage sein Büro. Die Sekretärin war zum Essen gegangen, Murkes Chef, Humkoke, saß am Telefon und las in einem Buch. Er lächelte Murke zu, stand auf und sagte: „Na, Sie leben ja noch. Ist dies Buch Ihres? Haben Sie es auf den Schreibtisch gelegt?" Er hielt Murke den Titel hin, und Murke sagte: „Ja, es ist meins." Das Buch hatte einen grün-grau-orange-farbenen Schutzumschlag, hieß *Batley's Lyrik-Kanal;* es handelte von einem jungen englischen Dichter, der vor hundert Jahren einen Katalog des Londoner Slangs angelegt hatte.
„Es ist ein großartiges Buch", sagte Murke.
„Ja", sagte Humkoke, „es ist großartig, aber Sie lernen es nie."
Murke sah ihn fragend an.
„Sie lernen es nie, daß man großartige Bücher nicht auf dem Tisch herumliegen läßt, wenn Wanderburn erwartet wird, und Wanderburn wird immer erwartet. Der hat es natürlich gleich erspäht, es aufgeschlagen, fünf Minuten drin gelesen, und was ist die Folge?"
Murke schwieg.
„Die Folge ist", sagte Humkoke: „zwei einstündige Sendungen von Wanderburn über *Batley's Lyrik-Kanal.* Dieser Bursche wird uns eines Tages noch seine eigene Großmutter als Feature servieren, und das Schlimme ist eben, daß eine seiner Großmütter auch meine war. Bitte, Murke, merken Sie sich: nie großartige Bücher auf den Tisch, wenn Wanderburn erwartet wird, und ich wiederhole, er wird immer erwartet. — So, und nun gehen Sie, Sie haben den Nachmittag frei, und ich nehme an, daß Sie den freien Nachmittag verdient haben. — Ist der Kram fertig? Haben Sie ihn noch einmal abgehört?"
„Ich habe alles fertig", sagte Murke; „abhören kann ich die Vorträge nicht mehr, ich kann es einfach nicht."
„,Ich kann es einfach nicht', ist eine sehr kindliche Redewendung", sagte Humkoke.
„Wenn ich das Wort ‚Kunst' heute noch einmal hören muß, werde ich hysterisch", sagte Murke.
„Sie sind es schon", sagte Humkoke, „und ich billige Ihnen sogar zu, daß Sie Grund haben, es zu sein. Drei Stunden Bur-Malottke, das haut hin, das schmeißt den stärksten Mann

um, und Sie sind nicht einmal ein starker Mann." Er warf das Buch auf den Tisch, kam einen Schritt auf Murke zu und sagte: „Als ich in Ihrem Alter war, hatte ich einmal eine vierstündige Hitlerrede um drei Minuten zu schneiden, und ich mußte mir die Rede dreimal anhören, ehe ich würdig war, vorzuschlagen, welche drei Minuten herausgeschnitten werden sollten. Als ich anfing, das Band zum erstenmal zu hören, war ich noch ein Nazi, aber als ich die Rede zum drittenmal durch hatte, war ich kein Nazi mehr; es war eine harte, eine schreckliche, aber sehr wirksame Kur."

„Sie vergessen", sagte Murke leise, „daß ich von Bur-Malottke schon geheilt war, bevor ich seine Bänder hören mußte."

„Sie sind doch eine Bestie", sagte Humkoke lachend; „gehen Sie, der Intendant hört es sich um zwei noch einmal an. Sie müssen nur erreichbar sein, falls etwas passiert."

„Von zwei bis drei bin ich zu Hause", sagte Murke.

„Noch etwas", sagte Humkoke und zog eine gelbe Keksdose aus einem Regal, das neben Murkes Schreibtisch stand: „Was für Bandschnippel haben Sie in dieser Dose?"

Murke wurde rot. „Es sind ...", sagte er, „ich sammle eine bestimmte Art von Resten."

„Welche Art Reste?" fragte Humkoke.

„Schweigen", sagte Murke, „ich sammle Schweigen."

Humkoke sah ihn fragend an, und Murke fuhr fort: „Wenn ich Bänder zu schneiden habe, wo die Sprechenden manchmal eine Pause gemacht haben — auch Seufzer, Atemzüge, absolutes Schweigen —, das werfe ich nicht in den Abfallkorb, sondern das sammle ich. Bur-Marlottkes Bänder übrigens gaben nicht eine Sekunde Schweigen her."

Humkoke lachte: „Natürlich, der wird doch nicht schweigen. — Und was machen Sie mit den Schnippeln?"

„Ich klebe sie aneinander und spiele mir das Band vor, wenn ich abends zu Hause bin. Es ist noch nicht viel, ich habe erst drei Minuten — aber es wird ja auch nicht viel geschwiegen."

„Ich muß Sie darauf aufmerksam machen, daß es verboten ist, Teile von Bändern mit nach Hause zu nehmen."

„Auch Schweigen?" fragte Murke.

Humkoke lachte und sagte: „Nun gehen Sie!" Und Murke ging.

Als der Intendant wenige Minuten nach zwei in sein Studio kam, war der Bur-Malottke-Vortrag eben angelaufen: ... *und wo immer, wie immer, warum immer und wann immer wir das Gespräch über das Wesen der Kunst beginnen, müssen wir zuerst auf jenes höhere Wesen, das wir verehren, blicken, müssen uns in Ehrfurcht vor jenem höheren Wesen, das wir verehren, beugen und müssen die Kunst dankbar als ein Geschenk jenes höheren Wesens, das wir verehren, entgegennehmen. Die Kunst...*

‚Nein', dachte der Intendant, ‚ich kann wirklich keinem Menschen zumuten, einhundertzwanzig Stunden Bur-Malottke abzuhören. Nein', dachte er, ‚es gibt Dinge, die man einfach nicht machen kann, die ich nicht einmal Murke gönne.' Er ging in sein Arbeitszimmer zurück, schaltete dort den Lautsprecher an und hörte gerade Bur-Malottke sagen: „O du höheres Wesen, das wir verehren ..." ‚Nein', dachte der Intendant, ‚nein, nein.'

Murke lag zu Hause auf seiner Couch und rauchte. Neben ihm auf einem Stuhl stand eine Tasse Tee, und Murke blickte gegen die weiße Decke des Zimmers. An seinem Schreibtisch saß ein bildschönes blondes Mädchen, das starr zum Fenster hinaus auf die Straße blickte. Zwischen Murke und dem Mädchen, auf einem Rauchtisch, stand ein Bandgerät, das auf Aufnahme gestellt war. Kein Wort wurde gesprochen, kein Laut fiel. Man hätte das Mädchen für ein Fotomodell halten können, so schön und so stumm war es.

„Ich kann nicht mehr", sagte das Mädchen plötzlich, „ich kann nicht mehr; es ist unmenschlich, was du verlangst. Es gibt Männer, die unsittliche Sachen von einem Mädchen verlangen, aber ich meine fast, was du von mir verlangst, wäre noch unsittlicher als die Sachen, die andere Männer von einem Mädchen verlangen."

Murke seufzte. „Mein Gott", sagte er, „liebe Rina, das muß ich alles wieder rausschneiden; sei doch vernünftig, sei lieb und beschweige mir wenigstens noch fünf Minuten Band."

„Beschweigen", sagte das Mädchen, und sie sagte es auf eine Weise, die man vor dreißig Jahren ‚unwirsch' genannt hätte. „Beschweigen, das ist auch so eine Erfindung von dir. Ein Band besprechen würde ich mal gern — aber beschweigen..."

Murke war aufgestanden und hatte den Bandapparat abgestellt. „Ach Rina", sagte er, „wenn du wüßtest, wie kostbar mir dein Schweigen ist! Abends, wenn ich müde bin, wenn ich hier sitzen muß, lasse ich mir dein Schweigen ablaufen. Bitte sei nett und beschweige mir nur noch drei Minuten und erspare mir das Schneiden; du weißt doch, was Schneiden für mich bedeutet."
„Meinetwegen", sagte das Mädchen, „aber gib mir wenigstens eine Zigarette."
Murke lächelte, gab ihr eine Zigarette und sagte: „So habe ich dein Schweigen im Original und auf Band, das ist großartig." Er stellte das Band wieder ein, und beide saßen schweigend einander gegenüber, bis das Telefon klingelte. Murke stand auf, zuckte hilflos die Achseln und nahm den Hörer auf.
„Also", sagte Humkoke, „die Vorträge sind glatt durchgelaufen, der Chef hat nichts Negatives gesagt ... Sie können ins Kino gehen. — Und denken Sie an den Schnee."
„An welchen Schnee?" fragte Murke und blickte hinaus auf die Straße, die in der grellen Sommersonne lag.
„Mein Gott", sagte Humkoke, „Sie wissen doch, daß wir jetzt anfangen müssen, an das Winterprogramm zu denken. Ich brauche Schneelieder, Schneegeschichten — wir können doch nicht immer und ewig auf Schubert und Stifter herumhocken. — Kein Mensch scheint zu ahnen, wie sehr es uns gerade an Schneeliedern und Schneegeschichten fehlt. Stellen Sie sich einmal vor, wenn es einen harten und langen Winter mit viel Schnee und Kälte gibt: wo nehmen wir unsere Schneesendungen her? Lassen Sie sich irgend etwas Schneeiges einfallen."
„Ja", sagte Murke, „ich lasse mir etwas einfallen." — Humkoke hatte eingehängt. — „Komm", sagte er zu dem Mädchen, „wir können ins Kino gehen."
„Darf ich jetzt wieder sprechen?" sagte das Mädchen.
„Ja", sagte Murke, „sprich!"
Um diese Zeit hatte der Hilfsregisseur der Hörspielabteilung das Kurzhörspiel, das am Abend laufen sollte, noch einmal abgehört. Er fand es gut, nur der Schluß hatte ihn nicht befriedigt. Er saß in der Glaskanzel des Studios dreizehn neben dem Techniker, kaute an einem Streichholz und studierte das Manuskript.

(Akustik in einer großen leeren Kirche)

Atheist (spricht laut und klar): Wer denkt noch an mich, wenn ich der Würmer Raub geworden bin?
(Schweigen)

Atheist (um eine Nuance lauter sprechend): Wer wartet auf mich, wenn ich wieder zu Staub geworden bin?
(Schweigen)

Atheist (noch lauter): Und wer denkt noch an mich, wenn ich wieder zu Laub geworden bin?
(Schweigen)

Es waren zwölf solcher Fragen, die der Atheist in die Kirche hineinschrie, und hinter jeder Frage stand: *Schweigen.*
Der Hilfsregisseur nahm das durchgekaute Streichholz aus dem Mund, steckte ein frisches in den Mund und sah den Techniker fragend an.
„Ja", sagte der Techniker, „wenn Sie mich fragen: ich finde, es ist ein bißchen viel Schweigen drin."
„Das fand ich auch", sagte der Hilfsregisseur, „sogar der Autor findet es und hat mich ermächtigt, es zu ändern. Es soll einfach eine Stimme sagen: ‚Gott' — aber es müßte eine Stimme ohne die Akustik der Kirche sein, sie müßte sozusagen in einem anderen akustischen Raum sprechen. Aber sagen Sie mir, wo krieg ich jetzt die Stimme her?" Der Techniker lächelte, griff nach der Zigarettendose, die immer noch oben im Regal stand. „Hier", sagte er, „hier ist eine Stimme, die in einem akustikfreien Raum ‚Gott' sagt."
Der Hilfsregisseur schluckte vor Überraschung beinahe das Streichholz hinunter, würgte ein wenig und hatte es wieder vorn im Mund.
„Es ist ganz harmlos", sagte der Techniker lächelnd, „wir haben es aus einem Vortrag herausschneiden müssen, siebenundzwanzigmal."
„So oft brauche ich es gar nicht, nur zwölfmal", sagte der Hilfsregisseur.
„Es ist natürlich einfach", sagte der Techniker, „das Schweigen rauszuschneiden und zwölfmal ‚Gott' reinzukleben — wenn Sie's verantworten können."
„Sie sind ein Engel", sagte der Hilfsregisseur, „und ich kann es verantworten. Los, fangen wir an!" Er blickte glücklich auf die sehr kleinen, glanzlosen Bandschnippel in Murkes Zi-

garettenschachtel. „Sie sind wirklich ein Engel", sagte er; „los, gehen wir ran!"

Der Techniker lächelte, denn er freute sich auf die Schnippel Schweigen, die er Murke würde schenken können: es war viel Schweigen, im ganzen fast eine Minute; soviel Schweigen hatte er Murke noch nie schenken können, und er mochte den jungen Mann.

„Schön", sagte er lächelnd, „fangen wir an!"

Der Hilfsregisseur griff in seine Rocktasche, nahm seine Zigarettenschachtel heraus; er hatte aber gleichzeitig ein zerknittertes Zettelchen gepackt, glättete es und hielt es dem Techniker hin: „Ist es nicht komisch, was für kitschige Sachen man im Funkhaus finden kann? Das habe ich an meiner Tür gefunden."

Der Techniker nahm das Bild, sah es sich an und sagte: „Ja, komisch", und er las laut, was darunterstand: *„Ich betete für Dich in Sankt Jacobi."*

Wie in schlechten Romanen

Für den Abend hatten wir die Zumpens eingeladen, nette Leute, deren Bekanntschaft ich meinem Schwiegervater verdanke; seit unserer Hochzeit bemüht er sich, mich mit Leuten bekannt zu machen, die mir geschäftlich nützen können, und Zumpen kann mir nützen. Er ist Chef einer Kommission, die Aufträge bei großen Siedlungen vergibt, und ich habe in ein Ausschachtungsunternehmen eingeheiratet.
Ich war nervös an diesem Abend, aber meine Frau, Bertha, beruhigte mich. „Die Tatsache", sagte sie, „daß er überhaupt kommt, bedeutet schon etwas. Versuche nur, das Gespräch vorsichtig auf den Auftrag zu bringen. Du weißt, daß morgen der Zuschlag erteilt wird.
Ich stand hinter der Haustürgardine und wartete auf Zumpen. Ich rauchte, zertrat die Zigarettenstummel und schob die Fußmatte darüber. Wenig später stellte ich mich hinter das Badezimmerfenster und dachte darüber nach, warum Zumpen die Einladung wohl angenommen hatte; es konnte ihm nicht viel daran liegen, mit uns zu Abend zu essen, und die Tatsache, daß der Zuschlag für die große Ausschreibung, an der ich mich beteiligt hatte, morgen erteilt werden sollte, hätte ihm die Sache so peinlich machen müssen, wie sie mir war.
Ich dachte auch an den Auftrag: es war ein großer Auftrag, und ich würde 20000 Mark daran verdienen, und ich wollte das Geld gerne haben.
Bertha hatte meinen Anzug ausgewählt: dunkler Rock, eine etwas hellere Hose und die Krawattenfarbe etwas neutral. Solche Dinge hat sie zu Hause gelernt und im Pensionat bei den Nonnen. Auch, was man den Gästen anbietet; wann man den Kognak reicht, wann den Wermut, wie man den Nachtisch assortiert; es ist wohltuend, eine Frau zu haben, die solche Sachen genau weiß.
Aber auch Bertha war nervös. Als sie mir ihre Hände auf die Schultern legte, berührten sie meinen Hals, und ich spürte, daß die Daumen feucht und kalt waren.

„Es wird schon gut gehen", sagte sie. „Du wirst den Auftrag bekommen."
„Mein Gott", sagte ich, „es geht für mich um 20000 Mark, und du weißt, wie gut wir sie gebrauchen können."
„Man soll", sagte sie leise, „den Namen Gottes nie im Zusammenhang mit Geld nennen!"
Ein dunkles Auto hielt vor unserem Haus, ein Fabrikat, das mir unbekannt war, aber italienisch aussah. „Langsam", flüsterte Bertha, „warte, bis sie geklingelt haben, laß sie zwei oder drei Sekunden stehen, dann geh langsam zur Tür und öffne."
Ich hörte die Zumpens die Treppe heraufkommen. Er ist schlank und groß, hat ergraute Schläfen, einer von der Sorte, die man vor dreißig Jahren ‚Schwerenöter' nannte; Frau Zumpen ist eine von den mageren dunklen Frauen, bei deren Anblick ich immer an Zitronen denken muß. Ich sah Zumpens Gesicht an, daß es furchtbar langweilig für ihn war, mit uns zu essen.
Dann klingelte es, und ich wartete eine, wartete zwei Sekunden, ging langsam zur Tür und öffnete.
„Ach", sagte ich, „es ist wirklich nett, daß Sie zu uns gekommen sind!"
Wir gingen mit den Kognakgläsern in der Hand durch unsere Wohnung, die Zumpens gern sehen wollten. Bertha blieb in der Küche, um aus einer Tube Mayonnaise auf die Appetitshappen zu drücken; sie macht das nett; herzförmige Muster, Mäander, kleine Häuschen. Den Zumpens gefiel unsere Wohnung; sie lächelten sich an, als sie in meinem Arbeitszimmer den großen Schreibtisch sahen, auch mir kam er in diesem Augenblick ein wenig zu groß vor.
Zumpen lobte einen kleinen Rokokoschrank, den ich von Großmutter zur Hochzeit bekommen hatte, und eine Barockmadonna in unserem Schlafzimmer.
Als wir ins Eßzimmer zurückkamen, hatte Bertha serviert; auch das hatte sie nett gemacht, so schön und doch sehr natürlich, und es wurde ein gemütliches Essen. Wir sprachen über Filme und Bücher, über die letzten Wahlen, und Zumpen lobte die verschiedenen Käsesorten, und Frau Zumpen lobte den Kaffee und die Törtchen. Dann zeigten wir Zumpens die Fotos von unserer Hochzeitsreise: Bilder von der bretonischen Küste, spanische Esel und Straßenbilder aus Casablanca.

Wir tranken jetzt wieder Kognak, und als ich aufstehen und den Karton mit den Fotos aus unserer Verlobungszeit holen wollte, gab mir Bertha ein Zeichen, und ich holte den Karton nicht. Es wurde für zwei Minuten ganz still, weil wir keinen Gesprächsstoff mehr hatten, und wir dachten alle an den Auftrag; ich dachte an die 20000 Mark, und es fiel mir ein, daß ich die Flasche Kognak von der Steuer abschreiben konnte. Zumpen blickte auf die Uhr, sagte: „Schade, es ist zehn; wir müssen weg. Es war ein so netter Abend!" Und Frau Zumpen sagte: „Reizend war es, und ich hoffe, wir werden Sie einmal bei uns sehen."

„Gern würden wir kommen", sagte Bertha, und wir standen noch eine halbe Minute herum, dachten wieder alle an den Auftrag, und ich spürte, daß Zumpen darauf wartete, daß ich ihn beiseite nehmen und mit ihm darüber sprechen würde. Aber ich tat es nicht. Zumpen küßte Bertha die Hand, und ich ging voran, öffnete die Türen und hielt unten Frau Zumpen den Schlag auf.

„Warum", sagte Bertha sanft, „hast du nicht mit ihm über den Auftrag gesprochen? Du weißt doch, daß morgen der Zuschlag erteilt wird."

„Mein Gott", sagte ich, „ich wußte nicht, wie ich die Rede darauf hätte bringen sollen."

„Bitte", sagte sie sanft, „du hättest ihn unter irgendeinem Vorwand in dein Arbeitszimmer bitten, dort mit ihm sprechen müssen. Du hast doch bemerkt, wie sehr er sich für Kunst interessiert. Du hättest sagen sollen: Ich habe da noch ein Brustkreuz aus dem 18. Jahrhundert, vielleicht würde es Sie interessieren, das zu sehen, und dann..."

Ich schwieg, und sie seufzte und band sich die Schürze um. Ich folgte ihr in die Küche; wir sortierten die restlichen Appetithappen in den Eisschrank, und ich kroch auf dem Boden herum, um den Verschluß für die Mayonnaisetube zu suchen. Ich brachte den Rest des Kognaks weg, zählte die Zigarren: Zumpen hatte nur eine geraucht; ich räumte die Aschenbecher leer, aß stehend noch ein Törtchen und sah nach, ob noch Kaffee in der Kanne war. Als ich in die Küche zurückkehrte, stand Bertha mit dem Autoschlüssel in der Hand da.

„Was ist denn los?" fragte ich.

„Natürlich müssen wir hin", sagte sie.

„Wohin?"
„Zu Zumpens", sagte sie, „was denkst du dir?"
„Es ist gleich halb elf."
„Und wenn es Mitternacht wäre", sagte Bertha, „soviel ich weiß, geht es um 20000 Mark. Glaub nicht, daß die so zimperlich sind."
Sie ging ins Badezimmer, um sich zurechtzumachen, und ich stand hinter ihr und blickte ihr zu, wie sie den Mund abwischte, die Linien neu zog, um zum ersten Male fiel mir auf, wie breit und einfältig dieser Mund ist. Als sie mir den Krawattenknoten festzog, hätte ich sie küssen können, wie ich es früher immer getan hatte, wenn sie mir die Krawatte band, aber ich küßte sie nicht.
In der Stadt waren die Cafés und die Restaurants hell erleuchtet. Leute saßen draußen auf den Terrassen, und in silbernen Eisbechern und Eiskübeln fing sich das Laternenlicht. Bertha blickte mich ermunternd an; aber sie blieb im Auto, als wir an Zumpens Haus hielten, und ich drückte sofort auf die Klingel und war erstaunt, wie schnell die Tür geöffnet wurde. Frau Zumpen schien nicht erstaunt, mich zu sehen; sie trug einen schwarzen Hausanzug mit losen, flatternden Hosenbeinen, mit gelben Blumen benäht, und mehr als je zuvor mußte ich an Zitronen denken.
„Entschuldigen Sie", sagte ich, „ich möchte Ihren Mann sprechen."
„Er ist noch ausgegangen", sagte sie, „er wird in einer halben Stunde zurück sein."
Im Flur sah ich viele Madonnen, gotische und barocke, auch Rokokomadonnen, wenn es die überhaupt gibt.
„Schön", sagte ich, „wenn Sie erlauben, komme ich in einer halben Stunde zurück."
Bertha hatte sich eine Abendzeitung gekauft; sie las darin, rauchte, und als ich mich neben sie setzte, sagte sie: „Ich glaube, du hättest auch mit ihr darüber sprechen können."
„Woher weißt du denn, daß er nicht da war?"
„Weil ich weiß, daß er im Gaffel-Klub sitzt und Schach spielt, wie jeden Mittwochabend um diese Zeit."
„Das hättest du mir früher sagen können."
„Versteh mich doch", sagte Bertha und faltete die Abendzeitung zusammen. „Ich möchte dir doch helfen, möchte, daß du es von dir aus lernst, solche Sachen zu erledigen. Wir hätten

nur Vater anzurufen brauchen, und er hätte mit einem einzigen Telefongespräch die Sache für dich erledigt, aber ich will doch, daß du allein den Auftrag bekommst."
„Schön", sagte ich, „was machen wir also: warten wir die halbe Stunde oder gehen wir gleich rauf und reden mit ihr?"
„Am besten gehen wir gleich rauf", sagte Bertha.
Wir stiegen aus und fuhren zusammen im Aufzug nach oben.
„Das Leben", sagte Bertha, „besteht daraus, Kompromisse zu schließen und Konzessionen zu machen."
Frau Zumpen war genausowenig erstaunt wie eben, als ich allein gekommen war. Sie begrüßte uns, und wir gingen hinter ihr her in das Arbeitszimmer ihres Mannes. Frau Zumpen holte die Kognakflasche, schenkte ein, und noch bevor ich etwas von dem Auftrag hatte sagen können, schob sie mir einen gelben Schnellhefter zu: ‚Siedlung Tannenidyll' las ich und blickte erschrocken auf Frau Zumpen, auf Bertha, aber beide lächelten, und Frau Zumpen sagte: „Öffnen Sie die Mappe", und ich öffnete sie; drinnen lag ein zweiter, ein rosafarbener Schnellhefter, und ich las auf diesem ‚Siedlung Tannenidyll — Ausschachtungsarbeiten'; ich öffnete auch diesen Deckel, sah meinen Kostenanschlag als obersten liegen; oben an den Rand hatte jemand mit Rotstift geschrieben: ‚Billigstes Angebot!'
Ich spürte, wie ich vor Freude rot wurde, spürte mein Herz schlagen und dachte an die 20000 Mark.
„Mein Gott", sagte ich leise und klappte den Aktendeckel zu, und diesmal vergaß Bertha, mich zu ermahnen.
„Prost", sagte Frau Zumpen lächelnd, „trinken wir also." Wir tranken, und ich stand auf und sagte: „Es ist vielleicht plump, aber Sie verstehen vielleicht, daß ich jetzt nach Hause möchte."
„Ich verstehe Sie gut", sagte Frau Zumpen, „es ist nur noch eine Kleinigkeit zu erledigen." Sie nahm die Mappe, blätterte sie durch und sagte: „Ihr Kubikmeterpreis liegt dreißig Pfennig unter dem Preis des nächstbilligeren. Ich schlage vor, Sie setzen den Preis noch um fünfzehn Pfennig herauf; so bleiben Sie immer noch der Billigste und haben doch viertausendfünfhundert Mark mehr. Los, tun Sie's gleich!" Bertha nahm den Füllfederhalter aus ihrer Handtasche und hielt ihn mir hin, aber ich war zu aufgeregt, um zu schreiben; ich gab die Mappe Bertha und beobachtete sie, wie sie mit ruhiger Hand den Meterpreis umänderte, die Endsumme neu schrieb und die

Mappe an Frau Zumpen zurückgab.
„Und nun", sagte Frau Zumpen, „nur noch eine Kleinigkeit. Nehmen Sie Ihr Scheckbuch und schreiben Sie einen Scheck über dreitausend Mark aus, es muß ein Barscheck sein und von Ihnen diskontiert."
Sie hatte das zu mir gesagt, aber Bertha war es, die unser Scheckbuch aus ihrer Handtasche nahm und den Scheck ausschrieb.
„Er wird gar nicht gedeckt sein", sagte ich leise.
„Wenn der Zuschlag erteilt wird, gibt es einen Vorschuß, und dann wird er gedeckt sein", sagte Frau Zumpen.
Vielleicht habe ich das, als es geschah, gar nicht begriffen. Als wir im Aufzug hinunterfuhren, sagte Bertha, daß sie glücklich sei, aber ich schwieg.
Bertha wählte einen anderen Weg, wir fuhren durch stille Viertel, Licht sah ich in offenen Fenstern, Menschen auf Balkonen sitzen und Wein trinken; es war eine helle und warme Nacht.
„Der Scheck war für Zumpen?" fragte ich nur einmal leise, und Bertha antwortete ebenso leise: „Natürlich."
Ich blickte auf Berthas kleine bräunliche Hände, mit denen sie sicher und ruhig steuerte. Hände, dachte ich, die Schecks unterschreiben und auf Mayonnaisetuben drücken, und ich blickte höher —, auf ihren Mund, und spürte auch jetzt keine Lust, ihn zu küssen.
An diesem Abend half ich Bertha nicht, den Wagen in die Garage zu setzen, ich half ihr auch nicht beim Abwaschen. Ich nahm einen großen Kognak, ging in mein Arbeitszimmer hinauf und setzte mich an meinen Schreibtisch, der viel zu groß für mich war. Ich dachte über etwas nach, stand auf, ging ins Schlafzimmer und blickte auf die Barockmadonna, aber auch dort fiel mir das, worüber ich nachdachte, nicht ein. — Das Klingeln des Telefons unterbrach mein Nachdenken; ich nahm den Hörer und war nicht erstaunt, Zumpens Stimme zu hören.
„Ihrer Frau", sagte er, „ist ein kleiner Fehler unterlaufen. Sie hat den Meterpreis nicht um fünfzehn, sondern um fünfundzwanzig Pfennig erhöht."
Ich überlegte einen Augenblick und sagte dann: „Das ist kein Fehler, das ist mit meinem Einverständnis geschehen."
Er schwieg erst und sagte dann lachend: „Sie hatten also

vorher die verschiedenen Möglichkeiten durchgesprochen?"
„Ja", sagte ich.
„Schön, dann schreiben Sie noch einen Scheck über tausend aus."
„Fünfhundert", sagte ich, und ich dachte: Es ist wie in schlechten Romanen — genauso ist es.
„Achthundert", sagte er, und ich sagte lachend: „Sechshundert", und ich wußte, obwohl ich keine Erfahrung hatte, daß er jetzt siebenhundertfünfzig sagen würde, und als er es wirklich sagte, sagte ich „ja" und hängte ein.
Es war noch nicht Mitternacht, als ich die Treppe hinunterging und Zumpen den Scheck ans Auto brachte; er war allein und lachte, als ich ihm den zusammengefalteten Scheck hineinreichte. Als ich langsam ins Haus ging, war von Bertha noch nichts zu sehen; sie kam nicht, als ich ins Arbeitszimmer zurückging; sie kam nicht, als ich noch einmal hinunterging, um mir noch ein Glas Milch aus dem Eisschrank zu holen, und ich wußte, was sie dachte; sie dachte: Er muß darüberkommen, und ich muß ihn allein lassen, er muß das begreifen. Aber ich begriff das nie, und es war auch unbegreiflich.

Hauptstädtisches Journal

Montag:
Leider kam ich zu spät an, als daß ich noch hätte ausgehen oder jemanden besuchen können; es war 23.30 Uhr, als ich ins Hotel kam, und ich war müde. So blieb mir nur vom Hotelzimmer aus der Blick auf diese Stadt, die so von Leben sprüht; wie das brodelt, pulsiert, fast überkocht: da stecken Energien, die noch nicht alle freigelegt sind. Die Hauptstadt ist noch nicht das, was sie sein könnte. Ich rauchte eine Zigarre, gab mich ganz dieser faszinierenden Elektrizität hin, zögerte, ob ich nicht doch Inn anrufen könne, ergab mich schließlich seufzend und studierte noch einmal mein wichtiges Material. Gegen Mitternacht ging ich ins Bett: hier fällt es mir immer schwer, schlafen zu gehen. Diese Stadt ist dem Schlafe abhold.

Nachts notiert:
Merkwürdiger, sehr merkwürdiger Traum: Ich ging durch einen Wald von Denkmälern; regelmäßige Reihen; in kleinen Lichtungen waren zierliche Parks angelegt, in deren Mitte wiederum ein Denkmal stand; alle Denkmäler waren gleich, Hunderte, nein Tausende: ein Mann in Rührt-euch-Stellung, dem Faltenwurf seiner weichen Stiefel nach offenbar Offizier, doch waren Brust, Gesicht, Sockel an allen Denkmälern noch mit einem Tuch verhängt — plötzlich wurden alle Denkmäler gleichzeitig enthüllt, und ich erkannte, eigentlich ohne allzusehr überrascht zu sein, daß *ich* es war, der auf dem Sockel stand; ich bewegte mich auf dem Sockel, lächelte, und da auch die Umhüllung des Sockels gefallen war, las ich viele Tausende Male meinen Namen: *Erich von Machorka-Muff.* Ich lachte, und tausendfach kam das Lachen aus meinem eigenen Munde auf mich zurück.

Dienstag:
Von einem tiefen Glücksgefühl erfüllt, schlief ich wieder ein, erwachte frisch und betrachtete mich lachend im Spiegel:

solche Träume hat man nur in der Hauptstadt. Während ich mich noch rasierte, der erste Anruf von Inn. (So nenne ich meine alte Freundin Inniga von Zaster-Pehnunz, aus jungem Adel, aber altem Geschlecht: Innigas Vater, Ernst von Zaster, wurde zwar von Wilhelm dem Zweiten erst zwei Tage vor dessen Abdankung geadelt, doch habe ich keine Bedenken, Inn als ebenbürtige Freundin anzusehen.)
Inn war am Telefon — wie immer — süß, flocht einigen Klatsch ein und gab mir auf ihre Weise zu verstehen, daß das Projekt, um dessentwillen ich in die Hauptstadt gekommen bin, bestens vorangeht. „Der Weizen blüht", sagte sie leise, und dann, nach einer winzigen Pause: „Heute noch wird das Baby getauft." Sie hängte schnell ein, um zu verhindern, daß ich in meiner Ungeduld Fragen stellte. Nachdenklich ging ich ins Frühstückszimmer hinunter: Ob sie tatsächlich schon die Grundsteinlegung gemeint hat? Noch sind meinem aufrichtig-kernigen Soldatengemüt Inns Verschlüsselungen unklar.
Im Frühstücksraum wieder diese Füller markiger Gesichter, vorwiegend guter Rasse. Meiner Gewohnheit gemäß vertrieb ich mir die Zeit, indem ich mir vorstellte, wer für welche Stellung wohl zu gebrauchen sei; noch bevor mein Ei geschält war, hatte ich zwei Regimentsstäbe bestens besetzt, einen Divisionsstab, und es blieben noch Kandidaten für den Generalstab übrig; das sind so Planspiele, wie sie einem alten Menschenkenner wie mir liegen. Die Erinnerung an den Traum erhöhte meine gute Stimmung: merkwürdig, durch einen Wald von Denkmälern zu spazieren, auf deren Sockeln man sich selber erblickt. Merkwürdig. Ob die Psychologen wirklich schon alle Tiefen des Ichs erforscht haben?
Ich ließ mir meinen Kaffee in die Halle bringen, rauchte eine Zigarre und beobachtete lächelnd die Uhr: 9.56 Uhr — ob Heffling pünktlich sein würde? Ich hatte ihn sechs Jahre lang nicht gesehen, wohl hin und wieder mit ihm korrespondiert (den üblichen Postkartenwechsel, den man mit Untergebenen im Mannschaftsrang pflegt).
Tatsächlich ertappte ich mich dabei, um Hefflings Pünktlichkeit zu zittern; ich neige eben dazu, alles symptomatisch zu sehen: Hefflings Pünktlichkeit wurde für mich zu *der* Pünktlichkeit der Mannschaftsdienstgrade. Gerührt dachte ich an den Ausspruch meines alten Divisioners Welk von Schnomm, der zu sagen pflegte:

„Macho, Sie sind und bleiben ein Idealist." (Das Grabschmuckabonnement für Schnomms Grab erneuern!)
Bin ich ein Idealist? Ich versank in Grübeln, bis Hefflings Stimme mich aufweckte: ich blickte zuerst auf die Uhr: zwei Minuten nach zehn (dieses winzige Reservat an Souveränität habe ich ihm immer belassen) — dann ihn an. Fett ist der Bursche geworden, Rattenspeck um den Hals herum, das Haar gelichtet, doch immer noch das phallische Funkeln in seinen Augen, und sein „Zur Stelle, Herr Oberst!" klang wie in alter Zeit. „Heffling!" rief ich, klopfte ihm auf die Schulter und bestellte einen Doppelkorn für ihn. Er nahm Haltung an, während er den Schnaps vom Tablett des Kellners nahm; ich zupfte ihn am Ärmel, führte ihn in die Ecke, und bald waren wir in Erinnerungen vertieft: „Damals bei Schwichi-Schwaloche, wissen Sie noch, die neunte ...?" Wohltuend zu bemerken, wie wenig der kernige Geist des Volkes von modischen Imponderabilien angefressen werden kann; da findet sich doch immer noch die lodenmantelige Biederkeit, das herzhafte Männerlachen und stets die Bereitschaft zu einer kräftigen Zote. Während Heffling mir einige Varianten des uralten Themas zuflüsterte, beobachtete ich, daß Murcks-Maloche — verabredungsgemäß ohne mich anzusprechen — die Halle betrat und in den hinteren Räumen des Restaurants verschwand. Ich gab Heffling durch einen Blick auf meine Armbanduhr zu verstehen, daß ich eilig sei, und mit dem gesunden Takt des einfachen Volkes begriff er gleich, daß er zu gehen habe. „Besuchen Sie uns einmal, Herr Oberst, meine Frau würde sich freuen." Herzhaft lachend gingen wir zusammen zur Portiersloge, und ich versprach Heffling, ihn zu besuchen. Vielleicht bahnte sich ein kleines Abenteuer mit seiner Frau an; hin und wieder habe ich Appetit auf die derbe Erotik der niederen Klassen, und man weiß nie, welche Pfeile Amor in seinem Köcher noch in Reserve hält.
Ich nahm neben Murcks Platz, ließ Hennessy kommen und sagte, nachdem der Kellner gegangen war, in meiner direkten Art: „Nun, schieß los, ist es wirklich soweit?"
„Ja, wir haben's geschafft." Er legte seine Hand auf meine, sagte flüsternd: „Ich bin ja so froh, so froh, Macho!" — „Auch ich freue mich", sagte ich warm, „daß einer meiner Jugendträume Wirklichkeit geworden ist. Und das in einer Demokratie!"

„Eine Demokratie, in der wir die Mehrheit des Parlaments auf unserer Seite haben, ist weitaus besser als eine Diktatur."
Ich spürte das Bedürfnis, mich zu erheben; mir war feierlich zumute; historische Augenblicke haben mich immer ergriffen.
„Murcks", sagte ich mit tränenerstickter Stimme, „es ist also wirklich wahr?"
„Es ist wahr, Macho", sagte er.
„Sie steht?"
„Sie steht ... heute wirst du die Einweihungsrede halten. Der erste Lehrgang ist schon einberufen. Vorläufig sind die Teilnehmer noch in Hotels untergebracht, bis das Projekt öffentlich deklariert werden kann."
„Wird die Öffentlichkeit — wird sie es schlucken?"
„Sie wird es schlucken — sie schluckt alles", sagte Murcks.
„Steh auf, Murcks", sagte ich. „Trinken wir, trinken wir auf den Geist, dem dieses Gebäude dienen wird: auf den Geist militärischer Erinnerung!"
Wir stießen an und tranken.

Ich war zu ergriffen, als daß ich am Vormittag noch zu ernsthaften Unterhaltungen fähig gewesen wäre; ruhelos ging ich auf mein Zimmer, von dort in die Halle, wanderte durch diese bezaubernde Stadt, nachdem Murcks ins Ministerium gefahren war. Obwohl ich Zivil trug, hatte ich das Gefühl, einen Degen hinter mir, neben mir her zu schleppen; es gibt Gefühle, die eigentlich nur in einer Uniform Platz haben. Wieder, während ich so durch die Stadt schlenderte, erfüllt von der Vorfreude auf das Tête-à-tête mit Inn, beschwingt von der Gewißheit, daß mein Plan Wirklichkeit geworden sei — wieder hatte ich allen Grund, mich eines Ausdrucks von Schnomm zu erinnern: „Macho, Macho", pflegte er zu sagen, „immer mit dem Kopf in den Wolken!" Das sagte er auch damals, als mein Regiment nur noch aus dreizehn Männern bestand und ich vier von diesen Männern wegen Meuterei erschießen ließ.
Zur Feier des Tages genehmigte ich mir in der Nähe des Bahnhofs einen Aperitif, blätterte einige Zeitungen durch, studierte flüchtig ein paar Leitartikel zur Wehrpolitik und versuchte mir vorzustellen, was Schnomm, lebte er noch, gesagt hätte, würde er diese Artikel lesen. „Diese Christen", hätte er gesagt, „diese Christen — wer hätte das von ihnen

erwarten können!“

Endlich war es soweit, daß ich ins Hotel gehen und mich zum Rendezvous mit Inn umziehen konnte. Ihr Hupsignal — ein Beethovenmotiv — veranlaßte mich, aus dem Fenster zu blicken; aus ihrem zitronengelben Wagen winkte sie mir zu; zitronengelbes Haar, zitronengelbes Kleid, schwarze Handschuhe. Seufzend, nachdem ich ihr eine Kußhand zugeworfen, ging ich zum Spiegel, band meine Krawatte und stieg die Treppe hinunter; Inn wäre die richtige Frau für mich, doch ist sie schon siebenmal geschieden und begreiflicherweise dem Experiment Ehe gegenüber skeptisch; auch trennen uns weltanschauliche Abgründe: sie stammt aus streng protestantischem, ich aus streng katholischem Geschlecht — immerhin verbinden uns Ziffern symbolisch: wie sie siebenmal geschieden ist, bin ich siebenmal verwundet. Inn!! Noch kann ich mich nicht ganz daran gewöhnen, auf der Straße geküßt zu werden ...

Inn weckte mich gegen 16.17 Uhr: starken Tee und Ingwergebäck hatte sie bereit, und wir gingen schnell noch einmal das Material über Hürlanger-Hiß durch, den unvergessenen Marschall, dessen Andenken wir das Haus zu weihen gedenken.

Schon während ich, den Arm über Inns Schulter gelegt, in Erinnerungen an ihr Liebesgeschenk verloren, noch einmal die Akten über Hürlanger studierte, hörte ich Marschmusik; Trauer beschlich mich, denn diese Musik, wie alle inneren Erlebnisse dieses Tages, in Zivil zu erleben fiel mir unsäglich schwer.

Die Marschmusik und Inns Nähe lenkten mich vom Aktenstudium ab; doch hatte Inn mir mündlich genügend berichtet, so daß ich für meine Rede gewappnet war.

Es klingelte, als Inn mir die zweite Tasse Tee eingoß; ich erschrak, aber Inn lächelte beruhigend. „Ein hoher Gast“, sagte sie, als sie aus der Diele zurückkam, „ein Gast, den wir nicht hier empfangen können.“ Sie deutete schmunzelnd auf das zerwühlte Bett, das noch in köstı. her Liebesunordnung dalag. „Komm“, sagte sie. Ich stand auf, folgte ihr etwas benommen und war aufrichtig überrascht, in ihrem Salon mich dem Verteidigungsminister gegenüberzusehen. Dessen aufrichtig-derbes Gesicht glänzte.

„General von Machorka-Muff“, sagte er strahlend, „will-

kommen in der Hauptstadt!"
Ich traute meinen Ohren nicht. Schmunzelnd überreichte mir der Minister meine Ernennungsurkunde.
Zurückblickend kommt es mir vor, als hätte ich einen Augenblick geschwankt und ein paar Tränen unterdrückt; doch weiß ich nicht sicher, was sich wirklich in meinem Innern abspielte; nur entsinne ich mich noch, daß mir entschlüpfte: „Aber Herr Minister — die Uniform — eine halbe Stunde vor Beginn der Feierlichkeiten ..." Schmunzelnd — oh, die treffliche Biederkeit dieses Mannes! — blickte er zu Inn hinüber, Inn schmunzelte zurück, zog einen geblümten Vorhang, der eine Ecke des Zimmers abteilte, zurück, und da hing sie, hing meine Uniform, ordengeschmückt ... Die Ereignisse, die Erlebnisse überstürzten sich in einer Weise, daß ich rückblickend nur noch in kurzen Stichworten ihren Gang notieren kann:
Wir erfrischten den Minister mit einem Trunk Bier, während ich mich in Inns Zimmer umzog.
Fahrt zum Grundstück, das ich zum ersten Male sah. Außerordentlich bewegte mich der Anblick dieses Geländes, auf dem also mein Lieblingsprojekt Wirklichkeit werden soll: die *Akademie für militärische Erinnerungen*, in der jeder ehemalige Soldat vom Major aufwärts Gelegenheit haben soll, im Gespräch mit Kameraden, in Zusammenarbeit mit der kriegsgeschichtlichen Abteilung des Ministeriums seine Memoiren niederzulegen; ich denke, daß ein sechswöchiger Kursus genügen könnte, doch ist das Parlament bereit, die Mittel auch für Dreimonatskurse zur Verfügung zu stellen. Außerdem dachte ich daran, in einem Sonderflügel einige gesunde Mädchen aus dem Volke unterzubringen, die den von Erinnerungen hart geplagten Kameraden die abendlichen Ruhestunden versüßen könnten. Sehr viel Mühe habe ich darauf verwendet, die treffenden Inschriften zu finden. So soll der Hauptflügel in goldenen Lettern die Inschrift tragen: *Memoria desetera est*, der Mädchenflügel, in dem auch die Bäder liegen sollen, hingegen die Inschrift: *Balneum et amor martis decor*. Der Minister gab mir jedoch auf der Hinfahrt zu verstehen, diesen Teil meines Planes noch nicht zu erwähnen; er fürchtete — vielleicht mit Recht — den Widerspruch christlicher Fraktionskollegen, obwohl — wie er schmunzelnd meinte — über einen Mangel an Liberalisierung nicht geklagt werden könne.
Fahnen säumten das Grundstück, die Kapelle spielte *Ich hatt*

einen Kameraden, als ich neben dem Minister auf die Tribüne zuschritt. Da der Minister in seiner gewohnten Bescheidenheit es ablehnte, das Wort zu ergreifen, stieg ich gleich aufs Podium, musterte erst die Reihe der angetretenen Kameraden, und von Inn durch ein Augenzwinkern ermuntert, fing ich zu sprechen an:

„Herr Minister, Kameraden! Dieses Gebäude, das den Namen *Hürlanger-Hiß-Akademie für militärische Erinnerungen* tragen soll, bedarf keiner Rechtfertigung. Einer Rechtfertigung aber bedarf der Name Hürlanger-Hiß, der lange — ich möchte sagen, bis heute — als diffamiert gegolten hat. Sie alle wissen, welcher Makel auf diesem Namen ruht: Als die Armee des Marschalls Emil von Hürlanger-Hiß bei Schwichi-Schwaloche den Rückzug antreten mußte, konnte Hürlanger-Hiß nur 8 500 Mann Verluste nachweisen. Nach Berechnungen erfahrener Rückzugspezialisten des Tapir — so nannten wir im vertrauten Gespräch Hitler, wie Sie wissen — hätte seine Armee aber bei entsprechendem Kampfesmut 12 300 Mann Verluste haben müssen. Sie wissen auch, Herr Minister und meine Kameraden, wie schimpflich Hürlanger-Hiß behandelt wurde: Er wurde nach Biarritz strafversetzt, wo er an einer Hummervergiftung starb. Jahre — vierzehn Jahre insgesamt — hat diese Schmach auf seinem Namen geruht. Sämtliches Material über Hürlangers Armee fiel in die Hände der Handlanger des Tapir, später in die der Alliierten, aber heute, heute", rief ich und machte eine Pause, um den folgenden Worten den nötigen Nachdruck zu verleihen — „heute kann als nachgewiesen gelten, und ich bin bereit, das Material der Öffentlichkeit vorzulegen, es kann als nachgewiesen gelten, daß die Armee unseres verehrten Marschalls bei Schwichi-Schwaloche Verluste von insgesamt 14 700 Mann — ich wiederhole: 14 700 Mann — gehabt hat; es kann damit als bewiesen gelten, daß seine Armee mit beispielloser Tapferkeit gekämpft hat, und sein Name ist wieder rein."

Während ich den ohrenbetäubenden Applaus über mich ergehen ließ, bescheiden die Ovation von mir auf den Minister ablenkte, hatte ich Gelegenheit, in den Gesichtern der Kameraden zu lesen, daß auch sie von der Mitteilung überrascht waren; wie geschickt hat doch Inn ihre Nachforschungen betrieben!

Unter den Klängen von *Siehst du im Osten das Morgenrot* nahm ich aus des Maurers Hand Kelle und Stein entgegen und

mauerte den Grundstein ein, der ein Foto von Hürlanger-Hiß und eines seiner Achselstücke enthielt.
An der Spitze der Truppe marschierte ich vom Grundstück zur Villa *Zum goldenen Zaster*, die uns Inns Familie zur Verfügung gestellt hat, bis die Akademie fertig ist. Hier gab es einen kurzen, scharfen Umtrunk, ein Dankeswort des Ministers, die Verlesung eines Kanzlertelegramms, bevor der gesellige Teil anfing.
Der gesellige Teil wurde eröffnet durch ein Konzert für sieben Trommeln, das von sieben ehemaligen Generälen gespielt wurde; mit Genehmigung des Komponisten, eines Hauptmanns mit musischen Ambitionen, wurde verkündet, daß es das ‚Hürlanger-Hiß-Gedächtnisseptett" genannt werden solle.
Der gesellige Teil wurde ein voller Erfolg: Lieder wurden gesungen, Anekdoten erzählt, Verbrüderungen fanden statt, aller Streit wurde begraben.

Mittwoch:
Es blieb uns gerade eine Stunde Zeit, uns auf den feierlichen Gottesdienst vorzubereiten; in lockerer Marschordnung zogen wir dann gegen 7.30 Uhr zum Münster. Inn stand in der Kirche neben mir, und es erheiterte mich, als sie mir zuflüsterte, daß sie in einem Oberst ihren zweiten, in einem Oberstleutnant ihren fünften und in einem Hauptmann ihren sechsten Mann erkannte. „Und dein achter", flüsterte ich ihr zu, „wird ein General." Mein Entschluß war gefaßt; Inn errötete; sie zögerte nicht, als ich sie nach dem Gottesdienst in die Sakristei führte, um sie dem Prälaten, der zelebriert hatte, vorzustellen. „Tatsächlich, meine Liebe", sagte dieser, nachdem wir die kirchenrechtliche Situation besprochen hatten, „da keine Ihrer vorigen Ehen kirchlich geschlossen wurde, besteht kein Hindernis, Ihre Ehe mit Herrn General von Machorka-Muff kirchlich zu schließen."
Unter solchen Auspizien verlief unser Frühstück, das wir à deux einnahmen, fröhlich; Inn war von einer neuen, mir unbekannten Beschwingtheit. „So fühle ich mich immer", sagte sie, „wenn ich Braut bin." Ich ließ Sekt kommen.
Um unsere Verlobung, die wir zunächst geheimzuhalten beschlossen, ein wenig zu feiern, fuhren wir zum Petersberg hinauf, wo wir von Inns Kusine, einer geborenen Zechine, zum Essen eingeladen waren. Inns Kusine war süß.

Nachmittag und Abend gehörten ganz der Liebe, die Nacht dem Schlaf.

Donnerstag:
Noch kann ich mich nicht ganz daran gewöhnen, daß ich nun hier wohne und arbeite; es ist zu traumhaft! Hielt am Morgen mein erstes Referat: ‚Die Erinnerung als geschichtlicher Auftrag.'
Mittags Ärger. Murcks-Maloche besuchte mich im Auftrage des Ministers in der Villa *Zum goldenen Zaster* und berichtete über eine Mißfallensäußerung der Opposition unserem Akademieprojekt gegenüber.
„Opposition", fragte ich, „was ist das?"
Murcks klärte mich auf. Ich fiel wie aus allen Wolken. „Was ist denn nun", fragte ich ungeduldig, „haben wir die Mehrheit oder haben wir sie nicht?"
„Wir haben sie", sagte Murcks.
„Na also", sagte ich. Opposition — merkwürdiges Wort, das mir keineswegs behagt; es erinnert mich auf eine so fatale Weise an Zeiten, die ich vergangen glaubte.
Inn, der ich beim Tee über meinen Ärger berichtete, tröstete mich.
„Erich", sagte sie und legte mir ihre kleine Hand auf den Arm, „unserer Familie hat noch keiner widerstanden."

Der Wegwerfer

Seit einigen Wochen versuche ich, nicht mit Leuten in Kontakt zu kommen, die mich nach meinem Beruf fragen könnten; wenn ich die Tätigkeit, die ich ausübe, wirklich benennen müßte, wäre ich gezwungen, eine Vokabel auszusprechen, die den Zeitgenossen erschrecken würde. So ziehe ich den abstrakten Weg vor, meine Bekenntnisse zu Papier zu bringen.
Vor einigen Wochen noch wäre ich jederzeit zu einem mündlichen Bekenntnis bereit gewesen; ich drängte mich fast dazu, nannte mich Erfinder, Privatlehrer, im Notfall Student, im Pathos der beginnenden Trunkenheit: verkanntes Genie. Ich sonnte mich in dem fröhlichen Ruhm, den ein zerschlissener Kragen ausstrahlen kann, nahm mit prahlerischer Selbstverständlichkeit den zögernd gewährten Kredit mißtrauischer Händler in Anspruch, die Margarine, Kaffee-Ersatz und schlechten Tabak in meinen Manteltaschen verschwinden sahen; ich badete mich im Air der Ungepflegtheit und trank zum Frühstück, trank mittags und abends den Honigseim der Boheme: das tiefe Glücksgefühl, mit der Gesellschaft nicht konform zu sein.
Doch seit einigen Wochen besteige ich jeden Morgen gegen 7.30 Uhr die Straßenbahn an der Ecke Roonstraße, halte bescheiden wie alle anderen dem Schaffner meine Wochenkarte hin, bin mit einem grauen Zweireiher, einem grünen Hemd, grünlich getönter Krawatte bekleidet, habe mein Frühstücksbrot in einer flachen Aluminiumdose, die Morgenzeitung, zu einer leichten Keule zusammengerollt, in der Hand. Ich biete den Anblick eines Bürgers, dem es gelungen ist, der Nachdenklichkeit zu entrinnen. Nach der dritten Haltestelle stehe ich auf, um meinen Sitzplatz einer der älteren Arbeiterinnen anzubieten, die an der Behelfsheimsiedlung zusteigen. Wenn ich meinen Sitzplatz sozialem Mitgefühl geopfert habe, lese ich stehend weiter in der Zeitung, erhebe hin und wieder schlichtend meine Stimme, wenn der morgendliche Ärger die Zeitgenossen ungerecht macht; ich korrigiere die gröbsten politischen und geschichtlichen Irrtümer (etwa indem ich die

Mitfahrenden darüber aufkläre, daß zwischen SA und USA ein gewisser Unterschied bestehe); sobald jemand eine Zigarette in den Mund steckt, halte ich ihm diskret mein Feuerzeug unter die Nase und entzünde ihm mit der winzigen, doch zuverlässigen Flamme die Morgenzigarette. So vollende ich das Bild eines gepflegten Mitbürgers, der noch jung genug ist, daß man die Bezeichnung ‚wohlerzogen' auf ihn anwenden kann.
Offenbar ist es mir gelungen, mit Erfolg jene Maske aufzusetzen, die Fragen nach meiner Tätigkeit ausschließt. Ich gelte wohl als ein gebildeter Herr, der Handel mit Dingen treibt, die wohlverpackt und wohlriechend sind: Kaffee, Tee, Gewürze, oder mit kostbaren kleinen Gegenständen, die dem Auge angenehm sind: Juwelen, Uhren; der seinen Beruf in einem angenehm altmodischen Kontor ausübt, wo dunkle Ölgemälde handeltreibender Vorfahren an der Wand hängen; der gegen zehn mit seiner Gattin telefoniert, seiner scheinbar leidenschaftslosen Stimme eine Färbung von Zärtlichkeit zu geben vermag, aus der Liebe und Sorge herauszuhören sind. Da ich auch an den üblichen Scherzen teilnehme, mein Lachen nicht verweigere, wenn der städtische Verwaltungsbeamte jeden Morgen an der Schlieffenstraße in die Bahn brüllt: „Macht mir den linken Flügel stark!" (war es nicht eigentlich der rechte?), da ich weder mit meinem Kommentar zu den Tagesereignissen noch zu den Totoergebnissen zurückhalte, gelte ich wohl als jemand, der, wie die Qualität des Anzugstoffes beweist, zwar wohlhabend ist, dessen Lebensgefühl aber tief in den Grundsätzen der Demokratie wurzelt. Das Air der Rechtschaffenheit umgibt mich, wie der gläserne Sarg Schneewittchen umgab.
Wenn ein überholender Lastwagen dem Fenster der Straßenbahn für einen Augenblick Hintergrund gibt, kontrolliere ich den Ausdruck meines Gesichts. Ist es nicht doch zu nachdenklich, fast schmerzlich? Beflissen korrigiere ich den Rest von Grübelei weg und versuche meinem Gesicht den Ausdruck zu geben, den es haben soll: weder zurückhaltend noch vertraulich, weder oberflächlich noch tief.
Mir scheint, meine Tarnung ist gelungen, denn wenn ich am Marienplatz aussteige, mich im Gewirr der Altstadt verliere, wo es angenehm altmodische Kontore, Notariatsbüros und diskrete Kanzleien genug gibt, ahnt niemand, daß ich durch einen Hintereingang das Gebäude der *Ubia* betrete, die sich

rühmen kann, dreihundertfünfzig Menschen Brot zu geben und das Leben von vierhunderttausend versichert zu haben. Der Pförtner empfängt mich am Lieferanteneingang, lächelt mir zu, ich schreite an ihm vorüber, steige in den Keller hinunter und nehme meine Tätigkeit auf, die beendet sein muß, wenn die Angestellten um 8.30 Uhr in die Büroräume strömen. Die Tätigkeit, die ich im Keller dieser honorigen Firma morgens zwischen 8.00 und 8.30 Uhr ausübe, dient ausschließlich der Vernichtung. Ich werfe weg.

Jahre habe ich damit verbracht, meinen Beruf zu erfinden, ihn kalkulatorisch plausibel zu machen; ich habe Abhandlungen geschrieben; graphische Darstellungen bedeckten — und bedecken noch — die Wände meiner Wohnung. Ich bin Abszissen entlang-, Ordinaten hinaufgeklettert, jahrelang. Ich schwelgte in Theorien und genoß den eisigen Rausch, den Formeln auslösen können. Doch seitdem ich meinen Beruf praktiziere, meine Theorien verwirklicht sehe, erfüllt mich jene Trauer, wie sie einen General erfüllen mag, der aus den Höhen der Strategie in die Niederungen der Taktik hinabsteigen mußte.

Ich betrete meinen Arbeitsraum, wechsele meinen Rock mit einem grauen Arbeitskittel und gehe unverzüglich an die Arbeit. Ich öffne die Säcke, die der Pförtner in den frühen Morgenstunden von der Hauptpost geholt hat, entleere sie in die beiden Holztröge, die, nach meinen Entwürfen angefertigt, rechts und links oberhalb meines Arbeitstisches an der Wand hängen. So brauche ich nur, fast wie ein Schwimmer, meine Hände auszustrecken und beginne, eilig die Post zu sortieren. Ich trenne zunächst die Drucksachen von den Briefen, eine reine Routinearbeit, da der Blick auf die Frankierung genügt. Die Kenntnis des Posttarifs erspart mir bei dieser Arbeit differenzierte Überlegungen. Geübt durch jahrelange Experimente, habe ich diese Arbeit innerhalb einer halben Stunde getan, es ist halb neun geworden: ich höre über meinem Kopf die Schritte der Angestellten, die in die Büroräume strömen. Ich klingele dem Pförtner, der die aussortierten Briefe in die einzelnen Abteilungen bringt. Immer wieder stimmt es mich traurig, den Pförtner in einem Blechkorb von der Größe eines Schulranzens wegtragen zu sehen, was vom Inhalt dreier Postsäcke übrigblieb. Ich könnte triumphieren; denn dies: die Rechtfertigung meiner Wegwerftheorie, ist jahrelang der Gegenstand meiner privaten Studien gewesen; doch merk-

würdigerweise triumphiere ich nicht. Recht behalten zu haben ist durchaus nicht immer ein Grund, glücklich zu sein.
Wenn der Pförtner gegangen ist, bleibt noch die Arbeit, den großen Berg von Drucksachen daraufhin zu untersuchen, ob sich nicht doch ein verkappter, falsch frankierter Brief, eine als Drucksache geschickte Rechnung darunter befindet. Fast immer ist diese Arbeit überflüssig, denn die Korrektheit im Postverkehr ist geradezu überwältigend. Hier muß ich gestehen, daß meine Berechnungen nicht stimmten: ich hatte die Zahl der Portobetrüger überschätzt.
Selten einmal ist eine Postkarte, ein Brief, eine als Drucksache geschickte Rechnung meiner Aufmerksamkeit entgangen; gegen halb zehn klingele ich dem Pförtner, der die restlichen Objekte meines aufmerksamen Forschens in die Abteilungen bringt.
Nun ist der Zeitpunkt gekommen, wo ich einer Stärkung bedarf. Die Frau des Pförtners bringt mir meinen Kaffee, ich nehme mein Brot aus der flachen Aluminiumdose, frühstücke und plaudere mit der Frau des Pförtners über ihre Kinder. Ist Alfred inzwischen im Rechnen etwas besser geworden? Hat Gertrud die Lücken im Rechtschreiben ausfüllen können? Alfred hat sich im Rechnen nicht gebessert, während Gertrud die Lücken im Rechtschreiben ausfüllen konnte. Sind die Tomaten ordentlich reif geworden, die Kaninchen fett, und ist das Experiment mit den Melonen geglückt? Die Tomaten sind nicht ordentlich reif geworden, die Kaninchen aber fett, während das Experiment mit den Melonen noch unentschieden steht. Ernste Probleme, ob man Kartoffeln einkellern soll oder nicht, erzieherische Fragen, ob man seine Kinder aufklären oder sich von ihnen aufklären lassen soll, unterziehen wir leidenschaftlicher Betrachtung.
Gegen elf verläßt mich die Pförtnersfrau; meistens bittet sie mich, ihr einige Reiseprospekte zu überlassen; sie sammelt sie, und ich lächle über die Leidenschaft, denn ich habe den Reiseprospekten eine sentimentale Erinnerung bewahrt; als Kind sammelte auch ich Reiseprospekte, die ich aus meines Vaters Papierkorb fischte. Früh schon beunruhigte mich die Tatsache, daß mein Vater Briefschaften, die er gerade vom Postboten entgegengenommen hatte, ohne sie anzuschauen in den Papierkorb warf. Dieser Vorgang verletzte den mir angeborenen Hang zur Ökonomie: da war etwas entworfen,

aufgesetzt, gedruckt, war in einen Umschlag gesteckt, frankiert worden, hatte die geheimnisvollen Kanäle passiert, durch die die Post unsere Briefschaften tatsächlich an unsere Adresse gelangen läßt; es war mit dem Schweiß des Zeichners, des Schreibers, des Druckers, des frankierenden Lehrlings befrachtet; es hatte — auf verschiedenen Ebenen und in verschiedenen Tarifen — Geld gekostet; alles dies nur, auf daß es, ohne auch nur eines Blickes gewürdig zu werden, in einem Papierkorb ende?

Ich machte mir als Elfjähriger schon zur Gewohnheit, das Weggeworfene, sobald mein Vater ins Amt gegangen war, aus dem Papierkorb zu nehmen, es zu betrachten, zu sortieren, es in einer Truhe, die mir als Spielzeugkiste diente, aufzubewahren. So war ich schon als Zwölfjähriger im Besitz einer stattlichen Sammlung von Rieslingangeboten, besaß Kataloge für Kunsthonig und Kunstgeschichte, meine Sammlung an Reiseprospekten wuchs sich in einer geographischen Enzyklopädie aus; Dalmatien war mir so vertraut wie die Fjorde Norwegens, Schottland mir so nahe wie Zakopane, die böhmischen Wälder beruhigten mich, wie die Wogen des Atlantiks mich beunruhigten; Scharniere wurden mir angeboten, Eigenheime und Knöpfe, Parteien baten um meine Stimme, Stiftungen um mein Geld; Lotterien versprachen mir Reichtum, Sekten mir Armut. Ich überlasse es der Phantasie des Lesers, sich auszumalen, wie meine Sammlung aussah, als ich siebzehn Jahre alt war und sie in einem Anfall plötzlicher Lustlosigkeit einem Altwarenhändler anbot, der mir sieben Mark und sechzig Pfennig dafür zahlte.

Der mittleren Reife inzwischen teilhaftig, trat ich in die Fußtapfen meines Vaters und setzte meinen Fuß auf die erste Stufe jener Leiter, die in den Verwaltungsdienst hinaufführt.

Für die sieben Mark und sechzig Pfennig kaufte ich mir einen Stoß Millimeterpapier und drei Buntstifte. Mein Versuch, in der Verwaltungslaufbahn Fuß zu fassen, wurde ein schmerzlicher Umweg, da ein glücklicher Wegwerfer in mir schlummerte, während ich einen unglücklichen Verwaltungslehrling abgab. Meine ganze Freizeit gehörte umständlichen Rechnereien. Stoppuhr, Bleistift, Rechenschieber, Millimeterpapier blieben die Requisiten meines Wahns; ich rechnete aus, wieviel Zeit es erforderte, eine Drucksache kleinen, mittleren, großen Umfangs, bebildert, unbebildert, zu öffnen, flüchtig zu betrachten, sich von ihrer Nutzlosigkeit zu überzeugen, sie dann in den Papierkorb zu werfen; ein Vorgang, der minimal fünf Sekunden Zeit beansprucht, maximal fünfundzwanzig; übt die Drucksache Reiz aus, in Text und Bildern, können Minuten, oft Viertelstunden angesetzt werden. Auch für die Herstellung der Drucksachen errechnete ich, indem ich mit Druckereien Scheinverhandlungen führte, die minimalen Herstellungskosten. Unermüdlich prüfte ich die Ergebnisse meiner Studien nach, verbesserte sie (erst nach zwei Jahren etwa fiel mir ein, daß auch die Zeit der Reinigungsfrauen, die Papierkörbe zu leeren haben, in meine Berechnungen einzubeziehen sei); ich wandte die Ergebnisse meiner Forschungen auf Betriebe an, in denen zehn, zwanzig, hundert oder mehr Angestellte beschäftigt sind, und kam zu Ergebnissen, die ein Wirtschaftsexperte ohne Zögern als alarmierend bezeichnet hätte.

Einem Drang zur Loyalität folgend, bot ich meine Erkenntnisse zuerst meiner Behörde an; doch hatte ich auch mit Undank gerechnet, so erschreckte mich doch das Ausmaß des Undanks; ich wurde der Nachlässigkeit im Dienst bezichtigt, des Nihilismus verdächtigt, für geisteskrank erklärt und entlassen; ich gab, zum Kummer meiner guten Eltern, die verheißungsvolle Laufbahn preis, fing neue an, brach auch diese ab, verließ die Wärme des elterlichen Herds und aß — wie ich schon sagte — das Brot des verkannten Genies. Ich genoß die Demütigung des vergeblichen Hausierens mit meiner Erfindung, verbrachte vier Jahre im seligen Zustand der Asozialität, so konsequent, daß meine Lochkarte in der Zentralkartei, nachdem sie mit dem Merkmal für geisteskrank längst gelocht war, das Geheimzeichen für asozial eingestanzt bekam.

Angesichts solcher Umstände wird jeder begreifen, wie erschrocken ich war, als endlich jemandem — dem Direktor der *Ubia* — das Einleuchtende meiner Überlegungen einleuchtete; wie tief traf mich die Demütigung, eine grüngetönte Krawatte zu tragen, doch muß ich weiter in Verkleidung einhergehen, da ich vor Entdeckung zittere. Ängstlich versuche ich, meinem Gesicht, wenn ich den Schlieffen-Witz belache, den richtigen Ausdruck zu geben, denn keine Eitelkeit ist größer als die der Witzbolde, die morgens die Straßenbahn bevölkern. Manchmal auch fürchte ich, daß die Bahn voller Menschen ist, die am

Vortag eine Arbeit geleistet haben, die ich am Morgen noch vernichten werde: Drucker, Setzer, Zeichner, Schriftsteller, die sich als Werbetexter betätigen, Graphiker, Einlegerinnen, Packerinnen, Lehrling der verschiedensten Branchen; von acht bis halb neun Uhr morgens vernichte ich doch rücksichtlos die Erzeugnisse ehrbarer Papierfabriken, würdiger Druckereien, graphischer Genies, die Texte begabter Schriftsteller; Lackpapier, Glanzpapier, Kupfertiefdruck, alles bündele ich ohne die geringste Sentimentalität, so, wie es aus dem Postsack kommt, für den Altpapierhändler zu handlichen Paketen zurecht. Ich vernichte innerhalb einer Stunde das Ergebnis von zweihundert Arbeitsstunden, erspare der *Ubia* weitere hundert Stunden, so daß ich insgesamt (hier muß ich in meinen eigenen Jargon verfallen) ein Konzentrat von 1 : 300 erreiche. Wenn die Pförtnersfrau mit der leeren Kaffeekanne und den Reiseprospekten gegangen ist, mache ich Feierabend. Ich wasche meine Hände, wechsle meinen Kittel mit dem Rock, nehme die Morgenzeitung, verlasse durch den Hintereingang das Gebäude der *Ubia*. Ich schlendere durch die Stadt und denke darüber nach, wie ich der Taktik entfliehen und in die Strategie zurückkehren könnte. Was mich als Formel berauschte, enttäuscht mich, da es sich als so leicht ausführbar erweist. Umgesetzte Strategie kann von Handlangern getan werden. Wahrscheinlich werde ich Wegwerferschulen einrichten. Vielleicht auch werde ich versuchen, Wegwerfer in die Postämter zu setzen, möglicherweise in die Druckereien; man könnte gewaltige Energien, Werte und Intelligenzen nutzen, könnte Porto sparen, vielleicht gar so weit kommen, daß Prospekte zwar noch erdacht, gezeichnet, aufgesetzt, aber nicht mehr gedruckt werden. Alle diese Probleme bedürfen noch des gründlichen Studiums.

Doch die reine Postwegwerferei interessiert mich kaum noch; was daran noch gebessert werden kann, ergibt sich aus der Grundformel. Längst schon bin ich mit Berechnungen beschäftigt, die sich auf das Einwickelpapier und die Verpakkung beziehen; hier ist noch Brachland, nichts ist bisher geschehen; hier gilt es noch, der Menschheit jene nutzlosen Mühen zu ersparen, unter denen sie stöhnt. Täglich werden Milliarden Wegwerfbewegungen gemacht, werden Energien verschwendet, die, könnte man sie nutzen, ausreichen würden, das Antlitz der Erde zu verändern. Wichtig wäre es, in Kauf-

häusern zu Experimenten zugelassen zu werden; ob man auf die Verpackung verzichten oder gleich neben dem Packtisch einen geübten Wegwerfer postieren soll, der das eben Eingepackte wieder auspackt und das Einwickelpapier sofort für den Altpapierhändler zurechtbündelt? Das sind Probleme, die erwogen sein wollen. Es fiel mir jedenfalls auf, daß in vielen Geschäften die Kunden flehend darum bitten, den gekauften Gegenstand nicht einzupacken, daß sie aber gezwungen werden, ihn verpacken zu lassen. In den Nervenkliniken häufen sich die Fälle von Patienten, die beim Auspacken einer Flasche Parfüm, einer Dose Pralinen, beim Öffnen einer Zigarettenschachtel einen Anfall bekamen, und ich studiere jetzt eingehend den Fall eines jungen Mannes aus meiner Nachbarschaft, der das bittere Brot des Buchrezensenten aß, zeitweise aber seinen Beruf nicht ausüben konnte, weil es ihm unmöglich war, den geflochtenen Draht zu lösen, mit dem die Päckchen umwickelt waren, und der, selbst wenn ihm diese Kraftanstrengung gelänge, nicht die massive Schicht gummierten Papiers zu durchdringen vermöchte, mit der die Wellpappe zusammengeklebt ist. Der junge Mann macht einen verstörten Eindruck und ist dazu übergegangen, die Bücher ungelesen zu besprechen und die Päckchen, ohne sie auszupacken, in sein Bücherregal zu stellen. Ich überlasse es der Phantasie des Lesers, sich auszumalen, welche Folgen für unser geistiges Leben dieser Fall haben könnte.
Wenn ich zwischen elf und eins durch die Stadt spaziere, nehme ich vielerlei Einzelheiten zur Kenntnis; unauffällig verweile ich in den Kaufhäusern, streiche um die Packtische herum; ich bleibe vor Tabakläden und Apotheken stehen, nehme kleine Statistiken auf; hin und wieder kaufe ich auch etwas, um die Prozedur der Sinnlosigkeit an mir selber vollziehen zu lassen und herauszufinden, wieviel Mühe es braucht, den Gegenstand, den man zu besitzen wünscht, wirklich in die Hand zu bekommen.
So vollende ich zwischen elf und eins in meinem tadellosen Anzug das Bild eines Mannes, der wohlhabend genug ist, sich ein wenig Müßiggang zu leisten; der gegen eins in ein gepflegtes kleines Restaurant geht, sich zerstreut das beste Menü aussucht und auf dem Bierdeckel Notizen macht, die sowohl Börsenkurse wie lyrische Versuche sein können; der die Qualität des Fleisches mit Argumenten zu loben oder zu tadeln

weiß, die dem gewiegtesten Kellner den Kenner verraten, und bei der Wahl des Nachtisches raffiniert zögert, ob er Käse, Kuchen oder Eis nehmen soll, und seine Notizen mit jenem Schwung abschließt, der beweist, daß es doch Börsenkurse waren, die er notierte. Erschrocken über das Ergebnis meiner Berechnungen, verlasse ich das kleine Restaurant. Mein Gesicht wird immer nachdenklicher, während ich auf der Suche nach einem kleinen Café bin, wo ich die Zeit bis drei verbringen und die Abendzeitung lesen kann. Um drei betrete ich wieder durch den Hintereingang das Gebäude der *Ubia*, um die Nachmittagspost zu erledigen, die fast ausschließlich aus Drucksachen besteht. Es erfordert kaum eine Viertelstunde Arbeitszeit, die zehn oder zwölf Briefe herauszusuchen; ich brauche mir danach nicht einmal die Hände zu waschen, ich klopfe sie nur ab, bringe dem Pförtner die Briefe, verlasse das Haus, besteige am Marienplatz die Straßenbahn, froh darüber, daß ich auf der Heimfahrt nicht über den Schlieffen-Witz zu lachen brauche. Wenn die dunkle Plane eines vorüberfahrenden Lastwagens dem Fenster der Straßenbahn Hintergrund gibt, sehe ich mein Gesicht; es ist entspannt, das bedeutet: nachdenklich, fast grüblerisch, und ich genieße den Vorteil, daß ich kein anderes Gesicht aufzusetzen brauche, denn keiner der morgendlichen Mitfahrer hat um diese Zeit schon Feierabend. An der Roonstraße steige ich aus, kaufe ein paar frische Brötchen, ein Stück Käse oder Wurst, gemahlenen Kaffee und gehe in meine kleine Wohnung hinauf, deren Wände mit graphischen Darstellungen, mit erregten Kurven bedeckt sind, zwischen Abszisse und Ordinate fange ich die Linien eines Fiebers ein, das immer höher steigt: keine einzige meiner Kurven senkt sich, keine einzige meiner Formeln verschafft mir Beruhigung. Unter der Last meiner ökonomischen Phantasie stöhnend, lege ich, während noch das Kaffeewasser brodelt, meinen Rechenschieber, meine Notizen, Bleistift und Papier zurecht.

Die Einrichtung meiner Wohnung ist karg, sie gleicht eher der eines Laboratoriums. Ich trinke meinen Kaffee im Stehen, esse rasch ein belegtes Brot, längst nicht mehr bin ich der Genießer, der ich mittags noch gewesen bin. Händewaschen, eine Zigarette angezündet, dann setze ich meine Stoppuhr in Gang und packe das Nervenstärkungsmittel aus, das ich am Vormittag beim Bummel durch die Stadt gekauft habe:

äußeres Einwickelpapier, Zellophanhülle, Packung, inneres Einwickelpapier, die mit einem Gummiring befestigte Gebrauchsanweisung: siebenunddreißig Sekunden. Mein Nervenverschleiß beim Auspacken ist größer als die Nervenkraft, die das Mittel mir zu spenden vermöchte, doch mag dies subjektive Gründe haben, die ich nicht in meine Berechnungen einbeziehen will. Sicher ist, daß die Verpackung einen größeren Wert darstellt als der Inhalt und daß der Preis für die fünfundzwanzig gelblichen Pillen in keinem Verhältnis zu ihrem Wert steht. Doch sind dies Erwägungen, die ins Moralische gehen könnten, und ich möchte mich grundsätzlich der Moral enthalten. Meine Spekulationsebene ist die reine Ökonomie. Zahlreiche Objekte warten darauf, von mir ausgepackt zu werden, viele Zettel harren der Auswertung; grüne, rote, blaue Tusche, alles steht bereit. Es wird meistens spät, bis ich ins Bett komme, und wenn ich einschlafe, verfolgen mich meine Formeln, rollen ganze Welten nutzlosen Papiers über mich hin; manche Formeln explodieren wie Dynamit, das Geräusch der Explosion klingt wie ein großes Lachen. Es ist mein eigenes, das Lachen über den Schlieffen-Witz, das meiner Angst vor dem Verwaltungsbeamten entspringt. Vielleicht hat er Zutritt zur Lochkartenkartei, hat meine Karte herausgesucht, festgestellt, daß sie nicht nur das Merkmal für geisteskrank, sondern auch das zweite, gefährlichere für asozial enthält. Nichts ist ja schwerer zu stopfen als solch ein winziges Loch in einer Lochkarte; möglicherweise ist mein Lachen über den Schlieffen-Witz der Preis für meine Anonymität. Ich würde nicht gern mündlich bekennen, was mir schriftlich leichter fällt: daß ich Wegwerfer bin.

Ein Pfirsichbaum in seinem Garten stand

Besondere Umstände zwingen mich, ein Geheimnis preiszugeben, das ich bis ans Ende meines Lebens hatte hüten wollen: Ich bin Mitglied eines Vereins, besser gesagt eines Geheimbundes, obwohl ich geschworen hatte, niemals einer solchen Institution beizutreten. Es ist mir sehr peinlich, aber sowohl die Not der heranwachsenden Jugend wie der tödliche Ernst, mit dem mein Nachbar seine Pfirsiche bewacht, veranlassen mich zu diesem Geständnis, das ich nur errötend vorbringe. Ich bin Ribbeckianer — und den Statuten unseres Vereins gemäß nehme ich Tinte, Feder und Papier, schlage mein altes Schullesebuch auf und fange an zu schreiben: Herr von Ribbeck auf Ribbeck im Havelland, ein Birnbaum in seinem Garten stand ... Es ist wohltuend, einmal mit der Hand zu schreiben, es fördert die Geduld, zwingt mich, das Gedicht langsam und genau durchzulesen, und dieses wiederum zwingt mich zum Lächeln, und es schadet durchaus nichts, hin und wieder zu lächeln.
Langsam also schreibe ich die Ballade ab und knalle den Stempel darunter, den wir — die Mitglieder des Bundes der Ribbeckianer — uns anzuschaffen verpflichtet sind: „Treten Sie unserem Verein bei! Wir verpflichten Sie zu nichts. Sie haben nur das beiliegende Gedicht zehnmal abzuschreiben und an Leute zu verschicken, die Obstbäume besitzen. Sie dürfen sich dann Ribbeckianer nennen, eine Auszeichnung, die Sie hoffentlich zu würdigen wissen."
Ich schreibe die Adresse meines Nachbarn auf einen Briefumschlag, klebe Porto drauf und begebe mich zum Briefkasten. Aber der Briefkasten hängt genau am Gartenzaun dieses Nachbarn, und wie ich das gelbe Maul des Briefkastens aufklappe, sehe ich ihn dort stehen, meinen Nachbarn, auf einer Leiter, mit ausgestrecktem Zeigefinger, Pfirsich um Pfirsich betupfend. Kein Zweifel, er zählt sie! Am anderen Morgen stehen wir nebeneinander, mein Nachbar und ich, und warten auf den Briefträger, diesen viel zu schlecht bezahlten Cherub, den nicht einmal die offenbaren Plattfüße seines Charmes berauben können.

Mir erscheint der Nachbar noch gelber im Gesicht, seine Lippen zittern, und die roten Äderchen in seinen Augen lassen auf eine schlaflose Nacht schließen.

„Es ist unbeschreiblich", sagt er zu mir, „wie der Verfall der Sitten zunimmt. Die heutige Jugend: nur Diebe und Räuber. Was soll das werden?"

„Es wird eine Katastrophe geben."

„Nicht wahr, Sie finden es auch?"

„Natürlich, das kann ja gar nicht gut gehen. Wir treiben unweigerlich dem Abgrund zu. Diese Verwahrlosung, diese Genußsucht."

„Keine Achtung vor dem Gut fremder Menschen! Man müßte ... aber die Polizei weigert sich einzugreifen. Stellen Sie sich vor. Gestern abend hatte ich noch einhundertfünfunddreißig Pfirsiche auf dem Baum — und heute morgen — raten Sie?

„Hundertzweiunddreißig?"

„Sie Optimist — hundertdreißig. Fünf reife Pfirsiche! Stellen Sie sich vor. Mir graut's."

„Sack und Asche — es wird uns nichts anderes übrigbleiben. Die guten Sitten sind hinüber. Es kommen Zeiten herauf..."

Aber der herannahende Briefträger enthebt mich der Verpflichtung, den Satz zu beenden. Der Brief, den ich gestern in den Kasten geworfen habe, beendet seinen Kreislauf und gelangt über den Briefkastenleerer, den Sortierer und Briefträger in die Hände meines Nachbarn.

Für mich war keine Post da. Wer wird mir schon schreiben? Bin ich doch nicht einmal ein aktiver, sondern nur ein passiver Ribbeckianer, denn ich besitze keine Obstbäume, nicht einmal einen Johannisbeerstrauch, und der einzige, der meinen Namen kennt, ist der Kolonialwarenhändler an der Ecke, der mir nur zögernd Kredit gewährt, betrübten Auges Konsumbrot, Margarine und Feinschnitt in meiner Tasche verschwinden sieht und mir beharrlich einen Kredit auf richtige Zigaretten und Rotwein verweigert. Aber es wird Zeit, das Gesicht meines Nachbarn zu beobachten: er hat den Brief geöffnet, die Brille aufgesetzt und stirnrunzelnd zu lesen begonnen: er liest, liest, und ich wundere mich, wie lang diese Ballade ist. Vergebens warte ich auf das Lächeln in seinem Gesicht: nichts, es kommt nichts. Offenbar ein Mensch, der weder literarisch ansprechbar ist noch Humor hat. Er setzt seine Brille ab, als habe er irgendeine belanglose Drucksache gelesen, faltet den Brief, öffnet ihn wieder, langt ihn über den Zaun zu mir und sagt:

„Hören Sie, Sie sind doch ... na ... was war es denn noch?"

„Schriftsteller", sage ich.

„Natürlich. Sehen Sie doch mal, was ist denn das?"

Ich erschrak ein wenig, als ich so plötzlich meine eigene Handschrift sah. Vielleicht, denke ich, ist er ein Mensch, der nur akustisch zu erreichen ist, den Reizen des Visuellen verschlossen. Und ich beginne laut zu lesen: „Herr von Ribbeck auf Ribbeck im Havelland, ein Birnbaum in seinem Garten stand ..."

„Ach, ich weiß schon, was drin steht!"

„Haben Sie auch den Stempel unten gesehen? Es ist ein Stempel drunter: Treten Sie unserem Verein bei ..."

„Ich weiß, ich weiß", sagt er ungeduldig, und das Gelb in seinem Gesicht wird um einen Ton dunkler, „aber das ist doch sinnlos, mir so etwas zu schicken, wo ich nur den Pfirsichbaum habe. Es ist doch was mit Birnen. Womit die Leute ihre Zeit verschwenden!"

Grußlos schlurfte er nach hinten auf seinen Beobachtungsposten, von wo er seine Pfirsiche bewacht.

Ach so, dachte ich, und ich faltete meinen Bogen zusammen, und ich überlege nun, ob ich um eine Änderung der Statuten unseres Vereins ersuchen soll. Allerdings würde die Ballade ihre Melodie verlieren, denn es gibt nur wenige einsilbige Früchte.

Der Bahnhof von Zimpren

Für die Bahnbeamten des Verwaltungsbezirks Wöhnisch ist der Bahnhof von Zimpren längst zum Inbegriff des Schreckens geworden.
Ist jemand nachlässig im Dienst oder macht sich auf andere Weise bei seinen Vorgesetzten unbeliebt, so flüstert man sich zu: „Der, wenn der so weitermacht, wird noch nach Zimpren versetzt." Und doch ist vor zwei Jahren noch eine Versetzung nach Zimpren der Traum aller Bahnbeamten des Verwaltungsbezirks Wöhnisch gewesen.
Als man nahe bei Zimpren erfolgreiche Erdölbohrungen vornahm, das flüssige Gold in meterdicken Strahlen aus der Erde quoll, stiegen die Grundstückspreise zunächst aufs Zehnfache. Doch warteten die klugen Bauern, bis der Preis, da auch nach vier Monaten noch das flüssige Gold in meterdicken Strahlen der Erde entströmte, aufs Hundertfache gestiegen war. Danach zog der Preis nicht mehr an, denn die Strahlen wurden dünner, achtzig, dreiundsechzig, schließlich vierzig Zentimeter dick; bei dieser Dicke blieb es ein halbes Jahr lang, und die Grundstückspreise, die erst aufs Fünfzigfache des Originalpreises gefallen waren, stiegen wieder aufs Neunundsechzigfache. Die Aktien der *Sub Terra Spes* wurden nach vielen Schwankungen endlich stabil.
Nur eine einzige Person in Zimpren hatte diesem unverhofften Segen widerstanden: die sechzigjährige Witwe Klipp, die mit ihrem schwachsinnigen Knecht Goswin weiterhin ihr Land bebaute, während um ihre Felder herum Kolonien von Wellblechbaracken, Verkaufsbuden, Kinos entstanden, Arbeiterkinder in öligen Pfützen ‚Prospektor' spielten. Bald erschienen in soziologischen Fachzeitschriften die ersten Studien über das Phänomen Zimpren, gescheite Arbeiten, geschickte Analysen, die in den entsprechenden Kreisen entsprechendes Aufsehen erregten. Es wurde auch ein Reportage-Roman ‚Himmel und Hölle von Zimpren' geschrieben, ein Film gedreht, und eine junge Adlige veröffentlichte in einer illustrierten Zeitung ihre höchst dezenten Memoiren ‚Als Straßenmädchen in Zimpren'.

Die Bevölkerungszahl von Zimpren stieg innerhalb von zwei Jahren von dreihundertsiebenundachtzig auf sechsundfünfzigtausendachthundertneunzehn.
Die Bahnverwaltung hatte sich rasch auf den neuen Segen eingestellt: ein großes, modernes Bahnhofsgebäude mit großem Wartesaal, Benzinbad, Aktualitätenkino, Buchhandlung, Speisesaal und Güterabfertigung wurde mit einer Geschwindigkeit errichtet, die der fälschlicherweise für sprichwörtlich gehaltenen Langsamkeit der Bahnverwaltung offensichtlich widersprach. Der Chef des Verwaltungsbezirks Wöhnisch gab eine Parole heraus, die noch lange in aller Munde blieb: ‚Die Zukunft unseres Bezirks liegt in Zimpren.' Verdiente Beamte, deren Beförderung bisher am Planstellenmangel gescheitert war, wurden nun rasch befördert, nach Zimpren versetzt, und auf diese Weise sammelten sich in Zimpren die besten Kräfte des Bezirks. Zimpren wurde in einer rasch einberufenen außerordentlichen Sitzung der Fahrplankommission zur D-Zug-Station erhoben. Die Entwicklung gab zunächst diesem Eifer recht; immer noch strömten zahlreiche Arbeitsuchende nach Zimpren und standen begierig vor den Personalbüros Schlange.
In den Kneipen, die sich in Zimpren auftaten, wurden die gute Witwe Klipp und ihr Knecht Goswin zu beliebten Gestalten; als folkloristischer Überrest, Repräsentanten der Urbevölkerung, gaben beide überraschende Beweise ihrer Trinkfestigkeit und einer Neigung zu Sprüchen, die den Zugewanderten bald schon eine stete Quelle der Heiterkeit wurden. Gern spendeten sie Flora Klipp einige Glas Starkbier, um sie sagen zu hören: „Trauet der Erde nimmer, nimmer traut ihr denn einhundertacht Zentimeter tief"; und Goswin wiederholte nach zwei, drei Schnäpsen, sooft es verlangt wurde, den Spruch, den die meisten seiner Zuhörer schon aus den Bekenntnissen der jungen Adligen kannten, die sich — zu Unrecht übrigens — auch intimer Beziehungen zu Goswin gerühmt hatte; wer Goswin ansprach, bekam zu hören: „Ihr werdet's ja sehen, sehen werdet ihr's."
Inzwischen gedieh Zimpren unaufhaltsam; was ein ungeordnetes Gemeinwesen aus Baracken, Wellblechbuden, fragwürdigen Kneipen gewesen war, wurde eine wohlgeordnete kleine Stadt, die sogar einmal einen Kongreß von Städtebauern beherbergte. Die *Sub Terra Spes* hatte es längst aufgegeben, der

Witwe Klipp ihre Felder abzuschwatzen, die recht günstig in der Nähe des Bahnhofs gelegen waren und auf eine schlimme Weise zunächst die Entwicklung zu hindern schienen, später aber von klugen Architekten als ‚äußerst rares Dekorum' städtebaulich eingeplant und gepriesen wurden; so wuchsen Kohlköpfe, Kartoffeln und Rüben genau an der Stelle, wo die *Sub Terra Spes* so gerne ihr Hauptverwaltungsgebäude und ein Schwimmbad für Ingenieure der gehobenen Laufbahn errichtet hätte.

Flora Klipp blieb unerbittlich, und Goswin wiederholte unerbittlich, wie die Respons einer Litanei, seinen Spruch: „Ihr werdet's ja sehen, sehen werdet ihr's." Mit dem ihm eigenen Fleiß und mit Zärtlichkeit dünnte er weiterhin Rüben aus, pflanzte Kartoffeln in schnurgerader Reihe und beklagte in unartikulierten Lauten den öligen Ruß, der das Blattgrün verunzierte.

Es klang wie ein Gerücht, wurde auch wie ein solches geflüstert: daß die Erdölstrahlen dünner geworden seien; nicht vierzig Zentimeter seien sie mehr dick, sondern — so raunte man sich zu — sechsunddreißig; tatsächlich waren sie nur noch achtundzwanzig Zentimeter dick, und als man offiziell noch ihre Dicke mit vierunddreißig Zentimetern angab, betrug sie nur noch neunzehn. Die halbamtliche Lüge wurde so weit getrieben, daß man schließlich, als nichts, gar nichts mehr der geduldigen Erde entströmte, noch verkünden ließ, der Strahl sei noch fünfzehn Zentimeter dick. So ließ man das Öl, als es schon vierzehn Tage lang überhaupt nicht mehr strömte, offiziell weiterströmen; in nächtlicher Heimlichkeit wurde aus entfernt gelegenen Bohrzentren der *Sub Terra Spes* in Tankwagen Öl herangebracht, das man der ahnungslosen Bahnverwaltung als Zimprensches Öl zur Verladung übergab. Doch setzte man in den offiziellen Produktionsberichten die Dicke des Strahls langsam herab: von fünfzehn auf zwölf, von zwölf auf sieben — und dann mit einem kühnen Sprung auf Null, wobei man das Versiegen als vorläufig bezeichnete, obwohl alle Eingeweihten wußten, daß es endgültig war.

Für den Bahnhof von Zimpren wurde gerade diese Zeit zu einer Blütezeit; wenn auch weniger Tankzüge mit Öl den Bahnhof verließen, so strömten die Arbeitsuchenden gerade jetzt mit einer Heftigkeit nach, die man der Geschicklichkeit des Pressechefs der *Sub Terra Spes* zuschreiben muß; gleich-

zeitig aber strebten schon die Entlassenen von Zimpren weg, und selbst jene, die beim Abbau der Anlagen noch ganz gut für ein Jahr hätten ihr Brot verdienen können, kündigten, von den Gerüchten beunruhigt, und so erlebten die Billettschalter und die Gepäckaufbewahrung einen solchen Andrang, daß der verzweifelte Bahnhofsvorsteher, der seine besten Beamten kurz vor dem Zusammenbruch sah, Verstärkung anforderte. Es wurde eine außerordentliche Sitzung des Verwaltungsrates anberaumt und rasch eine neue — die fünfzehnte — Planstelle für Zimpren bewilligt. Es soll — wenn man dem Geflüster der Leute glauben darf — auf dieser außerordentlichen Sitzung heiß hergegangen sein; viele Mitglieder des Verwaltungsrates waren gegen die Bewilligung einer neuen Planstelle, doch der Chef des Verwaltungsbezirks Wöhnisch soll gesagt haben: „Es ist unsere Pflicht, dem unberechtigten pessimistischen Gemurmel der Malle eine optimistische Geste entgegenzusetzen.“
Auch der Büfettier der Bahnhofsgaststätte in Zimpren erlebte einen Andrang, der dem am Fahrkartenschalter entsprach: die Entlassenen mußten ihre Verzweiflung, die Zuströmenden ihre Hoffnung begießen, bis schließlich, da sich beim Bier die Zungen rasch lösten, allabendlich eine beide Gruppen verbindende verzweifelte Sauferei stattfand. Bei diesen Saufereien stellte sich heraus, daß der schwachsinnige Goswin durchaus imstande war, seine Respons aus dem Futur ins Präsens zu transponieren, denn er sagte jetzt: „Nun seht ihr's, seht ihr's nun?“
Verzweifelt versuchte das gesamte höhere technische Personal der *Sub Terra Spes*, das Öl wieder zum Strömen zu bringen. Ein wettergebräunter, verwegen aussehender Mensch in cowboyartigem Gewand wurde aus fernen Gefilden per Flugzeug herangeholt; tagelang erschütterten gewaltige Sprengungen Erde und Menschen, doch auch dem Wettergebräunten gelang es nicht, auch nur einen einzigen Strahl von einem Millimeter Dicke aus der dunklen Erde zu locken. Von einem ihrer Äcker her, wo sie gerade Mohrrüben auszog, beobachtete Flora Klipp stundenlang einen sehr jungen Ingenieur, der verzweifelt einen Pumpenschwengel drehte; schließlich stieg sie über den Zaun, packte den jungen Mann an der Schulter, und da sie ihn weinen sah, nahm sie ihn an die Brust und sagte beschwichtigend: „Mein Gott, Junge, 'ne Kuh, die keine Milch mehr gibt, gibt

nun mal keine Milch mehr.“
Da das Versiegen der Quellen so offensichtlich den Prognosen widersprach, wurde den immer düsterer klingenden Gerüchten als Würze eine Vokabel beigestreut, die die Gehirne ablenken sollte: Sabotage. Man scheute nicht davor zurück, Goswin zu verhaften, zu verhören, und obwohl man ihn mangels Beweises freisprechen mußte, so wurde doch eine Einzelheit aus seinem Vorleben bekanntgegeben, die manches Kopfschütteln verursachte: Er hatte in seiner Jugend zwei Jahre in einem Häuserblock gewohnt, in dem auch ein kommunistischer Straßenbahner gewohnt hatte. Nicht einmal die gute Flora Klipp wurde vom Mißtrauen verschont; es fand eine Haussuchung bei ihr statt, doch wurde nichts Belastendes gefunden außer einem roten Strumpfband, für dessen Existenz Flora Klipp einen Grund angab, der die Kommission nicht ganz überzeugte; sie sagte, sie habe in ihrer Jugend eben gern rote Strumpfbänder getragen.
Die Aktien der *Sub Terra Spes* wurden so wohlfeil wie fallende Blätter im Herbst, und man gab als Grund für die Aufgabe des Unternehmens Zimpren bekannt: politische Ursachen, die bekanntzugeben dem Staatswohl widerspreche, zwängen sie, das Feld zu räumen.
Zimpren verödete rasch; Bohrtürme wurden abmontiert, Baracken versteigert, der Grundstückspreis fiel auf die Hälfte seines ursprünglichen Wertes, doch hatte nicht ein einziger Bauer Mut, sich auf dieser schmutzigen, zertrampelten Erde zu versuchen. Die Wohnblocks wurden auf Abbruch verkauft, Kanalisationsröhren aus der Erde gerissen. Ein ganzes Jahr lang war Zimpren das Dorado der Schrott- und Altwarenhändler, die nicht einmal die Güterabfertigung der Bahn frequentierten, da sie ihre Beute auf alten Lastwagen abtransportierten. Spinde und Spitaleinrichtungen, Biergläser, Schreibtische und Straßenbahnschienen wurden auf diese Weise aus Zimpren wieder weggeschleppt.
Lange Zeit hindurch bekam der Chef des Verwaltungsbezirks Wöhnisch täglich eine anonyme Postkarte mit dem Text: ‚Die Zukunft unseres Bezirks liegt in Zimpren.‘ Alle Versuche, den Absender ausfindig zu machen, blieben erfolglos. Noch ein halbes Jahr lang blieb Zimpren, da es in den internationalen Fahrplänen als solche verzeichnet war, D-Zug-Station. So hielten hitzig daherbrausende Fernzüge auf diesem nagelneuen

Bahnhof mittlerer Größe, wo niemand ein- noch ausstieg; und gar mancher Reisende, der sich gähnend aus dem Fenster lehnte, fragte sich, was sich so mancher Reisende auf mancher Station fragt: ‚Wozu halten wir denn hier?‘ Und sah er richtig: standen Tränen in den Augen dieses intelligent aussehenden Bahnbeamten, der mit schmerzlich zuckender Hand den Winklöffel hochhielt, um den Zug zu verabschieden?
Der Reisende sah richtig: Bahnhofsvorsteher Weinert weinte wirklich; er, der sich seinerzeit von Hulkihn, einer Eilzugstation ohne Zukunft, nach Zimpren hatte versetzen lassen; er sah hier seine Intelligenz, sah seine Erfahrung, seine administrative Begabung verschwendet. Und noch eine Person machte dem gähnenden Reisenden diese Station unvergeßlich: jener zerlumpte Kerl, der sich auf seine Rübenhacke stützte und dem Zug, der hinter der Schranke langsam anzog, nachbrüllte: „Nun seht ihr's ja, seht ihr's nun?“
Im Laufe zweier trübseliger Jahre bildete sich in Zimpren zwar wieder eine Gemeinde, eine kleine nur, denn die kluge Flora Klipp hatte, als der Grundstückspreis endlich auf ein Zehntel seines ursprünglichen Wertes gefallen war, fast ganz Zimpren aufgekauft, nachdem der Boden von Altwaren- und Schrotthändlern gründlich gesäubert worden war; doch auch Frau Klipps Spekulation erwies sich als voreilig, da es ihr nicht gelang, ausreichend Personal zur Bewirtschaftung des Bodens nach Zimpren zu locken.
Das einzige, das unverändert in Zimpren blieb, war der neue Bahnhof; für einen Ort mit hunderttausend Einwohnern berechnet, diente er nun siebenundachtzig. Groß ist der Bahnhof, modern, mit allem Komfort ausgestattet. Die Bezirksverwaltung hatte seinerzeit nicht gezögert, den üblichen Prozentsatz der Bausumme zur künstlerischen Verschönerung auszuwerfen; so ziert ein riesiges Fresko des genialen Hans Otto Winkler die fensterlose Nordfront des Gebäudes; das Fresko, zu dem die Bahnverwaltung das Motto ‚Der Mensch und das Rad‘ gestellt hat, ist in köstlichen graugrünen, schwarzen und organgefarbenen Tönen ausgeführt, es stellt eine Kulturgeschichte des Rades dar, doch der einzige Betrachter blieb, da die Bahnbeamten die Nordseite mieden, lange Zeit der schwachsinnige Goswin, der angesichts des Freskos sein Mittagbrot verzehrte, als er das Gelände, das ursprünglich die Laderampe der *Sub Terra Spes* bedeckte, für

die Kartoffelaussaat vorbereitete.
Als der neue Fahrplan herauskam, in dem Zimpren endgültig als D-Zug-Station gestrichen wurde, brach der künstliche Optimismus der Bahnbeamten, den sie einige Monate lang zur Schau trugen, zusammen. Hatten sie sich mit dem Wort ‚Krise' zu trösten versucht, so war nun nicht mehr zu übersehen, daß die Permanenz des erreichten Zustandes das optimistische Wort ‚Krise' nicht mehr rechtfertigte. Immerhin bevölkerten fünfzehn Beamte — davon sechs mit Familie — den Bahnhof, an dem nun die D-Züge verächtlich durchbrausten; den täglich drei Güterzüge schweigend passierten, auf dem aber nur noch zwei Züge wirklich hielten: ein Personenzug, der von Senstetten kommt und nach Höhnkimme weiterfährt; ein anderer, der von Höhnkimme kommt und nach Senstetten fährt; tatsächlich bot Zimpren nur noch zwei Planstellen, während fünfzehn dort besetzt waren.
Der Chef des Verwaltungsbezirks schlug — kühn wie immer — vor, die Planstellen einfach abzuschaffen, die verdienten Beamten in aufstrebende Bahnhöfe zu versetzen, doch erhob der ‚Interessenverband der Bahnbeamten' gegen diesen Beschluß Einspruch und verwies — mit Recht — auf jenes Gesetz, das die Abschaffung einer Planstelle so unmöglich macht wie die Absetzung des Bundeskanzlers. Auch brachte der Interessenverband das Gutachten eines Erdölprospektors bei, der behauptete, man habe in Zimpren nicht tief genug gebohrt, habe vorzeitig die Flinte ins Korn geworfen. Es bestehe immer noch Hoffnung auf Erdöl in Zimpren, doch sei ja bekannt, daß die Prospektoren der *Sub Terra Spes* nicht an Gott glaubten.
Der Streit zwischen Bahnverwaltung und Interessenverband schleppte sich von Instanz zu Instanz, gelangte vors Präzedenzgericht, das sich gegen die Bahnverwaltung entschied — und so blieben die Planstellen in Zimpren bestehen und müssen besetzt gehalten werden.
Besonders heftig beklagte sich der junge Bahnsekretär Suchtok, dem einst in der Schule eine große Zukunft prophezeit worden war, der aber jetzt in Zimpren seit zwei Jahren einer Abteilung vorsteht, die nicht einen, nicht einen einzigen Kunden gehabt hat: der Gepäckaufbewahrung. Dem Vorsteher der Fahrkartenabteilung geht es ein klein wenig besser, aber eben nur ein ganz klein wenig. Den Leuten in der Signalabteilung bleibt immerhin der Trost, daß sie die Drähte —

wenn auch nicht für Zimpren — summen hören, was beweist, daß irgendwo — wenn auch nicht in Zimpren — etwas geschieht.
Die Frauen der älteren Beamten haben einen Bridge-Klub gegründet, die der jüngeren ein Federball-Team aufgestellt, aber sowohl den bridgespielenden wie den federballspielenden Damen wurde die Lust verdorben durch Flora Klipp, die sich, da es ihr an Arbeitskräften mangelt, auf den Feldern um den Bahnhof herum abrackerte, nur hin und wieder ihre Arbeit unterbrach, um ins Bahnhofsgebäude hinüberzurufen: „Beamtengesindel, erzfaules." Auch härtere Ausdrücke fielen, ordinäre, die jedoch nicht literaturfähig sind. Goswin fühlte sich durch die hübschen jungen Frauen, die auf dem Bahnhofsgelände Federball spielten, ebenfalls provoziert und bewies, daß er sein Vokabularium vergrößert hatte, denn er schrie: „Huren, nichts als Huren!" — ein Ausspruch, den jüngere, unverheiratete Bahnbeamte auf seine Bekanntschaft mit der jungen Adligen zurückführten.
Schließlich kamen die jüngeren wie die älteren Damen überein, diesen sich wiederholenden Tadel nicht auf sich sitzen zu lassen; Klagen wurden eingereicht, Termine anberaumt, Rechtsanwälte reisten herbei, und Bahnsekretär Suchtok, der seit zwei Jahren vergeblich auf Kundschaft gewartet hatte, rieb sich die Hände: an einem einzigen Tag wurden zwei Aktentaschen und drei Schirme abgegeben. Doch als er selber diese Gegenstände entgegennehmen wollte, wurde er von seinem Untergebenen, dem Bahnschaffner Uhlscheid, belehrt, daß er, der Sekretär, zwar die Oberaufsicht führe, daß die Entgegennahme der Gegenstände aber seine, Uhlscheids, Aufgabe sei. Tatsächlich hatte Uhlscheid recht, und Suchtok blieb nur der Triumph, daß er abends, als die Gepäckstücke wieder abgeholt wurden, die Gebühren kassieren durfte: fünfmal dreißig Pfennig; das erstemal in zwei Jahren klingelte die nagelneue Registrierkasse.
Der kluge Bahnhofsvorsteher hat inzwischen mit Flora Klipp einen Kompromiß geschlossen; sie hat sich bereit erklärt, ihre — wie sie eingesehen hat — unberechtigten Beschimpfungen einzustellen; außerdem hat sie die Garantie dafür übernommen, daß auch Goswin sich keinerlei Injurien mehr erlauben wird. Als Gegenleistung, jedoch sozusagen privat, da dies offiziell nicht möglich ist, hat er Witwe Klipp die Herren-

toilette zur Aufbewahrung ihres Ackergerätes und die Damentoilette zu dem vom Architekten bestimmten Zweck zur Verfügung gestellt. Witwe Klipp darf sogar — doch muß dies streng geheim bleiben, da es weit über die Natur einer Gefälligkeit hinausgeht — ihren Traktor im Güterschuppen unterstellen und ihr Mittagbrot in den weichen Polstern des riesigen Speisesaals einnehmen. Aus reiner Herzensgüte, da ihr der junge Suchtok leid tut, gibt Witwe Klipp hin und wieder ihren Proviantbeutel oder ihren Regenschirm bei der Gepäckaufbewahrung ab.

Nur wenigen Beamten ist es bisher gelungen, von Zimpren versetzt zu werden; doch immer müssen die vakant werdenden Stellen neu besetzt werden, und es ist im Verwaltungsbezirk Wöhnisch längst ein offenes Geheimnis, daß Zimpren ein Strafbahnhof ist; so häufen sich dort Rauf- und Trunkenbolde, aufsässige Elemente, zum Schrecken jener anständigen Elemente, denen es noch nicht gelungen ist, ihre Versetzung durchzudrücken.

Betrübt gab der Bahnhofsvorsteher vor wenigen Tagen seine Unterschrift unter den jährlichen Kassenbericht, der Einnahmen in Höhe von dreizehn Mark achtzig auswies; zwei Rückfahrkarten nach Senstetten wurden verkauft: das war der Küster von Zimpren mit seinem einzigen Meßdiener, die zum alljährlich fälligen gemeinsamen Ausflug bis Senstetten fuhren, um dort die herrliche Lourdes-Grotte zu besichtigen; zwei Rückfahrkarten nach Höhnkimme, der Station vor Zimpren, das war der alte Bandicki, der mit seinem Sohn zum Ohrenarzt fuhr; eine einfache Fahrkarte nach Höhnkimme, das war die uralte Mutter Glusch, die dort ihre verwitwete Schwiegertochter besuchte, um ihr beim Einkochen von Pflaumen zur Hand zu gehen; sie wurde zurück von Goswin auf dem Gepäckständer des Fahrrades mitgenommen; achtmal Gepäck — die beiden Aktentaschen und die drei Regenschirme der Rechtsanwälte, zweimal der Proviantbeutel, einmal der Regenschirm von Flora Klipp. Und zwei Bahnsteigkarten, das war der Pfarrer, der Küster und Meßdiener an den Zug begleitete und wieder vom Zug abholte.

Das ist eine trübselige Bilanz für den begabten Bahnhofsvorsteher, der sich seinerzeit von Hulkihn weggemeldet hatte, weil er an die Zukunft glaubte. Er glaubt längst nicht mehr an die Zukunft. Er ist es, der immer noch heimlich anonyme

Postkarten an seinen Chef schickt, der sogar hin und wieder mit verstellter Stimme anruft, um seinem Chef mündlich zu wiederholen, was auch auf den Postkarten steht: ‚Die Zukunft unseres Bezirks liegt in Zimpren.'
Neuerdings ist zwar Zimpren zum Pilgerziel eines jungen Kunststudenten geworden, der sich vorgenommen hat, über das Werk des inzwischen verstorbenen Hans Otto Winkler zu promovieren; stundenlang weilt dieser junge Mensch in dem leeren, komfortablen Bahnhofsgebäude, um auf gutes Fotowetter zu warten und dort seine Notizen zu vervollständigen; auch verzehrt er dort sein belegtes Brot, den Mangel eines Ausschanks beklagend. Das lauwarme Leitungswasser ist seiner Kehle widerwärtig; befremdet hat er festgestellt, daß in der Herrentoilette ‚bahnfremde Gegenstände' aufbewahrt werden. Der junge Mann kommt ziemlich häufig, da er das riesige Fresko nur partiell fotografieren kann; doch leider wirkt er sich nicht positiv auf die Bahnhofskasse aus, denn er ist mit einer Rückfahrkarte ausgestattet und benutzt auch die Gepäckaufbewahrung nicht. Der einzige, der einen gewissen Nutzen aus der Reiselust des Kunststudenten zieht, ist der junge Brehm, ein Bahnschaffner, der wegen Trunkenheit im Dienst nach Zimpren strafversetzt wurde; ihm ist es vergönnt, die Rückfahrkarte des Studenten zu lochen, eine Bevorzugung durch das Schicksal, die den Neid seiner Kollegen erweckt. Er war es auch, der die Beschwerde über den Zustand der Herrentoilette entgegennahm und den Skandal heraufbeschwor, der für einige Zeit Zimpren noch einmal interessant machte. Wohl jeder entsinnt sich noch des Prozesses, der die ‚bahnfremde Verwendung bahneigener Gebäude' zum Gegenstand hatte. Doch ist auch das längst vergessen. Der Bahnhofsvorsteher erhoffte sich von diesem Skandal eine Strafversetzung von Zimpren weg, doch war seine Hoffnung vergeblich, denn man kann nur *nach* Zimpren strafversetzt werden, nicht *von* Zimpren weg.

Anekdote zur Senkung der Arbeitsmoral

In einem Hafen an der westlichen Küste Europas liegt ein ärmlich gekleideter Mann in seinem Fischerboot und döst. Ein schick angezogener Tourist legt eben einen neuen Farbfilm in seinen Fotoapparat, um das idyllische Bild zu fotografieren: blauer Himmel, grüne See mit friedlichen schneeweißen Wellenkämmen, schwarzes Boot, rote Fischermütze. Klick. Noch einmal: klick, und da aller guten Dinge drei sind, und sicher sicher ist, ein drittes Mal: klick. Das spröde, fast feindselige Geräusch weckt den dösenden Fischer, der sich schläfrig aufrichtet, schläfrig nach seiner Zigarettenschachtel angelt, aber bevor er das Gesuchte gefunden, hat ihm der eifrige Tourist schon eine Schachtel vor die Nase gehalten, ihm die Zigarette nicht gerade in den Mund gesteckt, aber in die Hand gelegt, und ein viertes Klick, das des Feuerzeuges, schließt die eilfertige Höflichkeit ab. Durch jenes kaum meßbare, nie nachweisbare Zuviel an flinker Höflichkeit ist eine gereizte Verlegenheit entstanden, die der Tourist — der Landessprache mächtig — durch ein Gespräch zu überbrücken versucht.
„Sie werden heute einen guten Fang machen."
Kopfschütteln des Fischers.
„Aber man hat mir gesagt, daß das Wetter günstig ist."
Kopfnicken des Fischers.
„Sie werden also nicht ausfahren?"
Kopfschütteln des Fischers, steigende Nervosität des Touristen. Gewiß liegt ihm das Wohl des ärmlich gekleideten Menschen am Herzen, nagt an ihm die Trauer über die verpaßte Gelegenheit.
„Oh, Sie fühlen sich nicht wohl?"
Endlich geht der Fischer von der Zeichensprache zum wahrhaft gesprochenen Wort über. „Ich fühle mich großartig", sagt er. „Ich habe mich nie besser gefühlt." Er steht auf, reckt sich, als wollte er demonstrieren, wie athletisch er gebaut ist. „Ich fühle mich phantastisch."
Der Gesichtsausdruck des Touristen wird immer unglücklicher, er kann die Frage nicht mehr unterdrücken, die ihm

sozusagen das Herz zu sprengen droht: „Aber warum fahren Sie dann nicht aus?"
Die Antwort kommt prompt und knapp. „Weil ich heute morgen schon ausgefahren bin."
„War der Fang gut?"
„Er war so gut, daß ich nicht noch einmal auszufahren brauche, ich habe vier Hummer in meinen Körben gehabt, fast zwei Dutzend Makrelen gefangen ..."
Der Fischer, endlich erwacht, taut jetzt auf und klopft dem Touristen beruhigend auf die Schultern. Dessen besorgter Gesichtsausdruck erscheint ihm als ein Ausdruck zwar unangebrachter, doch rührender Kümmernis.
„Ich habe sogar für morgen und übermorgen genug", sagt er, um des Fremden Seele zu erleichtern. „Rauchen Sie eine von meinen?"
„Ja, danke."
Zigaretten werden in Münder gesteckt, ein fünftes Klick, der Fremde setzt sich kopfschüttelnd auf den Bootsrand, legt die Kamera aus der Hand, denn er braucht jetzt beide Hände, um seiner Rede Nachdruck zu verleihen.
„Ich will mich ja nicht in Ihre persönlichen Angelegenheiten mischen", sagt er, „aber stellen Sie sich mal vor, Sie führen heute ein zweites, ein drittes, vielleicht sogar ein viertes Mal aus und Sie würden drei, vier, fünf, vielleicht gar zehn Dutzend Makrelen fangen ... stellen Sie sich das mal vor."
Der Fischer nickt.
„Sie würden", fährt der Tourist fort, „nicht nur heute, sondern morgen, übermorgen, ja, an jedem günstigen Tag zwei-, dreimal, vielleicht viermal ausfahren — wissen Sie, was geschehen würde?"
Der Fischer schüttelt den Kopf.
„Sie würden sich in spätestens einem Jahr einen Motor kaufen können, in zwei Jahren ein zweites Boot, in drei oder vier Jahren könnten Sie vielleicht einen kleinen Kutter haben, mit zwei Booten oder dem Kutter würden Sie natürlich viel mehr fangen — eines Tages würden Sie zwei Kutter haben, Sie würden ...", die Begeisterung verschlägt ihm für ein paar Augenblicke die Stimme, „Sie würden ein kleines Kühlhaus bauen, vielleicht eine Räucherei, später eine Marinadenfabrik, mit einem eigenen Hubschrauber rundfliegen, die Fischschwärme ausmachen und Ihren Kuttern per Funk Anweisung

geben. Sie könnten die Lachsrechte erwerben, ein Fischrestaurant eröffnen, den Hummer ohne Zwischenhändler direkt nach Paris exportieren — und dann ...", wieder verschlägt die Begeisterung dem Fremden die Sprache. Kopfschüttelnd, im tiefsten Herzen betrübt, seiner Urlaubsfreude schon fast verlustig, blickt er auf die friedlich hereinrollende Flut, in der die ungefangenen Fische munter springen.

„Und dann", sagt er, aber wieder verschlägt ihm die Erregung die Sprache. Der Fischer klopft ihm auf den Rücken, wie einem Kind, das sich verschluckt hat. „Was dann?" fragt er leise.

„Dann", sagte der Fremde mit stiller Begeisterung, „dann könnten Sie beruhigt hier im Hafen sitzen, in der Sonne dösen — und auf das herrliche Meer blicken."

„Aber das tu ich ja schon jetzt", sagt der Fischer, „ich sitze beruhigt am Hafen und döse, nur Ihr Klicken hat mich dabei gestört."

Tatsächlich zog der solcherlei belehrte Tourist nachdenklich von dannen, denn früher hatte er auch einmal geglaubt, er arbeite, um eines Tages einmal nicht mehr arbeiten zu müssen, und es blieb keine Spur von Mitleid mit dem ärmlich gekleideten Fischer in ihm zurück, nur ein wenig Neid.

Entfernung von der Truppe

1

Bevor ich zum eigentlichen Thema dieses Erzählwerks (Werk hier im Sinne von Uhrwerk zu verstehen) komme, zur Familie Bechtold, in die ich am 22. September 1938, nachmittags gegen fünf Uhr im Alter von einundzwanzig Jahren eintrat, möchte ich zu meiner Person einige Erklärungen abgeben, von denen ich zuversichtlich hoffe, daß sie mißverstanden werden und Mißtrauen erwecken. So vieles spricht dafür, daß es jetzt endlich an der Zeit sei, wenigstens einige der Geheimnisse zu lüften, denen ich aufrechte Haltung, gesunde Seele in einem gesunden Leib, dessen Gesundheit umstritten ist, Disziplin und Standhaftigkeit verdanke, die meine Freunde mir vorwerfen, meine Feinde mir ankreiden, die dem unbefangenen unparteiischen Zeitgenossen zur Stärkung dienen mögen in einer Zeit, die unser aller Ausharren erfordert bei, in, für: Hier mag jeder Leser wie auf einem vorgedruckten Wunschzettel einsetzen, was ihm im Augenblick als das Notwendigste erscheint: Abwehr-, Angriffs-, Einsatzbereitschaft bei, für oder in einem FC, CV, KWG, der NATO, SEATO, dem Warschauer Pakt, Ost *und* West, Ost *oder* West; es darf sogar jeder Leser auf den häretischen Gedanken kommen, die Windrose weise ja auch Himmelsrichtungen wie Nord und Süd auf; es können hier aber auch sogenannte Abstrakta eingesetzt werden: Glaube, Unglaube, Hoffnung, Verzweiflung, und sollte es jemand, der sich ganz und gar jeder führenden Hand beraubt sieht, an Konkreta wie Abstrakta mangeln, so empfehle ich ein möglichst vielbändiges Lexikon, wo er sich irgend etwas zwischen Aachen und Zabbaione aussuchen mag...

Wenn ich weder die milde Kirche der Gläubigen noch die gestrenge Kirche der Ungläubigen erwähnt habe, so geschieht das nicht aus Vorsicht, es geschieht aus nackter Angst, ich könnte wieder dienstverpflichtet werden: Das Wort Dienst (‚Ich habe Dienst.‘ — ‚Ich muß zum Dienst.‘ — ‚Ich bin im

Dienst.') hat mir immer Angst eingeflößt.
Zeit meines Lebens, nachdrücklich erst seit jenem 22. September 1938, an dem ich eine Art Wiedergeburt erlebte, ist es mein Ziel gewesen, dienstuntauglich zu werden. Ich habe dieses Ziel nie ganz erreicht, war einige Male nahe daran. Jederzeit war ich bereit, nicht nur Pillen zu schlucken, Injektionen zu erdulden, den Verrückten zu spielen (was am kläglichsten mißlang), ich ließ mir sogar von Menschen, die ich nicht für meine Feinde hielt, die aber Grund hatten, mich für ihren Feind zu halten, in den rechten Fuß schießen, die linke Hand mit einem Holzsplitter durchbohren (nicht unmittelbar, sondern vermittels eines solide gebauten deutschen Eisenbahnwaggons, mit dem zusammen ich in die Luft gejagt wurde), ich ließ mir sogar an den Kopf und ins Hüftgelenk schießen; Ruhr, Malaria, gewöhnlicher Durchfall, Nystagmus und Neuralgie, Migräne (Meunière) und Mykose — nichts führte zum Ziel. Immer wieder bekamen Ärzte mich diensttauglich. Ernsthaft versucht, mich dienstuntauglich zu schreiben, hat nur ein Arzt; das beste, was bei diesem Versuch herauskam, war eine zehntägige *Dienst*reise mit Dienstreiseausweis, dienstlichen Verpflegungsmarken, dienstlichen Hoteleinweisungen nach Paris — Rouen — Orléans — Amiens — Abbéville. Ein netter Augenarzt (Nystagmus) schanzte mir diese Reise zu; an Hand einer umfangreichen Liste sollte ich in den genannten Städten für ihn les œuvres complètes de Frédéric Chopin zusammenkaufen, der für ihn, wie er mir gestanden hatte, dasselbe war wie der Absinth für die frühen Symbolisten. Er war nicht böse, doch traurig und enttäuscht, daß ich ausgerechnet die valses nicht komplett bekam, und besonders das Fehlen der valse Nr. 9 As-Dur, die ich nirgendwo hatte auftreiben können, erfüllte ihn mit Bitterkeit. Es nützte nichts, daß ich mir rasch eine Oberflächen-Soziologie zurechtzimmerte und ihm ausführlich erklärte, dies Stück sei natürlich für alle klavierspielenden Damen in Groß-, Klein- wie Landstädtchen eine melancholische Kostbarkeit; er blieb enttäuscht, und als ich ihm vorschlug, mich doch in den unbesetzteren Teil Frankreichs zu schicken, ihm — wiederum ausführlich — erklärte, in Marseille, Toulouse, Toulon herrsche gewiß nicht jene stickige Inlandsluft, die die valse Nr. 9 As-Dur zur begehrten Droge mache — da lächelte er nur listig und sagte: „Das könnte Ihnen so passen." Wahrscheinlich

meinte er, da unten könnte ich leicht desertieren, und wenn er das verhindern wollte, dann gewiß nicht, weil er's mir nicht gönnte (wir hatten nächtelang Schach miteinander gespielt, uns nächtelang über Desertion unterhalten, er hatte mir nächtelang Chopin vorgespielt), sondern wahrscheinlich, weil er mich vor Torheiten bewahren wollte. Ich versichere hiermit an Eides Statt, daß ich wirklich da unten nicht desertiert wäre, und zwar einzig und allein, weil ein liebend Weib in der Heimat meiner harrte, später Weib und Kind, noch später nur noch Kind. Jedenfalls, seine Anstrengungen, meinen Nystagmus zu kultivieren, ließen nach, und ein paar Tage später trat er mich als ‚wissenschaftlich interessant' — diesen Terminus kreide ich ihm als die gemeinste Form des Verrats an — an den beratenden Ophthalmologen der Heeresgruppe West ab, dessen Schultergeraupe ich so erdrückend fand wie die von ihm ausgestrahlte wissenschaftliche Bedeutung. Aus Rache, wie ich annehme (er muß meine Abneigung gespürt haben), spritzte er mir zwei Tage hintereinander irgendein tückisches Zeug in die Augen, das mir den Kinobesuch unmöglich machte. Ich konnte nur drei bis vier Meter weit sehen, und im Kino habe ich immer gern hinten gesessen. Alles, was weiter als drei bis vier Meter von mir entfernt war, bot sich sowohl verzerrt wie neblig, und ich lief durch Paris wie ein Hänsel ohne Gretels tröstende Hand. Dienstuntauglich wurde ich nicht, nur als ‚vom Schießen befreit' zur Truppe zurückgeschickt. Mein Vorgesetzter (hübsches Wort, das mir auf der Zunge zergeht!) drehte einfach den Diphthong im Schießen um und verurteilte mich zu einer Beschäftigung, in der ich schon einigermaßen erfahren war. Unter Altgedienten ist diese Beschäftigung gemeinhin als ‚Scheißetragen' bekannt. Ich wende diesen Terminus nur zögernd an, nur um der historischen Wahrheit willen und aus Respekt vor jeglichem Jargon. Meine ersten Erfahrungen in diesem ehrwürdigen fäkalischen Handwerk hatte ich drei Jahre vorher schon erworben, als ich während des Spatenexerzierens plötzlich, denn vorher hatte ich's ganz gut gekonnt, beim Kommando ‚Spaten ab' meinen damaligen Vorgesetzten mit der Schneide des Spatens in die Kniekehle geschlagen hatte. Nach meinem Beruf gefragt, gab ich diesen wahrheitsgemäß und so naiver- wie leichtfertigerweise als ‚Student der Philologie' an und wurde auf Grund der sattsam bekannten Achtung der Deutschen vor jeglicher Art und

Abart geistiger Beschäftigung in die fäkalischen Gefilde verdammt, um dort ‚ein Mensch zu werden'.
Ich wußte also noch, wie man sich aus einem alten Gurkeneimer, eine Stange, Draht und Nägeln eine Kelle zurechtzimmert, auch waren mir die physikalischen wie chemischen Voraussetzungen bekannt, und so ging ich einige Wochen lang morgens zwischen sieben und halb eins, nachmittags zwischen halb zwei und halb sechs mit je einem Gurkeneimer in je einer Hand durch ein langgestrecktes französisches Straßendorf in der Nähe von Mersles-Bains und düngte die korrekten Anpflanzungen des Bataillonskommandeurs, der, im Zivilberuf Rektor einer ländlichen Volksschule, eine genaue Nachahmung seines heimatlichen Schulgartens angelegt hatte: Kohl, Zwiebeln, Porree, Möhren, eine erhebliche Kolonie von Maisstengeln (‚für meine Hühnchen'). Das Peinliche an diesem Bataillonskommandeur war die Feierabendgepflogenheit, ‚menschlich zu werden', sich mir zu nähern und mit mir ‚ins Gespräch zu kommen'. Ich mußte, um diesen Stilbruch zu verhindern — menschlich werdende Vorgesetzte sind mir immer entsetzlich gewesen —, um meine Würde zu wahren, ihn auf seine aufmerksam zu machen, jedesmal einen ganzen Eimer Fäkalien opfern, ihm vor die Füße kippen, gleichzeitig verhindern, daß der Eindruck entstand, es wäre Ungeschicklichkeit, und doch die Absicht nicht *zu* deutlich werden lassen, denn es ging mir darum, ihm den Rangunterschied klarzumachen. Persönlich hatte ich nichts gegen ihn: er war mir vollkommen gleichgültig. Man sieht: auch bei der Ausübung des niedrigsten aller Handwerke sind die Stilfragen entscheidend. Jedenfalls gelang es mir, mich durch Auslegen eines Fäkaliengürtels für ihn unnahbar zu halten. Daß er vor Ekel (es spritzten ihm ein paar Partikelchen ins Gesicht) einen Gallenanfall bekam, ist nicht meine Schuld: *so* empfindlich hätte er eben als Hauptmann der Reserve nicht sein dürfen. Seine Geliebte (die er sich zu Hause bestimmt nicht hätte leisten können, sie wurde in den Lohnlisten des Bataillons als *dienst*verpflichtete Küchenhilfe geführt) spielte im Schlafzimmer ihm zum Trost ausgerechnet die valse Nr. 9 As-Dur, und ich hatte sie immer, habe sie noch im Verdacht, daß sie es gewesen ist, die mir die Noten dazu in Abbéville vor der Nase weggeschnappt und meine Nystagmus-Karriere verdorben hat. An milden Herbstabenden spazierte sie manch-

mal, ganz in Violett, mit einer Reitpeitsche in der Hand durchs Dorf; blaß, mehr verdorben als verderbt, eine verkörperte Madame Bovary collaborateuse.

Hier soll der geduldige Leser verschnaufen. Ich schweife nicht ab, sondern zurück, verspreche feierlich: das Fäkalienthema ist noch nicht ganz erschöpft, Chopin aber endgültig erledigt, jedenfalls in seiner Qualität, als Quantität werde ich, schon aus kompositorischen Gründen, mich seiner noch einige Male bedienen müssen. Es wird nicht mehr vorkommen. Reuevoll schlage ich mir an die Brust, jene, deren Quantität bei meinem Hemdenschneider zu erfahren wäre, deren Qualität aber so schwer zu definieren ist. Gern würde ich mich hier mit einem klaren dienstverpflichtenden Bekenntnis vorstellen; etwa: politische Gesinnung: demokratisch, aber träfe das noch auf jemanden zu, der es abgelehnt hat, sich mit Hauptleuten ‚gemein' zu machen, der, wenn auch mit Fäkalien, sich Distanz verschafft? Oder nehmen wir eine andere Rubrik: Religionszugehörigkeit. Da böte sich leicht eine der gängigen Abkürzungen an; die Auswahl ist gering: ev., ev.-luth., ev.-ref., k., rk., ak., isr., jd., vd. Es ist mir immer schon peinlich vorgekommen, daß Religionen, um deren Sinn sich die zu ihr Bekennenden und deren Umwelt seit zwei-, seit sechstausend — seit vierhundert Jahren bemühen, sich auf eine schäbige Abkürzung reduzieren lassen, aber selbst wenn ich wollte, könnte ich keine der Abkürzungen liefern.

Ich will hier sofort einen Fehler offenbaren, der fast ein Geburtsfehler ist und mir Schwierigkeiten wie Zwielichtigkeiten genug eingebracht hat. Meine Eltern, mischehelich miteinander verbunden, liebten einander zu sehr, als daß einer dem anderen den Schmerz hätte zufügen können, meine Konfession endgültig festzulegen (erst bei der Beerdigung meiner Mutter erfuhr ich, daß sie der evangelische Teil gewesen ist). Sie hatten ein sehr kompliziertes System gegenseitiger Hochachtung entwickelt: abwechselnd ging je einer von ihnen sonntags in die Trinitatiskirche am Filzengraben, der andere jeweils nach St. Maria in Lyskirchen; eine Art höherer konfessioneller Höflichkeit, deren hübschester Schnörkel darin bestand, daß jeweils am dritten Sonntag keiner in eine der beiden Kirchen ging. Mein Vater hat mir zwar immer wieder versichert, daß ich durch Taufe zum Christenvolk gehöre, aber ich habe nie an irgendeiner Art Religionsunterricht teilgenommen. Ich tappe immer noch — obwohl ich mich den Fünfzig nähere — im Dunkel, gelte beim Finanzamt, da ich keine Kirchensteuer zahle, als Atheist. Gern würde ich Jude werden, um das peinliche ‚vd' in dieser Rubrik loszuwerden, aber mein Vater meint, dann müßte ich bei seinem Tode, wenn er endlich das Geheimnis preisgibt, wieder aus der jüdischen Gemeinde austreten, und das könnte mir mißverständlich interpretiert werden. So bezeichne ich mich gern privat als ‚kommender Christ', was mich in den unberechtigten Verdacht bringt, ich wäre Adventist. Ich bin, was die Konfession betrifft, ein unbeschriebenes Blatt, Anlaß zur Verzweiflung, den Atheisten ein Dorn im Auge, den Christen ein ‚ungeklärter Fall', bekenntnisunfreudig, unreif, zu höflich meiner verstorbenen Mutter gegenüber; schließlich ist — wie mir ein Diener Gottes neulich sagte — ‚Höflichkeit keine theologische Kategorie'. Schade, sonst wäre ich wohl ein sehr frommer Mann. Nicht nur was mich, auch was alle anderen in diesem Erzählwerk auftretenden Personen betrifft, möchte ich es nicht als fertige Niederschrift anlegen, sondern wie eins jener Malhefte, die uns allen noch aus unserer glücklichen Kindheit bekannt sind: um einen Groschen (im Einheitspreisgeschäft sogar zwei für einen Groschen) konnten sie erworben werden. Sie waren das Standardgeschenk einfallsloser und sparsamer Tanten und Onkel, die den Besitz eines Malkastens oder eines Satzes Farbstifte einfach voraussetzten. In diesen Heften waren teilweise die Linien, oft nur Punkte vorgezeichnet, die man zu Linien verbinden konnte. Schon bei der Verbindung der Linien herrschte künstlerische Freiheit, in *voller* künstlerischer Freiheit konnte man dann die verbundenen Linien mit Farbe ausfüllen. Eine durch Kragen und Tonsur, im übrigen frei zu variierende, offensichtlich aber als Priester vorgeschlagene Figur konnte man mit dem gängigen Schwarz des Weltklerikers, doch auch mit Weiß, Rot, Braun oder gar Violett ausfüllen. Weil in der oberen Hälfte der jeweiligen Malseite auch noch Raum für zeichnerische Freiheit blieb, konnte die Kopfbedeckung zwischen Birett und Tiara variieren. Man hätte auch einen Rabbi draus machen oder vermittels eines Beffchens klar auf eine nachreformatorische Konfession verweisen können. Notfalls schnappte man sich ein Lexikon, schlug ‚Priesterkleidung' auf und wußte dann genau, welche Hals-, Haupt-, Fußbekleidung (etwa Franziskanersandalen) notwendig war, um den gewünschten oder angestrebten Diener Gottes zu erzielen. Natürlich konnte man auch den durch sparsame Umrisse vorgeschlagenen ‚Priester‘ einfach ignorieren und einen Bauern, Bäcker oder Bierbrauer, auch einen Cäsaren, Chiromanten oder Clown erstellen. Eine mit Knipszange ausgestattete, durch Punkte und Umrisse auf ziemlich plumpe Weise als Schaffner vorgeschlagene Figur konnte nach Belieben in einen Straßenbahn-, Eisenbahn-, Omnibusschaffner verwandelt werden, und wenn einer (was nicht einmal durch eine gedruckte Gebrauchsanweisung verboten war) die Knipszange durch ein paar geschickte Striche in eine erkaltete Tabakspfeife oder sie, zum Spazierstock verlängert, in dessen Krücke verwandelte, konnte ein Museumsdiener, Fabrikspförtner oder beim Regimentstreffen wacker mitmarschierender Veteran daraus werden. Ich jedenfalls machte von dieser Verwandlungsfreiheit immer ausgiebigen Gebrauch, verwandelte zum Entsetzen meiner Mutter immer eindeutig als Köche vorgeschlagene Figuren in Chirurgen während der Operation, indem ich den Löffel zum Skalpell machte, die Mütze durch Verbreiterung des Gesichts flacher erscheinen ließ. Mit Frauenumrissen ging ich noch rücksichtsloser um: ich entwarf sie alle, weil mir Gitter so leicht von der Hand gingen, als Nonnen, die mein Vater allerdings manchmal für Haremsdamen hielt.

Jeder wird einsehen: Ein paar gelieferte Umrisse, denen durch geschickt hingestreute Punkte eine gewisse Richtung gewiesen wird, erlauben viel mehr Freiheit als die so heftig begehrte absolute Freiheit, die sich der Phantasie des einzelnen ausliefert, dem bekanntlich nichts, gar nichts einfällt, dem ein leeres Blatt Papier soviel Anlaß zur Verzweiflung bietet wie eine leere Stunde, wenn plötzlich die Bildröhre streikt. Nicht nur, um mein Porträt zu verwischen, widme ich hier der aussterbenden Kunst des Kolorierens einige Abschiedstränen und -gedanken. Seitdem unsere Kinder gelernt haben, auf leeres Papier ausstellungsreif zu malen und mit vierzehn über Kafka zu sprechen, werden manche Erwachsenenausstellungen so peinlich wie manche Erwachsenenerklärungen zur Literatur. Ein Lämmchen, das wirklich naiv ist und außerdem noch das Lächeln der Auguren zu entziffern versteht, weiß natürlich seinen Eingeweiden, bevor es geschlachtet wird, eine interessante und vieldeutige Anordnung zu geben und durch

vorheriges Verschlucken von Steck-, Näh- und Briefnadeln, Partei- und sonstigen -abzeichen oder Kirchensteuererklärungen sein Gewölle ein wenig auszustaffieren, während so ein Lämmchen, das weder naiv ist noch das Lächeln der Auguren zu deuten versteht, seine Eingeweide so darbietet, ‚wie sie wirklich sind': kümmerlich Gedärm, aus dem keinerlei Zukunft heraufbeschworen werden kann. Ich biete also ein paar Striche, ein paar Punkte, die der Leser als Malvorlage für die Ausschmückung des Rohbaus jener Gedächtniskapelle verwenden mag, als die dieses kleine Erzählwerk gedacht ist. Er darf es als Fresko oder als Sgraffito, auch als Putzmosaik auf die rohen Wände übertragen.
Vorder- und Hintergrund gebe ich ganz frei: für erhobene Zeigefinger, empört oder verzweifelt gerungene Hände, für geschüttelte Köpfe, in großväterliche Strenge und Allweisheit verzogene Lippen, gerunzelte Stirnen, für zugehaltene Nasen, geplatzte Kragen (mit oder ohne Krawatten, Beffchen etc.), für Veitstanz und Schaum vor den Lippen, hingeworfene oder hingestreute Gallen- und Nierensteine, an deren Zutagetreten ich schuldig werden mag.
Ich setze wie ein geiziger Onkel oder eine sparsame Tante den Besitz eines Malkastens oder eines Satzes Farbstifte voraus. Wer nur einen Bleistift, ein Tintenfaß oder einen Rest Tusche zur Hand hat, mag's monochrom versuchen.
Als Ersatz für möglicherweise vermißte Doppel-Drei-Vier-Bödigkeit schlage ich Vielschichtigkeit vor: den Humus der Historie, der uns kostenlos zur Verfügung steht, den Schutt der Geschichte, der noch billiger als kostenlos zu haben ist. Es darf auch jeder meine, die Füße der Musterfigur verlängern oder mir die Archäologen-Angel in die Hand malen, damit dann Neckisches an Land ziehen: einen Armreif der Agrippina, den jene, selbst betrunken, bei einer Rauferei mit betrunkenen Matrosen der römischen Rheinflotte genau dort verloren hat, wo mein Elternhaus stand (und wieder steht), oder einen Schuh der heiligen Ursula, vielleicht auch einen von der begeisterten Menge abgerissen, in neuzeitliche von dort in historisch interessantere Schichten gespülten Mantelknopf des Generals de Gaulle. Was *ich* bisher geangelt habe, hat die Mühe gelohnt: einen Schwertknauf des Germanicus, den jener verlor, als er zu heftig, fast schon nervös (vielleicht gar hysterisch) an seinem Wehrgehänge zerrte, um einer murrenden

Menge römisch-germanischer Meuterer jenes Schwert zu zeigen, mit dem er sie so oft zum Sieg geführt. Eine guterhaltene germanische Blondlocke, die ich ohne die geringste Schwierigkeit als vom Haupt des Thumelicus stammend identifizieren konnte, und einiges mehr, das ich nicht aufzähle, um nicht den Neid der Touristen und deren Angel- und Schürflust zu wecken.

Jetzt aber schwenken wir weder ab noch zurück, sondern gehen geradewegs aufs Ziel zu, nähern uns endlich einer gewissen Realität: Köln. Gewaltige Erbschaft, ungeheuerliche historische Fracht (jedenfalls den Breiten entsprechend ungeheuerlich). Machen wir, was die Matrosen ‚klar Schiff' nennen, bevor wir im Schlamm der Geschichte versinken. Müßte ich nur die Tatsache berücksichtigen, daß Caligula von hier aus, um so trügerischen wie betrügerischen Ruhm zu erlangen, künstlich Feindberührung mit Tenkterern und Sigambrern herbeiführte, dann schwämmen wir schon ins Uferlose davon, würden uns vergebens bemühen, Dämme zu errichten. Wenn ich zur Caligula-Schicht, der vierten von unten, durchdringen wollte, müßte ich alle oberen Schichten, etwa zwölf, ganz abtragen und fände allein die oberste schon mit Schutt, Mörtel, Möbelresten, Menschengebein, Stahlhelmen, Gasmaskenbüchsen, Koppelschlössern durchsetzt, nur oberflächlich plattgewalzt oder plattgetreten, und wie sollte ich den Nachgeborenen erklären, was — abgesehen von allem anderen — die Koppelaufschrift ‚Gott mit uns' bedeutet haben kann? Da ich schon zugegeben habe, in Köln geboren zu sein (eine Tatsache, die Links-, Rechts-, Mittel- und Diasporakatholiken zu so verzweifeltem Händeringen veranlassen wird wie rheinische und andere Protestanten und Doktrinäre jeglicher Färbung, also fast jeden), so will ich, um das Mißtrauen wenigstens so gut zu nähren wie die Mißverständnisse, mindestens vier Straßen als die, in der ich geboren, zur freien Auswahl anbieten: Rheinaustraße, Große Witschgasse, Filzengraben und Rheingasse, und wer jetzt meint, ich rückte damit mein Elternhaus bedenklich nahe an jene Gefilde, in denen Nietzsche scheiterte, Scheler aber gedieh, dem sei gesagt, in keiner dieser Straßen wurde und wird jenes Gewerbe ausgeübt, für dessen Vertreterin die betrunkenen römischen Matrosen Agrippina hielten, und wenn nun geübte Schnüffler sich auf den Weg machen, herauszufinden, wo Agrippina sich

nun *wirklich* gerauft, wo Thumelicus *wirklich* an Land kam, wo Germanicus seine berühmte Rede hielt, dann will ich zur weiteren Verwirrung hinzufügen, daß ich, wenn Besucher in meiner Vitrine die Elfenbeinbüchse finden und mich fragen, wes Haar sie enthalte, diese gelegentlich auch als vom Haupt eines Lochnermodells oder vom heiligen Engelbert stammend ausgebe: solche Verwechslungen sind in Pilgerstädten erlaubt und üblich.
Nach meiner Volkszugehörigkeit gefragt, gebe ich unumwunden folgende Auskunft: Jude, Germane, Christ. Das mittlere Glied dieser Trinität ist ersetzbar durch irgendeine der zahlreichen reinen oder gemischten Volksbezeichnungen, wie Köln sie anzubieten hat: sei es rein samojedisch, schwedisch-samojedischer Mischling, slowenisch-italienisch; auf die beiden äußeren Klammern — Jude-Christ —, die mein völkisches Gemisch zusammenhalten, kann ich nicht verzichten; wer keins von dreien ist oder nur eins von dreien (etwa nur slawisch-germanischer Mischling), wird hiermit für dienstuntauglich erklärt und aufgefordert, sich unverzüglich einen Musterungsbescheid zu holen. Die Bedingungen sind bekannt: sauber gewaschen und jederzeit bereit, sich nackt auszuziehen.

2

Damit ist die innere Musterbezeichnung beendet, kommen wir rasch zur äußeren: 1,78 m groß, dunkelblond. Gewicht: normal. Besondere Merkmale: leichter Schräggang (wegen des Schusses in die Hüfte).
Als ich am 22. September 1938 gegen vier Uhr fünfundvierzig nachmittags vor dem Kölner Hauptbahnhof eine Straßenbahn der Linie 7 bestieg, trug ich ein weißes Hemd, eine dunkel-olivgrüne Hose, der jeder (damals) Eingeweihte sofort angesehen hätte, daß es eine Uniformhose war. Wer mir nicht allzu nahe getreten, meinen Geruch also nicht hätte bemerken können, hätte mich als ‚ganz ordentlich' bezeichnet. Überraschend für die, die mich kannten (weil jeder, der mich kennt, weiß, daß ich von meinem Ur-Urgroßvater väterlicherseits, der aus einem Dorf bei Nijmwegen stammte, mit Anankasmus, dem Laster des Handwaschzwangs, belastet bin, damit liefere ich einen zusätzlichen Punkt, der ins Ungewiß-

Unendliche führt) — deshalb wahrscheinlich rührend —, wirkten meine schmutzigen Fingernägel. Für die schmutzigen Fingernägel lege ich eine eindeutige Erklärung vor: in der Zwangs- und Schicksalsgemeinschaft, deren Uniform ich eigentlich hätte tragen müssen (ich hatte sie, sobald der Zug abgefahren war, auf der Toilette ausgezogen und in den Koffer gesteckt, bis auf die Hose, die ich anständiger-, und die Schuhe, die ich notwendigerweise nicht ausziehen konnte), in dieser Zwangsgemeinschaft hatte ich ganz die dort übliche Gewohnheit angenommen, mir vor dem Mittagessen, wenn der Vorgesetzte die Fingernägel auf Sauberkeit kontrollierte, die rasch mit der Gabel zu säubern. So lief ich also an diesem Tag, den ich fast ganz in der Eisenbahn verbrachte (kein Geld, im Speisewagen zu essen, also keine Gabel, die Fingernägel zu säubern), noch am späten Nachmittag mit schmutzigen Fingernägeln durch die Weltgeschichte. Heute noch, fünfundzwanzig Jahre später, muß ich mich bei feierlichen wie gewöhnlichen Essen mit Gewalt zurückhalten, mir mit der Gabel rasch die Fingernägel zu säubern, und ich habe schon manchen ärgerlichen Kellnerblick herausgefordert, weil man mich für einen Proleten hielt, aber auch manchen anerkennenden, weil man mich für einen Snob hielt. Indem ich diese Angewohnheit mitteile, möchte ich die Leser auf die unauslöschlichen Wirkungen erzieherischer Kräfte bei militärischen Organisationen hinweisen. Wenn eure Kinder also mit schmutzigen Fingernägeln zu Tisch erscheinen, schickt sie am besten unverzüglich zur Musterung, danach unverzüglich zum Militär. Sollte den Leser Ekel überkommen oder gar hygienische Bedenken, so sei hinzugefügt, daß wir in dieser Schicksalsgemeinschaft natürlich anschließend unsere Gabeln am Hosenbein abzuwischen, später dann in der heißen Suppe abzuspülen pflegten. Hin und wieder, wenn ich — was selten vorkommt — allein, das heißt weder von meiner Schwiegermutter noch von meiner Enkelin begleitet und kontrolliert, noch in Gesellschaft von Geschäftsfreunden, auf der Reichard-Terrasse einen Imbiß zu mir nehme, greife ich so ungehemmt wie instinktiv zur Gabel und säubere mir tatsächlich damit die Fingernägel. Neulich fragte mich ein durchreisender Italiener vom Nebentisch her, ob das eine deutsche Sitte sei, was ich ohne Zögern bejahte. Ich wies sogar auf Tacitus hin und auf den in der italienischen Renaissance-Literatur schon bekannten Begriff des ‚forcalismo teutonico' — er schrieb's unverzüglich in sein Reisetagebuch —, und als er fragend noch einmal mir zuflüsterte: ‚formalismo tautonico?', ließ ich's dabei, weil ich fand, es klang so hübsch.

Bis auf die schmutzigen Fingernägel sah ich also ganz ordentlich aus. Sogar meine Schuhe waren blitzblank geputzt. Nicht von meiner Hand (das zu tun, habe ich mich bis auf den heutigen Tag standhaft geweigert), sondern von der Hand eines Schicksalsgenossen, der seinen Dank für ihm von mir geleistete Dienste nicht anders abzustatten wußte. Geld, Tabak, Materielles irgendwelcher Art wagte er mir aus Taktgefühl nicht anzubieten, er war Analphabet, und ich schrieb für ihn glühende Briefe an zwei Mädchen in Köln, deren Adresse, wenn auch nicht weit von meinem Elternhaus entfernt (nur zwei bis sieben Straßen weit), aber doch in mir völlig unvertrautem Milieu (eben jenem, mit dem Agrippina schon verwechselt, in das Nietzsche hineingeraten, in dem der späte Scheler ganz zu Hause war) zu finden gewesen wäre. Dieser mein Schicksalsgenosse, ein Zuhälter namens Schmenz, stürzte sich immer in wilder Dankbarkeit auf meine Schuhe, Stiefel, wusch mir Hemden und Socken, nähte mir Knöpfe an, bügelte Hosen — weil meine glühenden Briefe bei den Adressatinnen Entzücken hervorriefen. Die Briefe waren ganz edel, fast esoterisch, stark stilisiert, und gerade das ist in diesem Milieu beliebt wie Dauerwellen. Einmal gab mir Schmenz sogar die Hälfte des Karamelpuddings ab, mit dem unsere Sonntage dort verschönert wurden, und ich habe lange Zeit geglaubt, er möge Karamelpudding nicht (Zuhälter sind die verwöhnteste Sorte Mensch, mit der ich je zu tun gehabt habe), bis ich später glaubhaft belegt bekam, daß Karamelpudding zu seinen Lieblingsspeisen gehörte. Da sich bald herumsprach, wie glühend ich Briefe zu schreiben verstand, machte ich nicht nur not-, sondern fast schon mit Gewalt gezwungen eine Praxis, wenn auch nicht gerade als Schrift-, so doch als Briefsteller auf. Die Honorare bestanden größtenteils in merkwürdigen Vergünstigungen: mir *nicht* mehr den Tabak aus dem Spind und das Fleisch vom Teller zu klauen, mich beim Frühsport *nicht* mehr in den schlammigen Straßengraben zu stoßen, mir bei Nachtmärschen *kein* Beinchen mehr zu halten, und was es in diesen Schicksalsgemeinschaften so alles an Vergünstigungen

gibt. Manche meiner Freunde, Marxisten und Antimarxisten, haben mir später vorgeworfen, ich hätte, indem ich diese Liebesbriefe schrieb, falsch gehandelt. Es wäre meine Pflicht gewesen, bei diesen ‚Analphabeten durch sich stauende Liebesglut eine Bewußtseinsveränderung zu bewirken, durch diese möglicherweise eine Meuterei herbeizuführen', und es wäre meine Pflicht gewesen, als aufrechter Mann jeden Morgen im schlammigen Straßengraben nach Halt zu suchen. Ich gebe ja reumütig zu, daß ich falsch gehandelt habe, inkonsequent war, aus zwei höchst unterschiedlichen Gründen, von denen der erste ein mir angeborener Fehler, der zweite ein Milieumangel ist: Höflichkeit, Angst vor Schlägereien. Tatsächlich wäre es mir lieber gewesen, wenn Schmenz mir nicht die Stiefel geputzt und die anderen mich weiterhin in den Straßengraben geschubst oder mein Zigarettenpapier weiterhin in den Morgenkaffee getunkt hätten, aber ich brachte weder die Unhöflichkeit noch den Mut auf, sie an diesen Vergünstigungen zu hindern. Ich klage mich an, bekenne mich ohne Einschränkung schuldig, und vielleicht senken sich jetzt die schon zu verzweifeltem Ringen erhobenen Hände, glätten sich die gerunzelten Stirnen wieder und wischt sich der eine oder andere den Schaum aus den Mundwinkeln. Ich verspreche hiermit feierlich, daß ich am Schluß dieses Erzählwerks ein umfassendes Geständnis ablegen, eine fix und fertige Moral liefern werde, auch eine Interpretation, die allen Interpreten vom Obertertianer bis zum Meisterinterpreten im Oberseminar Seufzen und Nachdenken ersparen wird. Sie wird so abgefaßt sein, daß auch der einfache, der unbefangene Leser sie ‚mit nach Hause nehmen kann', weit weniger kompliziert als die Anleitung zur Ausfüllung des Antrags auf Lohnsteuerjahresausgleich. Geduld, Geduld, wir sind noch nicht am Ende. Ich gebe ja zu, daß ich in der freien, pluralistischen Industriegesellschaft natürlich einen freien, souverän trinkgeldverschmähenden Schuhputzer vorziehe.
Lassen wir mich zunächst mit meinen schmutzigen Fingernägeln, den blankgeputzten Schuhen für ein paar Minuten in der Straßenbahn Nr. 7 allein. Liebenswert und altmodisch (heutzutage sind die Straßenbahnen ja die reinsten Rein- und Rausschmeißmaschinen) wackelt die 7 um den Ostchor des Domes herum, schwenkt in Unter Taschenmacher ein, auf den Altermarkt zu, ist dem Heumarkt schon nahe — und erst an der

Malzmühle, spätestens in der Kurve am Malzbüchel, wo ich abzuspringen pflegte, werde ich mich entscheiden müssen, ob ich zuerst nach Hause gehen und meinem Vater beistehen werde (oder meinen Eltern. Das Telegramm meines Vaters ‚Mutter verstorben', dem ich die zeitweilige Befreiung aus dieser Zwangsgemeinschaft verdanke, hätte gut ein Bluff sein können. Meine Mutter wäre fähig gewesen, Richmodis von Aducht zu spielen) oder ob ich bis zum Perlengraben durchfahren werde, um zuerst die Bechtolds zu besuchen. Lassen wir diese Frage unbeantwortet, bis die Bahn an der Malzmühle angekommen ist, schwenken zurück in das Fäkalienviertel des Lagers jener Schicksalsgemeinschaft, wo ich Engelbert Bechtold kennenlernte, der im folgenden so genannt wird, wie in Köln jeder Engelbert: Engel. So wurde er zu Hause genannt, im Lager, von mir, so sah er aus.

Der sehnliche Wunsch jenes Vorgesetzten, den ich beim Spatenexerzieren mit der scharfen Schneide des Spatens in die Kniekehle geschlagen hatte (nicht einmal absichtlich, wie meine marxistischen und anderen Freunde mir vorwerfen, sondern — ein Geständnis, das sie und alle anderen zur Verzweiflung bringen wird — von einer unsichtbaren himmlischen Vernunft getrieben) — der sehnliche Wunsch dieses Vorgesetzten, aus mir einen Menschen zu machen, hatte mich spornstreichs in jene Gefilde verbannt, wo Engel, im Lager eine mythische Gestalt, seit drei Monaten ununterbrochen und ungebrochen den verschiedensten schmutzigen Beschäftigungen nachging: alltäglich die Riesenlatrine zu leeren, die ohne Kanalanschluß war (ich erspare mir und dem Leser statistische Einzelheiten), die Küchenabfälle in Schweinekübel zu füllen, die Öfen der Anführer zu säubern und anzuzünden, deren Kohlenbecken zu füllen, die Spuren von deren Gelagen (hauptsächlich mit Bier und Likör vermischtem erbrochenen Kartoffelsalat) zu entfernen, den fast unübersehbaren Vorrat an Kartoffeln im Keller ständig nach faulen Kartoffeln abzusuchen, das Ausbreiten der Fäulnis zu verhindern.

Sobald ich Engel gegenüberstand, wußte ich, daß nicht mein Wille, noch weniger so etwas Dummes wie Absicht, nicht der Fluch des Anführers — sondern eben jene unsichtbar waltende himmlische Vernunft mich zur Menschwerdung dorthin geschickt hatte. Als ich Engel sah, wußte ich auch: Wenn er schon in irgendeine Art Dienst geriet, mußte er Fäkalien

tragen, und es war für mich eine Ehre, in seiner Gesellschaft das gleiche zu tun.
In diesen Zwangs- und Schicksalsgemeinschaften wird der Adel der Menschwerdung nie durch Vorteile, immer nur durch Nachteile verliehen. (Geduld: ich weiß sehr wohl, wie so ein Nachteil sich ins Vorteilhafte verwandelt, und werde entsprechend aufpassen!) Ich empfinde meine Chopin-Dienstreise immer noch als kleinen Makel, mag auch meine relative Jugend — ich war zweiundzwanzig — entschuldigend ins Gewicht fallen. Andere Vorteile (die nicht etwa ‚verwandelte Nachteile' waren, sondern echte Vorteile) empfinde ich nicht als Makel, etwa den, daß ich in meiner Eigenschaft als Bataillonskohlenschlepper — man sieht, ich habe nicht *nur* Fäkalien getragen — mit der Oberin eines Klosters der Benediktinerinnen von der ewigen Anbetung in einem Städtchen bei Rouen komplizierte, aus Gründen höherer Erotik sehr in die Länge gezogene Verhandlungen führte, stundenlange Gespräche, die sich über eine Woche hinzogen (ich mußte ihr unter anderem die Angst ausreden, ich könnte ein Provokateur sein), um im Austausch gegen gute Fettkohle, die sie für ihre Wäscherei dringend brauchte, wöchentlich zwei Wannenbäder genehmigt zu bekommen. Wir beide, sie und ich, entwickelten dabei eine höhere Mathematik der Diplomatie und Erotik, bei der Pascal und Peguy Pate standen. Und obwohl sie wußten, daß meine Konfessionszugehörigkeit ungeklärt war, luden mich die Schwestern am Maria-Himmelfahrts-Tag zu einer Festandacht ein, bewirteten mich anschließend mit Tee und Streuselkuchen (meine Abneigung gegen Kaffee war der Oberin bekannt). Ich revanchierte mich chevaleresk durch einen Extrazentner Fettkohle und drei schneeweiße Offizierstaschentücher, die ich — worauf ich besonders stolz bin — eigenhändig aus einem Depot der deutschen Wehrmacht gestohlen hatte und auf die ich auf eigene Kosten von einer gelähmten Lehrerin hatte sticken lassen: ‚Macht euch Freude mit dem ungerechten Mammon. Votre ami allemand.' Es würde dieses Erzählwerk unnötig komplizieren, wollte ich andere oder gar alle Vorteile aufzählen, die ich genoß, zum Beispiel: daß eine sehr hübsche rumänische Jüdin in einem Textilladen in Jassy mich auf beide Wangen, den Mund und die Stirn küßte mit der merkwürdigen, auf jiddisch gemurmelten Erklärung: „Weil Sie zu so einem armen Volk gehören" — die Sache hatte eine Vor-

und eine Nachgeschichte, ich gebe nur den einfachen Mittelteil, weil das andere zu kompliziert darzustellen wäre. Von einem ungarischen Obristen, der mir bei einer Urkundenfälschung behilflich war, will ich erst gar nicht anfangen.
Machen wir rasch eine doppelte Schwenkung, zuerst zurück zur Straßenbahn Nr. 7, die soeben die Malzmühle passiert hat, sich quengelig den Mühlenbach hinauf-, auf den Waidmarkt zuquält — dann zurück ins Fäkalienviertel jenes Lagers, wo ich mich plötzlich Engel gegenübersah, der auf einem Mauervorsprung zwischen Küche, Krankenrevier und Latrine sein Frühstück verzehrte: ein Stück trockenes Brot, eine selbstgedrehte Zigarette, einen Becher Kaffee-Ersatz. So wie er da saß, erinnerte ich mich an die Straßenfeger zu Hause, deren würdigen Frühstücksstil, wenn sie am Tauzieherdenkmal saßen, ich immer bewundert, um den ich sie immer beneidet habe. Engel war, wie alle Lochnerengel, blond, fast goldhaarig, klein, fast vierschrötig, und obwohl sein Gesicht — breite Nase, zu kleiner Mund, fast schon verdächtig hohe Stirn — keinerlei klassische Merkmale aufwies, wirkte er strahlend. Die dunklen Augen ganz und gar unmelancholisch. Als ich vor ihm stand, sagte er: „Tag", nickte, als wären wir seit vierhundert Jahren dort verabredet gewesen und ich hätte mich nur unmerklich verspätet, sagte, ohne den Kaffeebecher abzusetzen: „Du solltest meine Schwester heiraten"; den Kaffeebecher auf dem Mauervorsprung absetzend, fügte er hinzu: „Sie ist hübsch, obwohl sie mir gleicht, sie heißt Hildegard."
Ich schwieg, wie nur einer schweigen kann, der Botschaft und Befehl eines Engels entgegennimmt. Engel rieb die Glut von seiner Zigarette an der Mauer ab, steckte den Stummel in die Tasche, nahm die beiden leeren Gurkeneimer auf und fing an, mir sachliche Anweisungen über meine bevorstehende Tätigkeit zu geben, hauptsächlich physikalische Einzelheiten über das Aufnahmevolumen einer Kelle in Kilo, die Tragfähigkeit der Stange, an der die Kelle befestigt war. Er fügte noch ein paar chemische Einzelheiten hinzu, ersparte sich aber Hygienisches, wohl weil über der Latrine ein großes Schild hing: ‚Nach dem Stuhlgang, vor dem Essen, Händewaschen nicht vergessen.' Man sieht, wer seine Kinder unverzüglich zum Militär schickt, braucht nicht zu fürchten, es würde irgend etwas vergessen. Wenn man bedenkt, daß im Speisesaal ein Schild hing mit der Aufschrift: ‚Arbeit macht frei', so weiß

jeder, daß sowohl für Lyrik wie für Weltanschauung gesorgt war.

Nur vierzehn Tage lang übte ich gemeinsam mit Engel jene Tätigkeiten aus, die mich heute noch befähigen, jederzeit mein Brot als Kanalarbeiter oder Kartoffelsortierer zu verdienen. Nie mehr habe ich so viel Kartoffeln auf einmal gesehen, wie im Keller unter der Küche lagerten: durch winzige Schlitze fiel mattes Tageslicht auf ein bräunliches Gebirge, das sich wie ein brodelnder Sumpf zu bewegen schien, süßlich alkoholische Dünste füllten den Raum, wenn wir einen ganzen Haufen verfaulter Kartoffeln aussortiert und zum Wegtragen bereitgelegt hatten. Der positive Teil unserer Tätigkeit bestand darin, die kostbaren Früchte eimerweise (zur Beruhigung aller Mütter sei hinzugefügt: in *anderen* Eimern) fürs abendliche gemeinsame Kartoffelschälen in die Küche hinaufzutragen und dort in bereitstehende Kübel zu schütten. Wenn wir die ersten Eimer in die Küche hinaufbrachten, wurde uns als erstes erteilt, was der Küchenchef (einer der wenigen nicht gerichtlich Vorbestraften in dieser Zwangsgemeinschaft) den Schneckensegen nannte, das heißt: wir mußten uns auf den schmierigen Boden werfen, rund um den riesigen Herd kriechen, durften dabei den Kopf nur so weit über den Boden erheben, wie notwendig war, das Gesicht vor Schürfungen zu bewahren. Als einzig zulässige Fortbewegungskraft galt das Abstoßen mit den Zehen, wenn wir Hände oder Knie zu Hilfe nahmen oder erschöpft innehielten, mußten wir zur Strafe singen, was uns befohlen wurde mit den Worten: „Ein Lied, ein fröhliches Lied!", und ich weiß bis heute nicht, ob es pure Eingebung war oder innere Verständigung zwischen Engel und mir: jedenfalls stimmte auch ich schon beim erstenmal jenes Lied an, daß für Engel zum Repertoire zu gehören schien: ‚Deutschland, Deutschland über alles.' Man sieht, daß auch die patriotischen Partien unseres Gemüts beim Akt der Menschwerdung nicht vernachlässigt wurden, und wer fürchtet, seine Söhne könnten je vergessen, daß sie Deutsche sind, sollte sie noch unverzüglicher, als auf Seite 195 vorgeschlagen wurde, zum Militär schicken und ihnen eine möglichst harte Ausbildung wünschen. Gewissenhaft, wie ich immer war, überlegte ich während des Singens, ob das Lied, das wir sangen, auch wirklich als fröhlich bezeichnet werden konnte.

Die hier beschriebene Methode — das teile ich als Vorschuß auf die fällige Interpretation mit — ist übrigens die beste und wirksamste, einem jungen Menschen seine jeweilige Nationalität oder Volkszugehörigkeit unauslöschlich einzuprägen. Ich empfehle sie auch für Schweizer, Franzosen und andere Nationen. Nicht jeder hat ja das Glück, von hübschen Jüdinnen in rumänischen Läden geküßt zu werden.
Niemand wird erstaunt sein, zu erfahren, daß wir zu erschöpft waren, regelrecht, mit jener Vollkommenheit zu singen, die in Gesangvereinen gepflegt wird. Wir murmelten nur in einer Art Singsang den unvergeßlichen und unvergessenen Text litanesk auf den klebrigen Fliesenboden. Später wurde mir — ausgerechnet mir! — das Singen des Deutschlandliedes untersagt, nachdem der oberste Anführer, unser Lagerchef, mich einmal im Kartoffelkeller aufgesucht, auf meinen fehlenden Taufschein hin angebrüllt und unverhofft — ob auch unbegründet, weiß ich bis heute nicht, die Sache blieb zweifelhaft — mit ‚Judenlümmel' anbrüllte, was ich immer als eine Art Taufe oder Beschneidung empfunden habe. Seitdem durfte ich das Deutschlandlied nicht mehr singen, sang statt dessen: ‚Ich weiß nicht, was soll es bedeuten.'
Niemand wird auch erstaunt sein, zu erfahren, daß ich mit Engel kaum noch, über Hildegard gar nicht mehr mit ihm sprach. Meistens waren wir gegen halb zehn Uhr morgens schon so erschöpft, daß wir nur noch taumelnd unseren verschiedenen Pflichten nachgingen und vor Erschöpfung und Ekel erbrachen. So blieben Kopfnicken und -schütteln unsere einzigen Verständigungsmittel. Auch wurde uns durch Erbrechen, Kopfschmerzen, Erschöpfung besser bewußt, wie wenig unsere Nachteile sich in Vorteile zu verwandeln drohten. Wenn Engel auf eine bestimmte Art — halb entschuldigend, halb ergeben — mit den Schultern zuckte, wußte ich, daß er sich auf einen Stapel Kartoffelsäcke setzen und einen Rosenkranz beten würde. („Ich hab's meiner Mutter versprochen.") Natürlich gab's auch in dieser Zwangsgemeinschaft die ‚Nach-Feierabend-Menschlichkeit', sogar eine ‚Während-des-Dienstes'-Variante derselben, die durch einen jungen Anführer vertreten und praktiziert wurde, einen edel aussehenden ehemaligen Studenten der evangelischen Theologie, der sich manchmal uns näherte, um ‚ins Gespräch zu kommen'. Ich hatte für ihn immer eine Spezialmischung aus verfaulten

Kartoffeln und Fäkalien bereitstehen, die ich um mich herum ausleerte, während Engel in seiner christlichen Demut tatsächlich mit ihm ‚ins Gespräch kam‘ und — etwa zweimal in den vierzehn Tagen je drei Minuten — Worte wie ‚Notwendigkeit‘, ‚Weltgeist‘, ‚Schicksal‘ entgegennahm, wie ein bescheidener Bettler eine Scheibe vertrockneten Brotes entgegennimmt.

Inzwischen war die 7 längst in Waidmarktnähe, und ich dachte nur noch an Hildegard Bechtold. In den vergangenen vierzehn Tagen hatte ich manchmal vorgehabt, sie schriftlich blindlings um ‚ihre Hand zu bitten‘ (ich wußte damals keinen anderen und weiß bis heute keinen besseren Ausdruck), aber gerade in diesen Tagen bedrängten mich meine abendlichen Briefkunden über die Maßen, bedrohten mich, weil ihnen mein Vokabularium nun doch zu ‚fein‘ wurde. Die groben Zärtlichkeiten, die meine Briefkunden ihren Partnerinnen mitzuteilen wünschten (primäre wie sekundäre Geschlechtsmerkmale wurden miteinander, diese Kombinationen wiederum mit allen möglichen Körperteilen kombiniert), verlagerte ich auf eine noch edlere Ebene, entwickelte einen Manierismus, der mich heute noch befähigte, von jeglicher Art männlichem Absender an jegliche Art weiblichen Adressaten Briefe zu schreiben, die jede Zensur passieren würden, ohne daß irgend etwas verschwiegen oder ausgesprochen worden wäre. Ich könnte also auch jederzeit mein Brot als Briefsteller verdienen. Da ich immer schon gern mit möglichst schwarzer Tinte oder möglichst weichen Bleistiften auf möglichst weißes Papier geschrieben habe, rechne ich meine Briefstellerei zu den Vorteilen, deren ich mich nicht schäme.
Am Waidmarkt war meine Unruhe fast schon zur Nervosität geworden, kaum noch eine Minute, und ich würde am Perlengraben aussteigen. Die Entscheidung war gefallen. (Meine Mutter war tot, und ich wußte es.) Da ich auch hier, auf der Plattform der 7, durch einen Fäkaliengeruchsgürtel in meinem elfenbeinernen Turm gefangengehalten war, nahm ich die sogenannte Umwelt mit jener traumhaften Unschärfe (oder Schärfe) wahr, die sich beim Blick durch Gefängnisluken bildet. Ein SA-Mann (wie konnte nur ein Mensch solch eine Uniform anziehen!), ein offenbar zu den gebildeten Ständen zählender Herr mit Seidenkrawatte, ein junges Mädchen, das mit unschuldigen Fingern aus einer Papiertüte Weintrauben

aß, und die Schaffnerin, deren junges, etwas grobes Gesicht durch jene Direkt-Erotik, die Kölner Schaffnerinnen einmal auszeichnete, verschönert war — sie alle mieden mich wie einen Aussätzigen. Ich zwängte mich zum Ausgang durch, sprang ab, stürzte den Perlengraben hinunter, stieg drei Minuten später die Treppe zum vierten Stockwerk eines Mietshauses empor. Dem nach Wirklichkeit forschenden Interpreten schlage ich vor, mit drei Minuten Radius einen Halbkreis westlich Severinstraße um die Haltestelle Perlengraben zu schlagen, sich eine der Straßen auszusuchen, die in seinem Halbkreis hängenbleibt — um den Radius korrekt zu liefern, müßte ich allerdings meine Geschwindigkeit mitliefern: ich schlage irgendeine zwischen Jesse Owens und einem überdurchschnittlichen Amateur vor. Ich war nicht erstaunt, über der Wohnungstür der Bechtolds ein Transparent zu erblicken mit der Aufschrift: ‚Seht ihn! Wen? Den Bräutigam. Seht ihn! Wie? Als wie ein Lamm.' Als ich auf den Klingelknopf drücken wollte — fast überflüssig, das zu sagen, aber besser ist besser —, öffnete Hildegard die Tür, fiel mir in die Arme, und aller schlimme Geruch war von mir genommen.

3

Es liegt weder in meiner Absicht, noch liegt es innerhalb meiner Fähigkeiten, hier auch nur andeutungsweise die Macht der Liebe zu schildern oder gar zu erklären. Eins steht fest: Liebe auf den ersten Blick war es nicht. Erst eine Stunde später, als ich schon die Einweihungsriten der Bechtoldsippe überstanden hatte, der Verlobungskaffee schon getrunken, der Verlobungskuchen halb verzehrt war, kam ich dazu, Hildegard richtig anzusehen. Ich fand sie viel schöner, als die Ähnlichkeit mit Engel hatte versprechen können, und ich war erleichtert darüber. Obwohl ich sie schon seit vierzehn Tagen liebte, war es doch angenehm, sie schön zu finden. Wenn ich jetzt mitteile, daß wir, Hildegard und ich, uns von nun an nicht sehr oft, aber sooft wir konnten in den Armen lagen, und noch einmal ins Gedächtnis rufe, daß ich diese Tatsache der Lenkung jener himmlischen Vernunft zuschreibe, die mir eingab, beim Kommando ‚Spaten ab' plötzlich alles Gelernte zu vergessen, so werden, fürchte ich, um ihre Söhne besorgte Eltern jetzt auf den Gedanken kommen, ihre Söhne nicht nur aus erzieherischen Gründen zum Militär zu schicken, auch, auf daß sie auf dem Umweg über das falsch ausgeübte Kommando ‚Gewehr ab' (Spaten haben sie ja heutzutage nicht mehr) zu einer so lieben, so klugen und schönen Frau kommen wie ich. Deshalb möchte ich hier warnend an das Märchen von Frau Holle (und andere einschlägige Märchen) erinnern, in denen der absichtslos Gutes Tuende weitaus bessere Früchte erntet als der absichtsvoll ihn Nachahmende, und möchte noch einmal beschwören: ich tat's nicht absichtlich. (Hier lasse ich etwas Platz für die knirschenden Zähne der Zornigen, die, absichtstrunken, wie sie nun einmal sind, nicht wahrhaben wollen, daß eine himmlische Vernunft den Absichtslosen zum Guten führen kann.) Natürlich sind mir nicht alle Absichten jener lenkenden Vernunft bekannt: *eine* hat bestimmt darin bestanden, die Familie Bechtold nicht nur auf Kriegs-, sondern auf Lebenszeit mit Kaffee zu versorgen (mein Vater betrieb einen Kaffeegroßhandel, den ich inzwischen geerbt habe). Eine Nebenabsicht: mir in Gestalt meiner beiden Schwäger jene Zwanzigerjahredämonie vor Augen zu führen, von der ich bis zum 22. September 1938 keine Ahnung hatte (Kind bürgerlicher Eltern, Abitur, ein Semester Bertram, bis dahin keine Mitgliedschaft in NS- und anderen Organisationen). Weitere mögliche Absichten: mir in dem Augenblick, da meine Mutter gestorben war, meine Schwiegermutter zu bescheren, die mich liebte wie meine eigene Mutter (sie wäre nicht nur bereit gewesen, sich scheintot zu stellen, in ihrer direkten Art ging sie später so weit, sich zum Wehrbezirkskommandeur durchzuschlagen und ihn ein ‚schwachsinniges, spießiges, idiotisches Stück' zu nennen, weil er mir einmal nicht den Urlaub verlängern wollte, als meine kleine Tochter Scharlach hatte). Andere Absichten: meinem Vater in Gestalt des alten Bechtold auf Lebensdauer einen Gesprächspartner zuzuführen, mit dem er über die Nazis schimpfen konnte, oder Engels jüngsten Bruder Johann, der ein leidenschaftlicher Zigarettenraucher war, für die Dauer der Tabakrationierung, also für fast elf Jahre, mit meiner Ration zu versorgen. Möglicherweise hat diese lenkende Vernunft auch einen ökonomischen Ausgleich im Sinn gehabt: wir hatten Geld, die Bechtolds nicht. Sicher bin ich nur, was den Kaffee betrifft: keine Familie wäre in Zeiten, die wir kommen sahen, ohne Kaffee so aufgeschmissen gewesen wie die

Bechtolds. Jedes einzelne Familienmitglied fragte bei jeder Gelegenheit: „Soll ich noch etwas Kaffee machen?", obwohl man jederzeit sicher sein konnte, daß schon vier- oder fünfmal Kaffee aufgegossen worden war. Später, als der Krieg wirklich ausbrach, beging ich gleich zwei Kapitalsünden auf einmal: ich huldigte sowohl der Statistik wie der Psychologie: indem ich den Bechtoldschen Kaffeeverbrauch von etwa zweihundert Pfund jährlich auf fünfundsiebzig herabsetzte, die Kriegsdauer — ob aus Pessimismus oder mystischer Verliebtheit in die Ziffer 7, weiß ich nicht — auf sieben Jahre und meinen Vater veranlaßte, eine entsprechende Menge Rohkaffee sicher einzulagern. Und ich hämmerte meiner Schwiegermutter Sparsamkeit im Kaffeeverbrauch ein, entwarf vor ihrem entsetzten Auge das Bild einer kaffeelosen Epoche, wenn sie nicht sparsam sei.

4

Bevor ich fortfahre, will ich feierlich versichern, daß von jetzt ab das Fäkalienthema so erledigt ist, wie Chopin schon auf Seite 189 war. Auch mit der Schilderung erzieherischer Maßnahmen bei militärischen Organisationen bin ich am Ende. Es könnte zu leicht der Verdacht entstehen, dieses Erzählwerk wäre antimilitaristisch oder gar abrüstungsfreundlich bzw. aufrüstungsfeindlich. O nein, es geht um Höheres, um — wie jeder unvoreingenommene Leser längst weiß — um die Liebe und um die Unschuld. Daß die Umstände, unter, die Details, mit denen ich beides hier zu schildern versuche, die Erwähnung gewisser Formationen, Organisationen, Institutionen notwendig macht, ist nicht meine Schuld, sondern die eines Schicksals, mit dem jeder hadern mag, soviel er Lust hat. Meine Schuld ist es nicht, daß ich deutsch schreibe, im Kartoffelkeller einer deutschen Schicksalsgemeinschaft von deren oberstem Anführer zum Juden gebrüllt, im Hinterzimmer eines rumänischen Trödlerladens von einer hübschen Jüdin zum Deutschen geküßt wurde. Wäre ich in Ballaghadereen geboren, so würde ich mit möglichst dunkler Tinte oder möglichst weichen Bleistiften auf möglichst weißem Papier von der Liebe und von der Unschuld unter ganz anderen Umständen, mit anderen Details erzählen. Von Hunden und Pferden und Eseln würde ich singen, von lieblichen Maiden, die ich nach dem Tanz hinter der Hecke geküßt, denen ich versprochen hätte, was zu halten ich vorhatte, dann aber nicht halten konnte: die Ehe. Von Heide, Moor, vom Wind, der in Torfgräben heult, dunkles Wasser in dunklen Torfgräben peitscht, daß sie aufwallen wie der schwarze Tweedrock einer Maid, die sich ertränkte, weil der, der sie küßte und ihr die Ehe versprach, Priester wurde und von dannen zog. Viele Seiten würde ich beschreiben, um das Lob der Hunde von Dukinella zu singen; diese klugen und treuen Tiere, reinrassige wie Bastarde, hätten längst ein Denkmal in Worten verdient. So, wie es aber ist, spitze ich den Bleistift aufs neue, nicht um Unerfreuliches zu berichten, sondern zu berichten, was war — und so kehren wir seufzend nach Köln zurück, in jene Straße, die im westlichen Halbkreis von drei Minuten um den Perlengraben herum zu finden wäre, wenn sie gefunden werden könnte. Versunken ist sie nicht, weggefegt worden ist sie, weggekratzt, und um im Malheft diese Seite nicht vollkommen blank zu halten und dem Unsinn Tür und Tor zu öffnen, gebe ich drei kleine Merkmale bekannt: ein Zigarettengeschäft, ein Pelzgeschäft, eine Schule und viele gelblichweiße Häuserfassaden, fast von der Farbe, doch nicht von der Größe wie ich sie in Pilsen sah. Ich schlage vor, daß gelehrige und folgsame Malschüler drei Bagger zeichnen, von denen je einer das Pelz-, das Zigarettengeschäft und die Schule wegträgt, und über die Seite als Motto schreiben: ‚Arbeit macht frei.‘

Schlimm ist nur, daß niemand wissen wird, wo sie die Plakette aufhängen sollen, wenn Engel eines Tages in den Geruch der Heiligkeit kommt. Ich weiß sehr wohl, daß ich nicht die Ritenkongregation vertreten, ohne advocatus diaboli gar keine Heiligsprechung anregen darf, aber da meine Konfessionszugehörigkeit ungeklärt ist, wird's, hoffe ich, niemand kränken, wenn ich einer Kirche, zu der ich wahrscheinlich nicht gehöre, einen Heiligen zuschanze. Es geschieht — wie alles in diesem Erzählwerk — ohne Absicht. Natürlich wird die Tatsache, daß Engel mir sowohl Heiratsvermittler wie Schwager gewesen ist, Böswillige sofort zu einem ‚Aha‘ veranlassen, aber kann ich nicht, da für die Malvorlage die Rubrik Religionszugehörigkeit freibleiben muß, wenigstens darauf hinweisen, daß ich mit Engel vierzehn Tage lang zusammen gewesen bin, und so ein wenig vom Geruch der Heiligkeit dazu benutzen, den Geruch der Fäkalien endgültig aus diesem Erzählwerk zu

vertreiben? Ich sehe schon, man gönnt's mir nicht und wittert Absichten. So lasse ich's dann, schon deshalb, weil Höflichkeit (angeblich) keine theologische Kategorie ist. Außerdem lebt mein Vater noch, ist längst nicht mehr Wechselkirchgänger, sondern gar keiner mehr, gibt mir keinen Einblick in seine Steuererklärung, schimpft immer noch gemeinsam mit dem alten Bechtold, meinem Schwiegervater, über die Nazis. Die beiden widmen sich ganz einem weiteren gemeinsamen Interesse: Kölner Schichten zu ergründen. Sie buddeln in einem Schacht, den mein Vater in unserem Hof hat graben und überdachen lassen, und versichern glaubhaft, wenn auch kichernd, die Überreste eines Venustempels entdeckt zu haben. Meine Schwiegermutter ist auf ihre reizende Art katholisch, ganz nach dem Kölner Motto: ‚Was katholisch ist, bestimmen wir hier selbst.' Wenn ich notgedrungen über Glaubensfragen mit ihr spreche (ich bin Vater einer vierundzwanzigjährigen Tochter, die auf innigen Wunsch meiner verstorbenen Frau katholisch erzogen wurde, dann aber evangelisch heiratete, selbst wieder Mutter eines auf ihren innigen Wunsch katholisch erzogenen dreijährigen Töchterchens ist), ihr an Hand glaubhafter Informationen beweise, daß ihre Ansicht nicht mit der von ihrer Kirche amtlich bezeugten übereinstimmt, so tut sie das mit einem Spruch ab, den ich nur zögernd wiedergebe: „Dann hat sich eben der Papst geirrt." Und wenn gar — was manchmal unvermeidlich ist — kirchliche Amtsträger zugegen sind und ihrem Privatpapismus widersprechen, bleibt sie unbeirrt und beruft sich auf etwas, das so wenig beweisbar wie widerlegbar ist: „Wir Kerkhoffs" (sie ist eine geborene Kerkhoff) „sind immer Instinktkatholiken gewesen." Es ist nicht meine Sache, ihr das auszureden. Ich habe sie zu gern. Um die Verwirrung über diese liebenswürdige Person (die während des Krieges einmal eigenhändig einen Feldjäger, der nach ihrem desertierten Sohn Anton fahndete, die Treppe hinunterwarf, buchstäblich warf) zu vervollständigen, füge ich als Detail fürs Malheft noch hinzu, daß sie sechs Wochen lang Zellenleiterin der KP gewesen ist, bis ihr klarwurde, daß ‚diese Sache' mit ihrem Instinktkatholizismus nicht übereinging, außerdem eine Rosenkranzbruderschaft geleitet hat und noch leitet.
Ich schlage als Grundierung für wenigstens eine der Seiten, die ihr im Malheft gewidmet werden, ein Blau vor, wie jedermann,

der je den Himmel über Neapel gemalt hat, es sicher bereit hat. Wenn der Leser jetzt ,gar nicht mehr weiß, was er von ihr halten soll', habe ich mein Ziel erreicht, und nun darf jeder zu Farbstiften, Malkasten oder Palette greifen und meiner Schwiegermutter jene Färbung geben, die für ihn der Ausdruck für ,zwielichtig' oder ,skandalös' ist. Ich schlage ein mattes, auf Rot zu changierendes Lila vor. Sehr viel mehr werde ich über meine Schwiegermutter nicht berichten, sie ist mir zu kostbar, als daß ich sie ins volle Licht stellen möchte; ich halte den größeren Teil von ihr in meiner privaten Dunkelkammer fest. Gern gebe ich noch äußere Merkmale von ihr preis: sie ist klein, ursprünglich zart gewesen, ,aber tüchtig in die Breite gegangen', immer noch trinkt sie ungewöhnliche Mengen Kaffee, hat sich im hohen Alter, mit zweiundsiebzig, noch ans Rauchen gegeben und befaßt sich mit ihren Enkelkindern auf ,ganz und gar unfaire Weise': die Kinder meines verstorbenen Schwagers Anton, der ein ,erklärter Atheist und vollkommen linker Bruder war', zwei junge Mädchen zwischen achtzehn und einundzwanzig, schleppt sie in die Küche ab, betet mit ihnen Rosenkranz und sagt ihnen das Glaubensbekenntnis vor; die Kinder meines überlebenden Schwagers Johann (ein Junge, ein Mädchen, zehn bzw. zwölf), die in starrer Kirchengläubigkeit erzogen werden, ,impft sie mit Renitenz und Aufruhr'. (Alles, was in Anführungszeichen steht, sind wörtliche Zitate von ihr.)
Ich bin für sie immer noch ,der nette Junge, der meine Hilde so glücklich gemacht und mit meinem Engel monatelang (dabei waren es nur zwei Wochen) Scheiße getragen hat'. (Wieder bin ich um der historischen Echtheit willen gezwungen, das harte Wort zu nennen.) Beides hat sie so wenig vergessen wie die Tatsache, daß ,der mich in Krieg und Frieden immer mit Kaffee versorgt hat'. Vielleicht spricht es für sie, daß sie meine materiellen Verdienste immer zuletzt nennt. Im übrigen hält sie mich für ,wahnsinnig naiv', schon deshalb, weil ich ,tumb genug war, es soweit kommen zu lassen, daß regelrecht auf ihn geschossen, daß er sogar getroffen wurde'.
Dafür hat sie kein Verständnis. Sie meint, ein ,intelligenter Mensch, der tatsächlich und nachweisbar mit der Sache (damit meint sie in diesem Fall die Nazi-Angelegenheit) nichts zu tun hatte, hätte das vermeiden müssen'. Wahrscheinlich hat sie recht, und wenn ich mit ihr zu argumentieren beginne und sie

daran erinnere, wie Engel gestorben ist, sagt sie: „Du weißt ganz gut, daß Engel nicht intelligent oder mehr als das war", und damit hat sie recht. Ich weiß selbst nicht, warum ich es dazu kommen ließ, daß tatsächlich auf mich geschossen, daß ich sogar getroffen wurde, warum ich mich, obwohl ‚vom Schießen befreit', in die Schußlinien begab, ohne selbst zu schießen. Es bleibt ein dunkler Punkt in meinem Bewußtsein und meinem Gewissen. Wahrscheinlich war ich es einfach leid, Chopin zu hören; vielleicht war ich auch nur des Westens müde und sehnte mich nach dem Osten; ich weiß nicht genau, was es war, das mich das Attest des beratenden Ophthalmologen der Heeresgruppe West einfach ignorieren ließ. Hildegard schrieb damals, sie verstehe mich, aber ich selber verstand mich nicht. Meine Schwiegermutter hat schon recht, wenn sie das Wort tumb mit meiner damaligen und heutigen Haltung in Zusammenhang bringt. Es bleibt vollkommen ungeklärt, dunkel, und ich bevollmächtige jeden, mit schwarzer Tusche und einem Wattebausch mir dort, wo mein Bewußtsein untergebracht sein müßte, einen saftigen Klecks ins Malheft zu hauen. Den Gedanken an Desertion jedenfalls hatte ich aufgegeben, es lockte mich nicht, die jeweilige Gefangenschaft mit irgendeiner zu vertauschen. „Was spielen denn die Russen so auf dem Klavier?" fragte mich meine Schwiegermutter, wenn ich aus der Schußlinie vorübergehend nach Hause kam. Ich sagte wahrheitsgemäß, ich hätte erst ein paarmal Klavierspiel gehört und immer Beethoven. „Das ist gut", sagte sie, „sehr gut."

Hier, in der Mitte unseres Idylls, will ich eine Pflicht nachholen und eine oder zwei Seiten für die Errichtung einer Andachtsnische vorschlagen, in der ich nur die Gefallenengedenktafel für die Verstorbenen dieses Erzählwerks ausfülle.

1. Hildegard Schmölder, geborene Bechtold, geboren am 6. Januar 1920, gestorben am 31. Mai 1942 während eines Bombenangriffs auf Köln in einer Straße Nähe Chlodwigplatz. Ihre sterblichen Überreste wurden nie gefunden.
2. Engelbert Bechtold, genannt Engel, geboren am 15. September 1917, erschossen am 30. 12. 1939 zwischen Forbach und St. Avold von einem französischen Posten, der ihn, der nur überlaufen wollte, für einen Angreifer gehalten haben muß. Seine sterblichen Überreste wurden nie gefunden.
3. Anton Bechtold, geboren am 12. Mai 1915, erschossen an

einem Februartag 1945 hinter der Terrasse des Café Reichard in Köln, zwischen dem jetzigen Funkhaus und der jetzigen Domherrensiedlung, nicht weit vom Verkehrsamt, just in front of the cathedral, wo heute ahnungslose Touristen und noch ahnungslosere Rundfunkredakteure Eiskaffee schlürfen. Seine sterblichen Überreste wurden nicht gefunden, wohl aber sein Dossier. Er wird in den Akten als ‚zweimal fahnenflüchtig' bezeichnet, des Diebstahls von und Schwarzhandels mit Heeresgut sowie beschuldigt, in den Kellern zerstörter Altstadthäuser in der Nähe der Hohepforte eine Gruppe von Deserteuren organisiert und zu regelrechten Abwehrkämpfen gegen die ‚Ordnungsorgane der großdeutschen Wehrmacht' formiert zu haben. Seine Witwe, Monika Bechtold, sprach einst sehr viel ‚darüber', heute spricht sie ‚nicht mehr darüber'.

Ich gebe diese kleine Totenkapelle inmitten unseres Idylls schmucklos, sozusagen als Rohbau. Mag jeder nach Wunsch oder Geschmack Heckenrosen, Stiefmütterchen oder Liguster als Schmuck verwenden. Sogar Rosen sind erlaubt, es dürfen auch Gebete gesprochen werden, es ist sogar gestattet, über die Vergänglichkeit des Menschen in seinem Gebein zu meditieren. Die, die beten möchten, bitte ich vor allem, Anton nicht zu vergessen: ich mochte ihn nie, ihm aber wünsche ich, wenn die Posaunen des Gerichts ertönen, einen Kuß vom lieblichsten der Engel des Gerichts, von einem Nebenengel, der nicht berechtigt ist, Posaune zu blasen, nur, sie zu putzen. Ich wünsche Anton Erlösung von seiner geheuchelten Dämonie, von seiner Verkanntheit und seiner Verkennung. Mag der Engel ihm zurückgeben, was auch er einmal gehabt haben muß: Unschuld.

5

Damit ist auch das Kriegsthema fast erschöpft, jedenfalls für die Dauer dieses Erzählwerks, und wir kehren in den tiefen, zu tiefen Frieden jenes Septembernachmittags zurück, an dem ich Hildegard zum erstenmal küßte und aller schlimme Geruch plötzlich von mir genommen war.

Was die Bechtolds ihre Diele nannten, war ein etwa acht Quadratmeter großes, lichtloses Viereck, von dem fünf Türen abgingen: drei in Schlafzimmer, eine in die Küche, eine ins Badezimmer. An den schmalen Mauerstürzen zwischen den Türen waren Garderobehaken direkt in die Wand geschlagen. Kleider, Mäntel, Jacken, Schals, zerschlissene Morgenröcke und ‚Mutters komische Hüte' baumelten daran, und bei jeder Gelegenheit klemmte sich manches in jede sich öffnende Tür, mußte rasch beiseite geschoben werden, manchmal von innen, wobei Hände geklemmt wurden.

In dem Augenblick, als Hildegard in meinen Armen lag, öffneten sich drei Türen: Frau Bechtold kam aus der Küche, der Alte aus dem Schlafzimmer, Anton und Johann aus ihrem Zimmer, und die vier stimmten gemeinsam — Hilde, die fünfte, weinte stumm und selig an meiner Brust — den Choral an: ‚Seht ihn! Wie? Als wie ein Lamm.'

Spätestens hier wird der kluge Leser wissen, was wir, er und ich, nun auch dem weniger klugen Leser nicht länger vorenthalten sollten: daß dieses Erzählwerk wirklich eine reine Idylle werden soll, in der Kloakendüfte dieselbe Funktion haben wie anderswo Rosendüfte, in der die Auseinandersetzung mit dem Krieg vermieden oder zumindest sehr reduziert wird, die Nazi-Angelegenheit wie etwas zwischen Schnupfen und Schwefelregen abgetan werden soll, und wenn auf einer der nächsten Seiten auch noch Engel und ich, räumlich voneinander getrennt, doch gemeinsam in die SA eintreten, wenn auch nur fiktiv, denn wir machten unseren Dienst ja anderswo und trugen nie die schreckliche SA-Uniform, so weiß jedermann, daß ich doch besser in Ballaghadereen geboren wäre, nicht das Kölner Wappen, sondern besser eine Leier als Wasserzeichen für mein Briefpapier gewählt hätte. Umsonst bin ich Deutscher, vergebens Kölner, und wenn ich noch gestehe, daß ich nach dem Krieg den väterlichen Kaffeehandel übernahm und mich im Augenblick standhaft weigere, empört oder beunruhigt zu sein, wenn der Umsatz des soeben abgelaufenen Jahres sich als dreikommasieben Prozent weniger gesteigert erwies als der Umsatz des Vorjahres, der um vierkommaneun Prozent gegenüber dem des Vorvorjahres gesteigert werden konnte, dann wird einleuchtend, daß meine Schwäger recht hatten, wenn sie mir den Spitznamen ‚Gänseblümchen' gaben. Vergebens versuche ich die Nervosität meines Prokuristen durch Gratifikationen zu beruhigen. Meine Anspielungen auf den feurigen Wagen, der Elias in den

Himmel entführte, versteht er nicht, so wenig wie die Tatsache, daß ich meiner dreijährigen Enkelin erlaube, mit unseren komplizierten und kostspieligen Buchungsmaschinen zu spielen; und wenn ich die Reparaturrechnungen dem Finanzamt aufbrumme, ist er empört, moralisch entrüstet, wie über die Tatsache, daß ich diese Errungenschaften der Wissenschaft als Weiterentwicklung des Webstuhls bezeichne. Seine Befürchtung, es ginge ‚abwärts', schreckt mich nicht. Wohin sonst sollte es gehen? Ich muß mich zurückhalten, wenn ich zum Leystapel hinunter-, die Frankenwerft entlanggehe: mich nicht hineinzuwerfen in die dunklen Fluten des Rheins. Nur die Hand meiner Enkelin hält mich zurück und der Gedanke an meine Schwiegermutter. Was soll mir der Kaffeehandel, wo ich Teetrinker bin?
Mein Vater und mein Schwiegervater halten mich nicht zurück. Ihr Alter hat sie über eine neue Schwelle des Genießertums getragen, die so alt ist wie der Schutt, in dem sie wühlen. Sie sind ‚ganz mit Köln verschmolzen', und nicht Weisheit, nur die geschwundene Potenz hindert sie daran, ihre kichernde Genüßlichkeit durch Venusfreuden zu vollenden. Der alte Bechtold, dessen proletarische Bravour mir einst imponiert hat, ist ganz soigniert geworden, und nicht nur die hechelnden Zungen, wenn die Alten aus ihrem Schacht hochsteigen, einen Stein oder eine bekritzelte Scherbe ans Tageslicht fördern, erinnern mich an Hunde. Ihr Kichern bestärkt in mir den Verdacht, daß wir nur Köder gewesen sind: Engel, Hildegard, ich, jeder ein Köder für jeden — und im Hintergrund muß immer jemand gekichert haben. Was mit uns geschah oder von uns getan wurde, paßte immer jemand: ob wir Kaffee abwogen, Fäkalien trugen, auf uns schießen ließen, lebten oder starben. Der Tod meiner Mutter paßte vorzüglich: den Bechtolds, mir, sogar meinem Vater, der ihre ‚Leiden nicht mehr mit ansehen konnte'; auch ihr, sie konnte die Visagen und Uniformen nicht ertragen, war nicht fromm und nicht unschuldig, nicht erfahren und nicht verdorben genug, in einer Kloake zu leben. Was der evangelische Pastor an ihrem Grab sagte, war so peinlich, daß ich es nicht wiederholen möchte. Gewisse Erscheinungsformen der Heuchelei übergehe ich mit himmlischer Höflichkeit. Wenn die Posaunen des Gerichts ertönen, werden die Engel ihm hoffentlich nicht alle Worte, die er in seinem Leben gesprochen hat, wie ein ganzes Gebirge

aus Zuckerwatte in den Mund zurückwürgen.
Als er nach der Beerdigung meinem Vater und mir kondolierte, blickte er mißbilligend auf meine Zivilkleider, flüsterte streng: „Warum tragen Sie nicht das Kleid der Ehre?“, und dieser Bemerkung wegen erkläre ich ihn hiermit zur unsympathischsten Person dieses Erzählwerks, für weitaus unsympathischer als den Anführer, der uns im Kleid der Ehre den Schneckensegen erteilte. Dem Pfarrer hielt ich nur stumm meine schmutzigen Fingernägel hin, wie zum Appell. Das ist die einzige absichtliche Frechheit, der ich mich rühmen kann. Ich sah ihn erst zwanzig Jahre später als Onkel meines Schwiegersohnes bei der Trauung meiner Tochter wieder, hielt ihm wieder meine — diesmal sauberen — Fingernägel hin, und das war keine absichtliche Frechheit, sondern, wie jeder Psychologe weiß, nur eine simple Reflexbewegung. Er wurde knallrot, stotterte, als er weitersprach, lehnte unsere Einladung zum Frühstück ab, und mein Schwiegersohn ist mir heute noch böse, weil ich ‚die Harmonie des Tages‘ gestört habe.
Dieses Vor- und Zurückgreifen mag den Leser nicht nervös machen. Spätestens im siebten Schuljahr weiß ja jedes Kind, daß man das Wechsel der Erzählebene nennt. Es ist nichts anderes als der Schichtwechesl in der Fabrik; das heißt: bei mir sind durch diese Wechsel die Stellen markiert, wo ich meinen Bleistift neu spitzen muß, bevor ich weitere Striche und Punkte liefere. Man sieht mich hier als Einundzwanzigjährigen, als Dreiundzwanzigjährigen, wird mich als Fünfundzwanzigjährigen sehen, dann erst wieder als fast Fünfzigjährigen. Man sieht mich als Bräutigam, als Ehemann, dann erst wieder als Witwer und Großvater — fast zwanzig Jahre sind unbeschriebene Blätter, für die ich wohl einige dekorative Formen, aber keinerlei Inhalte liefern werde. Gehen wir rasch mit neugespitztem Bleistift auf die Ebene ‚Nachmittag des 22. September 1938, gegen Viertel nach fünf‘ zurück.

6

Das Begrüßungslied ist verklungen, ich spüre Hildegards Tränen feucht auf Hals und Wangen, einige ihrer langen Haare liegen, lochnerblond, auf meinem weißen Hemd. Aus der offenen Küchentür dringt der Geruch frisch aufgegossenen

Kaffees — wer wird mir einen Tee machen in diesem Haus? —, frischgebackenen Rodons (anderswo Gugelhupf geheißen). Durch die offene Schlafzimmertür sehe ich Anton Bechtolds Staffelei, auf der ein wüstes, ganz in Violett und Gelb gehaltenes Malwerk eindeutig (für meinen Geschmack *zu* eindeutig) als eine auf violetter Couch ruhende nackte Frau zu erkennen ist. Durch die andere offene Tür erblicke ich einen ganzen Stapel Lederstücke, ungefähr fünfzig mal achtzig Zentimeter groß, rotgelb, einen Schusterstuhl und eine in einem riesigen, als Teich mit Schwänen aufgemachten Aschenbecher verqualmende Zigarre. Der alte Bechtold hatte nach einem mißglückten Vergleichsverfahren und einem geglückten, aber nicht betrügerischen Bankrott seinen Schuhmacherladen schließen müssen, betrieb jetzt im Wohnzimmer eine kleine Flickschusterei und verdiente im übrigen sein ‚Brot kann man's nicht nennen, nennen wir's schlicht Luft' (Zitat von meiner Schwiegermutter) als Ledervertreter.
Verlegenes Schweigen herrscht, wie es nach Wundern wohl natürlich ist. Wenn hier einer gern fragen möchte: „Woher wußten die Bechtolds, daß Sie kommen würden, und wenn sie wußten, daß Ihre Mutter gestorben war — woran übrigens genau gestorben? —, wie konnte Engelbert Ihnen dann so rasch Nachricht zukommen lassen, daß der Empfang für Sie so gut vorbereitet werden konnte?", so bleibt mir als einzig ehrliche Antwort jenes Achselzucken des vollkommen Ahnungslosen, mit dem ich schon so manchen Frager zur Verzweiflung gebracht habe. Wenn ich gar noch erkläre, daß das Lager jener Schicksalsgemeinschaft mehr als dreihundert Kilometer von Köln entfernt und mitten in jenen Wäldern lag, aus denen die meisten der Grimmschen Märchen stammen; daß Engel permanente Ausgangssperre hatte, die Bechtolds zwar gewußt haben müssen, daß ich kam, aber nachweislich nicht wußten, daß meine Mutter gestorben war — so kann ich nur auf englische Boten oder tam-tam-artige Nachrichtenmittel verweisen; *ich* jedenfalls weiß keine andere Erklärung — und mitten in dieses verlegene Schweigen hinein sagte der alte Bechtold mit einer Kopfbewegung, die mich gruseln machte (sie erinnerte mich so an Schergenkopfbewegungen): „Am besten macht ihr's gleich mit ihm ab." Ich wurde aus Hildegards Armen gerissen, in Richtung Staffelei weggeführt, eine Tür wurde hinter mir zugeworfen. Ich sah zwei unordentliche

Betten, zwei Kommoden, ein Bücherregal mit verdächtig wenig Büchern (etwa sieben bis zehn), aber viel Malzeug, im übrigen aber etwa zwölf frische Malwerke, die alle einer von Anton gemalten Sündenserie entstammten (‚Sünde bürgerlich, Sünde kleinbürgerlich, Sünde proletarisch, Sünde kirchlich' etc.). Ich wurde auf eine hölzerne Wäschekommode gedrückt, Johann gab mir einen ledernen Würfelbecher in die Hand und forderte mich auf, ‚auf dem Fußboden mein Glück zu versuchen'. Ich schüttelte den Würfelbecher, stülpte ihn auf den Boden — es war mein erstes und letztes Würfelspiel, und doch nickten Anton und Johann anerkennend zu meiner Technik. Ich warf zwei Fünfen und eine Sechs, was den rauchenden Johann veranlaßte, wütend mit seiner Zigarette in die Luft zu schnippen und „Scheiße" (Zitat!) zu rufen. Ich muß hier zur Ergänzung beifügen, daß diese beiden männlichen Bechtolds im Gegensatz zu Engel und ihrem Vater dunkelhaarig, klein, zäh waren und kleine Teufelsschnurrbärtchen trugen. Als ich, nachdem die beiden kümmerliche Zweien und Dreien gewürfelt hatten, schüchtern nach dem Einsatz fragte, wurde ich stumm aufgefordert, ein zweites Mal zu würfeln, und als ich dieses Mal zwei Fünfen und eine Vier warf, stießen die beiden düstere Worte aus, die ich mit der gleichen himmlischen Höflichkeit übergehe wie des Pfarrers Heuchelei. Gewisse Formen männlicher Offenheit in der Sexual-Terminologie sind mir so verdächtig wie Zuckerwatte, es sei denn, es handele sich wie bei Zuhältern um Berufsjargon. Ich war wohl auch wegen meines Umganges mit Zuhältern in diesem Punkt etwas verwöhnt, stilempfindlich; jedenfalls errötete ich nicht, was die beiden erwartet zu haben schienen. Ich schwitzte, spürte, daß der schlimme Geruch mir plötzlich wieder anhaftete, erfuhr aber erst, als ich auch die dritte Runde klar gewonnen hatte, worum hier gewürfelt wurde: wer von den drei Brüdern Bechtold das schwere Los auf sich nehmen sollte, in die SA einzutreten. Ich war ausersehen, stellvertretend für Engel den Würfelbecher zu schwingen. Dem alten Bechtold war von einem ehemaligen Schulkameraden, dem unter anderem die Lederversorgung der SA-Stürme Köln Mitte-Süd, -West und -Nord oblag, angedeutet worden, er könne ‚mit einem beträchtlichen Auftrag rechnen, wenn sich wenigstens einer deiner Söhne entschließt, in unsere Reihen einzutreten'. Daß trotz Widerspruchs meiner Schwiegermutter einer eintrat,

trotz meiner Würfelsiege Engel es war, der um Aufnahme in die SA bat, ich ihn dort nicht allein lassen wollte und gleichzeitig mit ihm um Aufnahme bat; daß wir beide unglückseligerweise angenommen wurden, obwohl unser oberster Anführer uns ein sehr schlechtes Zeugnis ausstellte, ich nicht einmal einen Taufschein vorweisen konnte — solche komplizierten Vorgänge zu erläutern oder gar glaubhaft zu machen, übersteigt meine Fähigkeiten: ich schlage für diese Seite des Malheftes ein wildes Bleistiftgewölle vor, das als stilisiertes Dickicht gelten mag. Wenn ich nun noch gestehe, daß ich jede, aber auch jede Kriegsweihnacht, wo immer ich sie auch verbringen mochte (eine verbrachte ich im Gefängnis), ein Päckchen mit einem halben Pfund Spekulatius, drei Zigaretten und zwei Printen geschickt bekam mit dem Absender ‚SA-Sturm Köln Mitte-Süd' und einem hektographierten Schreiben, das anfing mit ‚An unsere SA-Kameraden an der Front' und unterzeichnet war mit ‚Euer Euch mit seinen Wünschen begleitender Sturmführer', so weiß jeder, daß ich mit Recht in die Kategorie der Nutznießer des Systems eingeordnet worden bin, wenn auch der alte Bechtold nie seinen Auftrag bekam und niemals auch nur eine Unze Leder an die SA verkaufte. Es ist bitter genug, Torheiten zu begehen, noch bitterer aber sind vergebliche Torheiten. Immerhin setzt mich dieses Geständnis in die Lage, für sechs meiner Lebensjahre einen saftigen Beitrag für die jeweilige Seite des Malheftes zu liefern: je einen viereckigen, etwa sechs mal acht Zentimeter großen Karton.
Ich will nicht versäumen, den außer meinem Vater, meiner Schwiegermutter und meinem Schwiegervater einzig Überlebenden des Jahres 1938 zu erwähnen: mein Schwager Johann. Nach sündhafter Jugend ließ er sich im Krieg tatsächlich stählen und reinigen, kehrte, ganz der (katholischen) Religion seiner Väter zurückgegeben, als ehemaliger Feldwebel der Infanterie heim, studierte, promovierte, ergriff die ehrenwerte Laufbahn eines Textilkaufmanns (Dr. rer. pol.), tut heute seinen verstorbenen Bruder ‚als radikal linken Vogel' ab. Mich behandelt er mit Mißtrauen, weil der Makel der SA-Mitgliedschaft immer noch an mir haftet. Natürlich weigere ich mich aus himmlischer Höflichkeit, ihn an die Würfelszenen im Schlafzimmer meiner Schwäger zu erinnern. Ich glaube, wenn ich ihn tatsächlich daran zu erinnern versuchte, würde er mich anblicken, als wäre ich ein Lügner.

Wenn ich weder meine Tochter noch meine Enkelin, nicht meinen Schwiegersohn noch meine Schwiegermutter als Überlebende oder einfach Lebende hier erwähne, so deshalb, weil ich mit ihnen noch etwas vorhabe. Ich werde sie in der Reihenfolge, in der sie mir sympathisch sind, auf den abschließenden Seiten dieses idyllischen Malheftes als Schlußsteine verwenden. Ich werde sie ein wenig behauen, stilisieren, auf daß sie sich einfügen und dekorativ wirken.

Wenn meine Schwiegermutter damals auf einer raschen Hochzeit bestand, geschah das nicht aus Berechnung, wenn sie mir auch immer wieder gesteht, wie froh sie war, ihre Tochter so gut unter die Haube zu bekommen. Es war ihre Sorge um Legalisierung und Sanktionierung von etwas, das sie ‚evidente Sinnlichkeit' und ‚dieses ewige Miteinander' nannte. Sie gab auch offen zu, daß sie Angst vor ‚unehelichen oder verdächtig kurz nach der Hochzeit geborenen Enkelkindern' habe. Da ich großjährig war, die Fotokopiermaschinen im Zuge der Arier-Nachweis-Bewegung auf Hochtouren liefen, jede Urkunde rasch um geringen Preis zu beschaffen war (außer meinem Taufschein), gab's nach einer hastigen und tristen Beerdigung (meiner Mutter) eine hastige Hochzeit, von der sogar ein Foto existiert. Hildegard wirkt auf diesem Foto überraschend melancholisch, man kann die höhnisch grinsenden Gesichter meiner beiden Schwäger bewundern. Es gibt eine standesamtliche Heiratsurkunde mit Hakenkreuzen und Hoheitsadlern, in der ich als ‚Student der Philologie, zur Zeit Arbeitsmann' bezeichnet werde. Da unser Bund auf Hildegards Wunsch auch kirchlich gesegnet wurde, gibt es auch eine kirchliche Heiratsurkunde mit dem Stempel der Pfarre St. Johann Baptist. Ein Hochzeitsfrühstück gab's in der Bechtoldschen Wohnung (‚Nein, das laß ich mir nicht nehmen, nein'), es wurde auch eine Quadrille und eine Polonaise improvisiert, bevor wir in das hastig gemietete möblierte Zimmer Nähe Chlodwigplatz (Monatsmiete 25 Mark) entlassen wurden, um eine Ehe zu führen, die etwa dreiundzwanzig Stunden hätte dauern dürfen, doch fast eine Woche dauerte. Wenn jugendliche und auch ältere Leser diese Dauer als zu kurz für eine Ehe halten, so erlaube ich mir darauf hinzuweisen, daß schon manche Ehe von zwanzigjähriger Dauer nicht eine Woche gedauert hat, und wenn die Tatsache, daß ich nicht schon am ersten Tag, sondern erst am siebten verhaftet und in eine (andere) Zwangsgemeinschaft geführt wurde, Mißtrauen gegen oder Verachtung für die damaligen Behörden erweckt, muß ich auf die Standhaftigkeit der Sippe Bechtold und meines Vaters verweisen, die uns als ‚mit unbekanntem Ziel verreist' erklärten. Wer uns wirklich verraten hat, ist nie herausgekommen. Ich wurde im Butter-Eier-Käse-Geschäft Batteux auf der Severinstraße verhaftet, als ich, immer noch in olivgrüner Hose, mit einem blauweißgestreiften Einkaufsnetz Butter und Eier (schon auf Marken) für unser Frühstück kaufte (die frischen Brötchen hatte ich schon im Netz), während Hildegard unser Zimmer aufräumte. Tumb, in eine Art glückseliger Zeitlosigkeit versunken, nahm ich die beiden Kerle in olivgrünen Uniformen, die mich plötzlich am Arm packten, für einen bösen Traum, die Schreie der netten Verkäuferinnen bei Batteux für Sympathiekundgebungen (was sie auch waren). Ich leistete Widerstand, stieß auch (gegen meine Gewohnheit) Schimpfworte aus, zeigte bei den späteren Verhören nicht nur keine Reue, sondern offenbar etwas, das in den Akten hübscherweise als ‚trotziger Stolz' vermerkt ist. Die restlichen Wochen, die ich in der Schicksalsgemeinschaft hätte verbringen müssen, verbrachte ich in Gefängnissen und Verliesen verschiedener Art, wenige Tage davon im Kölner Stadtgefängnis, aus dem heraus ich den schriftlichen Antrag auf Aufnahme in die SA stellte. Engel habe ich nie, Hildegard erst ein dreiviertel Jahr später wiedergesehen. Wir durften ein paar zensierte Briefe wechseln; ein zensierter Brief ist für mich nie ein Brief gewesen, als Lebenszeichen lasse ich ihn gelten. Einige illegale Besuche, die Hildegard mir, ich ihr abstattete, kann ich nicht als Ehe, nur als Rendezvous bezeichnen. Inzwischen war ich, mit einem entsprechenden Dossier ausgestattet, von der einen in die andere Schicksalsgemeinschaft übergewechselt, führte noch einmal im Jahr 1940, als meine Tochter geboren wurde, fünf Tage Ehe, noch einmal vierzehn Tage im Anfang des Jahres 1941, nachdem ich von jener Kopfverletzung genesen war, die ein Franzose mir verschaffte, der allen Grund hatte, mich für seinen Feind zu halten. Ich lief nämlich in ihn hinein, als er nachts mit zwei Maschinengewehren, die aus der Waffenkammer meiner damaligen Schicksalsgemeinschaft stammen mußten, über die Straße lief. Ich bat ihn in bestem Oberinnenfranzösisch, mich doch nicht in eine Situation zu bringen, die mich zu Unhöflichkeiten —

welche, wußte ich überhaupt nicht — zwingen könne, die Dinger einfach hinzuwerfen und wegzulaufen oder meinetwegen *mit* den Dingern so wegzulaufen, daß ich, ohne unhöflich zu sein, ihm folgen könne, ohne ihn einzuholen, denn an Kampfhandlungen liege mir nichts — aber er ließ mich gar nicht ausreden, schoß mir mit seiner Pistole in den Kopf, ließ mich blutüberströmt auf der Straße liegen und brachte mich in die peinliche Lage, ‚mich überraschenderweise als Held zu entpuppen', wie der Anführer der Schicksalsgemeinschaft es später nannte. Dieser Zwischenfall ist mir äußerst unangenehm, ich erwähne ihn nur aus kompositorischen Gründen. Damit ist sowohl das Kriegs- wie das Ehethema erschöpft, und es werden fortan nur noch die Rosendüfte des Friedens herrschen. Notwendigerweise noch — aus quantitativen Gründen — zu erwähnende Kriegs- und Nachkriegselemente werde ich stilisiert bieten: entweder in Jugendstil, Spitzweg- oder Makart-Manier. Sie werden jedenfalls in Epochen der Kunstgeschichte zurücktransponiert, die sie postkartenreif machen. Dem Krieg gegenüber empfinde ich nicht gerade wie als Teetrinker gegenüber dem Kaffeehandel, eher wie ein Fußgänger gegenüber den Autos.

7

Als solcher — wie ein Fußgänger gegenüber den Autos — biete ich auch hier in einem besonderen Abschnitt etwas zeitgeschichtliches Material. Ich biete es roh, nackt, werde nicht meinen Bleistift, nur meine Schere damit befassen. Mag jeder damit oder daraus machen, was er will: für seine Kinder Ornamente herausschneiden oder sich die Wände damit tapezieren. Das Material ist auch nicht lückenlos, sondern sehr lückenhaft; wer will, mag sich einen Papierdrachen zusammenkleben und es hoch in die Lüfte steigen lassen oder sich mit der Lupe darüberbeugen und die Spuren der Fliegen zählen. Vergrößert oder verkleinert: das Material, das ich biete, ist echt; was einer damit anfängt, geht mich nichts an. Vielleicht eignet es sich gut, eine Art Trauerrand um die Seiten des Malheftes daraus zu kleben. Ich nahm das alles damals zwar wahr, aber nicht für wirklich — und so überlasse ich es jedem, sich seine eigene Wirklichkeit daraus zu bilden. —

In Aachen fand das erste Reichsschachturnier der NSG ,Kraft durch Freude' statt. Ein gewisser John verteidigte sich dort französisch, ein gewisser Lehmann damenindisch, Zabienski holländisch. Ein gewisser Tiltju schlug einen gewissen Rüsken, der mit seiner sizilischen Verteidigung nicht zum Zug kam.

In London trafen sich deutsche und englische Frontkämpfer und drückten ihren gemeinsamen Wunsch, ihre Sehnsucht nach einem *wirklichen* Frieden aus.

In Berlin tagten die Tierpsychologen. Es wurde während dieser Tagung festgestellt, daß die Tierpsychologen Bundes-, Kampf- und Arbeitsgenossen der Menschenpsychologie seien. Besonders nachdrücklich sprach ein Professor Jaensch zur Psychologie des Haushuhns und sagte, manche Probleme der Menschenpsychologie könnten von der Psychologie des Huhnes sehr stark gefördert werden, weil im Weltbild des Huhnes der Gesichtssinn ebenso das Leitende sei wie im Weltbild des Menschen. Das Huhn — sagte er — sei das Haustier des Psychologen, während man das Kaninchen als das Haustier des Physiologen bezeichnen könne.

Gleichzeitig fand in Berlin ein Kongreß für Heizung und Lüftung statt, in dessen Verlauf einige Lüftungsgrundsätze sowie die Lüftungsregeln des VDI eingehend besprochen wurden.

Bombenstimmung wie noch nie versprach in Köln ein Lokal, das sich „Zillertal" nannte. Millowitsch spielte ,Das Ekel', das Schauspielhaus ,Der Widerspenstigen Zähmung'.

In Köln trafen an diesem Tag fünfunddreißig Hitlerurlauber ein, die von irgendeinem Präsidenten herzlich begrüßt und darauf hingewiesen wurden, daß in diesen Tagen die Augen der ganzen Welt auf das Rheinland gerichtet seien.
Natürlich ging auch damals in Europa die Zahl der Geburten zurück.

Die Kameraden des ehem. I. R. 460 und der 237. I. D. kündigten ihr nächstes Treffen an. Im Salzrümpchen an der Rechtschule. —

Was den Fußball betrifft, so stellte sich an diesem Tag die große Frage: Behaupten sich die Tabellenführer?

In einer flott geschriebenen Reportage wurde über den Fortgang der Befestigungsarbeiten im Westen des Reiches geschrieben:

Da wir um die Ecke biegen, nähert sich auch schon die von zwei kräftigen Pferden den Berg heraufgezogene dampfende Feldküche. Es riecht nach Sauerkraut und Wellfleisch.

Es ist nicht leicht, einen bestimmten Platz zu finden. Alles ist noch so neu hier. Niemand kann hier Auskunft geben. Denn der Arbeitsmann kennt nichts von der weiteren Umgebung. Er weiß seinen Arbeitsplatz, er weiß den Weg zu seinem Lager. Das genügt ihm. Jeder gibt auch nur ungern und zögernd Auskunft. Alle haben ein gesundes Mißtrauen.

Überall sind Lager, eine ganze Menge von ihnen haben wir schon an unserem Weg gelassen, aber wir wollen dahin, wo gestern Dr. Ley gewesen ist.

Dort drüben ist ein Gemeinschaftslager im wahrsten Sinne des Wortes. Männer aus allen deutschen Stämmen haben sich hier zusammengefunden: aus Mecklenburg, aus Pommern, Hamburg, Westfalen, Thüringen, Berlin und auch aus ‚Köln' eine stattliche Zahl. Wir wissen es aus dem Krieg, daß da immer Humor und gute Stimmung war, wo in einem Truppenteil ein paar Kölner sich befanden. So ist es auch hier. Aber davon hängt es allein nicht ab. Die gute Stimmung hier, sagt der Chefkoch, ist das beste Zeichen dafür, daß die Leib- und Magenfrage gut geregelt ist. Wir glauben ihm das aufs Wort, denn der Rest des Mittagessens, das für uns übriggeblieben ist, schmeckt vorzüglich. Die Arbeitsfront hat die Verteilung der Lebensmittel in der Hand, sie beaufsichtigt diese Dinge genauso wie die ideelle Betreuung der Arbeitsmänner, und man muß zugeben, daß

ALLES NUR MENSCHENMÖGLICHE GETAN

wird. Jeder Mann bekommt je Tag: 125 Gramm Fleisch, 750 Gramm Kartoffeln, 250 bis 500 Gramm Gemüse je nach der Sorte, 750 Gramm Brot, 83 bis 70 Gramm Butter, 125 Gramm Wurst, Käse oder etwas Derartiges, außerdem zusätzlich Schokolade, Zigarren, Zigaretten oder Konserven.

Der Filmwagen ist dauernd unterwegs, in den Lagern ist für Rundfunk gesorgt, Büchereien sind vorhanden, Schach- und andere

Gesellschaftsspiele, auch Sportgeräte.
Wir haben es doch mit eigenen Augen gesehen: unsre Front im Westen steht. Deutsche Arbeit steckt in diesem Werk. Es ist das ganze deutsche Volk, das sich hier einen Schutzwall baut.

Mit KDF nach Griechenland und Jugoslawien. Fünf Ozeanriesen fahren 1938/39 nach dem Süden. Die NS-Gemeinschaft ‚Kraft durch Freude' hat für den kommenden Winter 1938/39 ein Programm von Mittelmeerreisen aufgestellt, das alles bisher Dagewesene übertrifft.

Ein Oberst im Generalstab mit dem Namen Foertsch veröffentlichte eine grundsätzliche Betrachtung über den Sinn der Reserveübung. Er gab in nüchternen Worten zu bedenken, daß die *personelle Wehrkraft* eines Volkes vor allem in den ausgebildeten Reserven liege. Gewisse negative Augenblicksstimmungen bei denen, die zum Wiederholungsdienst aufgefordert würden, sagte er, würden schnell verflogen sein, wenn sich jene Erkenntnis wieder eingestellt habe, die am Heldengedenktag 1935 das ganze Volk *einmütig* aufatmen ließ, als es die Wiedereinführung der Wehrpflicht vernommen habe. Die Erkenntnis des *Sicherungsbedürfnisses* des Staates und der *Opferwille der Nation*, das seien die Pole, zwischen denen das Ausmaß für die Durchführung der Sicherung zu suchen sei. Wenn eine ganze Generation, so schrieb er weiter, vier Jahre eines unbeschreiblichen Heldenkampfes durchführen konnte, dann nur deswegen, weil dieser Generation vier Wochen Übungszeit auch in der Reserve nicht zuviel gewesen seien.

Das Amt für Rechtsberatungsstellen der DAF gab eine Entscheidung des Reichsarbeitsgerichts bekannt (Nr. 154/37), worin sich das Reichsgericht mit der fristlosen Entlassung als Folge der *Ablehnung des Beitritts* zur DAF befaßt. Das Amt für Rechtsberatungsstellen stimmte dieser Entscheidung — daß fristlose Entlassung die Folge der Weigerung sein müsse — zu. Eine *fristgemäße* Kündigung wegen Nichtmitgliedschaft zur DAF werde ohnehin schon lange als unangreifbar erachtet, darüber hinaus sei auch eine *fristlose* Entlassung zulässig, wenn der Nichteintritt aus gemeinschaftsfeindlicher Einstellung zu erklären sei.

Jedes Haus muß für die Brandbekämpfung im Luftschutz vorbereitet sein und mindestens über einfache Luftschutzgeräte verfügen.

1. Wassereimer in möglichst großer Zahl.
2. Wasserfaß mit mindestens 100 Liter Inhalt.
3. Feuerpatsche zum Ausschlagen der Flammen und Bekämpfung schwer erreichbarer Brandherde. Sie besteht aus einer Stange mit einem Stück Tuch, das vor Gebrauch ins Wasser getaucht wird.
4. Sandkiste mit mindestens $^1/_4$ Kubikmeter Sand oder Erde und einfacher Sandschaufel (z. B. Kohlenschaufel) oder
5. Schippen, Spaten, Schaufel.
6. Äxte und Beile.
7. Einreißstange (Holz mit Stahlhaken).
8. Leine (lange, kräftige Wäscheleine).

Solche Geräte sind größtenteils in den Haushalten vorhanden oder können ohne besondere Unkosten hergestellt werden. Bei Aufruf des Luftschutzes müssen die Geräte nach den Anweisungen des Luftschutzwartes im Treppenhaus verteilt aufgestellt werden.

Wetteraussichten: Bei schwachen bis mäßigen, um Süd drehenden Winden morgen stärker dunstig, sonst heiter, zeitweise wolkig und mäßig warm. Weitere Aussichten: Trocken und freundlich. An der Grenze zwischen subtropischer Warmluft und milder Meeresluft kam es gestern über dem nordwestlichen Frankreich und dem Kanalgebiet zu Niederschlägen. Diese schwache Störungslinie vermochte jedoch nicht, ihren Einfluß wesentlich nach Osten auszudehnen. Infolge allgemeinen Druckanstiegs über West- und Mitteleuropa konnte anderseits das osteuropäische Hochdruckgebiet weiter nach Westen vorgreifen. Die atlantische Störungstätigkeit, die sich heute morgen durch einen Sturmwirbel zwischen Irland und Neufundland kenntlich macht, wird vorerst auch für Westdeutschland nicht wetterwirksam.
Höchsttemperatur: 23,3 Grad, Tagesmittel: 19,2 Grad, Tiefsttemperatur der letzten Nacht: 15,4 Grad. Keine Niederschläge.

Ein Bildhauer legte Wert darauf, der Öffentlichkeit mitzuteilen, daß ein Adler-Hoheitszeichen, das im Auftrag des Heeresbauamts für ein Stabsgebäude entworfen, von einer altbewährten Kunstschlosserei erstellt wurde — von *ihm* aber entworfen worden war.

Um auch nichtrheinischen Lesern Einblick in damalige Mutter-Poesie zu geben, übersetze ich ein plattkölsch geschriebenes Gedicht aus jenen Tagen in halbwegs annehmbares Hochdeutsch:

Junge, sieh dich in der Welt um,
es kann dir nichts schaden,
Mutter ist nicht traurig darum,
all deine Kameraden

sind längst aus dem Elternhaus,
sind nach Süden, nach Westen,
Mutter macht sich nichts draus.
„Junge, du warst der Beste.

Wie es dir auch draußen geht,
nie darfst du vergessen,
wo dein Heimathäuschen steht
und daß ich dich vermisse.“

Wie tapfer doch so eine Mutter ist,
tapferer als tausend Mann.
Dabei ist es ganz gewiß,
daß sie, wenn du draußen bist,
froh ist, wenn sie weinen kann.

Daß der Weltkongreß der Friseure in Köln angekündigt wurde, daß zwanzig Nationen ihre Teilnahme zugesagt hatten, daß zum erstenmal die Weltmeisterschaft der Friseure ausgetragen werden sollte, ein Wettbewerb um den von Dr. Ley gestifteten Wanderpreis angekündigt wurde — wird alle Bewohner wenigstens der Stadt Köln mit berechtigtem Stolz erfüllen.

Wenn ich hier noch von gewissen Aktivitäten des Kaninchenzüchtervereins in Bergisch-Gladbach berichte, so geschieht das nicht, um diese redlichen Menschen dem Spott auszuliefern. Auch nicht irgendwelcher Kompositionsüberlegungen im Zusammenhang mit dem oben erwähnten Kongreß der Tierpsychologen wegen, sondern aus einem gewissen Gerechtigkeitsgefühl, und besonders, weil einige meiner Freunde in diesem Städtchen wohnten. Der Kaninchenzüchterverein Bergisch-Gladbach kündigte seinen alljährlichen Familienausflug an, der diesmal ins Blaue führen sollte. Freunde und Gönner waren herzlich eingeladen, sich dem zu erwartenden Frohsinn nicht zu verschließen.

Daß fürs selbe Städtchen die Krieger- und Landwehrkameradschaft ihren Monatsappell ankündigte, die Ortsverwaltung der NS-Gemeinschaft ‚Kraft durch Freude' fröhliche und genußreiche Stunden versprach, erwähne ich nur der Vollständigkeit halber.

Noch einige Kleinigkeiten muß ich hier erwähnen, vorsichtshalber, denn obwohl sie ‚jedes Kind weiß', besteht Grund zu der Annahme, daß nicht jeder Erwachsene sie weiß, und so notiere ich eben vorsichtshalber noch einmal, was ‚jedes Kind weiß':

Daß in den Wochen um den 22. September herum, vielleicht gar an diesem Tag, im Kaiser-Wilhelm-Institut in Berlin-Dahlem jener neue Typus von Kernreaktionen entdeckt wurde, der uns allen bekannt ist. Wenige Monate später wurden mit aller Vorsicht, die der Wissenschaft eigen ist, die ersten Forschungsberichte publiziert, und wieder einen Monat später wußten die Kernphysiker in der ganzen Welt, daß die Atombombe technisch möglich war, ein neues Zeitalter sich ankündigte.

Daß an diesem Tag, dem 22. September 1938, der englische Premierminister Neville Chamberlain in Bad Godesberg eintraf, um über die sogenannte Sudetenkrise zu beraten, weiß nicht nur jedes Kind, fast schon jeder Säugling, ich wiederhole, bekräftige es hier nur für Erwachsene. *Als Chamberlain,* so schreibt ein Chronist jenes denkwürdigen Tages, *von Köln kommend eintraf, blickte er mit sichtlicher Freude aus seinem Fenster in das sonnenüberglänzte Rheintal hinaus und äußerte seine volle Zufriedenheit über die Wahl dieser sinnbildlich freien Aussicht. Er ließ sich mit jenem freundlichen und offenen Lächeln fotografieren, das durch seinen kühnen Flug gewissermaßen über Nacht in der ganzen Welt berühmt wurde.*

8

Meine dreijährige Enkelin nennt mich nie Großvater, immer nur du oder Wilhelm; wenn sie mit anderen über mich spricht, sagt sie ‚er hat' oder ‚Wilhelm hat'. So bin ich nie gefaßt, wenn sie mich nach ihrer Großmutter fragt. Ich erzähle ihr dann, während wir am Leystapel, der Frankenwerft entlang bis weit ans Kaiser-Friedrich-Ufer und zurück spazieren (langsam, ich bin schwach auf den Beinen), von Anna Bechtold, meiner Schwiegermutter: wie sie ihrer Händel mit den Feldjägern wegen im Siegburger Zuchthaus saß, zweimal ausbrach, einmal sich bis Gremberghoven, das andere Mal bis Köln-Deutz durchschlug, beide Male geschnappt wurde. Ich mache das balladesk auf, erzähle es im Ton einer Schinderhannes-Saga, lasse die niedersausenden Bomben heulen, Granaten krachen, schildere die Feldjäger in ihrer vollen abschreckenden Martialität. Dann zerrt die kleine Hilde mir ungeduldig an der Hand, macht mich darauf aufmerksam, daß sie nicht von ihrer Urgroßmutter, sondern von der Großmutter erzählt haben will. Ich klettere genealogisches Geäst hinauf und hinunter, bis ich den entsprechenden Zweig erreicht zu haben glaube, und erzähle ihr von Katharina Berthen, der Mutter ihres Vaters, meines Schwiegersohnes, einer Dame, die ich möglichst meide, obwohl sie eine Schönheit, mir gleichaltrig ist und seinerzeit Bestrebungen im Gange waren, mich mit ihr zu verkuppeln: sie erinnert mich zu sehr an die neckische Schar meiner Kusinen, deren Pfänderspiele mir in düsterer Erinnerung sind, düsterer als das professionelle Liebesgemach jener Dame Hertha, mit der ich so oft, wenn auch nicht in eigner Sache, Briefe gewechselt hatte. Die ungeheuerliche Mattigkeit professioneller Lasterhaftigkeit, nach fünf Berufsjahren fast schon wieder etwas wie Unschuld. (Ist er wirklich tot? Ja. Mit eigenen Augen gesehen? Ja. Wo? — Ach —

kein gedämpfter Trommelklang. Und er aß so gern Karamelpudding.) „Natürlich, die Berthen entstammen einer ururalten Kölner Familie, schon im ..." Nein, mit beiden Händen zerrt sie an meinem Arm wie an einem Glockenseil. Großmutter, das ist Hildegard. Es ist nicht leicht, sich vorzustellen, daß es jemand gibt, der an Hildegard als an seine Großmutter denkt. Was kann ich von ihr erzählen? Nichts. Daß sie blond war und sehr lieb, Gardinen so gern hatte wie Bücher und Geranien; daß sie bei Batteux immer mehr Eier bekam, als ihr zustanden? Wer vermag Unschuld zu schildern? Ich nicht. Wer vermag der Liebe Glück und Wonnen zu schildern? Ich nicht. Soll ich meiner dreijährigen Enkelin Hildegard wie einer Musterungskommission vorführen: sauber gewaschen und nackt? Ohne mich. Etwa drei Dutzend Frühstücke einzeln aufführen? Ich nicht. Einem dreijährigen Kind zu erklären, was Entfernung von der Truppe ist, ist gar nicht so schwer, aber von *welcher* Truppe, das traue ich mir nicht zu. Daß Menschwerdung dann beginnt, wenn einer sich von der jeweiligen Truppe entfernt, diese Erfahrung gebe ich hier unumwunden als Ratschlag an spätere Geschlechter. (Nur vorsichtig sein, wenn geschossen wird! Es gibt Idioten, die zielen und treffen!) Meiner Enkelin gegenüber beschränke ich mich auf eine Spitzweg-Variation: eine hübsche junge Frau beugt sich aus ihrem Dachstübchen auf die Fensterbank hinaus, begießt mit einer gelben Gießkanne ihre Geranien. Im Hintergrund steht Dostojewskis ‚Idiot' neben ‚Palma Kunkel', den Grimmschen Märchen und ‚Michael Kohlhaas' im Küchenschrank zwischen zwei Porzellantöpfchen, auf denen *Reis* und *Zucker* zu lesen ist, vor dem Schrank ein Kinderwagen, in dem ein Säugling brabbelt, dem jemand (ich! ich schlage mir reuevoll an die Brust!) aus Koppelschlössern und Hanfschnur eine Rassel gemacht hat. Auf den Koppelschlössern könnte man mit dem Fernglas des Schnüfflers einen von Ähren flankierten Spaten erkennen. (War das meine Mutter? Ja.) Wenn ich statt Leystapel und Frankenwerft Holzmarkt und Bayenstraße als Spazierweg wähle, mich dann in die Allee am Ubierring drängen lasse, zerrt kindliche Beharrlichkeit mich unerbittlich in die Straße hinein, deren Namen ich einmal preisgab, deren Lage ich einmal verriet. (Wo stand das Haus? Da. Wo war euer Zimmer? Ungefähr da. Wieso ist meine Mutter nicht von der Bombe getroffen worden? Sie war bei der Großmutter. Du meinst Urgroßmutter? Ja.) Feierlich verspreche ich, was ich zu halten gedenke: ihr aus dem Idioten, aus Michael Kohlhaas und Palma Kunkel vorzulesen. Aus den Grimmschen Märchen habe ich ihr schon vorgelesen. Unsere Spaziergänge Richtung Bayenstraße enden meistens bei der Urgroßmutter. Es wird Kaffee getrunken (nicht von mir), es wird Kuchen gegessen (Rodon, der anderswo Gugelhupf heißt, nicht von mir), es werden Zigaretten geraucht (nicht von mir), Rosenkränze gebetet (nicht von mir). Ich verschränke währenddessen meine Hände auf dem Rücken, gehe ans Fenster, blicke aufs Severinstor. Wenn irgendwelche Flugzeuge über der Stadt erscheinen oder — wie die Zeitungen es so hübsch nennen — über diese hinweghuschen, überfällt mich jenes plötzliche, fast epileptische Zucken, das meine Gesundheit so umstritten macht, und spätestens hier weiß jeder, was kluge Leser längst heraushaben: daß ich Neurotiker bin. Diese Anfälle dauern oft lange, auf dem Heimweg fange ich an, die Beine nachzuschleppen, mit den Armen zu zucken. Neulich erklärte eine Mutter ihrem etwa fünfzehnjährigen Sohn, indem sie mit dem Finger auf mich zeigte, laut und vernehmlich: „Siehst du, das ist ein echter Parkinson" — was ich nicht bin. Daß ich manchmal beim Anblick von Baggern ins gleiche Zucken verfalle, vor mich hin flüstere: „Arbeit macht frei", veranlaßte neulich einen jungen Mann, hinter mir her zu sagen: „Auch so einer!" Da ich — eine Folge der Kopfverletzung — auch noch stottere und nur Gesungenes mir glatt von den Lippen strömt — und was böte sich zum Singen Geeigneteres als der Vers ‚Deutsche Frauen, deutsche Treue, deutscher Wein und deutscher Sang'? —, bleibt mir ohnehin manches ‚Auch so einer!' nicht erspart. Ich bin daran gewöhnt. Die meist schmutzigen Fingernägel bei sauberen Händen, die Tatsache, daß ich keine Kriegsbeschädigtenrente beansprucht habe, also keinen Ausweis besitze, der die Herkunft meiner offensichtlichen Lädierungen bescheinigt, bringt mir zusätzliche ‚Auch so einer' ein. Hartnäckig verweigere ich diesen Tribut an den gesunden Menschenverstand.

Ratschläge nehme ich nur von meiner Schwiegermutter hin. „Du mußt dich rasieren. Kümmere dich mehr ums Geschäft. Ärgere dich nicht über diesen Berthen, den deine Tochter leider geheiratet hat. Näht dir denn keiner Knöpfe an? Komm her!"

Tatsächlich, im Nähen bin ich ungeschickt, und ich liefere gern ins Malheft für alle meine Lebensjahre zwischen einundzwanzig und achtundvierzig noch je ein Dutzend abgerissener Knöpfe, runde und längliche. Die runden mag der Leser so beliebig verwandeln und kolorieren wie die länglichen. Wenn ihm der Sinn danach steht, darf er die runden in Gänseblümchen oder Kamillenblüten verwandeln, er kann sie auch zu Münzen oder Uhren machen, zu Vollmonden, von oben gesehenen Zucker- oder Steckdosen; alles, was rund ist, sei seiner Phantasie als Knopfvariation erlaubt. Er kann Parteiabzeichen draus machen, SOS-Plaketten. Die länglichen Knöpfe, wie sie an Dufflecoats und einschlägigen Kleidungsstücken immer viel zu lose angenäht sind, eignen sich gut zur Verwandlung in Weinbrandbohnen, Halbmonde, Vanillekipferl oder Kommas, Christbaumschmuck oder Sicheln. Für jedes Lebensjahr bis 1949 rücke ich großzügig je ein Dutzend runder, für jedes Lebensjahr nach 1949 je ein halbes Dutzend runder und länglicher Knöpfe heraus und gebe noch einige abgerissene Reißverschlüsse drein, die sich vorzüglich zur Verwandlung in Dornengestrüpp oder Stacheldraht eignen. Winzige Hemdknöpfe — leider nur runde — streuen wir einfach noch — wie Zucker auf den fertigen Kuchen — ein paar Hände voll hinterdrein. Strumpflöcher, Hemdenlöcher, auch sogenannte Fünfen sind reichlich vorhanden, für Schnüffler besonders geeignet, denn wie jedes Kind weiß (ich sag's hier nur noch mal für Erwachsene, deren Gedächtnis so schwach ist), ist nichts so archäologieträchtig wie ein Loch. Ein Witwer, wie ich es bin, der sich immer so standhaft geweigert hat, Nähversuche zu machen, wie er sich standhaft geweigert hat, seine Schuhe zu putzen, hat Löcher genug zu bieten. Neulich sagte mir einer der wenigen Schuhputzer, die hier aufzutreiben sind, in vorwurfsvollem Ton: „Was ein gepflegter Schuh ist, scheinen Sie auch nicht zu wissen." Sicher war er einmal Spieß, und erziehen müssen die Deutschen ja immer. Meine Schwiegermutter erzieht mich nicht, sie zupft nur an mir herum, nimmt Flusen vom Mantel, rückt meine Schultern gerade, indem sie die Wattebäusche in Rock und Mantel ‚zur Fasson bringt', sie bückt sich, um meine Schuhriemen (nicht zu lösen, sondern) festzuziehen und einzustecken. Sie setzt mir den Hut auf, rückt ihn so, wie sie es für schick hält (damit meint sie, was in den Zwanzigern schick war), bricht unver-

hofft in Tränen aus, umarmt mich, küßt mich auf beide Wangen und behauptet, ich sei ihr immer mehr Sohn gewesen als alle ihre Söhne, außer Engel natürlich, „der viel mehr als ein Sohn war". Ihren Sohn Johannes bezeichnet sie schlicht als ‚Miefer', ihre Schwiegertöchter als ‚überflüssige Belästigung' und ihren Mann als ‚abtrünnigen Proleten', der, seit er sich auch noch einen Pudel zugelegt hat (gelbes Halsband, gelbe Leine), für sie vollkommen erledigt ist. „Wenn wir geschieden wären, könnten wir nicht geschiedener sein." Und wenn sie hinzufügt: „Du bist immer noch von der Truppe entfernt", dann weiß ich, was sie meint.
Hin und wieder lade ich sie zum Essen ein, spendiere ihr anschließend eine Taxifahrt durch Köln, um ihr so recht vor Augen zu führen, wie man eine zerstörte Stadt zerstören kann. Ich lasse mir Essen (sie hat einen gesegneten Appetit und weiß ‚was Gutes' zu schätzen) und Taxifahrt quittieren, schreibe auf die Quittung ‚Besprechung unter Geschäftsfreunden'. Mein so moralischer wie genauer Prokurist bekommt dann jedesmal eine kleine Gallenkolik, erstens, weil es heißen muß *mit* statt *unter*, zweitens, ‚weil es überhaupt unkorrekt ist'. Neulich im Taxi sah mich meine Schwiegermutter mit ihren dunklen Augen ‚durchdringend' an und sagte: „Weißt du, was du wirklich tun, was du anfangen könntest?" — „Nein", sagte ich beunruhigt. „Du könntest dein Studium wieder aufnehmen", sagte sie. Und es gelang ihr somit, mich zum erstenmal seit achtzehn Jahren zum Lachen zu bringen, auf eine Art, die ich ohne jede Einschränkung als herzhaft bezeichnen möchte. Zum letztenmal lachte ich so herzhaft, als mich ein amerikanischer Leutnant als ‚fockin' German Nazi' bezeichnete. Wahrscheinlich haben beide recht (gehabt): meine Schwiegermutter und der amerikanische Leutnant. Ich sang damals mit halblauter Stimme vor mich hin, was ich jetzt fast schon zwanghaft oft vor mich hin singe, besonders, wenn ich auf der Reichard-Terrasse sitze: „Deutsche Frauen, deutsche Treue, deutscher Wein und deutscher Sang..."
Manchmal sitzen wir auch miteinander auf der Reichard-Terrasse, und ich lasse sie, ohne Kommentare zu erwarten, zu geben oder gar Trost anzubieten, still vor sich hin weinen, über ihre verstorbenen Kinder und die Tatsache meditieren, daß keins ihrer toten Kinder auf einem Friedhof Ruhe gefunden hat. Kein Grab zu schmücken, nicht Traum und Täuschung

jener sanften blumengeschmückten Stille, die Friedhöfe für Romantiker (wie mich) so anziehend macht, für Neurotiker (wie mich) zu wahren Sanatorien, wo sie unter Bäumen und Büschen im Anblick Unkraut jätender Witwen (merkwürdigerweise gibt es kaum Unkraut jätende Witwer) über die Vergänglichkeit des Menschen in seinem Gebein meditieren.
Just in front of the cathedral, auf der Terrasse des Café Reichard, habe ich allen Grund, mir zu wünschen, ich stünde auf dem Marktplatz von Ballaghadereen und könnte dort auf den nächsten Zirkus warten, der in etwa acht Monaten kommen wird.
Wenn meine Enkelin mich fragt, warum ihre Urgroßmutter denn weine, ist sie den Kellnern und deren Kundschaft, denen eine ‚merkwürdig angezogene weinende alte Frau' peinlich ist, näher als uns, rückt uns mit einer solchen Frage in die Kategorie der Neandertaler. Meine Tochter und mein Schwiegersohn ‚weigern sich glatt', mit uns auszugehen. Meine Tochter hat noch Respekt genug, die Gründe für diese Weigerung nicht zu analysieren, aber mein Schwiegersohn bezeichnet uns als ‚irgend etwas zwischen Schwachsinn und Asozialität'. Die Enkelin hat noch jene Unschuld, die uns für sie gesellschaftsfähig macht. Wollte ich ihre Frage beantworten und ihr erklären, daß hier zwei oder drei Meter von uns entfernt einer ihrer Großonkel erschossen worden ist, sie würde mir weniger glauben als ihren beiden Urgroßvätern, die ihre Ausgrabungsergebnisse so genau zu datieren wissen. Wollte ich ihr gar erklären, daß es Menschen gibt, die an Gräbern, an Hinrichtungsstätten weinen, besonders dann, wenn einer der Hingerichteten ihr Sohn war, so würde wahrscheinlich sogar die Kleine schon wissen, daß solche Gefühlsäußerungen nur auf Komplexen oder Ressentiments beruhen. Nicht einmal der Hinweis auf die heilige Maria, die am Kreuz geweint haben soll, würde meine Schwiegermutter vor solchen Vokabeln, die Erschießung meines Schwagers Anton vor irgendwelchen Film-Assoziationen retten. Nicht weil, sondern obwohl sie katholisch erzogen wird, ist auch die Kleine nicht mehr zu retten. Sie wird ihre Religion wie ein Spezialparfüm tragen, das in einigen Jahren Seltenheitswert haben wird.
Während meine Schwiegermutter leise vor sich hin weint, ihre Tränen mit einem viel zu großen Taschentuch trocknet, meine Enkelin Eis ißt, denke ich mir einen echt brasilianisch klin-

genden Namen für unsere Rechnung aus, die ich meinem gewissenhaften Prokuristen als Steuerbeleg auf den Schreibtisch zu legen gedenke. Ich schwanke zwischen Oliveira und Espinhaço die ich hiermit zu Kaffeepflanzern oder Großhändlern ernenne und mit denen geschäftliche Besprechungen gehabt zu haben ich jederzeit beschwören werde. Ich werde den Schwurfinger heben, Oliveira oder Espinhaço aktenkundig machen. Wahrscheinlich werde ich ihm noch eine Margarita oder Juanita anhängen, der Blumen ins Hotel geschickt zu haben ich auch beschwören werde.
Muß ich, da ich schon bekannt habe, Teetrinker zu sein, mich noch dazu äußern, was mir der Kaffeehandel bedeutet? Nichts natürlich. Ich spüre nicht die geringste sittliche Bindung an diesen Geschäftszweig. Ich unterschreibe ungesehen alles, was mein Prokurist mir hinlegt. Hin und wieder nehme ich — notgedrungen — an Besprechungen teil mit Pflanzern, Großhändlern, Bankiers, und selbstverständlich habe ich für diese Zwecke im Schrank hängen, was man einen ‚schwarzen Anzug' nennt. Mein Stottern und mein nervöses Zucken wirken nicht nur attraktiv, sondern geradezu vornehm. Sie geben mir das Air einer gewissen Dekadenz, die durch die Tatsache, daß ich ostentativ Tee trinke, verstärkt wird. Auch nur andeutungsweise private Gespräche schneide ich mit einer kurzen Handbewegung und mit einer Miene ab, die das Beiwort ‚angewidert' verdient. Vertraulichkeiten sind mir immer unangenehm gewesen, und das ‚Menschlichwerden' erinnert mich zu sehr an Unmenschlichkeit. Mein Schwiegersohn, der an diesen Besprechungen teilnimmt, meinen Stil einerseits natürlich bewundert, andererseits aber (aus verständlichen Gründen) haßt, blickt mich dann an, als wäre ich eine ausgegrabene Statue, die sich überraschenderweise zu bewegen beginnt.
Bald werde ich ganz zu meiner Schwiegermutter ziehen, wahrscheinlich auch ihrem genialen Rat folgen, ‚meine Studien wieder aufzunehmen'. Ich muß nur noch abwarten, bis die Übergabe des Geschäfts an meinen Schwiegersohn rechtlich und faktisch vollzogen ist. Er selbst hat mich gewarnt, mir nahegelegt, die einzelnen Paragraphen unseres Vertrages genau durchzulesen ‚und nicht auf eine Humanität zu vertrauen, die es im Geschäftsleben einfach nicht gibt'. Dieser Hinweis ist fast human, auf jeden Fall gewissenhaft, und da ich gewissenhaften Menschen, die keinen Stil haben, mißtraue, werde

ich den Vertrag mit Vorsicht studieren. Der alte Bechtold hat sein Zimmer schon längst geräumt, doch es liegen dort noch Lederproben umher, und sein Schusterstuhl steht noch da (er hat ihn bei fünf Umzügen mitgeschleppt), obwohl er von dem Tag an, da ich mit seinen Söhnen um den Eintritt in die SA würfelte, keinen Schuh mehr repariert hat. Das Zimmer soll noch neu tapeziert, meine Möbel müssen noch aufgestellt werden. Für unser Zusammenleben hat Anna Bechtold ein Programm aufgestellt: ,Von der Truppe entfernt studieren.' Ich habe ihr versprochen, endlich, nach mehr als zwanzig Jahren, herauszufinden, was es mit dem ,rheinischen Gulden' auf sich hat, von dem Hildegard am Abend vor ihrem Tod, als sie die kleine Hildegard zur Großmutter brachte, so erregt gesprochen hat. Natürlich werden wir ,Verwandtenbesuche empfangen', wir haben, schon aus Versorgungsgründen, nicht vor, unseren Eingang zu vermauern. Johannes, der ,Miefer', wird kommen, die ,lästigen Schwiegertöchter', Enkelkinder, Urenkel. Mein Schwiegersohn wird hin und wieder kommen und mir durch ein pfiffiges Lächeln zu verstehen geben, daß es ihm doch gelungen ist, mich zu betrügen, und sein Gewissen wird ganz rein sein, weil er mich ja gewarnt hat. Sogar die romantischen Vorstellungen meiner Schwiegermutter über eine ,Studentenbude' nehme ich hin. Da sie erfahren im Umgang mit ,möblierten Herren' ist, übernehme ich, da ich selbst keine habe, ihre aus den Zwanzigern stammende Vorstellung von ,schick', die sie bisher nur an meinen Hüten hat praktizieren können. Sie hat sich sogar bereit erklärt, die Zubereitung von Tee zu studieren.
Habe ich schon notiert, daß sie zwar nicht Analphabetin ist, aber doch des Schreibens fast unkundig, und daß ich ausersehen bin, das Diktat ihrer Memoiren entgegenzunehmen: mit möglichst schwarzer Tinte auf möglichst weißes Papier? Sollte ich es noch nicht notiert haben, so hole ich es hiermit nach.

9

Mein Schwiegersohn bittet mich, da ich schon Familiengeheimnisse ausplaudere, um ,etwas mehr Publicity, notfalls negative', für sich und seine Frau. Meiner Tochter gegenüber bin ich in einer peinlichen Situation: bei Kriegsende, als sie vier

Jahre alt war, hatte sie tausend Bombenangriffe hinter sich (meine Schwiegermutter hat sich geweigert, Köln zu verlassen, ‚gerade weil zwei meiner Kinder hier gestorben sind') — und ich kann meiner Tochter einen gewissen Lebenshunger, der sich an der Oberfläche als nervöser Materialismus zeigt, nicht übelnehmen. Selbst ihre allerliebenswürdigsten Seiten — sie redet wenig, ist großzügig — sind mit Nervosität grundiert. Sie hat nicht viel Geduld mit mir (auf Grund gewisser Schädigungen bin ich langsam: beim Aus- und Ankleiden, beim Essen, und meine gelegentlichen Anfälle erfüllen sie mit Ekel, den sie nur schlecht verbirgt), aber ich bin nur zu sehr bereit, ihr für jeden Bombenangriff zehn Peinlichkeiten zu verzeihen, und so hat sie einen nie zu erschöpfenden Kredit. Die enttäuschende Tatsache, daß sie nicht Hildegard, sondern mir ähnelt (eine Tatsache, die ihr mehr Grund zum Ärger gibt als mir), erhöht ihren Kredit. Sie ist auch auf eine nervöse Weise religiös: genau, gesetzestreu, und auf Grund ihrer mischehelichen Situation gibt sie sich im Augenblick einer Konzilseuphorie hin, die nachlassen wird wie die Wirkung einer Droge. Das Lächeln, das wir tauschen, sooft wir uns begegnen, ist nur ein abgewandeltes Achselzucken. Sie steht ganz unter dem Einfluß meines Vaters, meines Schwiegervaters, sammelt schon fleißig ‚antike Möbelchen', mit denen sie meine Räume ausstatten wird, wenn ich wegziehe. Mit Innenarchitektenblick räumt sie meine Möbel schon aus, setzt ihre mit den Augen rein, mißt Abstände, Wirkungen, kalkuliert Farben, und es würde mich weder wundern noch kränken, wenn ich sie mit dem Zollstock in der Hand ertappen würde, falls ich unverhofft hereinkomme. Das ist unwahrscheinlich, auf Grund meines Schrägganges, kombiniert mit einer Beinverletzung, bin ich beim Treppensteigen so langsam wie geräuschvoll und kündige mich also frühzeitig an. Im Zusammenhang mit meiner Treppensteigtechnik habe ich schon einige Male das Wort ‚Schnecke' gehört. Aber den Schneckensegen hat mir noch keiner erteilt, auch von Menschwerdung und Fäkalientragen ist noch nicht die Rede gewesen. Manchmal werde ich auch als ‚Idealist' bezeichnet, weil ich keine Kriegsbeschädigtenrente in Anspruch nehme. Ich bin der bescheidenen Meinung, daß meine Motive realistischer Natur sind, mit meinem Anankasmus zusammenhängen. Sogar das quantitativ wie qualitativ gleich gute, notgedrungen vorgenommene Studium

männlicher Lächerlichkeit während des Krieges empfinde ich als unangenehme Bereicherung. Des Mitleids mit dieser männlichen Lächerlichkeit bin ich noch fähig, des Respekts davor nicht. Ich werde nicht resignieren, sondern studieren, was vielleicht — nicht nur, was mich betrifft — eine Erscheinungsform der Resignation ist.
Wer mich sucht, findet mich dort, wo man, ohne sich den Hals verrenken zu müssen, aufs Severinstor blicken kann.

NACHTRÄGE

Zum Juden gebrüllt, zum Deutschen geküßt, zum Christen getauft.
1. *Umfassendes Geständnis.* Es gelang mir nicht, den Gesichtsausdruck der beiden Bechtolds zu schildern, nachdem ich sie im Würfelspiel geschlagen hatte: Respekt, Erstaunen mischten sich mit hysterischer Verbitterung und Resignation, und als ich ihnen dann vorschlug, als Schwiegersohn die Funktion eines Sohnes zu übernehmen, in die SA einzutreten, schrien sie vor Wut: es lag ihnen daran, Engel mit dem Makel der SA-Mitgliedschaft befleckt zu sehen.
Daß ich von meiner Mutter nicht viel mehr als ein, zwei Punkte liefere, hat seinen Grund: sie war zu zart, sie könnte zerbrechen oder zu sehr mißlingen, und so ist es mir lieber, jeder klebt sich irgendein Klischee oder eine Art Abziehbildchen ins Malheft: bürgerliche Dame um 1938, Mitte Vierzig, zart, aber nicht etwa schmachtend. Angeekelt schon, doch nicht aus sozialen Gründen.
Daß ich Romantiker, Neurotiker, Idylliker bin, habe ich zwar schon gestanden, ich wiederhole es hier noch einmal für Erwachsene.

Ich weiß schon seit zwanzig Jahren, was es mit dem ‚rheinischen Gulden' auf sich hat, über den Hildegard so erregt gesprochen hat. Das Lager jener Zwangsgemeinschaft, in der ich den Schneckensegen empfing, zum Juden gebrüllt, zur Menschwerdung ins fäkalische Viertel verbannt wurde, Engel begegnete, lag tief in den Wäldern, aus denen viele der Grimmschen Märchen stammen. Die meisten Befehle, Verdammungen und Segenswünsche der Anführer dort empfing ich in dem

Dialekt, den die Niederzwehrener Märchentante gesprochen haben muß, die den Brüdern Grimm die Märchen erzählt hat. Wer wundert sich da noch, daß ich Hildegard zur Hochzeit den Michael Kohlhaas und die Grimmschen Märchen geschenkt habe (den Idioten und Palma Kunkel brachte sie mit in die Ehe), daß sie viel darin las und das Märchen ‚Wie Kinder Schlachtens miteinander gespielt haben' ihr als das eindrucksvollste, sozusagen als das aktuellste erschien. Sie muß es auswendig gekannt haben, wenn sie immer wieder hartnäckig jenen Satz wiederholt hat, den meine Schwiegermutter nicht verstand: ‚Sie nehmen den rheinischen Gulden — den rheinischen Gulden nehmen sie.' Ich kenne also die Zusammenhänge, komplizierte — bringe es aber nicht über mich, sie meiner Schwiegermutter zu erklären. Manches ist auch bei mir nur *Vermutung*. Die Aktualität des ‚rheinischen Guldens' jedenfalls steht für mich außer Frage: wer nähme schon den Apfel, wo jedes Kind weiß, daß man für einen Gulden wahrscheinlich hundert Äpfel kaufen könnte? Alle haben Schlachtens miteinander gespielt, waren nicht Kinder, und Unschuld ist keine Münze. Wenn ich hier noch hinzufüge, daß ich seit dem Tod meiner Frau keusch gelebt habe, so ist die Peinlichkeit wenigstens vollständig, und es darf aus vollem Herzen gelacht werden. Wenn ich noch hinzufüge, daß *mein* Lieblingsmärchen das vom ‚singenden Knochen' ist, verstärkt sich das Lachen.

2. *Moral.* Es wird dringend zur Entfernung von der Truppe geraten. Zur Fahnenflucht und Desertion wird eher zu- als von ihr abgeraten; ich sagte ja schon: es gibt Idioten, die nicht nur zielen, auch treffen, und jeder muß wissen, was er riskiert. Schußwaffen sind völlig humorlose Instrumente. Ich erinnere an Engel, an Anton Bechtold.
Die Entfernung von irregulären Truppen ist besonders gefährlich, weil sie — die meisten denkenden Menschen denken nicht weit genug — sozusagen den automatischen Verdacht auslöst, der sich Entfernende wolle zu den regulären Truppen; also Vorsicht.

3. *Interpretation*
a) Die den Nonnen geschenkten gestohlenen drei (weißen) Wehrmachtsoffizierstaschentücher sind verwandelte Lilien,

wie man sie vor den Altären des heiligen Joseph, der heiligen Maria, jungfräulicher Kanonisierter überhaupt findet. Sie stehen in unmittelbarem Zusammenhang mit dem *möglichst* weißen Papier, mit dem Handwaschzwang und der Abneigung gegen Musterungen und eigenhändiges Schuhputzen, mit dem offensichtlichen Reinigungsbedürfnis. Wie käme einer sonst dazu, einiger Wannenbäder wegen Diebstahl an Heeresgut zu begehen — denn obwohl die Fettkohle lothringischen Ursprungs war, gehörte sie *rechtens* der deutschen Wehrmacht — und ausgerechnet mit Nonnen so komplizierte Verhandlungen zu führen, das läßt auf einen durchgehenden Platonismus schließen.

Andererseits die häufige Erwähnung von Fäkalien, schmutzigen Fingernägeln sowie die fast wonnige Schilderung der eigenen Hinfälligkeit: ans Epileptische grenzende Anfälle, starke Gehbehinderung, krankhafte Abneigung gegen Fluggeräusche, die jene Anfälle auslöst — all das läßt den Schluß zu, daß der Erzähler sich zutreffenderweise als Neurotiker bezeichnet, sich zutreffenderweise auch als romantisch und resigniert deklariert. Auch sind die elitären Elemente — selbst wenn es sich um eine Elite von Fäkalienträgern handelt — unverkennbar. Ob die Abneigung gegen den ‚rheinischen Gulden' mit der (völlig unverständlichen) Weigerung zusammenhängt, für im Krieg erlittene Verletzungen und Schädigungen ihm ‚Zustehendes' zu beantragen und zu empfangen?

b) Die Erwähnung von Hänsel und Gretel ist auf einen eindeutig zu eruierenden Sachverhalt zurückzuführen: in jenen Wäldern entfernte sich der Erzähler einige Male von der arbeitenden Truppe, irrte umher, mit einem Stück Brot in der Tasche — und eben bei diesen Gelegenheiten vermißte er ‚Gretels tröstende Hand'. Daß er als drittes Märchen, als sein Lieblingsmärchen, den ‚singenden Knochen' erwähnt, läßt auf einen Zusammenhang mit dem ‚rheinischen Gulden' schließen.

c) Der Versuch, Studium und Resignation gleichzusetzen oder wenigstens deren Gleichsetzung nahezulegen, ist auf eine frühe, tief eingewurzelte Abneigung gegen Botanisiertrommeln zurückzuführen.

d) Engel(bert) ist kein Symbol für einen Engel, obwohl er so heißt, als so aussehend bezeichnet wird.

e) Der Erzähler verbirgt etwas. Was?

Warum ich kurze Prosa wie Jacob Maria Hermes und Heinrich Knecht schreibe

Seit zweiunddreißig Jahren versuche ich eine Geschichte zu Ende zu schreiben, deren Anfang ich damals im ‚Mitteilungsblatt der Gemeinde Bockelmunden' las, deren angekündigte Fortsetzung ich aber nie zu Gesicht bekam, denn dieses bescheidene Publikationsinstrument stellte aus mir unbekannten, wahrscheinlich politischen Gründen — es war das Jahr 1933 — sein Erscheinen ein. Der Name des Verfassers dieser Geschichte ist mir unvergeßlich: er hieß Jacob Maria Hermes, und ich habe zweiunddreißig Jahre lang vergebens gesucht, weitere Schriften von ihm zu finden; kein Lexikon, kein Register eines Autorenverbandes, nicht einmal das noch vorhandene Einwohnerregister der Gemeinde Bockelmunden weist seinen Namen auf, und ich muß mich wohl endgültig damit abfinden, daß der Name Jacob Maria Hermes ein Pseudonym gewesen ist. Der letzte Schriftleiter für das ‚Mitteilungsblatt der Gemeinde Bockelmunden' war der Konrektor i. R. Ferdinand Schmitz, doch als ich diesen endlich aufgetrieben hatte, hielten Vorkriegs-, Kriegs- und Nachkriegsereignisse mich über Gebühr auf, und als ich endlich im Jahre 1947 wieder heimatliche Erde betrat, war Ferdinand Schmitz gerade im Alter von achtundachtzig Jahren verstorben. Ich will gern gestehen, daß ich mich selbst zu seiner Beerdigung einlud, nicht nur, um einem Mann die letzte Ehre zu erweisen, unter dessen Schriftleitung *die* Meisterkurzgeschichte meines Lebens wenigstens zur Hälfte publiziert worden war; und nicht nur, weil ich hoffte, von den Hinterbliebenen Näheres über Jacob Maria Hermes zu erfahren — auch, weil im Jahre 1947 die Teilnahme an einem ländlichen Begräbnis einen handfesten Imbiß versprach. Bockelmunden ist ein hübsches Dorf: alte Bäume, schattige Hänge, fränkische Bauernhöfe. An diesem Sommertag waren mitten im Geviert eines solchen Hofes Tische aufgestellt, es gab Selbstgeschlachtetes aus den Beständen der Familie Schmitz, es gab Bier, Kraut, Obst, später Kuchen und Kaffee — alles von zwei hübschen Kellnerinnen der Gastwirtschaft Nellessen kredenzt; der Kirchen-

chor sang das bei ländlichen Rektorenbeerdigungen obligatorische Lied ‚Mit Weisheit und Würde hast du gemeistert die Schule'. Trompeten ertönten, Vereinsfahnen wurden geschwenkt (illegalerweise, denn solches war damals noch verboten); als die Scherze derber wurden, die Stimmung — wie man das so hübsch nennt — sich auflockerte, setzte ich mich reihum und fragte alle anwesenden Personen nach der schriftleiterischen Hinterlassenschaft des Verstorbenen. Die Auskünfte waren einhellig und niederschmetternd: in fünf, sechs oder sieben Kartons (nur, was die Zahlenangabe betrifft, schwankten die Auskünfte) war das gesamte Archiv, die gesamte Korrespondenz des ‚Mitteilungsblatt für die Gemeinde Bockelmunden' während der letzten Kriegstage „unter Feindeinwirkung" verbrannt. Zwar gesättigt, auch leicht angetrunken — doch ohne Genaueres über Jacob Maria Hermes erfahren zu haben, kehrte ich mit jenem Gefühl der Enttäuschung nach Hause zurück, das jedem bekannt ist, der je versucht hat, zwei Schmetterlinge mit einem Netz zu fangen, aber nur den weitaus minderwertigeren erwischte, während der schöne, der strahlende davonflog.
Unverdrossen versuchte ich weitere achtzehn Jahre lang, was ich davor schon vierzehn Jahre lang versucht hatte: die beste Kurzgeschichte, die ich je gelesen hatte, zu Ende zu schreiben — und alle Versuche waren vergebens, und zwar aus einem einfachen Grund: ich bekam den siebten Koffer nicht auf!
Hier muß ich leider etwas weiter ausholen; nicht vor zweiunddreißig, sondern vor fünfunddreißig Jahren fischte ich mir aus der Zehnpfennigkiste eines Antiquariats in der Kölner Altstadt ein kleines Heftchen mit dem Titel ‚Das Geheimnis des siebten Koffers oder wie verfasse ich kurze Prosa'. Diese erstaunliche Publikation hatte nur einen Umfang von zwei Druckbogen, der Verfasser hieß Heinrich Knecht und bezeichnete sich selbst „als zur Zeit unfreiwillig dienend bei den Deutzer Kürassieren". Erschienen war das Heftchen im Jahre 1913 bei ‚Verlag und Druckerei Ulrich Nellessen, Köln, Ecke Teutoburger und Maternusstraße'. Kleingedruckt stand unter dem Impressum der Vermerk: „Dortselbst ist auch der Verfasser in seiner (knapp bemessenen) Freizeit zu erreichen".
Zwar konnte ich kaum annehmen, daß im Jahre 1930 jemand immer noch unfreiwillig bei den Kürassieren ‚stehen' könnte, wo er 1913 gestanden hatte, denn ich wußte zwar nicht, was

ein Kürassier ist (weiß es bis heute nicht), wußte aber, daß der Teil der Republik, in dem ich lebte, vom Militär verschont geblieben war (leider nicht für immer, wie sich fünf Jahre später zum ersten Mal und fünfundzwanzig Jahre später zum zweiten Mal herausstellte) — aber es bestand ja eine geringe Chance, daß Druckerei und Verlag noch an dieser Straßenecke zu finden wären — und es erfüllt mich mit einer gewissen Rührung, wenn ich an den dreizehnjährigen Jungen denke, der sich sofort aufs Fahrrad setzte, aus einem westlichen Stadtteil in jenen südlichen raste, um festzustellen, daß die beiden Straßen gar keine Ecke miteinander bilden. Ich bewundere heute noch meine Hartnäckigkeit, mit der ich vom nördlichen Eingang des Römerparks, wo die Bebauung der rechten Seite der Maternusstraße damals endete, zur Teutoburger Straße fuhr, die schnöderweise schon kurz vor dem westlichen Eingang des Römerparks endete (und immer noch endet) — von dort dann ins Büro des Verkehrsvereins, wo ich heimlich auf dem dort aushängenden Stadtplan die rechte Seite der Maternus- und die linke der Teutoburger Straße mit Bleistift verlängerte, um festzustellen, daß diese beiden Straßen, wenn sie eine Ecke bildeten, diese mitten im Rhein bilden würden. Heinrich Knecht, dieser Bursche, muß also, wenn er es halbwegs ehrlich gemeint hat, etwa fünfzig Meter nördlich des Stromkilometers 686 in einem Caisson auf dem Grund des Rheins gewohnt haben und morgens zwei Kilometer rheinabwärts zum Dienst in seine Kürassierkaserne geschwommen sein. *Heute* bin ich gar nicht mehr so sicher, ob er nicht wirklich dort gewohnt hat, vielleicht gar noch dort wohnt: ein desertierter Kürassier, rhenusfarben, grünbärtig, von Nixen getröstet — nicht ahnend, daß die Zeiten für Deserteure immer noch schlecht sind. *Damals* war ich einfach niedergeschmettert von soviel Mystifikation, daß ich mir von meinem letzten Groschen die ersten drei Zigaretten meines Lebens kaufte — die erste Zigarette schmeckte mir, und seitdem bin ich ein ziemlich starker Raucher geblieben. Natürlich war auch nirgendwo eine Druckerei Nellessen aufzutreiben. Den Versuch, Knecht zu finden, machte ich erst gar nicht — vielleicht hätte ich mir ein Boot besorgen, fünfzig Meter nördlich des Stromkilometers 686 tauchen und diesen Heinrich Knecht bei seinem grünen Schopf fassen sollen. Der Gedanke kam mir damals nicht — *heute* ist es dazu zu spät: ich habe seitdem zu viele Zigaretten geraucht, um einen Tauchversuch zu riskieren, und das ist Knechts Schuld. Es bedarf wohl keiner besonderen Erwähnung, daß ich Knechts Abhandlung bald auswendig konnte; ich trug sie mit mir, an mir, in Krieg und Frieden; im Krieg kam sie mir abhanden, in einem Brotbeutel, der außerdem noch (ich bitte alle militanten Atheisten um Gnade!) — ein Neues Testament, einen Band Gedichte von Trakl, die halbe Geschichte von Hermes, vier Blankourlaubsscheine, zwei Ersatzsoldbücher, einen Kompaniestempel, etwas Brot, etwas Butterschmalz, ein Paket Feinschnitt und Zigarettenpapier enthielt. Ursache des Verlustes: Feindeinwirkung. Heute, angereichert, fast durchsättigt mit literarischen Kenntnissen und Erkenntnissen, auch ein wenig scharfsinnig geworden, ist es natürlich eine Kleinigkeit für mich, festzustellen, daß Knecht und Hermes voneinander gewußt haben müssen, daß beide Namen vielleicht Pseudonyme für Ferdinand Schmitz gewesen sind — daß der beide Fälle verbindende Name Nellessen mich hätte auf die Spur bringen können. Das sind unangenehme, peinliche Vermutungen, fürchterliche Folgen einer mir aufgezwungenen Bildung, Verrat an diesem eifrigen erhitzten Jungen, der auf dem Fahrrad quer durchs sommerliche Köln fuhr, um eine Straßenecke zu finden, die es gar nicht gab. Viel später erst, eigentlich erst jetzt, wo ich das hinschreibe, ist mir klargeworden oder wird mir klar, daß Namen, alle Namen Schall und Rauch sind: Knecht, Hermes, Nellessen, Schmitz — und wichtig nur ist: irgendeiner hat wirklich diese halbe Kurzgeschichte, hat wirklich den ‚Siebten Koffer' geschrieben, und wenn ich also gefragt werde, wem ich Anregung verdanke, unter wessen Einfluß zu stehen ich mich bekenne, hier sind die Namen: Jacob Maria Hermes und Heinrich Knecht. Die Hermessche Kurzgeschichte kann ich leider nicht wörtlich wiedergeben. Ich erzähle also nur, was darin vorkam. Die Hauptperson war ein neunjähriges Mädchen, das auf einem von Ahornbäumen bestandenen Schulhof von einer Nonne, die auf eine liebenswürdige Weise nicht mehr ganz richtig im Kopf war, überredet, überlistet, vielleicht gar gezwungen wurde, einer Bruderschaft beizutreten, deren Mitglieder sich verpflichteten, sonntags nicht einmal, sondern zweimal einer Heiligen Messe „mit Andacht" beizuwohnen. Die Geschichte enthielt nur einen einzigen schwachen Satz, der mir — die Schwächen von Autorenkollegen behält einer ja immer am besten in Erinnerung — wörtlich in Erinnerung geblieben ist. Der Satz lautete: „Schwester Adelheid wurde sich plötzlich ihrer Sinnlosigkeit bewußt." Erstens bin ich fest überzeugt, daß es sich um einen Druckfehler handelt, daß dort anstatt Sinnlosigkeit Sinnlichkeit hätte stehen sollen (mir jedenfalls ist schon dreimal von Druckern, Setzern und Korrektoren aus Sinnlichkeit Sinnlosigkeit gemacht worden); zweitens: eine derart platte psychologische Feststellung fiel ganz und gar aus dem geschlossenen Rahmen der Hermesschen Prosa, die so trocken war wie Immortellen. Im Satz davor war ein Flecken Schulkakao auf der blauen Bluse des kleinen Mädchens erwähnt worden. Es hat Sinnlichkeit heißen müssen. Noch heftiger schwöre ich: ein Mann von der Größe eines Jacob Maria Hermes hielt Nonnen nicht für sinnlos, und Nonnen, die sich ihrer Sinnlosigkeit bewußt geworden wären, gehören einfach nicht zu seinem Repertoire, zumal er das kleine Mädchen über eine geradezu steppentrockene Prosa, drei Abschnitte weiter, vierzehn Jahre alt hatte werden lassen, ohne daß sie Komplexe, Konflikte, Krämpfe erlitt, obwohl sie an manchen Sonntagen gar nicht, an den meisten einmal, und nur ein einziges Mal zweimal in die Kirche ging. Es braucht einer heutzutage an kirchlichem Ärger nicht einmal gerochen zu haben, es braucht einer nur ausgiebig fernzusehen, um zu wissen, daß beide Ausdrücke, Sinnlosigkeit und Sinnlichkeit, auf eine Nonne angewandt, unmittelbar in die Konzilsaula dringen, sofort aus dieser wieder heraus, denn einige Konzilsväter würden den Ausdruck Sinnlosigkeit, von einer Nonne im inneren Monolog auf ihre eigene Existenz angewandt, sofort angreifen, andere ihn verteidigen, und es wären natürlich nicht die Angreifer, sondern die Verteidiger, die einem Autor erheblichen Kummer machen würden, denn er müßte sich ja auf den Druckfehlerteufel berufen, ihnen eine notariell bestätigte, beglaubigte Abschrift seines Manuskripts zuschicken, und dennoch würden sie ihm sein Sichberufen auf den Druckfehlerteufel als Feigheit auslegen und behaupten, er „fiele dem Fortschritt in den Rücken".

Selbstverständlich war es nicht Hermes' Absicht, irgend etwas oder irgend jemand in den Rücken zu fallen oder irgend jemand oder irgendwas den Rücken hinzuhalten. Ich verdanke ihm so viel, daß ich hier, stellvertretend für ihn, Reaktionären und Fortschrittlern offen meine Brust hinhalte, weil ich genau weiß: eine Kurzgeschichte, in der eine Bruderschaft vorkommt, deren Mitglieder sich verpflichten, sonntags nicht einmal, sondern zweimal einer Messe beizuwohnen — solche Prosa ist beiden Parteien höchst suspekt.

Ich trage den Schluß dieser Geschichte nun schon zweiunddreißig Jahre lang mit herum, und was mich als Zeitgenosse beglückt, als Autor aber hindert: ich weiß (nein: ich spüre), daß diese Frau noch lebt, und vielleicht springt deshalb der siebte Koffer noch nicht auf.

Hier ist genau die Stelle, wo ich endlich erklären muß, was es mit Knechts siebtem Koffer auf sich hat. Vorher muß ich mich noch rasch, in wenigen Sätzen, mit den zahlreichen Werken beschäftigen, von denen zwar keines dem Knechtschen gleichrangig ist, viele aber ganz beachtlich sind. Ich meine, es gibt so viele Anleitungen, wie man eine Kurzgeschichte schreiben muß, daß es mich oft wundert, wenn nicht mehr gute geschrieben werden. Etwa: die entsprechenden Anleitungen von Karl Dorn, Eduard von Gleichen, Hans Kiebel, die jedem Anfänger klipp und klar, ohne viel Umstände beibringen, wie man eine Geschichte so hübsch und so handlich macht, daß sie dem Umbruchredakteur fürs Sonntagsfeuilleton nicht mehr die geringsten Schwierigkeiten macht, das heißt höchstens einhundert Prosazeilen lang ist, ungefähr also — vergleichsweise natürlich — so groß wie der kleinste Transistor der Welt. Solche Anleitungen gibt es ja noch mehr, als ich erwähnt habe: es braucht sie nur einer zu lesen und *dann eben nur noch* (und diese vier Füllwörter enthalten das ganze Geheimnis des Kurzgeschichtenschreibens) — dann eben nur noch *hinzuschreiben*, wenn, ja, wenn Knechts allerletzte Anleitung nicht lautete: „Und aus dem letzten, dem siebten Koffer muß die fertige Kurzprosa, lebendig wie eine Maus, herausspringen, sobald sich der Koffer von selbst öffnet." Dieser letzte Satz hat mich immer an einen Aberglauben erinnert, der von einer meiner Urgroßmütter — sie hieß wahrscheinlich Nellessen und wäre damit die Dritte im Bunde — berichtet wird. Man müsse nur, so meinte meine Urgroßmutter, ein paar alte Brotrinden, einige Lumpen fest in einen Karton oder eine Kiste verschnüren, spätestens sechs Wochen danach Karton oder Kiste öffnen, und es kämen lebendige Mäuse herausgesprungen.

Die Moral dieses Berichts wäre also ganz einfach: es braucht einer nur Heinrich Knecht zu kennen, von Jacob Maria

Hermes eine *halbe* Geschichte gelesen und eine abergläubische Urgroßmutter gehabt zu haben, dann braucht er *eben nur noch* seine erste Kurzgeschichte hinzuschreiben. Natürlich braucht man ein wenig *Stoff*, wirklich nur ein wenig: ein neunjähriges Mädchen mit Schulkakaoflecken auf der blauen Bluse, ein paar Nonnen, die auf liebenswürdige Weise nicht mehr ganz richtig im Kopf sind, einen Schulhof, ein paar Ahornbäume und sieben Koffer. Bevor nun jugendliche, aufs Kurzgeschichtenschreiben versessene Leser losrennen, um sich Koffer zu besorgen, muß ich rasch noch erklären, daß der Begriff Koffer natürlich variabel ist: der siebte ‚Koffer' kann einer jener formvollendeten Kästen sein, in denen man elektrische Rasierapparate aufbewahrt, es kann eine Fünfziger-Zigarettenschachtel sein, ein leeres Make-up-Etui tut's möglicherweise auch; wichtig ist nur, was Knecht für unerläßlich hielt: die ‚Koffer' müssen immer kleiner werden; der erste muß manchmal riesig sein. Wo zum Beispiel soll ein Autor im ersten Stadium, der ‚Stoffbereitung', wie Knecht es nennt, einen Bahnhof hintun, oder eine Schule, eine Rheinbrücke oder einen ganzen Block Mietskasernen? Er muß sich ein altes Fabrikgelände mieten, bis er — was Jahre dauern kann — von der Brücke nur noch die Farbe, von der Schule nur noch den Geruch braucht, die er in den zweiten Koffer tun muß, in dem aber möglicherweise schon ein Pferd, ein Lastwagen, eine Kaserne und eine Abtei warten, von denen er, sobald der dritte Koffer fällig ist, nur noch ein Haar, ein Quietschen, ein Kommando-Echo und eine Respons wird übrighalten, während im dritten Koffer schon eine alte Wolldecke, Zigarettenstummel, leere Flaschen und ein paar Pfandscheine warten. Pfandscheine waren offenbar Knechts Lieblingsdokumente, denn ich erinnere mich eines Satzes von ihm: „Warum, Skribent, große Gegenstände mit dir herumschleppen, wenn es Institutionen gibt, die dir nicht nur die Aufbewahrungspflicht abnehmen, sondern dir gar noch Geld dafür geben, das du nicht zurückzuzahlen brauchst, wenn dir nach Verfallsfrist an dem Gegenstande nichts mehr liegt? Bediene dich also der Institutionen, die die Gepäckerleichterung verschaffen." Alles übrige ist rasch gesagt, denn alles übrige lautet: und so weiter. Natürlich — ich will wirklich alle möglichen Mißverständnisse vermeiden — natürlich kann der fünfte oder sechste Koffer irgendein Etui von der Größe einer Zündholzschachtel sein und der siebte eine Blechbüchse, in der einmal Kekse waren, wichtig ist nur: der siebte Koffer muß, und wenn nur durch ein schlichtes Gummibändchen, verschlossen werden, und er muß von selbst aufspringen. Es bleibt nur noch eine einzige Frage offen, die jugendlichen Lesern wahrscheinlich Kummer macht: was fängt einer mit lebenden Personen an, falls man sie für kurze Prosa benötigt? Man kann sie weder — und das möglicherweise für zwanzig Jahre, denn soviel Zeit kann eine gute Kurzgeschichte brauchen, um im siebten Koffer auf ihre Erweckung zu warten — also: man kann lebende Personen doch nicht so lange einsperren, und man kann sie auch nicht ins Pfandhaus bringen: wohin also damit? Antwort: man braucht sie nicht; man kann ihnen ja ein Haar ausreißen, ihnen heimlich ein Schnürbendel aus dem Schuh ziehen oder etwa einmal mit ihrem Lippenstift über ein Blatt Zigarettenpapier fahren: das genügt, denn — hier muß ich eindringlich auf meine Urgroßmutter Nellessen verweisen: es soll ja nicht Leben in die Kiste oder in den Karton reingetan werden, sondern Leben in ihm entstehen und von selbst herausspringen. Und so weiter — und *dann eben nur noch* das ganze *hinschreiben*.

Veränderungen in Staech

Das Ae in Staech wird wie ein langes, ganz leicht aspiriertes A gesprochen, niederländisch also, wie im Namen des Dichters Verhaeren. Wer das Ae wie Ä ausspricht, macht die Bewohner des Ortes — fast ausschließlich Benediktinermönche — nervös. Deshalb diese Vorbemerkung. Weitere Antagonismen, die mit dem Namen Staech zusammenhängen, kann ich nur andeuten; ein heftiger Streit der Namenskundler, ob das Ae nicht eindeutig die germanische Herkunft, oder — so die Gegenrichtung — das End-ch nicht eindeutig die keltische Herkunft des Namens bezeuge. Ich plädiere für keltisch; ich weiß zu gut, wie korrumpierbar Vokale sind; außerdem ist mir der Dialekt der Gegend um Staech verdächtig. Es liegt im Rheinland. Ich muß mir eine Definition des Rheinischen ersparen, ich halte mich an die Begrenzung, die dem Rheinischen durch die preußische Besatzung, die seit 1815 anhält, gegeben ist, und dieser Begrenzung gemäß liegt Staech im Rheinland. Es ist alt, berühmt, schön, idyllisch; inmitten hoher Bäume das unvergleichliche Grau mittelalterlicher rheinischer Romantik. Ein kräftiges Flüßchen mit dem Namen Brülle sorgt für die landschaftlich wichtige Komponente Wasser.
Staech hat zwei Hotels, eins luxuriös, das andere schlicht; eine Jugendherberge; ein Heim, das zu Tagungen dient. Das Wichtigste ist die Benediktinerabtei. Dort kann man auch Mönch auf Zeit spielen. Ruhe, Gregorianischer Choral, innerer und äußerer Frieden. Dazu die Mönche in edlem Gewand, von denen immer der eine oder andere betend, meditierend oder im Gespräch mit einem Gast Landschaft oder Garten schmückt. Das Ganze höchst einfach, fast rauh; Landwirtschaft wird betrieben, Obstbau, für Wein ist das Klima zu rauh.
Ich kann mir weitere Details ersparen, wenn ich feststelle, daß Staech von den Protokollbeamten der unweit gelegenen Hauptstadt als „schlechthin wonnig" gepriesen wird. Ein höherer oder gar der höchste Beamte des Protokolls soll einmal gesagt haben: „Was wollen wir mehr? Das Abendland in einer seiner kultiviertesten Artikulationen liegt fünfzig Mercedes-

minuten von uns entfernt."
Tatsächlich: Staech wäre wohl kaum zu ersetzen; elftes (vielleicht auch zehntes oder zwölftes) Jahrhundert, graue rheinische Romantik, Gregorianischer Choral, die Gelegenheit, Mönch auf Zeit zu werden oder in einem Luxushotel zu wohnen und gleichzeitig aller Wonnen der Liturgie und der Tröstungen fast sämtlicher Sakramente teilhaftig zu werden. Eine — ich zitiere wiederum den Protokollbeamten — „geradezu unersetzliche Spazierumgebung", in der man je nach Herz-, Lungen- oder Drüsensituation eine halbe, eine ganze Stunde, anderthalb, drei, ja einen ganzen Tag wandernd verbringen kann, mit einer handlichen narrensicheren Wanderkarte versehen, die beim Portier des Luxushotels kostenlos zu haben ist. Daß man in dem Luxushotel auch Ehemann oder Ehefrau auf Zeit sein kann, ist Zynikern bekannt, die wissen, daß man dort diskret ist und nicht auf Urkunden besteht.
Nur das Protokoll kann beurteilen, wie unersetzlich Staech für die Damen staatsbesuchender Herren ist. Während ihre Männer in Bonn Tacheles reden, lassen sich die Damen gern im Protokollmercedes nach Staech fahren. Man richtet die Abfahrt so ein, daß man zur Non oder Sext dort eintrifft, die edelgekleideten Mönche mit Auge und Ohr bewundern kann (es soll auch schon zu Versuchen haptischer Wahrnehmung gekommen sein); danach nimmt man eine Art Frühstück oder Lunch, macht einen je nach Zeit, Laune und Ausdauer temporierten Spaziergang durch die ohne jede Einschränkung herrlichen Wälder, nimmt nachmittags an der Non oder der Vesper teil, trinkt Tee und kehrt, mit tiefem innerem Frieden erfüllt, in die Hauptstadt zurück. Und nicht nur für ausländische, auch für deutsche Politiker ist Staech als Meditations- und Reinigungsort unersetzlich; man hat schon sehr harte Männer dort demütig knien und weinen gesehen. Gäste aus den Vereinigten Staaten und Afrika sind besonders entzückt von Staech, es soll schon zu spontanen Konversionen gekommen sein. Wo das „Ora" so glaubwürdig demonstriert wird, vergißt man natürlich auch das „Labora" nicht: rauhhändige Brüder, mit Schmutz an Händen und Füßen, ja mit Kuhfladen bekleckerten Arbeitskutten sind hin und wieder zu sehen, und das seltsame ist: diese arbeitenden Mönche sind nicht etwa gestellt, sie sind echt. Überraschend ist, daß die Mönche aus dieser Idylle so gern wegfahren. Die Reiselust der

Staecher Mönche ist der liebenswürdigen Spottlust des rheinischen Völkchens in der Umgebung nicht entgangen: ein wohlhabender Witzbold, der den Mönchen Dank schuldete, soll ihnen einmal eine ganze Kollektion Koffer zu Weihnachten geschenkt haben.
Die Mönche reisen wirklich gern, halten Vorträge, mit Lichtbildern und ohne, nehmen an Tagungen, Diskussionen, Podiumsgesprächen teil; einige arbeiten als freie Mitarbeiter für die Feuilletons seriöser, überregionaler Blätter, besprechen Theologisches, Religiöses und Christliches und nehmen jede Gelegenheit wahr, nach Hamburg, München oder Frankfurt zu fahren. Ja, sie fahren gern weg, die Mönche, und kommen nicht immer gern zurück. Einige sind motorisiert, die meisten nicht. So ist die nominelle Präsenz, die zur Zeit siebenundvierzig Mönche und Brüder beträgt, selten erfüllt. Es ist schon vorgekommen, daß bei der nachmittäglichen Non nur elf, einmal sogar nur neun anwesend waren. Eine sehr hochgestellte Dame aus Thailand fragte anschließend den Protokollbeamten ängstlich, ob etwa eine Seuche herrsche und ob — sie hatte Deutsch an der Literatur des frühen 19. Jahrhunderts gelernt — ob die Herren „siech" wären. Der Beamte sah sich gezwungen, den Abt um Auskunft zu bitten und erhielt die niederschmetternde Mitteilung, krank sei nur einer, die übrigen seien alle unterwegs.
Da die Anzahl an bezahlten Arbeitskräften im technisierten Zeitalter natürlich ständig zunimmt (Landwirtschaft, Hotelpersonal, Verwaltung), kann Staech sich finanziell nicht selbst erhalten. Es wird vom Staat und von der Kirchenprovinz mit erheblichen Mitteln unterstützt; dabei gilt die Tatsache, *daß* es unterstützt wird, als selbstverständlich; noch niemals hat diese Tatsache Widerstand im Finanzausschuß hervorgerufen, auch nicht beim aufgeklärtesten seiner Mitglieder. Wer wollte Staech ohne Subventionen lassen? Das wäre, als würde einer den Vorschlag machen, den Kölner Dom als Steinbruch zu verkaufen. Selbst wilde Freidenker, religionslose Sozialisten (es gibt deren noch einige) haben nie daran gedacht, die für Staech vorgesehene Summe etwa nicht zu bewilligen. Paradoxerweise ist in den vergangenen Jahren sogar eine gegenteilige Tendenz spürbar geworden: die Vertreter der klassischen christlichen Parteien zögerten etwas länger, während die anderen mit fast schon peinlicher Atemlosigkeit

zustimmten. Als sicher kann gelten: selbst der kleinlichste Atheist in der Hauptstadt würde Staech seine Hilfe nicht verweigern. Staech ist, was es nicht sein sollte: abhängig vom Staat und von der Kirchenprovinz, in deren Territorium es liegt. Natürlich sind auch Staat und Kirchenprovinz auf ihre Weise abhängig von Staech, aber wer könnte schon die Dialektik unterschiedlicher gegenseitiger Abhängigkeit in einem solchen Falle genauestens ergründen?

Gewiß ist: der Abt kassiert, und nicht zu knapp. Dafür aber wollen Staat und Kirchenprovinz etwas sehen, oder: sie wollen, daß etwas zu sehen und zu hören ist. Was nützt schließlich eine so riesige Abtei mit ihrer komplizierten Ökonomie (die komplizierter ist als ihre Tradition), wenn, wie es an einem nebligen Herbsttag beim Besuch einer (nicht katholischen) Königin geschah, nur fünfzehn Mönche in edlen Kutten anwesend sind und der Chorgesang, auch wenn alle „kräftig auf die Tube drückten", kümmerlich klang; und dabei hatte man zwei sehr alte, bettlägerige Mönche mit nicht gerade freundlichen Worten gezwungen, am Chordienst teilzunehmen. Die Königin war sehr enttäuscht, sehr. Während des anschließenden kleinen Lunchs im Hotel war ihr Gesichtsausdruck fast mucksig, wie der einer Verkäuferin, die man um einen Tanz betrogen hat. Immerhin ist Staech ein Begriff. Die Königin hatte sich zu Hause eingehend über Geschichte, Tradition und Funktion von Staech unterrichten lassen.

Unvermeidlicherweise drang die Nachricht von der mangelhaften Besetzung des Chores dem Staatsoberhaupt zu Ohren. Es — das Staatsoberhaupt — wurde richtig böse, gab seinen Ärger an den Erzbischof weiter, dieser übermittelte den Vorfall in einem Handschreiben, das anfing „Scandalum fuisse ...", an den Ordensgeneral in Rom; jener fragte in Staech zurück, bestand auf einer namentlichen An- und Abwesenheitsliste, die detailliert Auskunft über den Reisezweck der abwesenden Mönche geben sollte.

Die Ermittlungen zogen sich natürlich eine Weile hin, und auch nach einigen handfesten Interpolierungen blieb das Ergebnis kümmerlich: für nur sechzehn der abwesenden Mönche ließe sich ein adäquates Alibi erbringen: acht hatten einer völlig unverdächtigen Beschäftigung oblegen: sie hatten Nonnenexerzitien gehalten; acht waren auf Vortragsreisen für christliche Bildungswerke, teils mit, teils ohne Farbdias. Fünf jüngere Mönche waren zu einer Literatur-Tagung gefahren („Wir müssen Kontakt zu den fortschrittlichen Kräften unseres Vaterlandes suchen"), deren Thema Staatsoberhaupt und Bischof zu einem erheblichen Stirnrunzeln veranlaßte: „Darstellungen des Orgasmus in der jüngeren deutschen Literatur." Später stellte sich heraus, daß vier der jungen Mönche das Thema langweilig gefunden und die meiste Zeit im Kino, und zwar in der Raucherloge, verbracht hatten. Das Alibi für die weiteren elf Mönche blieb obskur. Zwei waren angeblich zu einem befreundeten Kloster gefahren, um dort einige Bände der Acta Sanctorum einzusehen, die in der Staecher Bibliothek während der Nachkriegswirren gestohlen worden waren; die beiden waren in dem befreundeten Kloster nie angekommen, weigerten sich auch hartnäckig, zu sagen, wo sie denn wirklich gewesen waren (bis heute ungeklärt!). Ein Mönch war nach Holland gefahren, mit Reisegrund, aber ohne Reiseziel; Grund: Studium der Veränderungen im holländischen Katholizismus. Dieser Reisegrund wurde vom Bischof als „recht vage" bezeichnet. Für vier weitere Mönche war als Reisegrund angegeben: Studium des bayrischen und des österreichischen Barocks: sie konnten sich irgendwo zwischen Würzburg und der ungarischen Grenze herumgetrieben haben, brachten aber als Alibi eine ziemlich gute Ausbeute von Farbfotos mit. Ein Mönch war in eine norddeutsche Universitätsstadt gefahren, angeblich, um dem Konversionswunsch eines namhaften Physikers nachzuhelfen; in Wirklichkeit hatte er, wie sich später herausstellte (der Physiker selbst gab dem Staatsoberhaupt anläßlich eines Empfanges diese Auskunft!) versucht, die Konversion zu verhindern.

Nun, es gab Ärger. Der Abt konnte nicht abgesetzt, nur abgewählt werden, und das zu tun, weigerten sich die Mönche. Sie mochten ihren Abt. Es gelang dem Abt, die Reiselust vorübergehend einzudämmen. Der nächste Staatsbesuch war ein Präsident aus Afrika, der sich als sachkundig erwies, weil er bei Benediktinern erzogen worden war; es waren zweiunddreißig Mönche anwesend, aber auch zweiunddreißig Mönche wirken im Chor von Staech nicht gerade, als sei er überfüllt. Sie wirken, wie etwa einhundertfünfzig Bischöfe im Petersdom wirken würden: fast wie eine Besichtigungsgruppe ältlicher Ministranten. Das Staatsoberhaupt, erstaunt über die Ordenskenntnisse des afrikanischen Gastes, zeigte sich dem Proto-

kollchef gegenüber als ausgesprochen verärgert und warf die Frage auf, ob Staech seine Funktion noch erfülle. Es kam zu einer mündlichen Aussprache zwischen Beamten des Protokolls und Prälaten der Bischofskanzlei. Das Gesprächsthema blieb geheim, aber einiges sickerte unvermeidlicherweise durch: es war in Staech nach Eindämmung der Reiselust zu Anfällen von Kleptomanie und Exhibitionismus gekommen. Elf jüngere Mönche hatten in einer psychiatrischen Klinik untergebracht werden müssen. Des Abtes Bitte, wichtige Staatsbesuche langfristig anzumelden, damit er die Reisebewegung danach einrichten könne, wurde abgelehnt. Er bekam den lakonischen Bescheid, Staech habe immer „einsatzbereit" zu sein, da oft kurzfristig besichtigungsfreudige Gäste anreisten, etwa Ostblockjournalisten.
Was man die „Staech-Krise" nennen könnte, war etwa ein Jahr in Gang, als plötzlich an einem herben, aber sonnigen Frühlingstag Staatsoberhaupt und Bischof unangemeldet zu einem Besuch erschienen. Wie es den beiden alten Knaben gelungen war, diese Absprache geheimzuhalten, ist nie herausgekommen. Gut informierte Kreise nehmen an, daß es während der feierlichen Verlesung des Seligsprechungsantrags für die Nonne Huberta Dörffler geschehen sei; man hatte die beiden miteinander tuscheln sehen. Die beiden hatten einfach nach dem Frühstück den Befehl gegeben, ihre Mercedes 600 „anzuschirren", nach Staech zu fahren, hatten sich dort getroffen und waren, ohne den Abt zu begrüßen, sofort in die Kirche gegangen, wo die Terz eben begonnen hatte. Anwesend waren vierzehn Mönche.
Der Abt *gab* sich nicht nur beim anschließenden Imbiß (Brot, Wein, Oliven) gelassen, er war es. Er habe, sagte er, nachdem es ihm gelungen sei, beim Besuch eines hohen nordischen Gastes Fast-Soll-Stärke zu erreichen — dreiundvierzig Mönche im Chor! —, das „Ventil" wieder einmal öffnen müssen. Die sarkastische Frage des Bischofs, was im Zusammenhang mit der mönchischen Regel das Wort Ventil zu bedeuten habe, beantwortete der Abt durch die herzliche Einladung, die Krankenberichte der psychiatrischen Klinik einmal durchzulesen. Die beiden Herren, die gekommen waren, dem Abt eine Niederlage zu bereiten, erlitten selbst eine. Der Abt erklärte, ihm persönlich seien Staatsbesuche völlig gleichgültig, und die trost- und ruhebedürftigen Politiker, die sich hin und

wieder nach Staech flüchteten, seien ihm lästig. Er erklärte sich bereit, bei besonders wichtigen Staatsbesuchen Alumnen und Minoriten als Gäste in Mönchskutten am Chorgebet teilnehmen zu lassen. Transport der Aushilfskräfte und Beschaffung der Kutten sei Sache des hochwürdigsten Herrn Bischofs, beziehungsweise des hochverehrten Herrn Präsidenten. „Und wenn Sie", fügte er mit zynischer Offenheit hinzu, „auf Schauspieler zurückgreifen wollen, bitte sehr! Ich kann für nichts mehr garantieren."

Beim nächsten Staatsbesuch (ein südwesteuropäischer katholischer Diktator) wurden im Chor von Staech achtundsiebzig Mönche gezählt, überwiegend junge. Im Auto, auf der Rückfahrt in die Hauptstadt, sagte der Diktator zu seinem Begleiter: „Diese Deutschen! Nicht zu schlagen! Sogar ihr Nachwuchs an asketischen jungen Mönchen ist nicht zu überbieten." Daß die meisten Mönche ihn mürrisch angeblickt, einige sogar gemurrt hatten, war ihm nicht überraschend erschienen: er war an murrende Mönche gewöhnt.

Er erfuhr nie, was auch in der Hauptstadt nie bestätigt wurde: daß es sich bei sechzig der jungen Mönche um Studenten gehandelt hatte, die in der Hauptstadt gegen den Besuch des Diktators demonstriert hatten, verhaftet worden waren; denen man die Freilassung versprochen; die man gegen ein Aufgeld von vierzig Mark (sie hatten erst siebzig verlangt, sich aber auf vierzig herunterhandeln lassen) überredet hatte, sich die Haare schneiden zu lassen.

In der Hauptstadt erzählt man sich seitdem, daß der Protokollchef mit dem Polizeipräsidenten eine mündliche Absprache getroffen habe: bei Staatsbesuchen demonstrierende Studenten großzügiger zu verhaften und großzügiger freizulassen. Da zwischen Staatsbesuchen und Demonstrationen ein Zusammenhang besteht wie zwischen Staatsbesuchen und Besichtigungen von Staech, hält man das Staech-Problem für gelöst. Beim Besuch eines ostasiatischen Staatsmannes, der sich dann als an Mönchen auf eine fast unhöfliche Weise desinteressiert zeigte, wurden zweiundachtzig Mönche gezählt.

Inzwischen soll es schon Gammler geben, die sich genauer über die Termine bevorstehender Staatsbesuche informieren lassen, als es dem Abt bisher gelungen ist, dann, wie objektive Beobachter meinen, allzu demonstrativ demonstrieren, hin und wieder sogar einige Tomaten oder Eier investieren, um ver-

haftet, wieder freigelassen zu werden, kostenlos die Haare geschnitten zu bekommen, dafür noch vierzig Mark kassieren und ein ausgiebiges Frühstück in Staech, das auf ausdrücklichen Wunsch des Abtes auf Kosten des Bistums — nicht der Staatskasse — geht.
Musikalische Schwierigkeiten hat es bisher weder mit Gammlern noch mit Studenten gegeben. Gregorianik scheint ihnen zu liegen. Schwierigkeiten gab es lediglich zwischen den verschiedenen demonstrierenden Gruppen, von denen die einen die anderen als „käufliche Konsum-Opportunisten" beschimpften, die anderen die einen als „abstrakte Spinner". Der Abt von Staech versteht sich mit beiden Gruppen gut, einige junge Leute — es sollen bisher sieben sein — sind schon als Novizen eingetreten, und daß sie beim Chordienst dem gregorianischen Rhythmus hin und wieder ein Ho-Tschi-Minh unterlegen, ist bisher niemandem aufgefallen, nicht einmal einem kürzlich konvertierten amerikanischen Staatsmann, der, des NATO-Geredes müde, länger in Staech geblieben war, als das Protokoll vorgesehen hatte. Er gab in seinem Abschiedskommuniqué zu verstehen, daß der Besuch in Staech sein Deutschlandbild um eine wichtige Nuance bereichert habe.

Die verlorene Ehre der Katharina Blum

oder: Wie Gewalt entstehen und wohin sie führen kann

Personen und Handlung dieser Erzählung sind frei erfunden. Sollten sich bei der Schilderung gewisser journalistischer Praktiken Ähnlichkeiten mit den Praktiken der „Bild“-Zeitung ergeben haben, so sind diese Ähnlichkeiten weder beabsichtigt noch zufällig, sondern unvermeidlich.

1

Für den folgenden Bericht gibt es einige Neben- und drei Hauptquellen, die hier am Anfang einmal genannt, dann aber nicht mehr erwähnt werden. Die Hauptquellen: Vernehmungsprotokolle der Polizeibehörde, Rechtsanwalt Dr. Hubert Blorna sowie dessen Schul- und Studienfreund, der Staatsanwalt Peter Hach, der — vertraulich, versteht sich — die Vernehmungsprotokolle, gewisse Maßnahmen der Untersuchungsbehörde und Ergebnisse von Recherchen, soweit sie nicht in den Protokollen auftauchten, ergänzte; nicht, wie unbedingt hinzugefügt werden muß, zu offiziellem, lediglich zu privatem Gebrauch, da ihm der Kummer seines Freundes Blorna, der sich das alles nicht erklären konnte und es doch, „wenn ich es recht bedenke, nicht unerklärlich, sogar fast logisch“, fand, regelrecht zu Herzen ging. Da der Fall der Katharina Blum angesichts der Haltung der Angeklagten und der sehr schwierigen Position ihres Verteidigers Dr. Blorna ohnehin mehr oder weniger fiktiv bleiben wird, sind vielleicht gewisse kleine, sehr menschliche Unkorrektheiten, wie Hach sie beging, nicht nur verständlich, auch verzeihlich. Die Nebenquellen, einige von größerer, andere von geringerer Bedeutung, brauchen hier nicht erwähnt zu werden, da sich ihre Verstrickung, Verwicklung, Befaßtheit, Befangenheit, Betroffenheit und Aussage aus dem Bericht selbst ergeben.

2

Wenn der Bericht — da hier so viel von Quellen geredet wird — hin und wieder als „fließend“ empfunden wird, so wird dafür um Verzeihung gebeten: es war unvermeidlich. Angesichts von „Quellen“ und „Fließen“ kann man nicht von Komposition sprechen, so sollte man vielleicht statt dessen den Begriff der Zusammenführung (als Fremdwort dafür wird Konduktion vorgeschlagen) einführen, und dieser Begriff sollte jedem einleuchten, der je als Kind (oder gar Erwachsener) in, an und *mit* Pfützen gespielt hat, die er anzapfte, durch Kanäle miteinander verband, leerte, ablenkte, umlenkte, bis er schließlich das gesamte, ihm zur Verfügung stehende Pfützenwasserpotential in einem Sammelkanal *zusammenführte*, um es auf ein niedrigeres Niveau ab-, möglicherweise gar ordnungsgemäß oder ordentlich, regelrecht in eine behördlicherseits erstellte Abflußrinne oder in einen Kanal zu lenken. Es wird also nichts weiter vorgenommen als eine Art Dränage oder Trockenlegung. Ein ausgesprochener Ordnungsvorgang. Wenn also diese Erzählung stellenweise in Fluß kommt, wobei Niveauunterschiede und -ausgleiche eine Rolle spielen, so wird um Nachsicht gebeten, denn schließlich gibt es auch Stokkungen, Stauungen, Versandungen, mißglückte Konduktionen und Quellen, die „zusammen nicht kommen können“, außerdem unterirdische Strömungen usw. usw.

3

Die Tatsachen, die man vielleicht zunächst einmal darbieten sollte, sind brutal: Am Mittwoch, dem 20. 2. 1974, am Vorabend von Weiberfastnacht, verläßt in einer Stadt eine junge Frau von siebenundzwanzig Jahren abends gegen 18.45 Uhr ihre Wohnung, um an einem privaten Tanzvergnügen teilzunehmen.

Vier Tage später, nach einer — man muß es wirklich so ausdrücken (es wird hiermit auf die notwendigen Niveauunterschiede verwiesen, die den Fluß ermöglichen) — dramatischen Entwicklung, am Sonntagabend um fast die gleiche Zeit — genauer gesagt gegen 19.04 —, klingelt sie an der Wohnungstür des Kriminaloberkommissars Walter Moeding,

der eben dabei ist, sich aus dienstlichen, nicht privaten Gründen als Scheich zu verkleiden, und gibt dem erschrockenen Moeding zu Protokoll, sie habe mittags gegen 12.15 in ihrer Wohnung den Journalisten Werner Tötges erschossen, er möge veranlassen, daß ihre Wohnungstür aufgebrochen und er dort „abgeholt" werde; sie selbst habe sich zwischen 12.15 und 19.00 Uhr in der Stadt umhergetrieben, um Reue zu finden, habe aber keine Reue gefunden; sie bitte außerdem um ihre Verhaftung, sie möchte gern dort sein, wo auch ihr „lieber Ludwig" sei.
Moeding, der die junge Person von verschiedenen Vernehmungen her kennt und eine gewisse Sympathie für sie empfindet, zweifelt nicht einen Augenblick lang an ihren Angaben, er bringt sie in seinem Privatwagen zum Polizeipräsidium, verständigt seinen Vorgesetzten, Kriminalhauptkommissar Beizmenne, läßt die junge Frau in eine Zelle bringen, trifft sich eine Viertelstunde später mit Beizmenne vor ihrer Wohnungstür, wo ein entsprechend ausgebildetes Kommando die Tür aufbricht und die Angaben der jungen Frau bestätigt findet.
Es soll hier nicht so viel von Blut gesprochen werden, denn nur *notwendige* Niveauunterschiede sollen als unvermeidlich gelten, und deshalb wird hiermit aufs Fernsehen und aufs Kino verwiesen, auf Grusi- und Musicals einschlägiger Art; wenn hier etwas fließen soll, dann nicht Blut. Vielleicht sollte man lediglich auf gewisse Farbeffekte hinweisen: der erschossene Tötges trug ein improvisiertes Scheichkostüm, das aus einem schon recht verschlissenen Bettuch zurechtgeschneidert war, und jedermann weiß doch, was viel rotes Blut auf viel Weiß anrichten kann; da wird eine Pistole notwendigerweise fast zur Spritzpistole, und da es sich im Falle des Kostüms ja um *Leinwand* handelt, liegen hier moderne Malerei und Bühnenbild näher als Dränage. Gut. Das sind also die Fakten.

4

Ob auch der Bildjournalist Adolf Schönner, den man erst am Aschermittwoch in einem Waldstück westlich der fröhlichen Stadt ebenfalls erschossen fand, ein Opfer der Blum gewesen war, galt eine Zeitlang als nicht unwahrscheinlich, später aber, als man eine gewisse chronologische Ordnung in den Ablauf

gebracht hatte, als „erwiesen unzutreffend". Ein Taxifahrer sagte später aus, er habe den ebenfalls als Scheich verkleideten Schönner mit einer als Andalusierin verkleideten jungen Frauensperson zu eben jenem Waldstück gefahren. Nun war aber Tötges schon am Sonntagmittag erschossen worden, Schönner aber erst am Dienstagmittag. Obwohl man bald herausfand, daß die Tatwaffe, die man neben Tötges fand, keinesfalls die Waffe sein konnte, mit der Schönner getötet worden war, blieb der Verdacht für einige Stunden auf der Blum ruhen, und zwar des Motivs wegen. Wenn sie schon Grund gehabt hatte, sich an Tötges zu rächen, so hatte sie mindestens soviel Grund gehabt, sich an Schönner zu rächen. Daß die Blum aber zwei Waffen besessen haben könnte, erschien den ermittelnden Behörden dann doch als sehr unwahrscheinlich. Die Blum war bei ihrer Bluttat mit einer kalten Klugheit zu Werke gegangen; als man sie später fragte, ob sie auch Schönner erschossen habe, gab sie eine ominöse, als Frage verkleidete Antwort: „Ja, warum eigentlich nicht den auch?" Dann aber verzichtete man darauf, sie auch des Mordes an Schönner zu verdächtigen, zumal Alibirecherchen sie fast eindeutig entlasteten. Keiner, der Katharina Blum kannte oder im Laufe der Untersuchung ihren Charakter kennenlernte, zweifelte daran, daß sie, falls sie ihn begangen hätte, den Mord an Schönner eindeutig zugegeben hätte. Der Taxifahrer, der das Pärchen zum Waldstück gefahren hatte („Ich würde es ja eher als verwildertes Gebüsch bezeichnen", sagte er), erkannte jedenfalls die Blum auf Fotos nicht. „Mein Gott", sagte er, „diese hübschen, braunhaarigen jungen Dinger zwischen 1,63 und 1,68 groß, schlank und zwischen 24 und 27 Jahre alt — davon laufen doch Karneval Hunderttausende hier herum."
In der Wohnung des Schönner fand man keinerlei Spuren von der Blum, keinerlei Hinweis auf die Andalusierin. Kollegen und Bekannte des Schönner wußten nur, daß er am Dienstag gegen Mittag von einer Kneipe aus, in der sich Journalisten trafen, „mit irgendeiner Brumme abgehauen war".

5

Ein hoher Karnevalsfunktionär, Weinhändler und Sektvertreter, der sich rühmen konnte, den Humor wiederaufgebaut zu haben, zeigte sich erleichtert, daß beide Taten erst am Montag bzw. Mittwoch bekannt geworden waren. „So was am Anfang der frohen Tage, und Stimmung und Geschäft sind hin. Wenn herauskommt, daß Verkleidungen zu kriminellen Taten mißbraucht werden, ist die Stimmung sofort hin und das Geschäft versaut. Das sind echte Sakrilege. Ausgelassenheit und Frohsinn brauchen Vertrauen, das ist ihre Basis."

6

Ziemlich merkwürdig verhielt sich die ZEITUNG, nachdem die beiden Morde an ihren Journalisten bekannt wurden. Irrsinnige Aufregung! Schlagzeilen. Titelblätter. Sonderausgaben. Todesanzeigen überdimensionalen Ausmaßes. Als ob — wenn schon auf der Welt geschossen wird — der Mord an einem Journalisten etwas Besonderes wäre, wichtiger etwa als der Mord an einem Bankdirektor, -angestellten oder -räuber.
Diese Tatsache der Über-Aufmerksamkeit der Presse muß hier vermerkt werden, weil nicht nur die ZEITUNG, auch andere Zeitungen tatsächlich den Mord an einem Journalisten als etwas besonders Schlimmes, Schreckliches, fast Feierliches, man könnte fast sagen wie einen Ritualmord behandelten. Es wurde sogar von „Opfer seines Berufes" gesprochen, und natürlich hielt die ZEITUNG selbst hartnäckig an der Version fest, auch Schönner wäre ein Opfer der Blum, und wenn man auch zugeben muß, daß Tötges wahrscheinlich nicht erschossen worden wäre, wäre er nicht Journalist geworden (sondern etwa Schuhmacher oder Bäcker), so hätte man doch herauszufinden versuchen sollen, ob man nicht besser von beruflich bedingtem Tod hätte sprechen müssen, denn es wird ja noch geklärt werden, warum eine so kluge und fast kühle Person wie die Blum den Mord nicht nur plante, auch ausführte und im entscheidenden, von ihr herbeigeführten Augenblick nicht zur Pistole griff, sondern diese auch in Tätigkeit setzte.

7

Gehen wir von diesem äußerst niedrigen Niveau sofort wieder auf höhere Ebenen. Weg mit dem Blut. Vergessen sein soll die Aufregung der Presse. Die Wohnung der Katharina Blum ist inzwischen gesäubert, die unbrauchbar gewordenen Teppiche sind auf dem Abfall gelandet, die Möbel abgewischt und zurechtgerückt, das alles auf Kosten und Veranlassung von Dr. Blorna, der sich dazu durch seinen Freund Hach bevollmächtigen ließ, wenn auch noch lange nicht sicher ist, daß Blorna der Vermögensverwalter sein wird.
Immerhin hat diese Katharina Blum innerhalb von fünf Jahren in eine Eigentumswohnung im Wert von insgesamt einhunderttausend Mark sechzigtausend bar investiert, es gibt da also — wie ihr Bruder, der zur Zeit eine geringfügige Freiheitsstrafe abbüßt, es ausdrückte — was „Handfestes abzustauben". Aber wer käme dann für die Zinsen und die Amortisation der restlichen vierzigtausend Mark auf, und wenn man auch eine nicht unerhebliche Wertsteigerung einkalkulieren muß. Es bleiben nicht nur Akt-, auch Passiva.
Tötges immerhin ist längst beerdigt (mit einem unangemessenen Aufwand, wie manche Leute festgestellt haben). Schönners Tod und Beerdigung sind merkwürdigerweise nicht mit solcher Aufmachung und Aufmerksamkeit betrieben und bemerkt worden. Warum wohl? Weil er kein „Opfer seines Berufes" war, sondern wahrscheinlicher das Opfer eines Eifersuchtsdramas? Das Scheichkostüm ist in der Asservatenkammer, auch die Pistole (eine 08), über deren Herkunft nur Blorna Bescheid weiß, während Polizei und Staatsanwaltschaft sich vergeblich bemüht haben, dies herauszufinden.

8

Die Recherchen über die Aktivitäten der Blum während der fraglichen vier Tage ließen sich für die ersten Tage gut an, stockten erst, als es den Sonntag zu erkunden galt.
Blorna selbst hatte Katharina Blum am Mittwochnachmittag zwei volle Wochenlöhne in Höhe von je 280 DM ausgezahlt, einen für die laufende Woche, den zweiten für die folgende Woche, da er selbst am Mittwochnachmittag mit seiner Frau

in den Winterurlaub fuhr. Katharina hatte den Blornas nicht nur versprochen, sondern geradezu geschworen, daß sie endlich einmal Urlaub machen und sich über Karneval amüsieren wolle und nicht, wie in all den Jahren davor, ins Saisongeschäft gehen würde. Sie hatte den Blornas freudig mitgeteilt, daß sie für den Abend zu einem privaten kleinen Hausball bei ihrer Patentante, Freundin und Vertrauten Else Woltersheim eingeladen sei und sich sehr darauf freue, sie habe so lange keine Gelegenheit mehr gehabt zu tanzen. Daraufhin habe Frau Dr. Blorna zu ihr gesagt: „Warte nur, Kathrinchen, wenn wir zurück sind, geben wir mal wieder 'ne Party, dann kannst du auch wieder tanzen." Seitdem sie in der Stadt war, seit fünf oder sechs Jahren, hatte Katharina sich immer wieder über die nicht vorhandenen Möglichkeiten, „mal einfach irgendwo tanzen zu gehen", beklagt. Da gab es, wie sie Blornas erzählte, diese Buden, in denen eigentlich nur verklemmte Studenten eine kostenlose Nutte suchen, dann gab es diese bohemeartigen Dinger, in denen es ihr ebenfalls zu wüst zuging, und konfessionelle Tanzveranstaltungen verabscheute sie geradezu.
Am Mittwochnachmittag hatte Katharina, wie sich leicht ermitteln ließ, noch zwei Stunden bei dem Ehepaar Hiepertz gearbeitet, wo sie gelegentlich und auf Anfrage aushalf. Da die Hierpertz' ebenfalls die Stadt während der Karnevalstage verließen und zu ihrer Tochter nach Lemgo fuhren, hatte Katharina die beiden alten Herrschaften noch in ihrem Volkswagen zum Bahnhof gebracht. Trotz erheblicher Parkschwierigkeiten hatte sie darauf bestanden, sie auch noch auf den Bahnsteig zu bringen und ihr Gepäck zu tragen. („Nicht ums Geld, nein, für solche Gefälligkeiten dürfen wir ihr gar nichts anbieten, das würde sie tief kränken", erläuterte Frau Hiepertz). Der Zug war nachweislich um 17.30 Uhr gefahren. Wenn man Katharina fünf bis zehn Minuten zubilligen wollte, um inmitten des beginnenden Karnevalsrummels ihren Wagen zu finden, weitere zwanzig oder gar fünfundzwanzig Minuten, um ihre außerhalb der Stadt in einem Wohnpark gelegene Wohnung zu erreichen, die sie also erst zwischen 18.00 und 18.15 Uhr betreten haben konnte, so blieb keine Minute ungedeckt, wenn man ihr gerechterweise zubilligen mochte, daß sie sich gewaschen, umgezogen, eine Kleinigkeit gegessen hatte, denn sie war schon gegen 19.25 Uhr bei Frau Woltersheim zur Party erschienen, nicht per Auto, sondern per Straßenbahn,

und sie war weder als Beduinenfrau noch als Andalusierin verkleidet, sondern lediglich mit einer roten Nelke im Haar, in roten Strümpfen und Schuhen, in einer hochgeschlossenen Bluse aus honigfarbener Honanseide und einem gewöhnlichen Tweedrock von gleicher Farbe. Man mag es gleichgültig finden, ob Katharina mit ihrem Auto oder mit der Straßenbahn zur Party fuhr, es muß hier erwähnt werden, weil es im Laufe der Ermittlungen von erheblicher Bedeutung war.

9

Von dem Augenblick an, da sie die Woltersheimsche Wohnung betrat, wurden die Ermittlungen erleichtert, weil Katharina von 19.25 Uhr an, ohne es zu ahnen, unter polizeilicher Beobachtung stand. Den ganzen Abend über, von 19.30 bis 22.00 Uhr, bevor sie mit diesem die Wohnung verließ, hatte sie „ausschließlich und innig", wie sie selber später aussagte, mit einem gewissen Ludwig Götten getanzt.

10

Man sollte hier nicht vergessen, dem Staatsanwalt Peter Hach Dankbarkeit zu zollen, denn ihm einzig und allein verdankt man die an justizinternen Klatsch grenzende Mitteilung, daß Kriminalkommissar Erwin Beizmenne von dem Augenblick an, da die Blum mit Götten die Wohnung der Woltersheim verließ, die Telefone der Woltersheim und der Blum abhören ließ. Das geschah auf eine Weise, die man vielleicht der Mitteilung für wert halten mag. Beizmenne rief in solchen Fällen den dafür zuständigen Vorgesetzten an und sagte zu diesem: „Ich brauche mal wieder meine Zäpfchen. Diesmal zwei."

11

Offenbar hat Götten von Katharinas Wohnung aus nicht telefoniert. Jedenfalls wußte Hach nichts davon. Sicher ist, daß die Wohnung von Katharina streng überwacht wurde, und als bis 10.30 Uhr am Donnerstagmorgen weder telefoniert worden war noch Götten die Wohnung verlassen hatte, drang man, da Beizmenne die Geduld und auch die Nerven zu verlieren begann, mit acht schwerbewaffneten Polizeibeamten in die Wohnung ein, stürmte sie regelrecht unter strengsten Vorsichtsmaßregeln, durchsuchte sie, fand aber Götten nicht mehr, lediglich die „äußerst entspannt, fast glücklich wirkende" Katharina, die an ihrer Küchenanrichte stand, wo sie aus einem großen Becher Kaffee trank und in eine mit Butter und Honig bestrichene Scheibe Weißbrot biß. Sie machte sich insofern verdächtig, als sie nicht überrascht, sondern gelassen, „wenn nicht triumphierend", wirkte. Sie trug einen Bademantel aus grüner Baumwolle, der mit Margeriten bestickt war, war darunter unbekleidet, und als sie von Kommissar Beizmenne („ziemlich barsch", wie sie später erzählte) gefragt wurde, wo Götten geblieben sei, sagte sie, sie wisse nicht, wann Ludwig die Wohnung verlassen habe. Sie sei gegen 9.30 Uhr wach geworden, und da sei er schon weg gewesen. „Ohne Abschied?" — „Ja."

12

An dieser Stelle sollte man etwas über eine höchst umstrittene Frage von Beizmenne erfahren, die Hach einmal zum besten gab, widerrief, dann noch einmal erzählte und zum zweitenmal widerrief. Blorna hält diese Frage für wichtig, weil er glaubt, daß, wenn sie wirklich gestellt worden sei, hier und nirgendwo anders der Beginn von Katharinas Verbitterung, Beschämung und Wut gelegen haben könnte. Da Blorna und seine Frau Katharina Blum als in sexuellen Dingen äußerst empfindlich, fast prüde schildern, muß die *Möglichkeit*, Beizmenne könnte — ebenfalls in höchster Wut über den entschwundenen Götten, den er sicher zu haben glaubte — die umstrittene Frage gestellt haben, hier erwogen werden. Beizmenne *soll* die aufreizend gelassen an ihrer Anrichte lehnende Katharina nämlich gefragt haben: „Hat er dich denn gefickt", woraufhin Katharina sowohl rot geworden sein wie in stolzem Triumph gesagt haben soll: „Nein, ich würde es nicht so nennen."
Man kann getrost annehmen, daß *wenn* Beizmenne diese Frage gestellt hat, von diesem Augenblick an keinerlei Vertrauen mehr zwischen ihm und Katharina entstehen konnte. Die

Tatsache, daß es tatsächlich nicht zu einem Vertrauensverhältnis zwischen den beiden kam — obwohl Beizmenne, der als „gar nicht so übel" gilt, es nachweislich versuchte —, sollte aber nicht als endgültiger Beweis dafür angesehen werden, daß er die ominöse Frage wirklich gestellt hat. Hach jedenfalls, der bei der Haussuchung zugegen war, gilt unter Bekannten und Freunden als „Sexklemmer", und es wäre durchaus möglich, daß ihm selbst ein so grober Gedanke gekommen ist, als er die äußerst attraktive Blum da so nachlässig an ihrer Anrichte lehnen sah, und daß er diese Frage gern gestellt oder die so grob definierte Tätigkeit gern mit ihr ausgeübt hätte.

13

Die Wohnung wurde anschließend gründlich durchsucht, es wurden einige Gegenstände beschlagnahmt, vor allem Schriftliches. Katharina Blum durfte sich im Badezimmer in Gegenwart der weiblichen Beamtin Pletzer anziehen. Doch durfte die Badezimmertür nicht ganz geschlossen werden; sie wurde von zwei bewaffneten Beamten schärfstens bewacht. Es wurde Katharina gestattet, ihre Handtasche mitzunehmen, und da ihre Verhaftung nicht ausgeschlossen werden konnte, durfte sie Nachtzeug, einen Toilettenbeutel, Lektüre mitnehmen. Ihre Bibliothek bestand aus vier Liebesromanen, drei Kriminalromanen sowie aus einer Napoleonbiographie und einer Biographie der Königin Christina von Schweden. Sämtliche Bücher stammten aus einem Buchklub. Da sie dauernd fragte: „Aber wieso, wieso denn, was habe ich denn verbrochen", wurde ihr schließlich von der Kriminalbeamtin Pletzer in höflicher Form mitgeteilt, daß Ludwig Götten ein lange gesuchter Bandit sei, des Bankraubes fast überführt und des Mordes und anderer Verbrechen verdächtig.

14

Als Katharina Blum endlich gegen 11.00 Uhr aus ihrer Wohnung fort und zur Vernehmung geführt wurde, verzichtete man letzten Endes doch darauf, ihr Handschellen anzulegen. Beizmenne neigte zwar dazu, auf Handschellen zu bestehen, ließ sich aber nach einem kurzen Dialog zwischen der Beamtin Pletzer und seinem Assistenten Moeding herbei, darauf zu verzichten. Da wegen der an diesem Tag beginnenden Weiberfastnacht zahlreiche Hausbewohner nicht zur Arbeit gegangen und noch nicht zu den alljährlich fälligen saturnalienartigen Umzügen, Festen etc. aufgebrochen waren, standen etwa drei Dutzend Bewohner des zehnstöckigen Appartementhauses in Mänteln, Morgenröcken und Bademänteln im Foyer, und der Pressefotograf Schönner stand wenige Schritte vor dem Aufzug, als Katharina Blum, zwischen Beizmenne und Moeding, von bewaffneten Polizeibeamten flankiert, den Aufzug verließ. Sie wurde von vorne, von hinten, von der Seite mehrmals fotografiert, zuletzt, da sie in ihrer Scham und Verwirrung mehrmals ihr Gesicht zu verdecken versuchte und dabei mit ihrer Handtasche, dem Toilettenbeutel und einer Plastiktüte, in der zwei Bücher und Schreibzeug waren, in Konflikt geriet, mit zerwühltem Haar und recht unfreundlichem Gesichtsausdruck.

15

Eine halbe Stunde später, nachdem sie auf ihre Rechte hingewiesen worden und ihr Gelegenheit gegeben worden war, sich wieder etwas herzurichten, begann in Gegenwart von Beizmenne, Moeding, der Frau Pletzer sowie der Staatsanwälte Dr. Korten und Hach die Vernehmung, die protokolliert wurde:

„Mein Name ist Katharina Brettloh, geb. Blum. Ich wurde am 2. März 1947 in Gemmelsbroich im Landkreis Kuir geboren. Mein Vater war der Bergarbeiter Peter Blum. Er starb, als ich sechs Jahre alt war, im Alter von siebenunddreißig Jahren an einer Lungenverletzung, die er im Krieg erlitten hatte. Mein Vater hatte nach dem Krieg wieder in einem Schieferbergwerk gearbeitet und war auch staublungenverdächtig. Meine Mutter hatte nach seinem Tode Schwierigkeiten mit der Rente, weil sich das Versorgungsamt und die Knappschaft nicht einigen konnten. Ich mußte schon sehr früh im Haushalt arbeiten, weil mein Vater häufig krank war und entsprechenden Verdienstausfall hatte und meine Mutter verschiedene Putzstellen annahm. In der Schule hatte ich keinerlei Schwierigkeiten, obwohl ich auch während der Schulzeit viel Hausarbeit machen mußte, nicht nur zu Hause, auch bei Nachbarn und anderen Dorfbewohnern, wo ich beim Backen, Kochen, Einmachen, Schlachten zur Hand ging. Ich tat auch viel Hausarbeit und half bei der Ernte. Mit Hilfe meiner Patentante, Frau Else Woltersheim aus Kuir, bekam ich nach der Schulentlassung im Jahre 1961 eine Stelle als Hausgehilfin in der Metzgerei Gerbers in Kuir, wo ich auch beim Verkaufen gelegentlich aushelfen mußte. Von 1962 bis 1965 besuchte ich mit Hilfe und durch finanzielle Unterstützung meiner Patentante Frau Woltersheim, die dort als Ausbilderin tätig war, eine Hauswirtschaftsschule in Kuir, die ich mit ‚sehr gut' absolvierte. Von 1966 bis 1967 arbeitete ich als Wirtschafterin im Ganztagskindergarten der Firma Koeschler im benachbarten Oftersbroich, bekam dann eine Stelle als Hausgehilfin bei dem Arzt Dr. Kluthen, ebenfalls in Oftersbroich, wo ich nur ein Jahr verblieb, weil Herr Doktor immer häufiger zudringlich wurde und Frau Doktor das nicht leiden mochte. Auch ich mochte diese Zudringlichkeiten nicht. Mir war das widerwärtig. Im Jahre 1968, als ich für einige Wochen stellenlos war und im Haushalt meiner Mutter aushalf und gelegentlich bei den Versammlungen und Kegelabenden des Trommlerkorps Gemmelsbroich aushalf, lernte ich durch meinen älteren Bruder Kurt Blum den Textilarbeiter Wilhelm Brettloh kennen, den ich wenige Monate später heiratete. Wir wohnten in Gemmelsbroich, wo ich gelegentlich an den Wochenenden bei starkem Ausflüglerverkehr in der Gastwirtschaft Kloog in der Küche aushalf, manchmal auch als Serviererin. Schon nach einem halben Jahr empfand ich unüberwindliche Abneigung gegen meinen Mann. Näheres möchte ich dazu nicht aussagen. Ich verließ meinen Mann und zog in die Stadt. Ich wurde schuldig geschieden wegen böswilligen Verlassens und nahm meinen Mädchennamen wieder an. Ich wohnte zunächst bei Frau Woltersheim, bis ich nach einigen Wochen eine Stelle als Wirtschafterin und Hausgehilfin im Hause des Wirtschaftsprüfers Dr. Fehnern fand, wo ich auch wohnte. Herr Dr. Fehnern ermöglichte es mir, Abend- und Weiterbildungskurse zu besuchen und eine Fachprüfung als staatlich geprüfte Wirtschafterin abzulegen. Er war sehr nett und sehr großzügig, und ich blieb auch bei ihm, nachdem ich die Prüfung abgelegt hatte. Ende des Jahres 1969 wurde Herr Dr. Fehnern im Zusammenhang mit erheb-

lichen Steuerhinterziehungen, die bei großen Firmen, für die er arbeitete, festgestellt worden waren, verhaftet. Bevor er abgeführt wurde, gab er mir einen Briefumschlag mit drei Monatsgehältern und bat mich, auch weiterhin nach dem Rechten zu sehen; er käme bald wieder, sagte er. Ich blieb noch einen Monat, versorgte seine Angestellten, die unter der Aufsicht von Steuerbeamten in seinem Büro arbeiteten, hielt das Haus sauber und den Garten in Ordnung, kümmerte mich auch um die Wäsche. Ich brachte Herrn Dr. Fehnern immer frische Wäsche ins Untersuchungsgefängnis, auch zu essen, besonders Ardennenpastete, die ich beim Metzger Gerbers in Kuir herzustellen gelernt hatte. Später wurde die Praxis geschlossen, das Haus beschlagnahmt, ich mußte mein Zimmer räumen. Herrn Dr. Fehnern hatte man anscheinend auch Unterschlagung und Fälschung nachgewiesen, und er kam richtig ins Gefängnis, wo ich ihn auch weiterhin besuchte. Ich wollte ihm auch die zwei Monatsgehälter zurückgeben, die ich ihm noch schuldete. Er verbat sich das regelrecht. Ich fand sehr rasch eine Stelle bei dem Ehepaar Dr. Blorna, das ich durch Herrn Fehnern kennengelernt hatte.
Blornas bewohnen einen Bungalow in der Parksiedlung Südstadt. Obwohl mir dort Wohnung geboten wurde, lehnte ich ab, ich wollte endlich unabhängig sein und meinen Beruf mehr freiberuflich ausüben. Das Ehepaar Blorna war sehr gütig zu mir. Frau Dr. Blorna verhalf mir — sie arbeitet in einem großen Architekturbüro — zu meiner Eigentumswohnung in der Satellitenstadt im Süden, die unter dem Motto ‚Elegant am Strom wohnen' angezeigt wurde. Herr Dr. Blorna war in seiner Eigenschaft als Industrieanwalt, Frau Dr. Blorna in ihrer Eigenschaft als Architektin mit dem Projekt vertraut. Ich berechnete mit Herrn Dr. Blorna die Finanzierung, Verzinsung und Amortisation eines Zwei-Zimmer-Küche-Bad-Appartements im 8. Stock, und da ich inzwischen Ersparnisse in Höhe von 7000 DM hatte zurücklegen können und das Ehepaar Blorna für einen Kredit in Höhe von 30000 DM bürgte, konnte ich schon Anfang 1970 in meine Wohnung einziehen. Meine monatliche Mindestbelastung betrug zu Beginn etwa 1100 DM, da aber das Ehepaar Blorna meine Verpflegung nicht berechnete, Frau Blorna mir sogar noch jeden Tag etwas zum Essen und Trinken zusteckte, konnte ich sehr sparsam leben und meinen Kredit rascher amortisieren,

als anfänglich berechnet war. Ich führe seit vier Jahren die Wirtschaft und den Haushalt dort selbständig, meine Arbeitszeit beginnt um sieben Uhr morgens und endet nachmittags gegen sechzehn Uhr dreißig, wenn ich mit den Haus- und Reinigungsarbeiten, dem Einkaufen, den Vorbereitungen für das Abendessen fertig bin. Ich besorge auch die gesamte Wäsche des Haushalts. Zwischen sechzehn Uhr dreißig und siebzehn Uhr dreißig kümmere ich mich um meinen eigenen Haushalt und arbeite dann gewöhnlich noch eineinhalb bis zwei Stunden bei dem Rentnerehepaar Hiepertz. Samstags- und Sonntagsarbeit bekomme ich bei beiden gesondert bezahlt. In meiner freien Zeit arbeite ich gelegentlich beim Traiteur Kloft, oder ich helfe bei Empfängen, Partys, Hochzeiten, Gesellschaften, Bällen, meistens als frei angeworbene Wirtschafterin auf Pauschale und eigenes Risiko, manchmal auch im Auftrag der Firma Kloft. Ich arbeite in der Kalkulation, der organisatorischen Planung, gelegentlich auch als Köchin oder Serviererin. Meine Bruttoeinnahmen betragen im Durchschnitt 1 800 bis 2 300 Mark im Monat. Dem Finanzamt gegenüber gelte ich als freiberuflich. Ich zahle meine Steuern und Versicherungen selbst. Alle diese Dinge — Steuererklärung etc. — werden kostenlos für mich durch das Büro Blorna erledigt. Seit dem Frühjahr 1972 besitze ich einen Volkswagen, Baujahr 1968, den mir der bei der Firma Kloft beschäftigte Koch Werner Klormer günstig überließ. Es wurde für mich zu schwierig, die verschiedenen und auch wechselnden Arbeitsplätze mit den öffentlichen Verkehrsmitteln zu erreichen. Mit dem Auto wurde ich auch beweglich genug, auf Empfängen und bei Festlichkeiten mitzuarbeiten, die in weiter entfernt liegenden Hotels abgehalten wurden."

16

Es dauerte von 11.30 bis 12.30 Uhr und nach einer Unterbrechung von einer Stunde, von 13.30 bis 17.45 Uhr, bevor dieser Teil der Vernehmung abgeschlossen war. In der Mittagspause weigerte sich die Blum, Kaffee und Käsebrote von der Polizeiverwaltung anzunehmen, und auch das intensive Zureden der ihr offensichtlich wohlwollenden Frau Pletzer und des Assistenten Moeding konnten an ihrer Haltung nichts ändern. Es war ihr — wie Hach erzählte — offenbar unmöglich, das Dienstliche vom Privaten zu trennen, die Notwendigkeit der Vernehmung einzusehen. Als Beizmenne, der sich Kaffee und Brote schmecken ließ und mit geöffnetem Kragen und gelockerter Krawatte nicht nur väterlich wirkte, sondern wirklich väterlich wurde, bestand die Blum darauf, in ihre Zelle gebracht zu werden. Die beiden Polizeibeamten, die zu ihrer Bewachung abkommandiert waren, bemühten sich nachweislich, ihr Kaffee und Brote anzubieten, aber sie schüttelte hartnäckig den Kopf, saß auf ihrer Pritsche, rauchte eine Zigarette und äußerte durch Nasenrümpfen und Ekel bezeugendes Mienenspiel ihren Abscheu vor der noch mit Resten von Erbrochenem bekleckerten Toilette in der Zelle. Später gestattete sie Frau Pletzer, nachdem diese und die beiden jungen Beamten ihr zugeredet hatten, ihr den Puls zu fühlen, als der Puls sich als normal erwies, ließ sie sich dann auch herab, sich aus einem nahe gelegenen Café ein Stück Sandkuchen und eine Tasse Tee holen zu lassen, bestand aber darauf, das aus eigener Tasche zu bezahlen, obwohl einer der jungen Beamten, der am Morgen ihre Badezimmertüre bewacht hatte, während sie sich anzog, bereit war, ihr „einen auszugeben“. Das Urteil der beiden Polizeibeamten und der Frau Pletzer über diese Episode mit Katharina Blum: humorlos.

17

Zwischen 13.30 und 17.45 Uhr wurde die Vernehmung zur Person fortgesetzt, die Beizmenne gern kürzer gehabt hätte, die Blum aber bestand auf Ausführlichkeit, die ihr von den beiden Staatsanwälten zugestanden wurde, schließlich war auch Beizmenne — erst widerwillig, später einsichtigerweise wegen des gelieferten Hintergrundes, der ihm wichtig erschien — mit der Ausführlichkeit einverstanden.
Gegen 17.45 erhob sich nun die Frage, ob man die Vernehmung fortsetzen oder unterbrechen, ob man die Blum freilassen oder in eine Zelle verbringen solle. Sie hatte sich gegen 17.00 tatsächlich herbeigelassen, noch ein Kännchen Tee zu akzeptieren und ein belegtes Brötchen (Schinken) zu verzehren, und erklärte sich damit einverstanden, die Vernehmung fortzusetzen, da ihr Beizmenne nach Abschluß derselben Freilassung versprach. Es

kam nun ihr Verhältnis zu Frau Woltersheim zur Sprache. Sie sei, sagte Katharina Blum, ihre Patentante, habe sich immer schon um sie gekümmert, sei eine entfernte Kusine ihrer Mutter; sie habe, als sie in die Stadt zog, sofort Kontakt mit ihr aufgenommen.

„Am 20. 2. war ich zu diesem Hausball eingeladen, der eigentlich am 21. 2., an Weiberfastnacht, hatte stattfinden sollen, dann aber vorverlegt wurde, weil Frau Woltersheim für Weiberfastnacht berufliche Verpflichtungen übernommen hatte. Es war das erste Tanzvergnügen, an dem ich seit vier Jahren teilnahm. Ich korrigiere meine Aussage dahingehend: verschiedentlich, vielleicht zwei-, drei-, möglicherweise viermal, habe ich bei Blornas mitgetanzt, wenn ich dort abends bei Gesellschaften aushalf. Zu vorgerückter Stunde, wenn ich mit Aufräumen und Abwaschen fertig war, wenn der Kaffee serviert war und Dr. Blorna die Bar übernommen hatte, holte man mich in den Salon, und ich tanzte dort mit Herrn Dr. Blorna und auch mit anderen Herren aus Akademiker-, Wirtschafts- und Politikerkreisen. Später bin ich nur noch sehr ungern und zögernd, dann gar nicht mehr diesen Aufforderungen gefolgt, es kam, da die Herren oft angetrunken waren, auch dort zu Zudringlichkeiten. Genauer gesagt: seitdem ich mein eigenes Auto besaß, habe ich diese Aufforderungen abgelehnt. Vorher war ich davon abhängig, daß einer der Herren mich nach Hause brachte. Auch mit diesem Herrn dort" — sie zeigte auf Hach, der tatsächlich errötete, — „habe ich gelegentlich getanzt." Die Frage, ob auch Hach zudringlich geworden sei, wurde nicht gestellt.

18

Die Dauer der Vernehmungen ließ sich daraus erklären, daß Katharina Blum mit erstaunlicher Pedanterie jede einzelne Formulierung kontrollierte, sich jeden Satz, so wie er ins Protokoll aufgenommen wurde, vorlesen ließ. Zum Beispiel die im letzten Abschnitt erwähnten Zudringlichkeiten waren erst als Zärtlichkeiten ins Protokoll eingegangen bzw. zunächst in der Fassung, „daß die Herren zärtlich wurden"; wogegen sich Katharina Blum empörte und energisch wehrte. Es kam zu regelrechten Definitionskontroversen zwischen ihr und den

Staatsanwälten, ihr und Beizmenne, weil Katharina behauptete, Zärtlichkeit sei eben eine beiderseitige und Zudringlichkeit eine einseitige Handlung und um letztere habe es sich immer gehandelt. Als die Herren fanden, das sei doch alles nicht so wichtig und sie sei schuld, wenn die Vernehmung länger dauere, als üblich sei, sagte sie, sie würde kein Protokoll unterschreiben, in dem statt Zudringlichkeiten Zärtlichkeiten stehe. Der Unterschied sei für sie von entscheidender Bedeutung, und einer der Gründe, warum sie sich von ihrem Mann getrennt habe, hänge damit zusammen; der sei eben nie zärtlich, sondern immer zudringlich gewesen.
Ähnliche Kontroversen hatte es um das Wort „gütig", auf das Ehepaar Blorna angewandt, gegeben. Im Protokoll stand „nett zu mir", die Blum bestand auf dem Wort gütig, und als ihr statt dessen gar das Wort gutmütig vorgeschlagen wurde, weil gütig so altmodisch klinge, war sie empört und behauptete, Nettigkeit und Gutmütigkeit hätte mit Güte nichts zu tun, als letzteres habe sie die Haltung der Blornas ihr gegenüber empfunden.

19

Inzwischen waren die Hausbewohner vernommen worden, von denen der größere Teil wenig oder gar nichts über Katharina Blum aussagen konnte; man habe sie gelegentlich im Aufzug getroffen, sich gegrüßt, wisse, daß ihr der rote Volkswagen gehöre, man habe sie für eine Chefsekretärin gehalten, andere für eine Abteilungsleiterin in einem Warenhaus; sie sei immer adrett, freundlich, wenn auch kühl gewesen. Von den Bewohnern der fünf Appartements im 8. Stock, in dem Katharinas Wohnung lag, konnten nur zwei Näheres mitteilen. Die eine war die Inhaberin eines Frisiersalons, Frau Schmill, der andere war ein pensionierter Beamter vom Elektrizitätswerk namens Ruhwiedel, und das verblüffende war die beiden Aussagen gemeinsame Behauptung, Katharina habe hin und wieder Herrenbesuch empfangen oder mitgebracht. Frau Schmill behauptete, der Besuch sei regelmäßig gekommen, so alle, zwei, drei Wochen, und es sei ein etwa vierzigjähriger, sehr elastisch wirkender Herr aus „offensichtlich besseren" Kreisen gewesen, während Herr Ruhwiedel den Besucher als ziemlich

jungen Schlacks bezeichnete, der einige Male allein, einige Male mit Fräulein Blum gemeinsam deren Wohnung betreten habe. Und zwar innerhalb der vergangenen zwei Jahre etwa acht- bis neunmal, „und das sind nur die Besuche, die ich beobachtet habe — über die, die ich nicht beobachtet habe, kann ich natürlich nichts sagen“.
Als Katharina am späten Nachmittag mit diesen Aussagen konfrontiert und aufgefordert wurde, dazu Stellung zu nehmen, war es Hach, der ihr, noch bevor er die Frage formulierte, entgegenzukommen versuchte und ihr nahelegte, ob diese Herrenbesuche etwa die Herren gewesen wären, die sie gelegentlich nach Hause gebracht hätten. Katharina, die über und über rot geworden war, aus Scham und aus Ärger, fragte spitz zurück, ob es etwa verboten sei, Herrenbesuche zu empfangen, und da sie die aus Freundlichkeit von ihm gebaute Brücke nicht betreten wollte oder gar nicht als solche erkannte, wurde auch Hach etwas spitzer und sagte, sie müsse sich klar darüber werden, daß man hier einen sehr ernsten Fall untersuche, nämlich den Fall Ludwig Götten, der weitverzweigt sei und Polizei und Staatsanwaltschaften schon über ein Jahr beschäftigte, und er frage sie hiermit, ob es sich bei dem Herrenbesuch, den sie offenbar nicht ableugne, immer um ein und denselben Mann gehandelt habe. Und hier nun griff Beizmenne brutal zu und sagte: „Sie kennen den Götten also schon zwei Jahre.“
Über diese Feststellung war Katharina so verblüfft, daß sie keine Antwort fand, Beizmenne nur kopfschüttelnd anblickte, und als sie dann ein erstaunlich mildes „Aber nein, nein ich habe ihn erst gestern kennengelernt“ herausstotterte, wirkte das nicht sehr überzeugend. Da sie nun aufgefordert wurde, den Herrenbesuch zu identifizieren, schüttelte sie „fast entsetzt“ den Kopf und verweigerte darüber die Aussage. Nun wurde Beizmenne wieder väterlich und redete ihr zu, sagte, es sei doch gar nichts Schlimmes, wenn sie einen Freund habe, der — und hier machte er einen entscheidenden psychologischen Fehler — nicht zudringlich, sondern vielleicht zärtlich zu ihr gewesen sei; sie sei ja geschieden und nicht mehr zur Treue verpflichtet und es sei nicht einmal — der dritte entscheidende Fehler! — verwerflich, wenn da möglicherweise bei unzudringlichen Zärtlichkeiten gewisse materielle Vorteile heraussprängen. Und damit war Katharina Blum endgültig

verbockt. Sie verweigerte weiterhin die Aussage und bestand darauf, in eine Zelle oder nach Hause verbracht zu werden. Zur Verblüffung aller Anwesenden erklärte Beizmenne, milde und müde — es war inzwischen 20.40 Uhr geworden —, er lasse sie durch einen Beamten nach Hause bringen. Dann aber, als sie schon aufgestanden war und ihre Handtasche, den Toilettenbeutel und die Plastiktüte zusammenraffte, fragte er sie ganz plötzlich und hart: „Wie ist er bloß diese Nacht aus dem Haus herausgekommen, Ihr zärtlicher Ludwig? Alle Eingänge, alle Ausgänge waren bewacht — Sie, Sie müssen einen Weg gewußt und ihn ihm gezeigt haben, und ich werde es herausbekommen. Auf Wiedersehen."

20

Moeding, Beizmennes Assistent, der Katharina nach Hause fuhr, berichtete später, er sei über den Zustand der jungen Frau sehr beunruhigt und fürchte, daß sie sich etwas antun könnte; sie sei völlig zerschmettert, fix und fertig und habe überraschenderweise ausgerechnet in diesem Zustand Humor gezeigt oder erst entwickelt. Als er mit ihr durch die Stadt gefahren sei, habe er sie scherzhaft gefragt, ob es nicht doch nett wäre, wenn man jetzt unbefangen und ohne Hintergedanken irgendwo einen trinken und zusammen tanzen gehen könne, und sie habe genickt und gesagt, das wäre nicht übel, vielleicht sogar nett, und später vor ihrem Haus, als er ihr angeboten habe, sie nach oben bis vor ihre Türe zu bringen, habe sie sarkastisch gesagt: „Ach, besser nicht, ich habe Herrenbesuch genug, wie Sie wissen — aber trotzdem danke."

Moeding versuchte den ganzen Abend und die halbe Nacht über, Beizmenne davon zu überzeugen, daß man Katharina Blum inhaftieren müsse, zu ihrem eigenen Schutz, und als Beizmenne ihn fragte, ob er etwa verliebt sei, sagte er, nein, er habe sie nur gern und sie sei gleichaltrig mit ihm und er glaube nicht an Beizmennes Theorie von einer großen Verschwörung, in die Katharina verwickelt sei.

Was er nicht berichtete und was doch durch Frau Woltersheim Blorna bekannt wurde, waren die beiden Ratschläge, die er Katharina gab, die er immerhin durchs Foyer bis an den

Aufzug begleitete, ziemlich heikle Ratschläge, die ihn hätten teuer zu stehen kommen können und außerdem für ihn und seine Kollegen lebensgefährlich; er sagte nämlich zu Katharina, als sie vor dem Aufzug standen: „Lassen Sie die Finger vom Telefon und schlagen Sie morgen keine Zeitung auf", wobei nicht klar war, ob er die ZEITUNG meinte oder Zeitungen schlechthin.

21

Es war gegen 15.00 Uhr des nämlichen Tages (Donnerstag, den 21. 2. 74), als Blorna sich in seinem Urlaubsort zum erstenmal die Skier anschnallte und zu einer längeren Wanderung aufbrechen wollte. Von diesem Augenblick an war sein Urlaub, auf den er sich so lange gefreut hatte, vermasselt. Schön gewesen war der lange Abendspaziergang am Abend vorher, kurz nach der Ankunft, mit Trude zwei Stunden lang durch den Schnee, dann die Flasche Wein am brennenden Kamin und der tiefe Schlaf bei offenem Fenster; das erste Frühstück im Urlaub, lang hinausgezogen, und noch einmal für ein paar Stunden dick eingewickelt auf der Terrasse im Korbstuhl, und dann eben, genau in dem Augenblick, als er loswandern wollte, war dieser Kerl von der ZEITUNG aufgetaucht und hatte ihn, ohne jede Vorbereitung, auf Katharina angequatscht. Ob er sie eines Verbrechens für fähig halte? „Wieso", sagte er, „ich bin Anwalt und ich weiß, wer alles eines Verbrechens fähig ist. Welches Verbrechen denn? Katharina? Undenkbar, wie kommen Sie darauf? Woher wissen Sie?" Als er schließlich erfuhr, daß ein lange gesuchter Bandit nachweislich bei Katharina übernachtet habe und sie seit ungefähr 11 Uhr früh streng vernommen wurde, hatte er vorgehabt, sofort zurückzufliegen und ihr beizustehen, aber der Kerl von der ZEITUNG — sah er wirklich so schmierig aus, oder fand er das erst später? — sagte, so schlimm sei es nun wieder nicht und ob er ihm nicht ein paar Charaktereigenschaften nennen könne. Und als er sich weigerte, meinte der Kerl, das sei aber ein schlechtes Zeichen und könne bös mißdeutet werden, denn Schweigen über ihren Charakter sei in einem solchen Fall, und es handele sich um eine „front-page-story", eindeutig ein Hinweis auf einen schlechten Charakter, und schon wütend und sehr gereizt sagte Blorna: „Katharina ist eine sehr kluge und kühle Person“ und ägerte sich, weil auch das nicht stimmte und nicht andeutungsweise ausdrückte, was er hatte sagen wollen und hätte sagen müssen. Er hatte noch nie mit Zeitungen und schon gar nicht mit der ZEITUNG zu tun gehabt, und als der Kerl in seinem Porsche wieder abfuhr, schnallte Blorna die Skier wieder ab und wußte, daß der Urlaub hinüber war. Er ging zu Trude hinauf, die in Decken gehüllt wohlig, halb schlafend auf dem Balkon in der Sonne lag. Er erzählte es ihr. „Ruf doch mal an“, sagte sie, und er versuchte anzurufen, dreimal, viermal, fünfmal, aber er bekam immer die Auskunft „Teilnehmer meldet sich nicht“. Er versuchte gegen elf abends noch einmal anzurufen, aber wieder meldete sich niemand. Er trank viel und schlief schlecht.

22

Als er Freitag früh gegen halb zehn mürrisch zum Frühstück erschien, hielt Trude ihm schon die ZEITUNG entgegen. Katharina auf der Titelseite. Riesenfoto, Riesenlettern. RÄUBERLIEBCHEN KATHARINA BLUM VERWEIGERT AUSSAGE ÜBER HERRENBESUCHE. *Der seit eineinhalb Jahren gesuchte Bandit und Mörder Ludwig Götten hätte gestern verhaftet werden können, hätte nicht seine Geliebte, die Hausangestellte Katharina Blum, seine Spuren verwischt und seine Flucht gedeckt. Die Polizei vermutet, daß die Blum schon seit längerer Zeit in die Verschwörung verwickelt ist. (Weiteres siehe auf der Rückseite unter dem Titel:* HERRENBESUCHE.)
Dort auf der Rückseite las er dann, daß die ZEITUNG aus seiner Äußerung, Katharina sei klug und kühl, „eiskalt und berechnend“ gemacht hatte und aus seiner generellen Äußerung über Kriminalität, daß sie „durchaus eines Verbrechens fähig sei“.
Der Pfarrer von Gemmelsbroich hatte ausgesagt: „Der traue ich alles zu. Der Vater war ein verkappter Kommunist und ihre Mutter, die ich aus Barmherzigkeit eine Zeitlang als Putzhilfe beschäftigte, hat Meßwein gestohlen und in der Sakristei mit ihren Liebhabern Orgien gefeiert.“
Die Blum erhielt seit zwei Jahren regelmäßig Herrenbesuch. War ihre Wohnung ein Konspirationszentrum, ein Bandentreff, ein

Waffenumschlagplatz? Wie kam die erst siebenundzwanzigjährige Hausangestellte an eine Eigentumswohnung im Werte von schätzungsweise 10000 Mark? War sie an der Beute aus den Bankrauben beteiligt? Polizei ermittelt weiter. Staatsanwaltschaft arbeitet auf Hochtouren. Morgen mehr. DIE ZEITUNG BLEIBT WIE IMMER AM BALL! *Sämtliche Hintergrundinformationen in der morgigen Wochenendausgabe.*

Am Nachmittag auf dem Flugplatz rekonstruierte Blorna, was dann kurz hintereinander geschehen war.

10.25 Anruf des sehr aufgeregten Lüding, der mich beschwor, sofort zurückzukommen und mit dem ebenfalls sehr aufgeregten Alois in Verbindung zu treten. Alois, angeblich total aufgelöst — was ich bei ihm noch nie erlebt habe, mir deshalb unwahrscheinlich vorkommt —, zur Zeit auf einer Tagung für christliche Unternehmer in Bad Bedelig, wo er das Hauptreferat halten und die Grundsatzdiskussion leiten muß.

10.40 Anruf von Katharina, die mich fragte, ob ich das wirklich so gesagt hätte, wie es in der ZEITUNG stand. Froh darüber, sie aufklären zu können, erklärte ich ihr den Zusammenhang, und sie sagte (aus dem Gedächtnis protokolliert) etwa folgendes: „Ich glaub's Ihnen, ich glaub's, ich weiß ja jetzt, wie diese Schweine arbeiten. Heute morgen haben sie sogar meine schwerkranke Mutter, Brettloh und andere Leute aufgestöbert." Als ich sie fragte, wo sie sei, sagte sie: „Bei Else, und jetzt muß ich wieder zur Vernehmung."

11.00 Uhr Anruf von Alois, den ich wirklich zum erstenmal im Leben — und ich kenne ihn seit zwanzig Jahren — aufgeregt und in Angst sah. Sagte, ich müsse sofort zurückkommen, um ihn als Mandanten in einer sehr heiklen Sache zu übernehmen. Er müsse jetzt sein Referat halten, dann mit den Unternehmern essen, später die Diskussion leiten und abends an einem zwanglosen Beisammensein teilnehmen, könne aber so zwischen 7.30 und 9.30 bei uns zu Hause sein, später dann noch zu dem zwanglosen Beisammensein stoßen.

11.30 Trude findet auch, daß wir sofort abreisen und Katharina beistehen müssen. Wie ich ihrem ironischen Lächeln entnehme, hat sie bereits eine (wahrscheinlich, wie immer) zutreffende Theorie über Alois' Schwierigkeiten.

12.15 Buchungen erledigt, gepackt, Rechnung bezahlt. Nach knapp vierzigstündigem Urlaub im Taxi nach I. Dort auf dem Flugplatz 14.00 bis 15.00 Uhr im Nebel gewartet. Langes

Gespräch mit Trude über Katharina, an der ich, wie Trude weiß, sehr, sehr hänge. Sprachen auch darüber, wie wir Katharina ermuntert hatten, nicht so zimperlich zu sein, ihre unglückselige Kindheit und die vermurkste Ehe zu vergessen. Wie wir versucht haben, ihren Stolz, wenn es um Geld geht, zu überwinden und ihr von unserem eigenen Konto einen billigeren Kredit als den der Bank zu geben. Selbst die Erklärung und die Einsicht, daß sie uns, wenn sie uns statt der 14%, die sie zahlen muß, 9% gibt, nicht einmal einen Verlust bereitet, sie aber viel Geld spart, hatte sie nicht überzeugt. Wie wir Katharina zu Dank verpflichtet sind: seit sie ruhig und freundlich, auch planvoll unseren Haushalt leitet, sind nicht nur unsere Unkosten erheblich gesunken, sie hat uns auch beide für unsere berufliche Arbeit so frei gemacht, daß wir es kaum in Geld ausdrücken können. Sie hat uns von dem fünfjährigen Chaos befreit, das unsere Ehe und unsere berufliche Arbeit so belastet hat.
Entschließen uns gegen 16.30 Uhr, da der Nebel sich nicht zu lichten scheint, doch mit dem Zug zu fahren. Auf Rat von Trude rufe ich Alois Sträubleder *nicht* an. Taxi zum Bahnhof, wo wir den 17.45 nach Frankfurt noch erwischen. Elende Fahrt — Übelkeit, Nervosität. Sogar Trude ernst und erregt. Sie wittert großes Unheil. Total erschöpft dann doch in München umgestiegen, wo wir einen Schlafwagen erwischten. Erwarten beide Kummer mit und um Katharina, Ärger mit Lüding und Sträubleder.

23

Schon am Samstagmorgen am Bahnhof der Stadt, die immer noch saisongemäß fröhlich war, völlig zerknittert und elend, schon auf dem Bahnsteig des Bahnhofs die ZEITUNG und wieder mit Katharina auf dem Titel, diesmal, wie sie in Begleitung eines Kriminalbeamten in Zivil die Treppe des Präsidiums herunterkam. MÖRDERBRAUT IMMER NOCH VERSTOCKT! KEIN HINWEIS AUF GÖTTENS VERBLEIB! POLIZEI IN GROSSALARM.
Trude kaufte das Ding, und sie fuhren schweigend im Taxi nach Hause, und als er den Fahrer bezahlte, während Trude die Haustür aufschloß, wies der Fahrer auf die ZEITUNG und

sagte: „Sie sind auch drin, ich hab Sie gleich erkannt. Sie sind doch der Anwalt und Arbeitgeber von diesem Nüttchen." Er gab viel zuviel Trinkgeld, und der Fahrer, dessen Grinsen gar nicht so schadenfroh war, wie seine Stimme klang, brachte ihm Koffer, Taschen und Skier noch bis in die Diele und sagte freundlich: „Tschüs."

Trude hatte schon die Kaffeemaschine eingestöpselt und wusch sich im Bad. Die ZEITUNG lag im Salon auf dem Tisch und zwei Telegramme, eins von Lüding, das andere von Sträubleder. Von Lüding: „Sind gelinde gesagt enttäuscht, weil kein Kontakt. Lüding." Von Sträubleder: „Kann nicht begreifen, daß Du mich so im Stich läßt. Erwarte sofort Anruf. Alois."

Es war gerade acht Uhr fünfzehn und fast genau die Zeit, zu der ihnen sonst Katharina das Frühstück servierte: hübsch, wie sie immer den Tisch deckte, mit Blumen und frisch gewaschenen Tüchern und Servietten, vielerlei Brot und Honig, Eiern und Kaffee und für Trude Toast und Organgenmarmelade.

Sogar Trude war fast sentimental, als sie die Kaffeemaschine, ein bißchen Knäckebrot, Honig und Butter brachte. „Es wird nie mehr so sein, nie mehr. Sie machen das Mädchen fertig. Wenn nicht die Polizei, dann die ZEITUNG, und wenn die ZEITUNG die Lust an ihr verliert, dann machens die Leute. Komm, lies das jetzt erst mal und dann erst ruf die Herrenbesucher an." Er las:

Der ZEITUNG, *stets bemüht, Sie umfassend zu informieren, ist es gelungen, weitere Aussagen zu sammeln, die den Charakter der Blum und ihre undurchsichtige Vergangenheit beleuchten. Es gelang* ZEITUNGS-*Reportern, die schwerkranke Mutter der Blum ausfindig zu machen. Sie beklagte sich zunächst darüber, daß ihre Tochter sie seit langer Zeit nicht mehr besucht hat. Dann, mit den unumstößlichen Fakten konfrontiert, sagte sie: „So mußte es ja kommen, so mußte es ja enden." Der ehemalige Ehemann, der biedere Textilarbeiter Wilhelm Brettloh, von dem die Blum wegen böswilligen Verlassens schuldig geschieden ist, gab der* ZEITUNG *noch bereitwilliger Auskunft. „Jetzt", sagte er, die Tränen mühsam zurückhaltend, „weiß ich endlich, warum sie mir tritschen gegangen ist. Warum sie mich sitzengelassen hat.* DAS *war's also, was da lief. Nun wird mir alles klar. Unser bescheidenes Glück genügte ihr nicht. Sie wollte hoch hinaus, und wie soll schon ein redlicher, bescheidener Arbeiter je zu einem Porsche kommen. Vielleicht (fügte er weise hinzu) können Sie den Lesern der* ZEITUNG *meinen Rat übermitteln: So müssen falsche Vorstellungen von Sozialismus ja enden. Ich frage Sie und Ihre Leser: Wie kommt ein Dienstmädchen an solche Reichtümer. Ehrlich erworben kann sie's ja nicht haben. Jetzt weiß ich, warum ich ihre Radikalität und Kirchenfeindlichkeit immer gefürchtet habe, und ich segne den Entschluß unseres Herrgotts, uns keine Kinder zu schenken. Und wenn ich dann noch erfahre, daß ihr die Zärtlichkeiten eines Mörders und Räubers lieber waren als meine unkomplizierte Zuneigung, dann ist auch dieses Kapitel geklärt. Und dennoch möchte ich ihr zurufen: Meine kleine Katharina, wärst du doch bei mir geblieben. Auch wir hätten es im Laufe der Jahre zu Eigentum und einem Kleinwagen gebracht, einen Porsche hätte ich dir wohl nie bieten können, nur ein bescheidenes Glück, wie es ein redlicher Arbeitsmann zu bieten hat, der der Gewerkschaft mißtraut. Ach, Katharina."*

Unter der Überschrift: „Rentnerehepaar ist entsetzt, aber nicht überrascht", fand Blorna noch auf der letzten Seite eine rot angestrichene Spalte:

Der pensionierte Studiendirektor Dr. Berthold Hiepertz und Frau Erna Hiepertz zeigten sich entsetzt über die Aktivitäten der Blum, aber nicht „sonderlich überrascht". In Lemgo, wo eine Mitarbeiterin der ZEITUNG *sie bei ihrer verheirateten Tochter, die dort ein Sanatorium leitet, aufsuchte, äußerte der Altphilologe und Historiker Hiepertz, bei dem die Blum seit 3 Jahren arbeitet: „Eine in jeder Beziehung radikale Person, die uns geschickt getäuscht hat."*

(Hiepertz, mit dem Blorna später telefonierte, schwor, folgendes gesagt zu haben: „Wenn Katharina radikal ist, dann ist sie radikal hilfsbereit, planvoll und intelligent — ich müßte mich schon sehr in ihr getäuscht haben, und ich habe eine vierzigjährige Erfahrung als Pädagoge hinter mir und habe mich selten getäuscht.")

Fortsetzung von Seite 1:

Der völlig gebrochene ehemalige Ehemann der Blum, den die ZEITUNG *anläßlich einer Probe des Trommler- und Pfeiferkorps Gemmelsbroich aufsuchte, wandte sich ab, um seine Tränen zu verbergen. Auch die übrigen Vereinsmitglieder wandten sich, wie Altbauer Meffels es ausdrückte, mit Grausen von Katharina ab, die immer so seltsam gewesen sei und immer so prüde getan habe. Die harmlosen Karnevalsfreuden eines redlichen Arbeiters jedenfalls dürften getrübt sein.*

Schließlich ein Foto von Blorna und Trude, im Garten am Swimming-pool. Unterschrift: „Welche Rolle spielt die Frau, die einmal als die ‚rote Trude' bekannt war, und ihr Mann, der sich gelegentlich als ‚links' bezeichnet. Hochbezahlter Industrieanwalt Dr. Blorna mit Frau Trude vor dem Swimming-pool der Luxusvilla."

24

Hier muß eine Art Rückstau vorgenommen werden, etwas, das man im Film und in der Literatur Rückblende nennt: vom Samstagmorgen, an dem das Ehepaar Blorna zerknittert und ziemlich verzweifelt aus dem Urlaub zurückkam, auf den Freitagmorgen, an dem Katharina erneut zum Verhör aufs Präsidium geholt wurde; diesmal durch Frau Pletzer und einen älteren Beamten, der nur leicht bewaffnet war, und nicht aus ihrer eigenen Wohnung wurde sie geholt, sondern aus der Wohnung der Frau Woltersheim, zu der Katharina morgens gegen 5 Uhr, diesmal mit dem Auto, gefahren war. Die Beamtin machte kein Hehl daraus, daß ihr bekannt war, sie würde Katharina nicht zu Hause, sondern bei der Woltersheim finden. (Gerechterweise sollte man nicht vergessen, die Opfer und Strapazen des Ehepaars Blorna noch einmal ins Gedächtnis zu rufen: Abbruch des Urlaubs, Taxifahrt zum Flugplatz in I. Warten im Nebel. Taxi zum Bahnhof. Zug nach Frankfurt, dann aber Umsteigen in München. Im Schlafwagen elend geschüttelt und am frühen Morgen, soeben zu Hause angekommen, schon mit der ZEITUNG konfrontiert! Später — zu spät natürlich — bereute Blorna, daß er nicht statt Katharina, von der er ja durch den ZEITUNGS-Kerl wußte, daß sie vernommen wurde, Hach angerufen hatte.)
Was allen, die an der zweiten Vernehmung von Katharina am Freitag teilnahmen — wiederum Moeding, die Pletzer, die Staatsanwälte Dr. Korten und Hach, die Protokollführerin Anna Lockster, die die sprachliche Sensibilität der Blum als lästig empfand und als „affig" bezeichnete —, was allen auffiel, war Beizmennes geradezu strahlende Laune. Er betrat händereibend den Verhandlungsraum, behandelte Katharina geradezu zuvorkommend, entschuldigte sich für „gewisse Grobheiten", die nicht seinem Amt, sondern seiner Person

entsprächen, er sei nun einmal ein etwas ungeschliffener Kerl, und nahm zunächst die inzwischen erstellte Liste der beschlagnahmten Gegenstände vor; es handelte sich um:

1. Ein kleines, abgenutztes grünes Notizbuch kleinen Formats, das ausschließlich Telefonnummern enthielt, die inzwischen überprüft worden waren und keinerlei Verfänglichkeiten ergeben hatten. Offenbar benutzte Katharina Blum dieses Notizbuch schon seit fast zehn Jahren. Ein Schriftsachverständiger, der nach schriftlichen Spuren von Götten gesucht hatte (Götten war u. a. Bundeswehrdeserteur und hatte in einem Büro gearbeitet, also viele handschriftliche Spuren hinterlassen), hatte die Entwicklung ihrer Handschrift als gerade schulbeispielhaft bezeichnet. Das sechzehnjährige Mädchen, das die Telefonnummer des Metzgers Gerbers notiert hatte, die Siebzehnjährige, die die Nummer des Arztes Dr. Kluthen, die Zwanzigjährige bei Dr. Fehnern — und später die Nummern und Adressen von Traiteuren, Restaurateuren, Kollegen.

2. Kontoauszüge der Sparkasse, auf denen jede Um- oder Abbuchung durch handschriftliche Randnotizen der Blum genau identifiziert war. Einzahlungen, Abbuchungen — alles korrekt und keine der bewegten Summen verdächtig. Dasselbe traf auf ihre Buchführung zu und auf Notizen und Mitteilungen, die in einem kleinen Hefter enthalten waren, wo sie den Stand ihrer Verpflichtungen gegenüber der Firma „Haftex" gebucht hatte, von der sie ihre Eigentumswohnung in „Elegant am Strom wohnen" erworben hatte. Auch ihre Steuererklärungen, Steuerbescheide, Steuerzahlungen waren genauestens geprüft und durch einen Bilanzfachmann durchgesehen worden, der nirgendwo eine „versteckte größere Summe" hatte ausfindig machen können. Beizmenne hatte Wert darauf gelegt, ihre finanziellen Transaktionen besonders im Zeitraum der letzten zwei Jahre, die er scherzhaft als „Herrenbesuchszeit" bezeichnete, zu prüfen. Nichts. Es ergab sich immerhin, daß Katharina ihrer Mutter monatlich 150 DM überwies, daß sie das Grab ihres Vaters in Gemmelsbroich durch ein Abonnement der Firma Kolter in Kuir pflegen ließ. Ihre Möbelanschaffungen, Hausgeräte, Kleider, Unterwäsche, Benzinrechnungen, alles geprüft und nirgendwo eine Lücke entdeckt. Der Buchhaltungsfachmann hatte, als er Beizmenne die Akten zurückgab, gesagt: „Mensch, wenn die freikommt

und sucht mal 'ne Stelle — gib mir 'nen Tip. So was sucht man ständig und findet es nicht." Auch die Telefonrechnungen der Blum ergaben keine Verdachtsmomente. Offenbar hatte sie Ferngespräche kaum geführt.
Bemerkt worden war auch, daß Katharina Blum ihrem Bruder Kurt, der zur Zeit wegen Einbruchdiebstahls einsaß, gelegentlich kleinere Summen zwischen 15 und 30 DM zur Aufbesserung seines Taschengeldes überwies. Kirchensteuer zahlte die Blum nicht. Sie war, wie aus ihren Finanzakten ersichtlich, schon als Neunzehnjährige im Jahre 1966 aus der kath. Kirche ausgetreten.
3. Ein weiteres kleines Notizbuch mit verschiedenen Eintragungen, hauptsächlich rechnerischer Art, enthielt vier Rubriken: eine für den Haushalt Blorna mit Ab- und Zusammenrechnungen über Lebensmitteleinkäufe und Auslagen für Putzmittel, Reinigungsanstalten, Wäschereien. Dabei wurde festgestellt, daß Katharina die Wäsche eigenhändig bügelte.
Die zweite für den Haushalt Hiepertz mit entsprechenden Angaben und Berechnungen.
Eine weitere für den eigenen Haushalt der Blum, den diese offenbar mit geringen Mitteln bestritt; es fanden sich Monate, in denen sie etwa für Lebensmittel kaum 30 bis 50 DM ausgegeben hatte. Sie schien allerdings — Fernsehen hatte sie nicht — öfters ins Kino zu gehen und sich hin und wieder Schokolade, sogar Pralinen zu kaufen.
Die vierte Rubrik enthielt Einnahmen und Ausgaben, die mit den Extrabeschäftigungen der Blum zusammenhingen, betrafen Anschaffungs- und Reinigungskosten für Berufskleidung, anteilige Unkosten für den Volkswagen. Hier — bei den Benzinrechnungen — hakte Beizmenne mit einer Freundlichkeit, die alle überraschte, ein und fragte sie, woher die relativ hohen Benzinkosten kämen, die übrigens mit der auffallend hohen Ziffer zusammenhingen, die ihr Kilometerzähler aufweise. Man habe festgestellt, daß die Entfernung zu Blorna hin und zurück etwa 6, die Entfernung zu Hiepertz hin und zurück etwa 8, zu Frau Woltersheim etwa 4 km betrage, und wenn man im Durchschnitt, was großzügig berechnet sei, eine Extrabeschäftigung wöchentlich veranschlage und dafür, was ebenfalls großzügig sei, 20 km veranschlage, was umgelegt auf die Wochentage etwa 3 km ausmache, so käme man auf etwa 21 bis 22 km täglich. Dabei sei zu bedenken, daß sie ja die

Woltersheim nicht täglich besuche, aber man wolle darüber hinwegsehen. Man käme also auf etwa 8000 km jährlich, sie — Katharina Blum — habe aber, wie aus der schriftlichen Abmachung mit dem Koch Klormer ersichtlich sei, den VW vor zwei Jahren bei einem Kilometerstand von 56000 übernommen. Rechne man nun 2 mal 8000 hinzu, so müsse ihr Kilometerstand jetzt etwa bei 72000 liegen, in Wirklichkeit aber betrage er fast 102000 km. Nun sei bekannt, daß sie zwar hin und wieder ihre Mutter in Gemmelsbroich und später im Sanatorium in Kuir-Hochsackel besucht habe, wohl auch manchmal ihren Bruder im Gefängnis — aber die Entfernung Gemmelsbroich bzw. Kuir-Hochsackel betrage hin und zurück etwa 50 km und zu ihrem Bruder etwa 60 km —, und wenn man nun monatlich je einen oder, großzügig, monatlich zwei Besuche rechne — und ihr Bruder sitze ja erst eineinhalb Jahre, er habe vorher bei der Mutter in Gemmelsbroich gewohnt —, nun, so käme man — immer auf zwei Jahre berechnet — auf weitere 4000 bis 5000 km, und es blieben da noch 25000 km ungeklärt bzw. ungedeckt. Wo sie denn so oft hingefahren sei. Ob sie — er wolle nun wirklich nicht wieder mit groben Andeutungen kommen, aber sie müsse seine Frage verstehen — dann vielleicht jemanden oder mehrere irgendwo und wo — getroffen habe.

Fasziniert, auch entsetzt hörte nicht nur Katharina Blum, auch alle anderen Anwesenden hörten dieser mit sanfter Stimme von Beizmenne vorgebrachten Berechnungen zu, und es scheint so, als habe die Blum, während Beizmenne ihr das alles vorrechnete und vorhielt, nicht einmal Ärger empfunden, sondern lediglich eine mit Entsetzen und Faszination gemischte Spannung, weil sie, während er sprach, nicht etwa nach einer Erklärung für die 25000 km suchte, sondern sich selbst darüber klarzuwerden versuchte, wo und wann sie warum wohin gefahren war. Sie war schon, als sie sich zur Vernehmung hinsetzte, überraschend wenig spröde, fast „weich" gewesen, sogar ängstlich hatte sie gewirkt, hatte Tee angenommen und nicht einmal darauf bestanden, ihn selbst zu bezahlen. Und jetzt, als Beizmenne mit seinen Fragen und Berechnungen fertig war, herrschte — nach der Aussage mehrerer, *fast* aller anwesenden Personen — Totenstille, als ahne man, daß hier jemand auf Grund einer Feststellung, die — wären nicht die Benzinrechnungen gewesen — leicht hätte

übersehen werden können, tatsächlich in ein intimes Geheimnis der Blum, deren Leben sich bisher so übersichtlich dargestellt hatte, eingedrungen sei.
„Ja“, sagte Katharina Blum, und von hier an wurde ihre Aussage protokolliert und liegt als solche vor, „das stimmt, das sind pro Tag — ich habe das jetzt rasch im Kopf nachgerechnet — über 30 Kilometer. Ich habe nie darüber nachgedacht, und auch die Unkosten nie bedacht, aber ich bin manchmal einfach losgefahren, einfach los und drauflos, ohne Ziel, d. h. — irgendwie ergab sich ein Ziel, d. h., ich fuhr in eine Richtung, die sich einfach so ergab, nach Süden Richtung Koblenz oder nach Westen Richtung Aachen oder runter zum Niederrhein. Nicht täglich. Ich kann nicht sagen, wie oft und in welchen Abständen. Meistens, wenn es regnete und wenn ich Feierabend hatte und allein war. Nein, ich korrigiere meine Aussage: immer nur, wenn es regnete, bin ich losgefahren. Ich weiß nicht genau, warum. Sie müssen wissen, daß ich manchmal, wenn ich nicht zu Hiepertz mußte und keine Extrabeschäftigung fällig war, schon um 5 Uhr zu Hause war und nichts zu tun hatte. Ich wollte doch nicht immer zu Else, besonders nicht, seitdem sie mit Konrad so befreundet ist, und auch allein ins Kino gehen ist für eine alleinstehende Frau nicht immer so risikolos. Manchmal habe ich mich auch in eine Kirche gesetzt, nicht aus religiösen Gründen, sondern weil man da Ruhe hat, aber auch in Kirchen werden Sie neuerdings angequatscht, und nicht nur von Laien. Ich habe natürlich ein paar Freunde: Werner Klormer zum Beispiel, von dem ich den Volkswagen gekauft habe, und seine Frau und auch andere Angestellte bei Kloft, aber es ist ziemlich schwierig und meistens peinlich, wenn man allein kommt und nicht unbedingt — oder besser: nicht bedingungslos — jeden Anschluß wahrnimmt oder sucht. Und dann bin ich eben einfach ins Auto gestiegen, habe mir das Radio angemacht und bin losgefahren, immer über Landstraßen, immer im Regen, und am liebsten waren mir die Landstraßen mit Bäumen — manchmal bin ich bis Holland oder Belgien durch, habe da Kaffee oder auch Bier getrunken und bin wieder zurück. Ja. Jetzt, wo Sie mich fragen, wird es mir erst klar. So — wenn Sie mich fragen, wie oft — ich würde sagen, zweimal, dreimal im Monat — manchmal auch seltener, manchmal wohl öfter und meistens stundenlang, bis ich um neun oder zehn, manchmal auch erst gegen elf todmüde wieder nach Hause kam.

Es war wohl auch Angst: ich kenne so viele alleinstehende Frauen, die sich abends allein vor dem Fernseher betrinken."
Das milde Lächeln, mit dem Beizmenne diese Erklärung kommentarlos zur Kenntnis nahm, ließ keinen Schluß auf seine Gedanken zu. Er nickte nur, und wenn er sich wieder einmal die Hände rieb, dann wohl, weil die Auskunft von Katharina Blum eine seiner Theorien bestätigt hatte. Es blieb eine Weile sehr still, als wären die Anwesenden überrascht oder peinlich berührt; es schien, als habe die Blum zum erstenmal etwas aus ihrer Intimsphäre preisgegeben. So wurden denn auch die Erläuterungen zu den weiteren beschlagnahmten Gegenständen rasch erledigt.
4. Ein Fotoalbum enthielt nur Fotografien von Personen, die leicht zu identifizieren waren. Den Vater von Katharina Blum, der kränklich und verbittert wirkte und weitaus älter aussah, als er gewesen sein konnte. Ihre Mutter, von der sich herausstellte, daß sie krebskrank war und im Sterben lag. Ihr Bruder. Sie selbst, Katharina mit vier, mit sechs Jahren, als Erstkommunikantin mit zehn, als Jungverheiratete mit zwanzig; ihr Mann, der Pfarrer von Gemmelsbroich, Nachbarn, Verwandte, verschiedene Fotos von Else Woltersheim, dann ein zunächst nicht identifizierbarer älterer Herr, der recht munter wirkte und von dem sich herausstellte, daß es Dr. Fehnern, der straffällig gewordene Wirtschaftsprüfer, war. Kein Foto irgendeiner Person, die in Zusammenhang mit Beizmennes Theorien gebracht werden konnte.
5. Ein Reisepaß auf den Namen Katharina Brettloh, geb. Blum. Im Zusammenhang mit dem Paß wurden Fragen nach Reisen gestellt, und es erwies sich, daß Katharina noch nie „richtig verreist" gewesen war und bis auf einige Tage, an denen sie krank gewesen war, immer gearbeitet hatte. Sie hatte sich ihr Urlaubsgeld bei Fehnern und Blornas zwar auszahlen lassen, aber entweder weitergearbeitet oder Aushilfsstellen angenommen.
6. Eine alte Pralinenschachtel. Inhalt: einige Briefe, kaum ein Dutzend von ihrer Mutter, ihrem Bruder, ihrem Mann, Frau Woltersheim. Kein Brief enthielt irgendeinen Hinweis im Zusammenhang mit dem gegen sie bestehenden Verdacht. Außerdem enthielt die Pralinenschachtel noch ein paar lose Fotos von ihrem Vater als Gefreiten der Deutschen Wehrmacht, ihrem Mann in der Uniform des Trommlerkorps, ein paar abgeris-

sene Kalenderblätter mit Sprichwörtern, eine ziemlich umfangreiche, handgeschriebene Sammlung eigener Rezepte und eine Broschüre „Über die Verwendung von Sherry in Soßen“.
7. Einen Aktenordner mit Zeugnissen, Diplomen, Urkunden, den gesamten Scheidungsakten und den notariellen Urkunden, die ihre Eigentumswohnung betrafen.
8. Drei Schlüsselbünde, die inzwischen überprüft worden waren. Es handelte sich um Haus- und Schrankschlüssel zu ihrer eigenen Wohnung, zu Blornas und Hiepertz' Wohnung.
Es wurde festgestellt und protokollarisch festgehalten, daß unter den oben aufgeführten Gegenständen kein verdächtiger Anhaltspunkt gefunden worden sei; die Erklärung von Katharina Blum über ihren Benzinverbrauch und ihre Fahrtkilometer wurde kommentarlos akzeptiert.
Erst in diesem Augenblick zog Beizmenne einen mit Brillanten besetzten Rubinring aus der Tasche, den er offenbar lose dort aufbewahrt hatte, denn er putzte ihn am Rockärmel blank, bevor er ihn Katharina hinhielt.
„Ist Ihnen dieser Ring bekannt?“
„Ja“, sagte sie ohne Zögern und Verlegenheit.
„Gehört er Ihnen?“
„Ja.“
„Wissen Sie, was er wert ist?“
„Nicht genau. Viel kann es nicht sein.“
„Nun“, sagte Beizmenne freundlich, „wir haben ihn schätzen lassen, und vorsichtshalber nicht nur von unserem Fachmann hier im Haus, zusätzlich noch, um Ihnen auf keinen Fall unrecht zu tun, von einem Juwelier hier in der Stadt. Dieser Ring ist 8000 bis 10000 Mark wert. Das wußten Sie nicht? Ich glaube es Ihnen sogar, und doch müßten Sie mir erklären, woher Sie ihn haben. Im Zusammenhang mit einer Ermittlung, in der es sich um einen des Raubes überführten Verbrecher handelt, der dringend mordverdächtig ist, ist ein solcher Ring keine Kleinigkeit und auch nichts Privates, Intimes wie Hunderte Kilometer, stundenlanges Autofahren im Regen. Von wem stammt nun der Ring, von Götten oder dem Herrenbesuch, oder war Götten nicht doch der Herrenbesuch, und wenn nicht — wo sind Sie denn, als Damenbesuch, wenn ich es scherzhaft so nennen darf, hingefahren im Regen, Tausende Kilometer? Es wäre eine Kleinigkeit für uns, festzustellen, von welchem Juwelier der Ring stammt, ob gekauft

oder gestohlen, aber ich möchte Ihnen eine Chance geben — ich halte Sie nämlich nicht für unmittelbar kriminell, sondern nur für naiv und ein bißchen zu romantisch. Wie wollen Sie mir — uns — erklären, daß Sie, die Sie als zimperlich, fast prüde bekannt sind, die Sie von Ihren Bekannten und Freunden den Spitznamen ‚Nonne' erhalten haben, die Diskotheken meidet, weil es dort zu wüst zugeht, sich von ihrem Mann scheiden läßt, weil er ‚zudringlich' geworden ist — wie wollen Sie uns dann erklären, daß Sie — angeblich — diesen Götten erst vorgestern kennengelernt haben und noch am gleichen Tage — man könnte sagen stehenden Fußes — ihn mit in Ihre Wohnung genommen haben und dort sehr rasch — na, sagen wir — intim mit ihm geworden sind. Wie nennen Sie das? Liebe auf den ersten Blick? Verliebtheit? Zärtlichkeit? Wollen Sie nicht einsehen, daß es da einige Ungereimtheiten gibt, die den Verdacht nicht so ganz auslöschen? Und da ist noch etwas."
Jetzt griff er in seine Rocktasche und zog einen größeren weißen Briefumschlag aus der Tasche, dem er einen ziemlich extravaganten, veilchenfarbenen Briefumschlag normalen Formats entnahm, der cremefarben gefüttert war. „Dieser leere Briefumschlag, den wir zusammen mit dem Ring in Ihrer Nachttischschublade gefunden haben, ist am 12. 2. 74 um 18.00 Uhr bei der Bahnpost in Düsseldorf gestempelt worden — und an Sie adressiert. Mein Gott", sagte Beizmenne abschließend, „wenn Sie einen Freund gehabt haben, der Sie hin und wieder besuchte und zu dem Sie manchmal gefahren sind, der Ihnen Briefe schrieb und manchmal etwas schenkte — sagen Sie es uns doch, es ist ja kein Verbrechen. Es belastet Sie ja nur, wenn ein Zusammenhang mit Götten besteht."
Es war allen Anwesenden klar, daß Katharina den Ring erkannte, dessen Wert aber nicht gewußt hatte; daß hier wieder das heikle Thema Herrenbesuch aufkam. Schämt sie sich etwa nur, weil sie ihren Ruf gefährdet sah, oder sah sie jemand anderen gefährdet, den sie nicht in die Sache hineinziehen wollte? Sie errötete diesmal nur leicht. Gab sie deshalb nicht an, den Ring von Götten bekommen zu haben, weil sie wußte, daß es ziemlich unglaubwürdig gewesen wäre, aus Götten einen Kavalier dieses Schlages zu machen? Sie blieb ruhig, fast „zahm", als sie zu Protokoll gab: „Es trifft zu, daß ich beim Hausball der Frau Woltersheim ausschließlich und innig mit Ludwig Götten getanzt habe, den ich zum erstenmal in meinem Leben sah und

dessen Nachnamen ich erst bei der polizeilichen Vernehmung am Donnerstagmorgen erfuhr. Ich empfand große Zärtlichkeit für ihn und er für mich. Gegen zehn Uhr habe ich die Wohnung von Frau Woltersheim verlassen und bin mit Ludwig Götten in meine Wohnung gefahren.
Über die Herkunft des Schmuckstückes kann ich, ich korrigiere mich: will ich keine Auskunft geben. Da es nicht auf unrechtmäßige Weise in meinen Besitz gelangt ist, fühle ich mich nicht verpflichtet, seine Herkunft zu erklären. Der Absender des mir vorgehaltenen Briefumschlages ist mir unbekannt. Es muß sich um eine der üblichen Werbesendungen handeln. Ich bin in gastronomischen Fachkreisen inzwischen einigermaßen bekannt. Für die Tatsache, daß eine Reklamesendung ohne Absender in einen einigermaßen kostspieligen und aufwendig wattierten Briefumschlag versendet wird, habe ich keine Erklärung. Ich möchte nur drauf hinweisen, daß gewisse gastronomische Firmen sich gern den Anschein von Vornehmheit geben."
Als sie dann gefragt wurde, warum sie ausgerechnet an diesem Tag, wo sie doch offensichtlich und zugegebenermaßen so gern Auto fahre, an diesem Tag mit der Straßenbahn zu Frau Woltersheim gefahren sei, sagte Katharina Blum, sie habe nicht gewußt, ob sie viel oder wenig Alkohol trinken würde, und es sei ihr sicherer erschienen, nicht mit ihrem Wagen zu fahren. Gefragt, ob sie viel trinke oder gar gelegentlich betrunken sei, sagte sie, nein, sie trinke wenig und betrunken sei sie nie gewesen, nur einmal sei sie — und zwar in Gegenwart und auf Veranlassung ihres Mannes bei einem geselligen Abend des Trommlerkorps — betrunken *gemacht* worden, und zwar mit einem Aniszeug, das wie Limonade schmeckte. Man habe ihr später gesagt, dieses ziemlich teuere Zeug sei ein beliebtes Mittel, Leute betrunken zu machen. Als ihr vorgehalten wurde, diese Erklärung — sie habe gefürchtet, eventuell zuviel zu trinken — sei nicht stichhaltig, da sie nie viel trinke, und ob ihr nicht einleuchte, daß es so aussehen müsse, als sei sie mit Götten regelrecht verabredet gewesen, habe also gewußt, daß sie ihr Auto nicht brauchen, sondern in seinem Auto heimfahren werde, schüttelte sie den Kopf und sagte, es sei genauso, wie sie angegeben habe. Es sei ihr durchaus danach zumute gewesen, sich einmal einen anzutrinken, aber sie habe es dann doch nicht getan.
Ein weiterer Punkt mußte vor der Mittagspause noch geklärt

werden: warum sie weder ein Spar- noch ein Scheckbuch habe. Ob es nicht doch noch irgendwo ein Konto gebe. Nein, sie habe kein weiteres Konto als das bei der Sparkasse. Jede, auch die kleinste ihr zur Verfügung stehende Summe benutze sie sofort, um ihren hochverzinslichen Kredit abzuzahlen; die Kreditzinsen wären manchmal fast doppelt so hoch wie die Sparzinsen, und auf einem Girokonto gäbe es fast gar keine Zinsen. Außerdem sei ihr der Scheckverkehr zu teuer und umständlich. Laufende Kosten, ihren Haushalt und das Auto, bezahle sie bar.

25

Gewisse Stauungen, die man auch Spannungen nennen kann, sind ja unvermeidlich, weil nicht alle Quellen mit einem Griff und auf einmal um- und abgelenkt werden können, so daß das trockengelegte Gelände sofort sichtbar wird. Unnötige Spannungen aber sollen vermieden werden, und es soll hier erklärt werden, warum an diesem Freitagmorgen sowohl Beizmenne wie Katharina so milde, fast weich oder gar zahm waren, Katharina sogar ängstlich oder eingeschüchtert. Zwar hatte die ZEITUNG, die eine freundliche Nachbarin unter Frau Woltersheims Haustür geschoben hatte, bei beiden Frauen Wut, Ärger, Empörung, Scham und Angst bewirkt, doch hatte das sofortige Telefongespräch mit Blorna Milderung geschaffen, und da kurz nachdem die beiden entsetzten Frauen die ZEITUNG überflogen und Katharina mit Blorna telefoniert hatte, schon Frau Pletzer erschienen war, die offen zugab, daß man Katharinas Wohnung natürlich überwache und aus diesem Grund wisse, daß sie hier zu finden sei, und nun müsse man leider — und leider auch Frau Woltersheim — zur Vernehmung, da war der offenen und netten Art von Frau Pletzer wegen der Schrecken über die ZEITUNG zunächst verdrängt und für Katharina ein nächtliches Erlebnis wieder in den Vordergrund gerückt, das sie als beglückend empfunden hatte: Ludwig hatte sie angerufen, und zwar von *dort*! Er war so lieb gewesen, und deshalb hatte sie ihm gar nichts von dem Ärger erzählt, weil er nicht das Gefühl haben sollte, er sei die Ursache irgendeines Kummers. Sie hatten auch nicht über Liebe gesprochen, das hatte sie ihm ausdrücklich — schon als sie mit

ihm im Auto nach Hause fuhr — verboten. Nein, nein, es ging ihr gut, natürlich wäre sie lieber bei ihm und für immer oder wenigstens für lange mit ihm zusammen, am liebsten natürlich ewig, und sie werde sich Karneval über erholen und nie, nie wieder mit einem andern Mann als ihm tanzen und nie mehr anders als südamerikanisch, und nur mit ihm, und wie es denn dort sei. Er sei sehr gut untergebracht und sehr gut versorgt, und da sie ihm verboten habe, von Liebe zu sprechen, möchte er doch sagen, daß er sie sehr sehr sehr gern habe, und eines Tages — wann, das wisse er noch nicht, es könne Monate, aber auch ein Jahr oder zwei dauern — werde er sie holen, wohin, das wisse er noch nicht. Und so weiter, wie Leute, die große Zärtlichkeit füreinander haben, eben miteinander am Telefon plaudern. Keine Erwähnung von Intimitäten und schon gar kein Wort über jenen Vorgang, den Beizmenne (oder, was immer wahrscheinlicher scheint: Hach) so grob definiert hatte. Und so weiter. Was eben diese Art von Zärtlichkeitsempfinder sich zu sagen haben. Ziemlich lange. Zehn Minuten. Vielleicht sogar mehr, sagte Katharina zu Else. Vielleicht kann man, was das konkrete Vokabularium der beiden Zärtlichen anbetrifft, auch auf gewisse moderne Filme verweisen, wo am Telefon — oft über weite Entfernung hin — ziemlich viel und viel *scheinbar* belanglos geplaudert wird.
Dieses Telefongespräch, das Katharina mit Ludwig führte, war auch der Anlaß für Beizmennes Entspanntheit, Freundlichkeit und Milde, und obwohl er ahnte, warum Katharina alle spröde Bockigkeit abgelegt hatte — konnte sie natürlich nicht ahnen, daß er aus dem gleichen Anlaß, wenn auch nicht aus dem gleichen Grund, so fröhlich war. (Man sollte diesen merk- und denkwürdigen Vorgang zum Anlaß nehmen, öfter zu telefonieren, notfalls auch ohne zärtliches Geflüster, denn man weiß ja nie, *wem* man wirklich mit so einem Telefongespräch eine Freude macht.) Beizmenne kannte aber auch die Ursache für Katharinas Ängstlichkeit, denn er hatte auch Kenntnis von einem weiteren anonymen Anruf.
Es wird gebeten, die vertraulichen Mitteilungen, die dieses Kapitel enthält, nicht nach Quellen abzuforschen, es handelt sich lediglich um den Durchstich eines Nebenpfützenstaus, dessen dilettantisch errichtete Staumauer durchstochen, zum Abfluß bzw. zu Fluß gebracht wird, bevor die schwache Staumauer bricht und alle Spannung verschwendet ist.

26

Damit keine Mißverständnisse entstehen, muß auch festgestellt werden, daß sowohl Else Woltersheim wie Blorna natürlich wußten, daß Katharina sich regelrecht strafbar gemacht hatte, indem sie Götten half, unbemerkt aus ihrer Wohnung zu verschwinden; sie mußte ja auch, als sie seine Flucht ermöglicht hatte, Mitwisserin gewisser Straftaten sein, wenn auch in diesem Fall nicht der wahren! Else Woltersheim sagte es ihr auf den Kopf zu, kurz bevor Frau Pletzer beide zum Verhör abholte. Blorna nahm die nächste Gelegenheit wahr, Katharina auf die Strafbarkeit ihres Tuns aufmerksam zu machen. Es soll auch niemandem vorenthalten werden, was Katharina zu Frau Woltersheim über Götten sagte: „Mein Gott, er war es eben, der da kommen soll, und ich hätte ihn geheiratet und Kinder mit ihm gehabt — und wenn ich hätte warten müssen, jahrelang, bis er aus dem Kittchen wieder raus war."

27

Die Vernehmung von Katharina Blum konnte damit als abgeschlossen gelten, sie mußte sich nur bereit halten, um möglicherweise mit den Aussagen der übrigen Teilnehmer an der Woltersheimschen Tanzparty konfrontiert zu werden. Es sollte nämlich nun eine Frage geklärt werden, die im Zusammenhang mit Beizmennes Verabredungs- und Verschwörungstheorie wichtig genug war: Wie war Ludwig Götten zum Hausball bei Frau Woltersheim gekommen?
Es wurde Katharina Blum anheimgestellt, nach Hause zu gehen oder an einem ihr genehmen Ort zu warten, aber sie lehnte es ab, nach Hause zu gehen, die Wohnung, sagte sie, sei ihr endgültig verleidet, sie zöge es vor, in einer Zelle zu warten, bis Frau Woltersheim vernommen worden sei, und mit dieser dann nach Hause zu gehen. In diesem Augenblick erst zog Katharina die beiden Ausgaben der ZEITUNG aus der Tasche und fragte, ob der Staat — so drückte sie es aus — nichts tun könne, um sie gegen diesen Schmutz zu schützen und ihre verlorene Ehre wiederherzustellen. Sie wisse inzwischen sehr wohl, daß ihre Vernehmung durchaus gerecht-

fertigt sei, wenn ihr auch dieses „Bis-ins-letzte-Lebensdetail-Gehen“ nicht einleuchte, aber es sei ihr unbegreiflich, wie Einzelheiten aus der Vernehmung — etwa der Herrenbesuch — hätten zur Kenntnis der ZEITUNG gelangen können, und alle diese erlogenen und erschwindelten Aussagen. Hier griff Staatsanwalt Hach ein und sagte, es habe natürlich angesichts des riesigen öffentlichen Interesses am Fall Götten eine Presseverlautbarung herausgegeben werden müssen; eine Pressekonferenz habe noch nicht stattgefunden, sei aber wohl wegen der Erregung und Angst, die durch Göttens Flucht — die sie, Katharina, ja ermöglicht habe — entstanden sei, nun kaum noch zu vermeiden. Im übrigen sei sie jetzt durch ihre Bekanntschaft mit Götten eine „Person der Zeitgeschichte“ und damit Gegenstand berechtigten öffentlichen Interesses. Beleidigende und möglicherweise verleumderische Details der Berichterstattung könne sie zum Gegenstand einer Privatklage machen, und falls sich herausstelle, daß es „undichte Stellen“ innerhalb der untersuchenden Behörde gebe, so werde diese, darauf könne sie sich verlassen, Anzeige gegen Unbekannt erheben und ihr zu ihrem Recht verhelfen. Dann wurde Katharina Blum in eine Zelle verbracht. Man verzichtete auf scharfe Bewachung, gab ihr lediglich eine jüngere Polizeiassistentin, Renate Zündach, bei, die, unbewaffnet, bei ihr blieb und später berichtete, Katharina Blum habe die ganze Zeit über — etwa zweieinhalb Stunden lang — nichts weiter getan, als immer und immer wieder die beiden Ausgaben der ZEITUNG zu lesen. Tee, Brote, alles habe sie abgelehnt, nicht in aggressiver, sondern in „fast freundlicher, apathischer Weise“. Jede Unterhaltung über Mode, Filme, Tänze, die sie, Renate Zündach, anzufangen versucht habe, um Katharina abzulenken, habe diese abgelehnt.
Sie habe dann, um der Blum, die sich regelrecht in die Lektüre der ZEITUNG verbissen habe, zu helfen, die Bewachung vorübergehend dem Kollegen Hüften übergeben und aus dem Archiv die Berichte anderer Zeitungen geholt, in denen über die Verstrickung und Vernehmung der Blum, ihre mögliche Rolle in durchaus sachlicher Form berichtet worden sei. Auf der dritten, vierten Seite kurze Berichte, in denen nicht einmal der Name der Blum voll ausgedruckt gewesen sei, von ihr lediglich als von einer gewissen Katharina B., Hausgehilfin, gesprochen worden sei. Zum Beispiel habe in der „Umschau“

nur eine Zehnzeilen-Meldung gestanden, natürlich ohne Foto, in der man von unglückseligen Verstrickungen einer völlig unbescholtenen Person gesprochen habe. Das alles — sie habe der Blum fünfzehn Zeitungsausschnitte hingelegt — habe diese nicht getröstet, sie habe nur gefragt: „Wer liest das schon? Alle Leute, die ich kenne, lesen die ZEITUNG!"

28

Um zu klären, wie Götten zum Hausball der Frau Woltersheim hatte kommen können, wurde zuerst Frau Woltersheim selbst vernommen, und es wurde vom ersten Augenblick an klar, daß Frau Woltersheim dem gesamten sie vernehmenden Gremium gegenüber, wenn nicht ausgesprochen feindselig, so doch feindseliger als die Blum gegenüberstand. Sie gab an, 1930 geboren zu sein, also 44 Jahre alt, unverheiratet, von Beruf Wirtschafterin, undiplomiert. Bevor sie zur Sache aussagte, äußerte sie sich mit „unbewegter, fast pulvertrockener Stimme, was ihrer Empörung mehr Kraft verlieh, als wenn sie losgeschimpft oder geschrien hätte", über die Behandlung von Katharina Blum durch die ZEITUNG sowie über die Tatsache, daß man offensichtlich Details aus der Vernehmung an diese Art Presse weitergebe. Es sei ihr klar, daß Katharinas Rolle untersucht werden müsse, sie frage sich aber, ob es zu verantworten sei, „ein junges Leben zu zerstören", wie es nun geschehe. Sie kenne Katharina vom Tage ihrer Geburt an und beobachte jetzt schon die Zerstörung und auch Verstörtheit, die an ihr seit gestern bemerkbar sei. Sie sei keine Psychologin, aber die Tatsache, daß Katharina offenbar nicht mehr an ihrer Wohnung, an der sie sehr gehangen und für die sie so lange gearbeitet habe, interessiert sei, halte sie für alarmierend.
Es war schwer, den anklagenden Redefluß der Woltersheim zu unterbrechen, nicht einmal Beizmenne kam so recht gegen sie an, erst als er sie unterbrach und ihr vorwarf, Götten empfangen zu haben, sagte sie, sie habe seinen Namen nicht einmal gewußt, er habe sich nicht vorgestellt, sei ihr auch nicht vorgestellt worden. Sie wisse nur, daß er an dem fraglichen Mittwoch gegen 19.30 Uhr in Begleitung von Hertha Scheumel gekommen sei, gemeinsam mit deren Freundin Claudia Sterm, die wiederum in Begleitung eines als Scheich verkleideten

Mannes erschienen sei, von dem sie nur wisse, daß er Karl genannt worden sei und der sich später recht merkwürdig benommen habe. Von einer Verabredung mit diesem Götten könne nicht gesprochen werden, auch habe sie nie vorher seinen Namen gehört, und sie sei über Katharinas Leben bis ins letzte Detail informiert. Als man ihr Katharinas Aussage über ihre „merkwürdigen Autofahrten" vorhielt, mußte sie allerdings zugeben, davon nichts gewußt zu haben, und damit erlitt ihre Angabe, sie wisse über alle Details in Katharinas Leben Bescheid, einen entscheidenden Schlag. Auf den Herrenbesuch angesprochen, wurde sie verlegen und sagte, da Katharina wohl darüber nichts gesagt habe, verweigere auch sie die Aussage. Das einzige, was sie dazu sagen könne: das eine sei eine „ziemlich kitschige Angelegenheit", und „wenn ich Kitsch sage, meine ich nicht Katharina, sondern den Besucher". Wenn sie von Katharina bevollmächtigt werde, werde sie alles darüber sagen, was sie wisse; sie halte es für ausgeschlossen, daß Katharinas Autofahrten zu diesem Herrn geführt hätten. Ja, es gebe diesen Herrn, und wenn sie zögere, mehr über ihn zu sagen, so, weil sie ihn nicht der totalen Lächerlichkeit preisgeben wolle. Katharinas Rolle jedenfalls sei in beiden Fällen — im Fall Götten und im Fall Herrenbesuch — über jeden Zweifel erhaben. Katharina sei immer ein fleißiges, ordentliches, ein bißchen schüchternes — oder besser gesagt: eingeschüchtertes — Mädchen gewesen, als Kind sogar fromm und kirchentreu. Dann aber sei ihre Mutter, die auch die Kirche in Gemmelsbroich geputzt habe, mehrmals der Unordentlichkeit überführt und einmal sogar erwischt worden, wie sie in der Sakristei gemeinsam mit dem Küster eine Flasche Meßwein getrunken habe. Daraus sei dann eine „Orgie" und ein Skandal gemacht worden, und Katharina sei in der Schule vom Pfarrer schlecht behandelt worden. Ja, Frau Blum, Katharinas Mutter, sei sehr labil, streckenweise auch Alkoholikerin gewesen, aber man müsse sich diesen ewig nörgelnden, kränklichen Mann — Katharinas Vater — vorstellen, der als Wrack aus dem Krieg heimgekommen sei, dann die verbitterte Mutter und den — ja, man könne sagen — mißratenen Bruder. Ihr sei auch die Geschichte der völlig mißglückten Ehe bekannt. Sie habe ja von vornherein abgeraten, Brettloh sei — sie bitte um Verzeihung für diesen Ausdruck — der typische Schleimscheißer, der sich weltlichen und kirchlichen Behörden gegenüber

gleich kriecherisch verhalte, außerdem ein widerwärtiger Angeber. Sie habe Katharinas frühe Ehe als Flucht aus dem schrecklichen häuslichen Milieu betrachtet, und wie man sehe, habe sich ja Katharina, sobald sie dem häuslichen Milieu und der unbedacht geschlossenen Ehe entronnen sei, geradezu vorbildlich entwickelt. Ihre berufliche Qualifikation sei über jeden Zweifel erhaben, das könne sie — die Woltersheim — nicht nur mündlich, notfalls auch schriftlich bestätigen und bescheinigen, sie sei im Prüfungsausschuß der Handwerkskammer. Mit den neuen Formen privater und öffentlicher Gastlichkeit, die immer mehr auf eine Form hin tendieren, die man „organisierten Buffetismus“ zu nennen beginne, stiegen die Chancen einer Frau wie Katharina Blum, die organisatorisch, kalkulatorisch und auch, was die ästhetische Seite betreffe, aufs beste gebildet und ausgebildet sei. Jetzt allerdings, wenn es nicht gelänge, ihr Genugtuung gegenüber der ZEITUNG zu verschaffen, schwinde mit dem Interesse an ihrer Wohnung auch Katharinas Interesse an ihrem Beruf. An diesem Punkt der Aussage, wurde auch Frau Woltersheim darüber belehrt, daß es nicht Sache der Polizei oder der Staatsanwaltschaft sei, „gewisse, gewiß verwerfliche Formen des Journalismus strafrechtlich zu verfolgen“. Die Pressefreiheit dürfe nicht leichtfertig angetastet werden, und sie dürfe davon überzeugt sein, daß eine Privatklage gerecht behandelt und gegen illegitime Informationsquellen eine Anzeige gegen Unbekannt erhoben werde. Es war der junge Staatsanwalt Dr. Korten, der hier ein fast leidenschaftlich zu nennendes Plädoyer für die Pressefreiheit und für das Informationsgeheimnis hielt und ausdrücklich betonte, daß, wer sich nicht in schlechte Gesellschaft begebe oder in solche gerate, ja auch der Presse keinerlei Anlaß zu vergröberten Darstellungen gebe.
Das Ganze — etwa das Auftauchen Göttens und des ominösen, als Scheich verkleideten Karl — lasse doch Schlüsse auf eine merkwürdige Sorglosigkeit im gesellschaftlichen Umgang zu. Das sei ihm noch nicht hinreichend geklärt, und er rechne damit, bei der Vernehmung der beiden betroffenen oder betreffenden jungen Damen plausible Erklärungen zu bekommen. Ihr, Frau Woltersheim, sei der Vorwurf nicht zu ersparen, daß sie in der Auswahl ihrer Gäste nicht gerade wählerisch sei. Frau Woltersheim verbat sich diese Belehrung durch einen wesentlich jüngeren Herrn und verwies darauf,

daß sie die beiden jungen Damen eingeladen habe, mit ihren Freunden zu kommen, und daß es ihr allerdings fernliege, Freunde, die ihre Gäste mitbrächten, nach dem Personalausweis und dem polizeilichen Führungszeugnis zu fragen. Sie mußte einen Verweis entgegennehmen und darauf aufmerksam gemacht werden, daß hier das Alter keine, die Position des Staatsanwalts Dr. Korten aber eine erhebliche Rolle spiele. Immerhin untersuche man hier einen ernsten, einen schweren, wenn nicht den schwersten Fall von Gewaltkriminalität, in den Götten nachweislich verwickelt sei. Sie müsse es schon dem Vertreter des Staates überlassen, welche Details und welche Belehrungen er für richtig halte. Nochmals gefragt, ob Götten und der Herrenbesuch ein und dieselbe Person sein könnten, sagte die Woltersheim, nein, das könne mit Sicherheit ausgeschlossen werden. Als sie dann aber gefragt wurde, ob sie den „Herrenbesuch" persönlich kenne, je gesehen habe, ihm je begegnet sei, mußte sie das verleugnen, und da sie auch ein so wichtiges intimes Detail wie die merkwürdigen Autofahrten nicht gewußt hatte, wurde ihre Vernehmung als unbefriedigend bezeichnet, und sie wurde „mit einem Mißton" vorläufig entlassen. Bevor sie den Raum, offenbar verärgert, verließ, gab sie noch zu Protokoll, daß der als Scheich verkleidete Karl ihr mindestens so verdächtig erschienen sei wie Götten. Jedenfalls habe er auf der Toilette ständig Selbstgespräche geführt und sei dann ohne Abschied verschwunden.

29

Da nachweislich die siebzehnjährige Verkäuferin Hertha Scheumel den Götten mit zur Party gebracht hatte, wurde sie als nächste vernommen. Sie war offensichtlich verängstigt, sagte, sie habe noch nie mit der Polizei zu tun gehabt, gab aber dann eine relativ plausible Erklärung über ihre Bekanntschaft mit Götten ab. „Ich wohne", sagte sie aus, „mit meiner Freundin Claudia Sterm, die in einer Schokoladenfabrik arbeitet, zusammen in einem Ein-Zimmer-Küche-Dusche-Appartement. Wir stammen beide aus Kuir-Oftersbroich, sind beide sowohl mit Frau Woltersheim wie mit Katharina Blum weitläufig verwandt (obwohl die Scheumel die Weitläufigkeit der Verwandtschaft genauer darstellen wollte, indem sie auf

Großeltern verwies, die Vettern bzw. Kusinen von Großeltern gewesen waren, wurde auf eine detaillierte Bezeichnung ihrer Verwandtschaft verzichtet und der Ausdruck ‚weitläufig‘ als ausreichend angesehen). Wir nennen Frau Woltersheim Tante und betrachten Katharina als Kusine. An diesem Abend, am Mittwoch, dem 20. Februar 1974, waren wir beide, Claudia und ich, in großer Verlegenheit. Wir hatten Tante Else versprochen, unsere Freunde zu dem kleinen Fest mitzubringen, weil es sonst an Tanzpartnern fehlen würde. Nun war aber mein Freund, der zur Zeit bei der Bundeswehr dient, genauer gesagt: bei den Pionieren, wieder einmal und wieder plötzlich zur Innenstreife eingeteilt worden, und obwohl ich ihm riet, einfach abzuhauen, gelang es mir nicht, ihn dazu zu überreden, weil er schon mehrmals abgehauen war und große disziplinäre Schwierigkeiten befürchtete. Claudias Freund war aber schon am frühen Nachmittag so betrunken, daß wir ihn ins Bett stecken mußten. Wir entschlossen uns also, ins Café Polkt zu gehen und uns dort jemanden Netten aufzugabeln, weil wir uns bei Tante Else nicht blamieren wollten. Im Café Polkt ist während der Karnevalssaison immer was los. Man trifft sich dort vor und nach den Bällen, vor und nach den Sitzungen, und man kann dort sicher sein, immer viele junge Leute zu treffen. Die Stimmung im Café Polkt war am späten Mittwochnachmittag schon sehr nett. Ich bin zweimal von diesem jungen Mann, von dem ich jetzt erfahre, daß er Ludwig Götten heißt und ein gesuchter Schwerverbrecher ist, zum Tanz aufgefordert worden, und beim zweiten Tanz habe ich ihn gefragt, ob er nicht Lust hat, mit mir auf eine Party zu gehen. Er hat sofort freudig zugestimmt. Er sagte, er sei auf der Durchreise, habe keine Bleibe und wisse gar nicht, wo er den Abend verbringen solle, und er würde gern mitgehen. In diesem Moment, als ich mit diesem Götten mich sozusagen verabredete, tanzte Claudia mit einem als Scheich verkleideten Mann neben mir, und sie müssen wohl unser Gespräch mit angehört haben, denn der Scheich, von dem ich später erfuhr, daß er Karl heißt, fragte sofort Claudia in so einer Art witzig gemeinter Demut, ob denn auf dieser Party nicht noch ein Plätzchen für ihn frei sei, er sei auch einsam und wisse nicht so recht, wohin. Nun, damit hatten wir ja unser Ziel erreicht und sind kurz darauf in Ludwigs — ich meine Herrn Göttens — Auto zur Wohnung von Tante Else gefahren. Es war ein

Porsche, nicht sehr bequem für vier Personen, aber es war ja auch nicht weit zu fahren. Die Frage, ob Katharina Blum gewußt hat, daß wir ins Café Polkt gehen würden, um jemanden aufzugabeln, beantworte ich mit Ja. Ich habe am Morgen Katharina bei Rechtsanwalt Blorna, wo sie arbeitet, angerufen und ihr erzählt, daß Claudia und ich allein kommen müßten, wenn wir nicht jemand finden würden. Ich habe ihr auch gesagt, daß wir ins Café Polkt gehen würden. Sie war sehr dagegen und meinte, wir wären zu gutgläubig und leichtsinnig. Katharina ist nun mal komisch in diesen Sachen. Um so erstaunter war ich, als Katharina den Götten fast sofort mit Beschlag belegte und den ganzen Abend mit ihm tanzte, als würden sie sich schon ewig kennen."

30

Die Aussage von Hertha Scheumel wurde von ihrer Freundin Claudia Sterm fast wörtlich bestätigt. Lediglich in einem einzigen, unwesentlichen Punkt ergab sich ein Widerspruch. Sie habe nämlich nicht zwei-, sondern dreimal mit dem Scheich Karl getanzt, weil sie früher von Karl als Hertha von Götten zum Tanz aufgefordert worden sei. Und auch Claudia Sterm zeigte sich erstaunt darüber, wie rasch die als spröde bekannte Katharina Blum mit Götten vertraut, ja fast vertraulich geworden sei.

31

Es mußten noch drei weitere Teilnehmer des Hausballs vernommen werden. Der selbständige Textilkaufmann Konrad Beiters, 56 Jahre alt, ein Freund von Frau Woltersheim, und das Ehepaar Hedwig und Georg Plotten, 36 bzw. 42 Jahre alt, beide von Beruf Verwaltungsangestellte. Die drei beschrieben den Verlauf des Abends übereinstimmend, vom Eintreffen der Katharina Blum, dem Eintreffen Hertha Scheumels in Begleitung von Ludwig Götten und Claudia Sterm in Begleitung des als Scheich verkleideten Karl an. Im übrigen sei es ein netter Abend gewesen, man habe getanzt, miteinander geplaudert, wobei sich Karl als besonders witzig erwiesen habe.

Störend — wenn man es so nennen könne, denn die beiden hätten es sicher nicht so empfunden —, sagte Georg Plotten, sei die „totale Vereinnahmung von Katharina Blum durch Ludwig Götten" gewesen. Das habe dem Abend einen Ernst, fast etwas Feierliches gegeben, das zu karnevalistischen Veranstaltungen nicht so recht passe. Auch ihr, sagte Frau Hedwig Plotten aus, sei nach dem Weggang von Katharina und Ludwig, als sie in die Küche gegangen sei, um frisches Eis zu holen, aufgefallen, daß der als Karl eingeführte Scheich auf der Toilette Selbstgespräche geführt habe. Übrigens habe sich dieser Karl kurz danach, ohne sich recht zu verabschieden, entfernt.

32

Katharina Blum, die noch einmal zur Vernehmung vorgeführt wurde, bestätigte das Telefongespräch, das sie mit Hertha Scheumel geführt hatte, bestritt aber nach wie vor, es habe sich um eine Verabredung zwischen ihr und Götten gehandelt. Es wurde ihr nämlich, nicht von Beizmenne, sondern von dem jüngeren der beiden Staatsanwälte, Dr. Korten, nahegelegt, doch zuzugeben, daß, nachdem sie mit Hertha Scheumel telefoniert habe, Götten sie angerufen habe und daß sie auf raffinierte Weise diesen ins Café Polkt geschickt und ihn veranlaßt habe, die Scheumel anzusprechen, um so unauffällig mit ihr bei der Woltersheim zusammenzutreffen. Das sei sehr einfach möglich gewesen, da die Scheumel eine ziemlich aufgedonnerte, auffällige Blondine sei. Katharina Blum, inzwischen fast völlig apathisch, schüttelte nur den Kopf, während sie dasaß und die beiden Ausgaben der ZEITUNG nach wie vor mit der rechten Hand umklammerte. Sie wurde dann entlassen und verließ gemeinsam mit Frau Woltersheim und deren Freund Konrad Beiters das Präsidium.

33

Als man die unterschriebenen Vernehmungsprotokolle noch einmal durchsprach und auf mögliche Befragungslücken überprüfte, warf Dr. Korten die Frage auf, ob man denn nun nicht ernsthaft versuchen müsse, dieses Scheichs mit dem Namen Karl habhaft zu werden und dessen höchst obskure Rolle in dieser Sache zu untersuchen. Er sei doch sehr erstaunt, daß noch keinerlei Maßnahmen zu einer Fahndung nach „Karl" eingeleitet worden seien. Schließlich sei doch dieser Karl offensichtlich zusammen, wenn nicht gemeinsam mit Götten im Café Polkt aufgetaucht, habe sich ebenfalls in die Party gedrängt, und seine Rolle erscheine ihm, Korten, doch recht undurchsichtig, wenn nicht verdächtig.

Hier brachen nun alle Anwesenden in Lachen aus, sogar die zurückhaltende Kriminalbeamtin Pletzer erlaubte sich ein Lächeln. Die Protokollführerin, Frau Anna Lockster, lachte so vulgär, daß sie von Beizmenne zurechtgewiesen werden mußte. Und da Korten immer noch nicht begriff, klärte ihn sein Kollege Hach schließlich auf. Ob Korten denn nicht klargeworden oder gar aufgefallen sei, daß Kommissar Beizmenne den Scheich absichtlich übergangen oder unerwähnt gelassen habe. Es sei doch offensichtlich, daß er einer „unserer Leute" sei und das angebliche Selbstgespräch auf der Toilette nichts weiter als eine — allerdings ungeschickt betriebene — Benachrichtigung seiner Kollegen per Minifunkgerät, die Verfolgung des Götten und der Blum, deren Adresse natürlich inzwischen bekannt gewesen sei, aufzunehmen. „Und gewiß ist Ihnen ebenfalls klar, Herr Kollege, daß in dieser Karnevalssaison Scheichkostüme die beste Tarnung sind, denn heuer sind aus naheliegenden Gründen Scheichs beliebter als Cowboys." — „Natürlich", fügte Beizmenne hinzu, „war uns von vornherein klar, daß der Karneval es den Banditen erleichtern würde unterzutauchen und es uns erschweren würde, auf der heißen Spur zu bleiben, denn Götten wurde schon seit sechsunddreißig Stunden auf Schritt und Tritt verfolgt. Götten, der übrigens nicht verkleidet war, hatte auf einem Parkplatz, von dem er später den Porsche stahl, in einem VW-Bus übernachtet, hatte später in einem Café gefrühstückt, auf dessen Toilette er sich rasierte und umzog. Wir haben ihn keine Minute aus dem Auge verloren, etwa ein Dutzend als Scheichs, Cowboys und Spanier verkleidete Beamte, alle mit Minifunkgeräten ausgestattet, als verkaterte Ballheimkehrer getarnt, waren auf seiner Spur, um Kontaktversuche sofort zu melden. Die Personen, mit denen Götten bis zum Betreten des Café Polkt in Berührung kam, sind alle gefaßt und überprüft worden:

ein Schankkellner, an dessen Theke er Bier trank
zwei Mädchen, mit denen er in einem Altstadtlokal tanzte
ein Tankwart in der Nähe Holzmarkt, wo er den gestohlenen Porsche auftankte
ein Mann am Zeitungskiosk in der Matthiasstraße
ein Verkäufer in einem Zigarettenladen
ein Bankbeamter, bei dem er 700 amerikanische Dollar tauschte, die wahrscheinlich aus einem Bankraub stammen.
Alle diese Personen sind eindeutig als Zufalls-, nicht als Plankontakte identifiziert worden, und keins der mit jeder einzelnen Person gewechselten Worte läßt Rückschlüsse auf einen Code zu. Ich lasse mir aber nicht einreden, daß die Blum ebenfalls ein Zufallskontakt war. Ihr Telefongespräch mit der Scheumel, die Pünktlichkeit, mit der sie bei der Woltersheim auftauchte, auch die verfluchte Innigkeit und Zärtlichkeit, mit der die beiden von der ersten Sekunde an getanzt haben — und wie rasch sie dann miteinander abgezischt sind —, alles spricht gegen Zufall. Vor allem aber die Tatsache, daß sie ihn angeblich ohne Abschied hat gehen lassen und ihm ganz offensichtlich einen Weg aus dem Wohnblock gezeigt hat, der unserer strengen Überwachung entgangen sein muß. Wir haben den Wohnblock, d. h. das Gebäude innerhalb des Wohnblocks, in dem sie wohnt, keinen Augenblick aus dem Auge verloren. Natürlich konnten wir nicht das gesamte Areal von fast eineinhalb Quadratkilometern total überwachen. Sie muß einen Fluchtweg gekannt und ihn ihm gezeigt haben, außerdem bin ich sicher, daß sie für ihn — und möglicherweise für andere — als Quartiermacherin fungiert hat und genau weiß, wo er sich befindet. Die Häuser ihrer Arbeitgeber sind schon gecheckt worden, wir haben in ihrem Heimatdorf Recherchen angestellt, die Wohnung von Frau Woltersheim ist, während sie hier vernommen wurde, noch einmal gründlich untersucht worden. Nichts. Mir scheint es am besten, sie frei umherlaufen zu lassen, damit sie einen Fehler begeht, und wahrscheinlich führt die Spur zu seinem Quartier über diesen ominösen Herrenbesuch, und ich bin sicher, daß die Spur zum Fluchtweg innerhalb des Wohnblocks über Frau Blorna führt, die wir ja inzwischen auch als die ‚rote Trude' kennen und die an der Planung des Blocks mitgewirkt hat."

34

Hier sollte erkannt werden, daß der erste Rückstau fast beendet ist, man vom Freitag wieder zum Samstag gelangt. Es wird alles getan werden, weitere Stauungen, auch überflüssigen Spannungsstau zu vermeiden. Ganz vermieden werden können sie wahrscheinlich nicht.
Es mag doch vielleicht aufschlußreich sein, daß Katharina Blum nach der abschließenden Vernehmung am Freitagnachmittag Else Woltersheim und Konrad Beiters bat, sie doch zunächst in ihre Wohnung zu fahren und — bitte, bitte — mit hinaufzugehen. Sie gab an, daß sie Angst habe, es sei ihr nämlich in jener Donnerstagnacht, kurz nachdem sie mit Götten telefoniert habe (jeder Außenstehende sollte an der Tatsache, daß sie, wenn auch nicht bei der Vernehmung, offen über ihre telefonischen Kontakte mit Götten sprach, ihre Unschuld erkennen!), etwas ganz und gar Scheußliches passiert. Kurz nachdem sie mit Götten telefoniert, den Hörer gerade aufgelegt habe, habe wieder das Telefon geklingelt, sie habe, in der „wilden Hoffnung", es sei wieder Götten, sofort den Hörer abgenommen, aber es sei nicht Götten am Apparat gewesen, sondern eine „fürchterlich leise" Männerstimme habe ihr „fast flüsternd" lauter „gemeine Sachen" gesagt, schlimme Dinge, und das schlimmste sei, der Kerl habe sich als Hausbewohner ausgegeben und gesagt, warum sie, wenn sie so auf Zärtlichkeit aus sei, so weit hergeholte Kontakte suche, er sei bereit und auch in der Lage, ihr jede, aber auch jede Art von Zärtlichkeit zu bieten. Ja, es sei dieser Anruf der Grund gewesen, warum sie noch in der Nacht zu Else gekommen sei. Sie habe Angst, sogar Angst vor dem Telefon, und da Götten ihre, sie aber nicht Göttens Telefonnummer habe, hoffe sie immer noch auf einen Anruf, fürchte aber gleichzeitig das Telefon.
Nun, es soll hier nicht vorenthalten werden, daß der Blum weitere Schrecken bevorstanden. Zunächst einmal: ihr Briefkasten, der bisher in ihrem Leben eine sehr geringe Rolle gespielt, in den sie meistens nur, „weil man's eben tut", aber ohne Erfolg hineingeschaut hatte. An diesem Freitagmorgen quoll er regelrecht über, und keineswegs zu Katharinas Freude. Denn, obwohl Else W. und Beiters alles taten, um Briefe, Drucksachen abzufangen, ließ sie sich nicht beirren, schaute,

wohl in der Hoffnung auf ein Lebenszeichen von ihrem lieben Ludwig, alle Postsachen — insgesamt etwa zwanzig — durch, offenbar ohne etwas von Ludwig zu finden, und stopfte den Kram in ihre Handtasche. Schon die Fahrt im Aufzug war eine Qual, da zwei Mitbewohner ebenfalls hochfuhren. Ein (es muß gesagt werden, obwohl es unglaubwürdig klingt) als Scheich verkleideter Herr, der sich in offensichtlicher Distanzierungsqual in die Ecke drückte, zum Glück aber schon im 4. Stock ausstieg, und eine (es klingt verrückt, aber was wahr ist, ist wahr) als Andalusierin verkleidete Dame, die, durch eine Gesichtsmaske gedeckt, keineswegs von Katharina abrückte, sondern direkt neben ihr stehenblieb und sie aus „frechen, harten, braunen Augen" dreist und neugierig musterte. Sie fuhr über den 8. Stock hinaus.

Zur Warnung: es kommt noch schlimmer. Endlich in ihrer Wohnung, bei deren Betreten sich Katharina regelrecht an Beiters und Frau W. anklammerte, klingelte das Telefon, und hier war Frau W. schneller als Katharina, sie rannte los, nahm den Hörer ab, man sah ihren entsetzten Gesichtsausdruck, sah sie bleich werden, hörte sie „Sie verdammte Sau, Sie verdammte feige Sau" murmeln, und klugerweise legte sie den Hörer nicht wieder auf, sondern neben die Gabel.

Vergeblich versuchte Frau W. und Beiters gemeinsam, Katharina ihre Post zu entreißen, sie hielt den Packen Briefe und Drucksachen fest umklammert, zusammen mit den beiden Ausgaben der ZEITUNG, die sie ebenfalls ihrer Tasche entnommen hatte, und bestand darauf, die Briefschaften zu öffnen. Es war nichts zu machen. Sie las das alles!

Es war nicht alles anonym. Ein nicht anonymer Brief — der umfangreichste — kam von einem Unternehmen, das sich *Intim-Versandhaus* nannte und ihr alle möglichen Sex-Artikel anbot. Das war für Katharinas Gemüt schon ziemlich starker Tobak, schlimmer noch, daß jemand handschriftlich dazugeschrieben hatte: „*Das* sind die wahren Zärtlichkeiten."

Um es kurz — oder noch besser: statistisch — zu machen:

Von den weiteren 18 Briefschaften waren

7 anonyme Postkarten, handschriftlich mit „derben" sexuellen Offerten, die alle irgendwie das Wort „Kommunistensau" verwendet hatten

4 weitere anonyme Postkarten enthielten politische Beschimpfungen ohne sexuelle Offerten. Es ging von „roter

Wühlmaus" bis „Kreml-Tante"
5 Briefe enthielten Ausschnitte aus der ZEITUNG, die zum größten Teil, etwa 3—4 mit roter Tinte am Rand kommentiert waren, u. a. folgenden Inhalts: „Was Stalin nicht geschafft hat, Du wirst es auch nicht schaffen"
2 Briefe enthielten religiöse Ermahnungen, in beiden Fällen auf beigelegte Traktate geschrieben: „Du mußt wieder beten lernen, armes, verlorenes Kind" und „Knie nieder und bekenne, Gott hat dich noch nicht aufgegeben".
Und erst in diesem Augenblick entdeckte Else W. einen unter die Tür geschobenen Zettel, den sie zum Glück tatsächlich vor Katharina verbergen konnte: „Warum machst du keinen Gebrauch von meinem Zärtlichkeitskatalog? Muß ich dich zu deinem Glück zwingen? Dein Nachbar, den du so schnöde abgewiesen hast. Ich warne dich." Das war in Druckschrift geschrieben, an der Else W. akademische, wenn nicht ärztliche Bildung zu erkennen glaubte.

35

Es ist schon erstaunlich, daß weder Frau W. noch Konrad B. erstaunt waren, als sie nun, ohne an irgendeine Form des Eingreifens zu denken, beobachteten, wie Katharina an die kleine Hausbar in ihrem Wohnraum ging, je eine Flasche Sherry, Whisky, Rotwein und eine angebrochene Flasche Kirschsirup herausnahm und ohne sonderliche Erregung gegen die makellosen Wände warf, wo sie zerschellten, zerflossen.
Das gleiche machte sie in ihrer kleinen Küche, wo sie Tomatenketchup, Salatsauce, Essig, Worcestersauce zum gleichen Zweck benutzte. Muß hinzugefügt werden, daß sie gleiches in ihrem Badezimmer mit Cremetuben, -flaschen, Puder, Pulvern, Badeingredienzien — und in ihrem Schlafzimmer mit einem Flacon Kölnisch Wasser tat?
Dabei wirkte sie planvoll, keineswegs erregt, so überzeugt und überzeugend, daß Else W. und Konrad B. nichts unternahmen.

36

Es hat natürlich ziemlich viele Theorien gegeben, die den Zeitpunkt herauszuanalysieren versuchten, an dem Katharina die ersten Mordabsichten faßte oder den Mordplan ausdachte und sich dazu entschloß, ihn auszuführen. Manche denken, daß schon der erste Artikel am Donnerstag in der ZEITUNG genügt habe, wieder andere halten den Freitag für den entscheidenden Tag, weil an diesem Tag die ZEITUNG immer noch keinen Frieden gab und Katharinas Nachbarschaft und Wohnung, an der sie so hing, sich als (subjektiv jedenfalls) zerstört erwies; der anonyme Anrufer, die anonyme Post — und dann noch die ZEITUNG vom Samstag und außerdem (hier wird vorgegriffen!) die SONNTAGSZEITUNG. Sind solche Spekulationen nicht überflüssig: Sie hat den Mord geplant und ausgeführt — und damit basta! Gewiß ist, daß sich in ihr etwas „gesteigert hat" — daß die Äußerungen ihres ehemaligen Ehemanns sie besonders aufgebracht haben, und ganz gewiß ist, daß alles, was dann in der SONNTAGSZEITUNG stand, wenn nicht auslösend, so doch keineswegs beruhigend gewirkt haben kann.

37

Bevor der Rückstau endgültig als beendet betrachtet werden und wieder auf Samstag geblendet werden kann, muß nur noch über den Verlauf des Freitagabends und der Nacht von Freitag auf Samstag bei Frau Woltersheim berichtet werden. Gesamtergebnis: überraschend friedlich. Ablenkungsversuche von Konrad Beiters, der Tanzmusik auflegte, südamerikanische sogar, und Katharina zum Tanzen bewegen wollte, scheiterten zwar, es scheiterte auch der Versuch, Katharina von der ZEITUNG und ihrer anonymen Post zu trennen; was ebenfalls scheiterte, war der Versuch, das alles als nicht so schrecklich wichtig und vorübergehend darzustellen. Hatte man nicht Schlimmeres überstanden: das Elend der Kindheit, die Ehe mit diesem miesen Brettloh, die Trunksucht und, „milde ausgedrückt, Verkommenheit von Mutter, die ja letzten Endes doch auch für Kurts Straucheln verantwortlich ist". War Götten nicht zunächst in Sicherheit und sein Versprechen, sie

zu holen, ernst zu nehmen? War nicht Karneval, und war man nicht finanziell gesichert? Gab's nicht so furchtbar nette Leute wie die Blornas, die Hiepertz', und war nicht auch der „eitle Fatzke" — man scheute sich immer noch, den Herrenbesuch beim Namen zu nennen — im Grunde eine belustigende und keineswegs eine bedrückende Erscheinung? Da widersprach Katharina und verwies auf den „idiotischen Ring und den affigen Briefumschlag", die sie beide fürchterlich in die Klemme gebracht und sogar Ludwig in Verdacht gebracht hätten. Hatte sie wissen können, daß dieser Fatzke sich seine Eitelkeit so viel würde kosten lassen? Nein, nein, belustigend fand sie den nun gar nicht. Nein. Als man praktische Dinge besprach — etwa, ob sie denn eine neue Wohnung suchen und ob man nicht schon überlegen solle, wo —, wich Katharina aus und sagte, das einzig praktische, was sie vorhabe, wäre, sich ein Karnevalskostüm zu machen, und sie bat Else leihweise um ein großes Bettuch, denn sie habe vor, angesichts der Scheichmode selbst am Samstag oder Sonntag als Beduinenfrau „loszuziehen". Was ist denn eigentlich Schlimmes passiert? Fast nichts, wenn man es genau betrachtet, oder besser gesagt: fast nur Positives, denn immerhin hat Katharina den, „der da kommen sollte", wirklich getroffen, hat mit ihm „eine Liebesnacht verbracht", nun gut, sie ist verhört bzw. vernommen worden, und offenbar ist Ludwig wirklich „kein Schmetterlingsfänger". Dann hat es den üblichen Dreck in der ZEITUNG gegeben, ein paar Säue haben anonym angerufen, andere haben anonym geschrieben. Geht denn das Leben nicht weiter? Ist Ludwig nicht bestens — und, wie nur sie, sie ganz allein weiß, geradezu komfortabel untergebracht? Jetzt nähen wir ein Karnevalskostüm, in dem Katharina entzückend aussehen wird, einen weißen Frauenburnus; hübsch wird sie darin „losziehen".
Schließlich verlangt sogar die Natur ihr Recht, und man schläft ein, nickt ein, erwacht wieder, nickt wieder ein. Trinkt man schließlich ein Gläschen miteinander? Warum nicht? Ein durch und durch friedliches Bild: eine junge Frau, die über einer Näharbeit eingenickt ist, während eine ältere Frau und ein älterer Mann sich vorsichtig um sie herumbewegen, damit „die Natur ihr Recht bekommt". Die Natur bekommt so sehr recht, daß Katharina nicht einmal vom Telefon, das gegen zweieinhalb Uhr früh klingelt, geweckt wird. Wieso fangen

plötzlich der nüchternen Frau Woltersheim die Hände an zu flattern, wenn sie den Telefonhörer ergreift? Erwartet sie anonyme Zärtlichkeiten, wie sie sie ein paar Stunden vorher erfahren hat? Natürlich ist zweieinhalb Uhr morgens eine bange Zeit zum Telefonieren, aber sie ergreift den Hörer, den ihr Beiters sofort aus der Hand nimmt, und als er „Ja?" sagt, wird sofort wieder aufgelegt. Und es klingelt wieder, und wieder wird, sobald er aufgenommen, noch bevor er „Ja?" gesagt hat, aufgelegt. Natürlich gibt es auch Leute, die einem den Nerv töten wollen, seitdem sie aus der ZEITUNG erfahren haben, wie man heißt und wo man wohnt, und es ist besser, den Hörer nicht mehr aufzulegen.
Und da hat man sich vorgenommen, Katharina wenigstens vor der Samstagausgabe der ZEITUNG zu bewahren, sie aber hat ein paar Augenblicke wahrgenommen, in denen Else W. eingeschlafen ist und Konrad B. sich im Badezimmer rasiert, ist auf die Straße geschlichen, wo sie in der Morgendämmerung den ersten besten ZEITUNGSkasten aufgerissen und eine Art Sakrileg begangen hat, denn sie hat das VERTRAUEN der ZEITUNG mißbraucht, indem sie eine ZEITUNG herausnahm, ohne zu bezahlen! In diesem Augenblick kann der Rückstau für vorläufig beendet erklärt werden, denn es ist genau um die Zeit, in der die Blornas an ebendiesem Samstag zerknittert, gereizt und traurig aus dem Nachtzug steigen und die gleiche Ausgabe der ZEITUNG erwischen, die sie später zu Hause studieren werden.

38

Bei Blornas ist ein ungemütlicher Samstagmorgen, äußerst ungemütlich, nicht nur wegen der fast schlaflosen, zerrüttelten und verschüttelten Nacht im Schlafwagen, nicht nur wegen der ZEITUNG, von der Frau Blorna sagte, diese Pest verfolge einen in die ganze Welt, nirgendwo sei man sicher; ungemütlich nicht nur wegen der vorwurfsvollen Telegramme einflußreicher Freunde und Geschäftsfreunde, von der „Lüstra", auch Hachs wegen, den man zu früh, einfach zu früh (und auch wieder zu spät, wenn man bedachte, daß man ihn besser schon am Donnerstag angerufen hätte) am Tage anrief. Er war nicht sehr freundlich, sagte, die Vernehmung von Katharina sei

abgeschlossen, er könne nicht sagen, ob ein Verfahren gegen sie eröffnet würde, im Augenblick bedürfe sie sicher des Beistands, aber noch nicht eines Rechtsbeistandes. Hatte man vergessen, daß Karneval war und auch Staatsanwälte ein Recht auf einen Feierabend und gelegentliche Feiern haben? Nun, immerhin kennt man sich schon seit 24 Jahren, hat miteinander studiert, gepaukt, Lieder gesungen, sogar Wanderungen gemacht, und da nimmt man die ersten Minuten schlechter Laune nicht so wichtig, zumal man selbst sich so äußerst ungemütlich fühlt, aber dann — und das von einem Staatsanwalt — die Bitte, Weiteres doch lieber mündlich und nicht gerade fernmündlich zu besprechen. Ja, belastet sei sie, manches sei äußerst unklar, aber nicht mehr, vielleicht später am Nachmittag mündlich. Wo? In der Stadt. Ambulierenderweise am besten. Im Foyer des Museums. Sechzehn Uhr dreißig. Keine telefonische Verbindung mit Katharinas Wohnung, keine mit Frau Woltersheim, keine beim Ehepaar Hiepertz.
Ungemütlich auch, daß das Fehlen von Katharinas ordnender Hand so rasch und so deutlich spürbar wurde. Wie kommt es bloß, daß innerhalb einer halben Stunde, obwohl man doch nur Kaffee aufgegossen, Knäckebrot, Butter und Honig aus dem Schrank geholt und die paar Gepäckstücke in die Diele gestellt hat, schon das Chaos ausgebrochen zu sein scheint, und schließlich wurde sogar Trude gereizt, weil er sie immer wieder und immer wieder fragte, wo sie denn da einen Zusammenhang sehe zwischen Katharinas Affäre und Alois Sträubleder oder gar Lüding, und sie ihm so gar nicht entgegenkam, nur immer wieder in ihrer gespielt naiv-ironischen Art, die er sonst mochte, an diesem Morgen aber gar nicht schätzte, auf die beiden Ausgaben der ZEITUNG verwies, und ob ihm da nicht ein Wort besonders aufgefallen sei, und als er fragte, welches, verweigerte sie die Auskunft mit dem sarkastischen Hinweis, sie wolle seinen Scharfsinn auf die Probe stellen, und er las wieder und wieder „diesen Dreck, diesen verfluchten Dreck, der einen über die ganze Welt hin verfolgt", las es immer wieder, unkonzentriert, weil der Ärger über seine verfälschte Äußerung und die „rote Trude" immer wieder hochkam, bis er schließlich kapitulierte und Trude demütig bat, ihm doch zu helfen; er sei so außer sich, daß sein Scharfsinn versage, und außerdem sei er ja seit Jahren nur noch als Industrie-, kaum

noch als Kriminalanwalt tätig, woraufhin sie trocken sagte: „Leider“, dann aber Erbarmen zeigte und sagte: „Fällt dir denn das Wort Herrenbesuch nicht auf, und ist dir nicht aufgefallen, daß ich das Wort Herrenbesuch auf die Telegramme bezogen habe? Würde etwa jemand diesen Götting — nein Götten, schau dir doch seine Fotos mal genau an —, würde jemand ihn, ganz gleich, wie er gekleidet sein mag, denn als Herrenbesuch bezeichnen? Nein, nicht wahr, so etwas nennt man in der Sprache freiwillig spitzelnder Mitbewohner immer noch Männerbesuch, und ich verwandle mich auf der Stelle in eine Prophetin und sage dir, daß wir innerhalb von spätestens einer Stunde ebenfalls Herrenbesuch bekommen, und was ich dir außerdem prophezeie: Ärger, Konflikte — und möglicherweise das Ende einer alten Freundschaft, Ärger auch mit deiner roten Trude und mehr als Ärger mit Katharina, die zwei lebensgefährliche Eigenschaften hat: Treue und Stolz, und sie wird niemals, niemals zugeben, daß sie diesem Jungen einen Fluchtweg gezeigt hat, den wir, sie und ich, gemeinsam studiert haben. Ruhig, mein Liebster, ruhig: es wird nicht rauskommen, aber genaugenommen bin ich schuld, daß dieser Götting, nein Götten, ungesehen aus ihrer Wohnung verschwinden konnte. Du erinnerst dich sicher nicht mehr, daß ich einen Plan der gesamten Heizungs-, Lüftungs-, Kanalisations- und Leitungsanlagen von ‚Elegant am Strom wohnen‘ in meinem Schlafzimmer hängen hatte. Da waren die Heizungsschächte rot, die Lüftungsschächte blau, die Kabelleitungen grün und die Kanalisation gelb eingezeichnet. Dieser Plan hat Katharina derart fasziniert — wo sie doch selbst so eine ordentliche, planende, fast genial planende Person ist —, daß sie immer lange davorstand und mich immer wieder nach Zusammenhängen und Bedeutungen dieses ‚abstrakten Gemäldes‘ — so nannte sie es — fragte, und ich, ich war drauf und dran, ihr eine Kopie davon zu besorgen und zu schenken. Ich bin ziemlich erleichtert, daß ich's nicht getan habe, stell dir vor, man hätte eine Kopie des Plans bei ihr gefunden — dann wäre die Verschwörungstheorie, die Idee des Umschlagplatzes perfekt untermauert, die Verbindung: rote Trude — Banditen, Katharina — Herrenbesuch. So ein Plan wäre natürlich für alle Sorten von Ein- und Ehebrechern, die nicht gesehen werden wollen, eine ideale Anleitung, ungesehen ein- und auszugehen. Ich selbst habe ihr noch erklärt, welche Höhe die einzelnen Gänge haben: wo man aufrecht gehen, wo man gebückt gehen kann, wo man kriechen muß, bei Rohrbrüchen und Kabelpannen. So, nur so kann dieser liebenswürdige junge Gentleman, von dessen Zärtlichkeiten sie jetzt nur noch träumen darf, der Polizei tritschen gegangen sein, und wenn er wirklich ein Bankräuber ist, wird er das System durchschaut haben. Vielleicht ist auch der Herrenbesuch so ein- und ausgegangen. Diese modernen Wohnblocks erfordern ganz andere Überwachungsmethoden als die altmodischen Mietshäuser. Du mußt der Polizei und der Staatsanwaltschaft gelegentlich mal 'nen Tip geben. Die bewachen die Haupteingänge, vielleicht das Foyer und den Aufzug, aber da gibt es außerdem einen Arbeitsaufzug, der direkt in den Keller führt — und da kriecht einer ein paar hundert Meter, hebt nur irgendwo einen Kanaldeckel und ist perdu. Glaub mir: jetzt hilft nur noch beten, denn Schlagzeilen in der ZEITUNG in diesem oder jenem Zusammenhang kann er nicht brauchen, was er jetzt braucht, ist eine direkte handfeste Manipulation der Ermittlungen und der Berichterstattung darüber, und was er ebenso fürchtet wie die Schlagzeilen, ist das bittere und säuerliche Gesicht einer gewissen Maud, die seine ihm rechtmäßig und kirchlich angetraute Frau ist, von der er außerdem vier Kinder hat. Hast du denn nie bemerkt, wie ‚jungenhaft fröhlich', fast ausgelassen — und ich muß schon sagen: richtig nett — er die paar Mal mit Katharina getanzt hat und wie er sich geradezu aufdrängte, sie nach Hause zu bringen — und wie jungenhaft enttäuscht er war, als sie ihren eigenen Wagen anschaffte? Das, was er brauchte, wonach sein Herz begehrte, so ein einmalig nettes Ding wie Katharina, nicht leichtfertig und doch — wie nennt ihr das doch — liebesfähig, ernst und doch jung und so hübsch, daß sie's selber nicht wußte. Hat sie nicht auch dein Männerherz ein wenig erfreut?"

Ja, ja, das hatte sie: sein Männerherz erfreut, und er gab es zu, gab auch zu, daß er sie mehr, viel mehr als nur gern habe, und sie, Trude, wisse doch, daß jeder, nicht nur Männer, mal so Anwandlungen hätten, einfach mal jemand so in den Arm zu nehmen und vielleicht mehr — aber Katharina, nein, es war da etwas, das ihn nie, niemals zum Herrenbesuch bei ihr gemacht hätte, und wenn ihn etwas gehindert habe, ja es ihm unmöglich gemacht habe, zum Herrenbesuch zu werden — oder besser gesagt: das zu versuchen —, so wäre es nicht, und sie wisse, wie er das meine, nicht der Respekt vor ihr und die Rücksichtnahme auf sie, Trude, gewesen, sondern Respekt vor Katharina, ja, Respekt, fast Ehrfurcht, mehr, liebevolle Ehrfurcht vor ihrer, ja, verdammt, Unschuld — und mehr, mehr als Unschuld, für das er keinen Ausdruck finde. Es sei wohl dieses merkwürdige, herzliche Kühle an Katharina, und — obwohl er fünfzehn Jahre älter sei als Katharina und es weiß Gott im Leben zu was gebracht habe — wie Katharina ihr verkorkstes Leben angepackt, geplant, organisiert habe — das habe ihn, hätte er überhaupt je Gedanken dieser Art gehabt, gehindert, weil er Angst gehabt habe, sie oder ihr Leben zu zerstören — denn sie sei so verletzlich, so verdammt verletzlich, und er würde, wenn sich herausstellen sollte, daß Alois wirklich der Herrenbesuch gewesen sei, er würde ihm — schlicht gesagt — eine „in die Fresse hauen"; ja, man müsse ihr helfen, helfen, sie sei diesen Tricks, diesen Verhören, diesen Vernehmungen nicht gewachsen — und nun sei es zu spät, und er müsse, müsse im Laufe des Tages Katharina auftreiben ..., aber hier wurde er in seinen aufschlußreichen Meditationen unterbrochen, weil Trude mit ihrer unvergleichlichen Trockenheit feststellte: „Der Herrenbesuch ist soeben vorgefahren."

39

Es soll hier gleich festgestellt werden, daß Blorna Sträubleder, der da tatsächlich in einem bombastischen Mietwagen vorgefahren war, nicht in die Fresse schlug. Es soll hier nicht nur möglichst wenig Blut fließen, auch die Darstellung körperlicher Gewalt soll, wenn sie schon nicht vermieden werden kann, auf jenes Minimum beschränkt werden, das die Pflicht der Berichterstattung auferlegt. Das bedeutet nicht, daß es nun etwa gemütlicher wurde bei den Blornas, im Gegenteil: es wurde noch ungemütlicher, denn Trude B. konnte sich nicht verkneifen, den alten Freund, während sie weiterhin in ihrer Kaffeetasse rührte, mit den Worten zu begrüßen: „Hallo, Herrenbesuch." — „Ich nehme an", sagte Blorna verlegen, „Trude hat mal wieder den Nagel auf den Kopf getroffen." — „Ja", sagte Sträubleder, „fragt sich nur, ob das immer taktvoll ist."
Es kann hier festgestellt werden, daß es zu fast unerträglichen

Spannungen zwischen Frau Blorna und Alois Sträubleder gekommen war, als jener einmal sie nicht gerade verführen, aber doch erheblich mit ihr flirten wollte und sie ihm — auf ihre trockene Art zu verstehen gab, daß er sich für unwiderstehlich halte, es aber nicht sei, jedenfalls für sie nicht. Unter diesen Umständen wird man verstehen, daß Blorna Sträubleder sofort in sein Arbeitszimmer führte und seine Frau bat, sie allein zu lassen und in der Zwischenzeit („Zeit zwischen was?" fragte Frau Blorna) alles, alles zu tun, um Katharina aufzutreiben.

40

Warum kommt einem plötzlich sein eigenes Arbeitszimmer so scheußlich vor, fast durcheinander und schmutzig, obwohl kein Stäubchen zu entdecken ist und alles am rechten Platz? Was macht die roten Ledersessel, in denen man so manches gute Geschäft abgewickelt und so manches vertrauliche Gespräch geführt hat, in denen man wirklich bequem sitzen und Musik hören kann, plötzlich so widerwärtig, sogar die Bücherregale ekelhaft und den handsignierten Chagall an der Wand geradezu verdächtig, als wäre es eine vom Künstler selbst ausgeführte Fälschung? Aschenbecher, Feuerzeug, Whiskyflacon — was hat man gegen diese harmlosen, wenn auch kostspieligen Gegenstände? Was macht einen so ungemütlichen Tag nach einer äußerst ungemütlichen Nacht so unerträglich und die Spannung zwischen alten Freunden so stark, daß die Funken fast überspringen? Was hat man gegen die Wände, die, sanftgelb rauhfaserüberpinselt, mit moderner, mit Gegenwartsgraphik geschmückt sind?
„Ja, ja", sagte Alois Sträubleder, „ich bin eigentlich nur gekommen, um dir zu sagen, daß ich in *dieser* Sache deine Hilfe nicht mehr brauche. Du hast mal wieder die Nerven verloren, auf dem Flugplatz da im Nebel. Eine Stunde nachdem ihr die Nerven oder die Geduld verloren habt, hat sich nämlich der Nebel gelichtet, und ihr hättet immer noch gegen 18.30 Uhr hier sein können. Ihr hättet sogar bei ein wenig ruhigem Nachdenken noch in München den Flughafen anrufen, herausfinden können, daß keine Behinderung mehr vorlag. Aber Schwamm darüber. Um nicht mit falschen, gezinkten Karten

zu spielen — selbst wenn kein Nebel gewesen und das Flugzeug planmäßig abgeflogen wäre, wärst du zu spät gekommen, weil der entscheidende Teil der Vernehmung dann längst abgeschlossen gewesen und im übrigen nichts mehr zu verhindern gewesen wäre."
„Ich kann gegen die ZEITUNG ohnehin nicht an", sagte Blorna.
„Die ZEITUNG", sagte Sträubleder, „stellt keine Gefahr dar, das hat Lüding in der Hand, aber es gibt ja auch noch Zeitungen, und ich kann jede Art von Schlagzeilen gebrauchen, nur diese Art nicht, die mich mit den Banditen in Verbindung bringt. Eine romantische Frauengeschichte bringt mich höchstens privat in Schwierigkeiten, nicht öffentlich. Da würde nicht einmal ein Foto mit einer so attraktiven Frau wie Katharina Blum schaden, im übrigen wird die Herrenbesuchstheorie fallengelassen und weder Schmuck noch Brief — nun ja, ich habe ihr einen ziemlich kostbaren Ring geschenkt, den man gefunden hat, und ein paar Briefe geschrieben, von denen man nur einen Umschlag gefunden hat — werden Schwierigkeiten bereiten. Schlimm ist, daß dieser Tötges unter einem anderen Namen für Illustrierte die Sachen schreibt, die er in der ZEITUNG nicht bringen darf, und daß — nun ja — Katharina ihm ein Exklusivinterview versprochen hat. Ich habe das vor wenigen Minuten von Lüding erfahren, der auch dafür ist, daß Tötges das Interview wahrnimmt, weil man ja die ZEITUNG in der Hand hat, aber man hat keinen Einfluß auf Tötges' weitere journalistischen Aktivitäten, die er über einen Strohmann abwickelt. Du scheinst überhaupt nicht informiert zu sein, wie?" — „Ich habe keine Ahnung", sagte Blorna.
„Ein merkwürdiger Zustand für einen Anwalt, dessen Mandant ich immerhin bin; das kommt davon, wenn man in Rüttel- und Schüttelzügen sinnlos Zeit verplempert, anstatt sich einmal mit Wetterämtern in Verbindung zu setzen, die einem hätten sagen können, daß der Nebel sich bald lichten wird. Du hast also offenbar noch keine Verbindung mit ihr?"
„Nein, du denn?"
„Nein, nicht direkt. Ich weiß nur, daß sie vor ungefähr einer Stunde bei der ZEITUNG angerufen und Tötges für morgen nachmittag ein Exklusivinterview versprochen hat. Er hat angenommen. Und es ist da noch eine Sache, die mir mehr, bedeutend mehr Kummer, die mir regelrecht Magen-

schmerzen verursacht“ (hier wirkte Sträubleders Gesicht fast bewegt und seine Stimme bekümmert), „du kannst mich ab morgen beschimpfen, soviel du willst, weil ich euer Vertrauen ja wirklich mißbraucht habe — aber andererseits leben wir ja wirklich in einem freien Land, wo es auch gestattet ist, ein freies Liebesleben zu führen, und du mußt mir glauben, ich würde alles tun, um ihr zu helfen, ich würde sogar meinen Ruf aufs Spiel setzen, denn — du darfst getrost lachen — ich liebe diese Frau, nur: ihr ist nicht mehr zu helfen — mir ist noch zu helfen — sie läßt sich einfach nicht helfen ...“

„Und gegen die ZEITUNG kannst du ihr auch nicht helfen, gegen diese Schweine?“

„Mein Gott, du mußt das nicht so schwernehmen mit der ZEITUNG, auch wenn sie euch jetzt ein bißchen in die Zange nehmen. Wir wollen uns doch hier nicht über Boulevardjournalismus und Pressefreiheit streiten. Kurz gesagt, ich hätte gern, wenn du bei dem Interview dabeisein könntest, als mein *und* ihr Anwalt. Das Heikelste ist nämlich bisher weder bei den Vernehmungen noch in der Presse herausgekommen: Ich habe ihr vor einem halben Jahr den Schlüssel zu unserem Zweithaus in Kohlforstenheim regelrecht aufgedrängt. Den Schlüssel hat man weder bei der Haussuchung noch bei der Leibesvisitation gefunden, aber sie *hat* ihn oder hat ihn wenigstens gehabt, wenn sie ihn nicht einfach weggeworfen hat. Es war einfach Sentimentalität, nenne es, wie du willst, aber ich wollte, daß sie einen Schlüssel zum Haus da hat, weil ich die Hoffnung nicht aufgeben wollte, daß sie mich mal da besucht. Glaub mir doch, daß ich ihr helfen, daß ich ihr beistehen, daß ich sogar hingehen würde und bekennen würde: Seht hier, ich bin der Herrenbesuch — aber ich weiß doch: mich würde sie verleugnen, ihren Ludwig nie.“

Es war etwas ganz Neues, Überraschendes in Sträubleders Gesicht, das in Blorna fast Mitleid erweckte, mindestens gewiß aber Neugierde; es war etwas fast Demütiges, oder war es Eifersucht? „Was war da mit Schmuck, mit Briefen und nun dem Schlüssel?“

„Verdammt noch mal, Hubert, begreifst du denn immer noch nicht? Es ist etwas, was ich weder Lüding noch Hach noch der Polizei sagen kann — ich bin sicher, daß sie den Schlüssel ihrem Ludwig gegeben hat und daß dieser Kerl jetzt seit zwei Tagen da hockt. Ich habe einfach Angst, um Katharina, um

die Polizeibeamten, auch um diesen dummen jungen Bengel, der da vielleicht in meinem Haus in Kohlforstenheim hockt. Ich möchte, daß er dort verschwindet, bevor sie ihn entdecken, möchte gleichzeitig, daß sie ihn schnappen, damit die Sache ein Ende hat. Verstehst du jetzt? Und zu was rätst du?"
„Du könntest dort anrufen, in Kohlforstenheim, meine ich."
„Und du glaubst, daß er, wenn er da ist, ans Telefon geht?"
„Dann mußt du die Polizei anrufen, es gibt keinen anderen Weg. Schon um Unheil zu verhüten. Ruf sie notfalls anonym an. Wenn auch nur die geringste Möglichkeit besteht, daß Götten in deinem Haus ist, mußt du sofort die Polizei verständigen. Sonst tue ich es."
„Damit mein Haus und mein Name doch im Zusammenhang mit diesem Banditen in die Schlagzeilen kommt? Ich dachte an etwas anderes ..., ich dachte, daß du vielleicht mal hinfahren könntest, ich meine nach Kohlforstenheim, so als mein Anwalt, um mal nach dem Rechten zu sehen."
„In diesem Augenblick? Am Karnevalssamstag, wo die ZEITUNG schon weiß, daß ich meinen Urlaub überstürzt abgebrochen habe — und das habe ich nur getan, um in deinem Wochenendhaus nach dem Rechten zu sehen? Ob der Eisschrank noch funktioniert, wie? Ob der Thermostat der Ölheizung noch richtig eingestellt ist, keine Scheibe eingeworfen, die Bar noch ausreichend bestückt und die Bettwäsche nicht klamm? Dazu kommt ein hochangesehener Industrieanwalt, der eine Luxusvilla mit Swimming-pool besitzt und mit der ‚roten Trude' verheiratet ist, überstürzt aus dem Urlaub? Hältst du das wirklich für eine kluge Idee, wo doch ganz sicher die Herren ZEITUNGS-Reporter jede meiner Bewegungen beobachten — ich fahre, sozusagen kaum dem Schlafwagen entstiegen, zu deiner Villa hinaus, um zu sehen, ob die Krokusse bald durchbrechen oder die Schneeglöckchen schon raus sind? Hältst du das wirklich für eine gute Idee — ganz abgesehen davon, daß dieser liebenswürdige Ludwig schon bewiesen hat, daß er ganz gut schießen kann?"
„Verdammt, ich weiß nicht, ob deine Ironie oder deine Witze hier noch angebracht sind. Ich bitte dich als meinen Anwalt und Freund um einen Dienst, der nicht einmal persönlicher, sondern mehr noch staatsbürgerlicher Natur ist — und du kommst mir mit Schneeglöckchen. Diese Sache ist seit gestern so geheim, daß wir seit heute früh keinerlei Informationen

mehr von dort bekommen haben. Alles, was wir wissen, wissen wir von der ZEITUNG, zu der Lüding zum Glück gute Beziehungen hat. Staatsanwaltschaft und Polizei telefonieren nicht einmal mehr mit dem Innenministerium, zu dem Lüding ebenfalls gute Beziehungen hat. Es geht um Leben und Tod, Hubert."
In diesem Augenblick kam Trude, ohne anzuklopfen, herein, mit dem Transistor in der Hand und sagte ruhig: „Um Tod geht's nicht mehr, nur noch um Leben, Gott sei Dank. Sie haben den Jungen geschnappt, dummerweise hat er geschossen und ist beschossen worden, verletzt, aber nicht lebensgefährlich. In deinem Garten, Alois, in Kohlforstenheim, zwischen Swimming-pool und Pergola. Man spricht von der Nullkommafünfmillionen-Luxusvilla eines Lüding-Kompagnons. Übrigens gibt es wirklich noch Gentlemen: das erste, was unser guter Ludwig gesagt hat: daß Katharina überhaupt nichts mit der Sache zu tun hat; es sei eine rein private Liebesaffäre, die nicht das geringste mit den Straftaten zu tun habe, die man ihm vorwerfe, die er aber nach wie vor abstreite. Wahrscheinlich mußt du ein paar Scheiben ersetzen lassen, Alois — es ist da ganz schön rumgeballert worden. Dein Name ist noch nicht genannt worden, aber vielleicht solltest du doch Maud anrufen, die sicher erregt und trostbedürftig ist. Übrigens hat man gleichzeitig mit Götten an anderen Orten drei seiner angeblichen Komplizen geschnappt. Das Ganze gilt als triumphaler Erfolg eines gewissen Kommissars Beizmenne. Und nun mach dich auf die Socken, lieber Alois, und statte zur Abwechslung deiner guten Frau mal einen Herrenbesuch ab."
Man kann sich vorstellen, daß es an dieser Stelle in Blornas Arbeitszimmer fast zu körperlichen Auseinandersetzungen gekommen wäre, die dem Milieu und der Ausstattung des Raumes keineswegs entsprachen. Sträubleder soll — *soll* — tatsächlich versucht haben, Trude Blorna an die Kehle zu springen, von ihrem Mann aber daran gehindert und drauf hingewiesen worden sein, daß er sich an einer Dame doch nicht vergreifen wolle. Sträubleder soll — *soll* — daraufhin gesagt haben, er sei sich nicht sicher, ob die Definition Dame auf eine so scharfzüngige Frau noch zutreffe, und es gebe eben Worte, die man in gewissen Zusammenhängen und vor allem, wenn tragische Ereignisse vermeldet würden, nicht ironisch verwenden dürfe, und wenn er noch einmal, noch ein einziges Mal

das ominöse Wort zu hören bekomme, dann — ja, was dann — nun, dann sei es aus. Er hatte das Haus noch kaum verlassen, und Blorna hatte noch keine Gelegenheit, Trude zu sagen, sie sei nun doch vielleicht etwas zu weit gegangen, als diese ihm das Wort regelrecht abschnitt und sagte: „Katharinas Mutter ist diese Nacht gestorben. Ich habe sie tatsächlich in Kuir-Hochsackel aufgetrieben."

41

Bevor die letzten Um-, Ein-, Ablenkungsmanöver gestartet werden, muß hier eine sozusagen technische Zwischenbemerkung gestattet werden. In dieser Geschichte passiert zuviel. Sie ist auf eine peinliche, kaum zu bewältigende Weise handlungsstark: zu ihrem Nachteil. Natürlich ist es ziemlich betrüblich, wenn eine freiberuflich arbeitende Hausangestellte einen Journalisten erschießt, und ein solcher Fall muß aufge- oder wenigstens versuchsweise erklärt werden. Aber was macht man mit Erfolgsanwälten, die einer Hausangestellten wegen den sauer verdienten Skiurlaub abbrechen? Mit Industriellen (die im Nebenberuf Professor und Parteimanager sind), die in einer schon unreifen Sentimentalität ebendieser Hausangestellten Schlüssel zu Zweitwohnungen (und sich selbst dazu) geradezu aufdrängen; beides ohne Erfolg, wie man weiß; die einerseits Publicity wollen, aber nur eine bestimmte Art; lauter Dinge und Leute, die einfach nicht synchronisierbar sind und dauernd den Fluß (bzw. den linearen Handlungsablauf) stören, weil sie sozusagen immun sind. Was macht man mit Kriminalbeamten, die dauernd nach Zäpfchen verlangen und sie auch bekommen? Kürzer gesagt: Es ist alles zu durchlässig und doch im entscheidenden Augenblick für einen Berichterstatter nicht durchlässig genug, weil zwar das eine oder andere (etwa von Hach und einigen Polizeibeamten und -beamtinnen) zu erfahren ist, aber nichts, rein gar nichts von dem, was sie sagen, auch nur andeutungsweise beweiskräftig wäre, weil es vor keinem Gericht bestätigt oder auch nur ausgesagt würde. Es hat keine Zeugniskraft! Nicht den geringsten Öffentlichkeitswert. Zum Beispiel diese ganze Zäpfchenaffäre. Das Anzapfen von Telefonleitungen dient natürlich der Ermittlung, das Ergebnis darf aber — da es von einer anderen als der ermittelnden Behörde vorgenommen wird — in einem öffentlichen Verfahren nicht nur nicht verwendet, nicht einmal erwähnt werden. Vor allem: Was passiert in der sogenannten Psyche der Telefonzapfer? Was denkt sich ein unbescholtener Beamter, der nichts als seine Pflicht tut, der sozusagen, wenn nicht unter Befehls-, dann aber sicher unter Broterwerbsnotstand, seine (ihm möglicherweise widerwärtige) Pflicht tut, was denkt er sich, wenn er mit anhören muß, wie jener unbekannte Hausbewohner, den wir hier kurz den Zärtlichkeitsanbieter nennen wollen, mit einer so ausgesprochen netten, adretten, fast unbescholtenen Person wie Katharina Blum telefoniert? Gerät er in sittliche oder geschlechtliche oder in beide Arten von Erregung? Empört er sich, hat er Mitleid, bereitet es ihm gar ein merkwürdiges Vergnügen, wenn da eine Person, die den Spitznamen „Nonne" trägt, durch heiser hingestöhnte, drohend vorgebrachte Angebote in den Tiefen ihrer Seele verletzt wird? Nun, es geschieht so vieles im Vordergrund — mehr noch im Hintergrund. Was denkt sich ein harmloser, lediglich sein sauer verdientes Brot erwerbender Anzapfer zum Beispiel, wenn da ein gewisser Lüding, der hier gelegentlich erwähnt wurde, die Chefredaktion der ZEITUNG anruft und etwa sagt: „Sofort S. ganz raus, aber B. ganz rein." Natürlich wird Lüding nicht angezapft, weil *er* beobachtet werden muß, sondern weil die Gefahr besteht, daß er — etwa von Erpressern, Polit-Gangstern etc. — angerufen wird. Wie soll so ein unbescholtener Mithörer wissen, daß mit S. Sträubleder gemeint ist, mit B. Blorna und daß man in der SONNTAGSZEITUNG nicht mehr über S., aber viel über B. wird lesen können. Und doch — wer soll das schon wissen oder auch nur ahnen — ist Blorna ein von Lüding äußerst geschätzter Anwalt, der fast unzählige Male sein Geschick bewiesen hat, national und international. Nichts anderes ist gemeint, wenn hier an anderer Stelle von Quellen gesprochen worden ist, die „zueinander nicht kommen können", wie die Königskinder, denen die falsche Nonne die Kerze ausblies — und irgendeiner versank da ziemlich tief, ertrank. Und da läßt Frau Lüding durch ihre Köchin bei der Sekretärin ihres Mannes anrufen, um herauszubekommen, was Lüding wohl am Sonntag gern zum Nachtisch essen würde: Palatschinken mit Mohn? Erdbeeren mit Eis *und* Sahne oder nur mit Eis oder nur mit Sahne, woraufhin die Sekretärin, die ihren Chef nicht belästigen möchte, seinen Geschmack aber kennt, die aber möglicherweise auch nur Ärger bzw. Umstände verursachen will, der Köchin mit ziemlich spitzer Stimme erklärt, sie sei ganz sicher, daß Herr Lüding an diesem Sonntag Karamelpudding mit Krokantsauce vorziehen würde; die Köchin, die natürlich auch Lüdings Geschmack kennt, widerspricht und sagt, das sei ihr neu, ob die Sekretärin sicher sei, daß sie nicht ihren eigenen Geschmack mit dem des Herrn Lüding verwechsle, und ob sie nicht doch durchstellen könne, damit sie direkt mit Herrn Lüding über seine Nachtischwünsche sprechen könne. Daraufhin die Sekretärin, die gelegentlich mit Herrn Lüding als Konferenzsekretärin unterwegs ist und in irgendwelchen PALACE-Hotels oder Inter-Herbergen mit ihm ißt, behauptet, wenn *sie* mit ihm unterwegs sei, esse er immer Karamelpudding mit Krokantsauce; die Köchin: aber am Sonntag sei er eben nicht mit ihr, der Sekretärin, unterwegs und ob es nicht möglich sei, daß Lüdings Nachtischwünsche eben abhängig seien von der Gesellschaft, in der er sich befinde. Etc. Etc. Schließlich wird noch lange über Palatschinken mit Mohn gestritten — und dieses ganze Gespräch wird auf Kosten des Steuerzahlers auf Tonband aufgenommen! Denkt der Tonbandabspieler — der natürlich genau darauf achten muß, ob hier nicht ein Anarchistencode verwendet worden ist, ob mit Palatschinken nicht etwa Handgranaten und bei Eis mit Erdbeeren Bomben gemeint sind — doch möglicherweise: die haben Sorgen oder: die Sorgen möchte ich haben, denn ihm ist möglicherweise gerade die Tochter durchgebrannt oder der Sohn dem Hasch verfallen oder die Miete mal wieder erhöht worden, und das alles — diese Tonbandaufnahmen — nur, weil gegen Lüding einmal eine Bombendrohung ausgesprochen worden ist; so erfährt ein unschuldiger Beamter oder Angestellter endlich einmal, was Palatschinken mit Mohn sind, er, dem die schon als Hauptmahlzeit genügen würden, wenn auch nur *einer*.

Es passiert zuviel im Vordergrund, und wir wissen nichts von dem, was im Hintergrund passiert. Könnte man sich die Tonbänder mal vorspielen lassen! Um endlich etwas zu erfahren, wie — oder ob überhaupt intim etwa Frau Else Woltersheim mit Konrad Beiters ist. Was bedeutete das Wort Freund, wenn es um die Beziehung dieser beiden geht? Nennt sie ihn Schatz, Liebling, oder sagt sie nur Konrad oder Conny zu ihm; welche Art verbaler Zärtlichkeiten tauschen sie, wenn überhaupt, miteinander aus? Singt er, von dem bekannt ist, daß er einen guten, fast konzert-, aber mindestens chorreifen Bariton hat, ihr vielleicht am Telefon Lieder vor? Serenaden? Schlager? Arien? Oder wird da gar in grober Weise über vergangene oder geplante Intimitäten referiert? Das möchte man doch gern wissen, denn da den meisten Menschen zuverlässige telepathische Verbindungen versagt sind, greifen sie doch zum Telefon, das ihnen zuverlässiger erscheint. Sind sich die vorgesetzten Behörden darüber klar, was sie ihren Beamten und Angestellten da psychisch zumuten? Nehmen wir einmal an, eine vorübergehend verdächtige Person vulgärer Natur, der man ein „Zäpfchen" genehmigt hat, ruft ihren ebenfalls vulgären derzeitigen Liebespartner an. Da wir in einem freien Land leben und frei und offen miteinander sprechen dürfen, auch am Telefon, was kann da einer möglicherweise sittsamen oder gar sittenstrengen Person — ganz gleich welchen Geschlechts — alles um die Ohren sausen oder vom Tonband entgegenflattern? Ist das zu verantworten? Ist die psychiatrische Betreuung gewährleistet? Was sagt die Gewerkschaft Öffentliche Dienste, Transport und Verkehr *dazu*? Da kümmert man sich um Industrielle, Anarchisten, Bankdirektoren, -räuber und -angestellte, aber wer kümmert sich um unsere nationalen Tonbandstreitkräfte? Haben die Kirchen dazu nichts zu sagen? Fällt der Fuldaer Bischofskonferenz oder dem Zentralkomitee deutscher Katholiken denn gar nichts mehr ein? Warum schweigt der Papst dazu? Ahnt denn keiner, was hier unschuldigen Ohren alles zwischen Karamelpudding und härtestem Porno zugemutet wird? Da werden junge Menschen aufgefordert, die Beamtenlaufbahn zu ergreifen — und wem werden sie ausgeliefert? Telefonsittenstrolchen. Hier ist endlich ein Gebiet, wo Kirchen und Gewerkschaften zusammenarbeiten könnten. Man könnte doch mindestens eine Art Bildungsprogramm für Abhörer planen. Tonbänder mit Geschichtsunterricht. Das kostet nicht viel.

42

Nun kehrt man reumütig in den Vordergrund zurück, begibt sich wieder an die unvermeidliche Kanalarbeit und muß schon wieder mit einer Erklärung beginnen! Es war hier versprochen worden, daß kein Blut mehr fließen sollte, und es wird Wert darauf gelegt, festzustellen, daß mit dem Tod der Frau Blum, Katharinas Mutter, dieses Versprechen nicht gerade gebrochen wird. Es handelt sich ja nicht um eine Bluttat, wenn auch nicht um einen ganz normalen Sterbefall. Der Tod der Frau Blum wurde zwar gewaltsam herbeigeführt, aber unbeabsichtigt gewaltsam. Jedenfalls — das muß festgehalten werden — hatte der Todesherbeiführer weder mörderische noch totschlägerische, nicht einmal körperverletzende Absichten. Es handelt sich, wie nicht nur nachgewiesen, sondern sogar von jedem zugegeben wurde, um ebenjenen Tötges, der selbst allerdings ein blutiges, beabsichtigt gewaltsames Ende fand. Tötges hatte schon am Donnerstag in Gemmelsbroich nach der Adresse von Frau Blum geforscht, diese auch erfahren, aber vergebens versucht, zu ihr ins Krankenhaus vorzudringen. Er war vom Pförtner, von der Stationsschwester Edelgard und vom leitenden Arzt Dr. Heinen drauf aufmerksam gemacht worden, daß Frau Blum nach einer schweren, aber erfolgreichen Krebsoperation sehr ruhebedürftig sei; daß ihre Genesung geradezu davon abhängig sei, daß sie keinerlei Aufregungen ausgesetzt werde und ein Interview nicht in Frage käme. Den Hinweis, Frau Blum sei durch die Verbindung ihrer Tochter zu Götten ebenfalls „Person der Zeitgeschichte", konterte der Arzt mit dem Hinweis, auch Personen der Zeitgeschichte seien für ihn zunächst Patienten. Nun hatte Tötges während dieser Gespräche festgestellt, daß im Hause Anstreicher wirkten, und sich später Kollegen gegenüber geradezu damit gebrüstet, daß es ihm durch Anwendung des „simpelsten aller Tricks, nämlich des Handwerkertricks" — indem er sich einen Kittel, einen Farbtopf und einen Pinsel besorgte —, gelungen sei, am Freitagmorgen dennoch zu Frau Blum vorzudringen, denn nichts sei so ergiebig wie Mütter, auch kranke; er habe Frau Blum mit den Fakten konfrontiert, sei nicht ganz sicher, ob sie das alles kapiert habe, denn Götten sei ihr offenbar kein Begriff gewesen, und sie habe gesagt: „Warum mußte das so enden, warum mußte das so kommen?", woraus er in der ZEITUNG machte: „So mußte es ja kommen, so mußte es ja enden." Die kleine Veränderung der Aussage von Frau Blum erklärte er damit, daß er als Reporter drauf eingestellt und gewohnt sei, „einfachen Menschen Artikulationshilfe zu geben".

43

Es war nicht einmal mit Gewißheit zu ermitteln, ob Tötges tatsächlich bis zu Frau Blum durchgedrungen war oder ob er, um die in der ZEITUNG zitierten Sätze von Katharinas Mutter als Ergebnis eines Interviews ausgeben zu können, seinen Besuch erlogen bzw. erfunden hat, um seine journalistische Cleverness oder Tüchtigkeit zu beweisen und nebenher ein bißchen anzugeben. Dr. Heinen, Schwester Edelgard, eine spanische Krankenschwester namens Huelva, eine portugiesische Putzfrau namens Puelco — alle halten es für ausgeschlossen, daß „dieser Kerl tatsächlich die Frechheit besessen haben könnte, das zu tun" (Dr. Heinen). Nun ist zweifellos nicht nur der wenn auch möglicherweise erfundene, aber zugegebene Besuch bei Katharinas Mutter ganz gewiß nicht ausschlaggebend gewesen, und es fragt sich natürlich, ob das Krankenhauspersonal einfach leugnet, was nicht sein durfte, oder Tötges, um die Zitate von Katharinas Mutter als wörtlich zu decken, den Besuch bei ihr erfand. Hier soll absolute Gerechtigkeit walten. Es gilt als erwiesen, daß Katharina sich ihr Kostüm schneiderte, um in ebenjener Kneipe, aus der der unglückselige Schönner „mit einer Brumme abgehauen" war, Recherchen anzustellen, *nachdem* sie das Interview mit Tötges bereits verabredet hatte und *nachdem* die SONNTAGSZEITUNG einen weiteren Bericht von Tötges publiziert hatte. Man muß also abwarten. Sicher ist, nachgewiesen, belegt geradezu, daß Dr. Heinen überrascht war vom plötzlichen Tod seiner Patientin Maria Blum und daß er „unvorhergesehene Einwirkungen, wenn nicht nachweisen, so doch auch nicht ausschließen kann". Unschuldige Anstreicher sollen hier keinesfalls verantwortlich gemacht werden. Die Ehre des deutschen Handwerks darf nicht befleckt werden: weder Schwester Edelgard noch die ausländischen Damen Huelva und Puelco können dafür garantieren, daß alle Anstreicher — es waren vier von der Firma Merkens aus Kuir — wirklich Anstreicher waren, und da die vier an verschiedenen Stellen arbeiteten, kann niemand wirklich wissen, ob da nicht einer, mit Kittel, Farbtopf und Pinsel ausgestattet, sich eingeschlichen hat. Fest steht: Tötges hat *behauptet* (von zugegeben kann nicht gesprochen werden, da sein Besuch nicht wirklich nachweisbar ist), bei Maria Blum gewesen zu sein und sie interviewt zu haben, und diese Behauptung ist Katharina bekannt geworden. Herr Merkens hat auch zugegeben, daß natürlich nicht immer alle vier Anstreicher gleichzeitig anwesend waren und daß, *wenn* jemand sich hätte einschleichen wollen, das eine Kleinigkeit gewesen wäre. Dr. Heinen hat später gesagt, er würde die ZEITUNG auf das veröffentlichte Zitat von Katharinas Mutter hin anzeigen, einen Skandal hervorrufen, denn das sei, wenn wahr, ungeheuerlich — aber seine Drohung blieb sowenig ausgeführt wie das „In-die-Fresse-Hauen", das Blorna Sträubleder angedroht hatte.

44

Gegen Mittag jenes Samstags, den 23. Februar 1974, trafen im Café Kloog in Kuir (es handelt sich um einen Neffen jenes Gastwirts, bei dem Katharina als junge Frau gelegentlich in der Küche und als Serviererin aushalf) die Blornas, Frau Woltersheim, Konrad Beiters und Katharina endlich zusammen. Es fanden Umarmungen statt, und es flossen Tränen, sogar von Frau Blorna. Natürlich herrschte auch im Café Kloog Karnevalsstimmung, aber der Besitzer, Erwin Kloog, der Katharina kannte, duzte und schätzte, stellte den Versammelten sein privates Wohnzimmer zur Verfügung. Von dort aus telefonierte Blorna zunächst mit Hach und sagte die Verabredung für den Nachmittag im Foyer des Museums ab. Er teilte Hach mit, daß Katharinas Mutter wahrscheinlich infolge eines Besuchs von Tötges von der ZEITUNG unerwartet gestorben sei. Hach war milder als am Morgen, bat, Katharina, die ihm gewiß nicht grollte, wozu sie auch keinen Grund habe, sein persönliches Beileid auszusprechen. Im übrigen stehe er jederzeit zur Verfügung. Er sei zwar jetzt sehr beschäftigt mit den Vernehmungen von Götten, werde sich aber frei machen; im übrigen habe sich aus den Vernehmungen Göttens bisher nichts Belastendes für Katharina ergeben. Er habe mit großer Zuneigung und fair von ihr und über sie gesprochen. Eine Besuchserlaubnis sei allerdings nicht zu erwarten, da keine Verwandtschaft vorliege und die Definition „Verlobte" sich bestimmt als zu vage herausstellen und nicht stichhaltig sein würde.
Es sieht ganz so aus, als sei Katharina bei der Nachricht vom

Tode ihrer Mutter nicht gerade zusammengebrochen. Es scheint fast, als wäre sie erleichtert gewesen. Natürlich konfrontierte Katharina Dr. Heinen mit der Ausgabe der ZEITUNG, in der das Tötges-Interview erwähnt und ihre Mutter zitiert wurde, sie teilte aber keineswegs Dr. Heinens Empörung über das Interview, sondern meinte, diese Leute seien Mörder und Rufmörder, sie verachte das natürlich, aber offenbar sei es doch geradezu die Pflicht dieser Art Zeitungsleute, unschuldige Menschen um Ehre, Ruf und Gesundheit zu bringen. Dr. Heinen, der irrigerweise eine Marxistin in ihr vermutete (wahrscheinlich hatte auch er die Anspielungen von Brettloh, Katharinas Geschiedenem, in der ZEITUNG gelesen), war ein wenig erschrocken über ihre Kühle und fragte sie, ob sie das — diese ZEITUNGSmasche — für ein Strukturproblem halte. Katharina wußte nicht, was er meinte, und schüttelte den Kopf. Sie ließ sich dann von Schwester Edelgard in die Leichenkammer führen, die sie gemeinsam mit Frau Woltersheim betrat. Katharina zog selbst das Leichentuch vom Gesicht ihrer Mutter, sagte: „Ja", küßte sie auf die Stirn; als sie von Schwester Edelgard aufgefordert wurde, ein kurzes Gebet zu sprechen, schüttelte sie den Kopf und sagte: „Nein." Sie zog das Tuch wieder über das Gesicht ihrer Mutter, bedankte sich bei der Nonne, und erst während sie die Leichenkammer verließ, fing sie an zu weinen, erst leise, dann heftiger, schließlich hemmungslos. Vielleicht dachte sie auch an ihren verstorbenen Vater, den sie als sechsjähriges Kind ebenfalls in der Leichenkammer eines Krankenhauses zuletzt gesehen hatte. Else Woltersheim fiel ein oder besser auf: daß sie Katharina noch nie hatte weinen gesehen, auch nicht als Kind, wenn sie in der Schule zu leiden hatte oder Milieukummer sie bedrückte. In sehr höflicher Weise, fast liebenswürdig bestand Katharina darauf, sich auch bei den ausländischen Damen Huelva und Puelco für alles zu bedanken, was sie für ihre Mutter getan hatten. Sie verließ das Krankenhaus gefaßt, vergaß auch nicht, ihren einsitzenden Bruder Kurt telegrafisch durch die Verwaltung des Krankenhauses verständigen zu lassen.

So blieb sie den ganzen Nachmittag und den Abend über: gefaßt. Obwohl sie immer wieder die beiden Ausgaben der ZEITUNG hervorholte, die Blornas, Else W. und Konrad B. mit sämtlichen Details und ihrer Interpretation dieser Details konfrontierte, schien auch ihr Verhältnis zur ZEITUNG ein anderes geworden zu sein. Zeitgemäß ausgedrückt: weniger emotional, mehr analytisch. In diesem ihr vertrauten und freundschaftlich gesonnenen Kreis, in Erwin Kloogs Wohnzimmer, sprach sie auch offen über ihr Verhältnis zu Sträubleder: er habe sie einmal nach einem Abend bei Blornas nach Hause gebracht, sie, obwohl sie das strikt, fast mit Ekel abgelehnt habe, bis an die Haustür, dann sogar in ihre Wohnung begleitet, indem er einfach den Fuß zwischen die Tür gesetzt habe. Nun, er habe natürlich versucht, zudringlich zu werden, sei wohl beleidigt gewesen, weil sie ihn gar nicht unwiderstehlich fand, und sei schließlich — es war schon nach Mitternacht — gegangen. Von diesem Tag an habe er sie regelrecht verfolgt, sei immer wiedergekommen, habe Blumen geschickt, Briefe geschrieben, und es sei ihm einige Male gelungen, zu ihr in die Wohnung vorzudringen, bei dieser Gelegenheit habe er ihr den Ring einfach aufgedrängt. Das sei alles. Sie habe deshalb seine Besuche nicht zugegeben bzw. seinen Namen nicht preisgegeben, weil sie es für unmöglich angesehen habe, den vernehmenden Beamten zu erklären, daß nichts, rein gar nichts, nicht einmal ein einziger Kuß zwischen ihnen gewesen sei. Wer würde ihr schon glauben, daß sie einem Menschen wie Sträubleder widerstehen würde, der ja nicht nur wohlhabend sei, sondern in Politik, Wirtschaft und Wissenschaft seines unwiderstehlichen Charmes wegen geradezu berühmt sei, fast wie ein Filmschauspieler, und wer würde einer Hausangestellten wie ihr schon glauben, daß sie einem Filmschauspieler widerstehen würde, und nicht einmal aus moralischen, sondern aus Geschmacksgründen? Er habe einfach nicht den geringsten Reiz auf sie ausgeübt, und sie empfinde diese ganze Herrenbesuchsgeschichte als das scheußlichste Eindringen in eine Sphäre, die sie nicht als Intimsphäre bezeichnen möchte, weil das mißverständlich sei, denn sie sei ja nicht andeutungsweise intim mit Sträubleder geworden — sondern weil er sie in eine Lage gebracht habe, die sie niemand, schon gar nicht einem Vernehmungskommando hätte erklären können. Letzten Endes aber — und hier lachte sie — habe sie doch eine gewisse Dankbarkeit für ihn empfunden, denn der Schlüssel zu seinem Haus sei für Ludwig wichtig gewesen oder wenigstens die Adresse, denn — hier lachte sie wieder — Ludwig wäre gewiß auch ohne Schlüssel dort eingedrungen, aber der Schlüssel habe es natürlich erleichtert, und sie habe auch gewußt, daß die Villa über Karneval unbenutzt sei, denn gerade zwei Tage vorher habe Sträubleder sie wieder einmal aufs äußerste belästigt, geradezu bedrängt und ihr ein Karnevalswochenende dort vorgeschlagen, bevor er die Teilnahme an der Tagung in Bad B. zugesagt habe. Ja, Ludwig habe ihr gesagt, daß er von der Polizei gesucht würde, er habe ihr aber nur gesagt, daß er Bundeswehrdeserteur sei und dabei, sich ins Ausland abzusetzen, und — zum drittenmal lachte sie — es habe ihr Spaß gemacht, ihn eigenhändig in den Heizungsschacht zu expedieren und auf den Notausstieg zu verweisen, der am Ende von „Elegant am Strom wohnen" an der Ecke zur Hochkeppelstraße ans Tageslicht führe. Nein, sie habe zwar nicht geglaubt, daß die Polizei sie und Götten überwache, sondern sie habe das als eine Art Räuber- und Gendarmromantik angesehen, und erst am Morgen — tatsächlich sei Ludwig schon um 6 Uhr früh weggegangen — habe sie zu spüren bekommen, wie ernst das Ganze gewesen sei. Sie zeigte sich erleichtert darüber, daß Götten verhaftet sei, nun, sagte sie, könne er keine Dummheiten mehr machen. Sie habe die ganze Zeit über Angst gehabt, denn dieser Beizmenne sei ihr unheimlich.

45

Es muß hier festgestellt und festgehalten werden, daß Samstagnachmittag und -abend fast nett verliefen, so nett, daß alle — die Blornas, Else Woltersheim und der merkwürdig stille Konrad Beiters — ziemlich beruhigt waren. Schließlich empfand man — und sogar Katharina selbst — die „Lage als entspannt". Götten verhaftet, die Vernehmungen von Katharina abgeschlossen, Katharinas Mutter, wenn auch vorzeitig, von einem schweren Leiden erlöst, die Beerdigungsformalitäten waren eingeleitet, alle erforderlichen Dokumente in Kuir für den Rosenmontag versprochen, an dem ein Verwaltungsangestellter sich freundlicherweise bereit erklärt hatte, sie trotz des Feiertages auszustellen. Schließlich bestand auch ein gewisser Trost darin, daß der Caféhausbesitzer Erwin Kloog, der jede Bezahlung des Verzehrten (es handelte sich um Kaffee, Liköre, Kartoffelsalat, Würstchen und Kuchen) strikt ablehnte, beim Abschied sagte: „Kopf hoch, Kathrinchen, nicht alle hier denken schlecht von dir." Der Trost, der in diesen Worten verborgen war, mochte relativ sein, denn was heißt schon „nicht alle"? — aber immerhin waren es eben „nicht alle". Man einigte sich darauf, zu Blornas zu fahren und dort den Rest des Abends zu verbringen. Dort wurde Katharina striktestens verboten, ihre ordnende Hand anzulegen, sie habe Urlaub und sollte sich entspannen. Es war Frau Woltersheim, die in der Küche Brote zurechtmachte, während Blorna und Beiters sich gemeinsam um den Kamin kümmerten. Tatsächlich ließ Katharina sich „einmal verwöhnen". Es wurde später richtig nett, und wäre da nicht ein Todesfall und die Verhaftung eines sehr lieben Menschen gewesen, man hätte gewiß zu vorgerückter Stunde ein Tänzchen riskiert, denn immerhin war Karneval.

Es gelang Blorna nicht, Katharina von dem geplanten Interview mit Tötges abzubringen. Sie blieb ruhig und sehr freundlich, und später — nachdem das Interview sich als „Interview" erwiesen hatte — lief es Blorna, wenn er zurückblickte, kalt den Rücken hinunter, wenn er bedachte, mit welch entschlossener Kaltblütigkeit Katharina auf dem Interview bestanden und wie entschieden sie seinen Beistand abgelehnt hatte. Und doch war er später nicht ganz sicher, daß Katharina an diesem Abend schon zum Mord entschlossen war. Viel wahrscheinlicher erschien ihm, daß die SONNTAGSZEITUNG den Ausschlag gegeben hatte. Man trennte sich friedlich, wieder mit Umarmungen, diesmal ohne Tränen, nachdem man miteinander sowohl ernste wie leichte Musik gehört und Katharina wie Else Woltersheim ein wenig vom Leben in Gemmelsbroich und Kuir erzählt hatten. Es war erst halb elf abends, als Katharina, Frau Woltersheim und Beiters sich unter Versicherungen großer Freundschaft und Sympathie von den Blornas trennten, die sich glücklich priesen, doch noch rechtzeitig — rechtzeitig für Katharina — zurückgekommen zu sein. Am erlöschenden Kaminfeuer erörterten sie bei einer Flasche Wein neue Urlaubspläne und den Charakter ihres Freundes Sträubleder und seiner Frau Maud. Als Blorna seine Frau bat, doch bei künftigen Besuchen das Wort „Herrenbesuch" nicht mehr zu gebrauchen, sie müsse doch einsehen, daß es zu einem neuralgischen Wort geworden sei, sagte Trude Blorna: „Den werden wir so bald nicht wiedersehen."

46

Es ist verbürgt, daß Katharina den Rest des Abends ruhig verbrachte. Sie probierte ihr Beduinenkostüm noch einmal an, verstärkte einige Nähte und entschloß sich, anstelle eines Schleiers ein weißes Taschentuch zu verwenden. Man hörte noch ein wenig Radio miteinander, aß ein wenig Gebäck und begab sich dann zur Ruhe. Beiters, indem er zum erstenmal offen mit Frau Woltersheim in deren Schlafzimmer ging, Katharina, indem sie es sich auf der Couch bequem machte.

47

Als Else Woltersheim und Konrad Beiters am Sonntagmorgen aufstanden, war der Frühstückstisch aufs freundlichste gedeckt, der Kaffee schon in die Thermoskanne gefiltert und Katharina, die mit offensichtlichem Appetit schon frühstückte, saß am Wohnzimmertisch und las die SONNTAGSZEITUNG. Es soll hier kaum noch referiert, fast nur noch zitiert werden. Zugegeben, Katharinas „Story" war nicht mehr mit Foto auf der Titelseite. Auf der Titelseite war diesmal Ludwig Götten mit der Überschrift: „Der zärtliche Liebhaber von Katharina Blum in Industriellen-Villa gestellt". Die Story selbst war umfangreicher als bisher auf den Seiten 7—9 mit zahlreichen Bildern: Katharina als Erstkommunikantin, ihr Vater als heimkehrender Gefreiter, die Kirche in Gemmelsbroich, noch einmal die Villa von Blornas. Katharinas Mutter als etwa Vierzigjährige, ziemlich vergrämt, fast verkommen wirkend vor dem winzigen Häuschen in Gemmelsbroich, in dem sie gewohnt hatten, schließlich ein Foto des Krankenhauses, in dem Katharinas Mutter in der Nacht von Freitag auf Samstag gestorben war. Der Text:
Als erstes nachweisbares Opfer der undurchsichtigen, immer noch auf freiem Fuß befindlichen Katharina Blum kann man jetzt ihre eigene Mutter bezeichnen, die den Schock über die Aktivitäten ihrer Tochter nicht überlebte. Ist schon merkwürdig genug, daß die Tochter, während ihre Mutter im Sterben lag, mit inniger Zärtlichkeit mit einem Räuber und Mörder auf einem Ball tanzte, so grenzt es doch schon ans extrem Perverse, daß sie bei dem Tod keine Träne vergoß. Ist diese Frau wirklich nur „eiskalt und berechnend"? Die

Frau eines ihrer früheren Arbeitgeber, eines angesehenen Landarztes, beschreibt sie so: „Sie hatte so eine richtig nuttige Art. Ich mußte sie entlassen, meiner heranwachsenden Söhne, unserer Patienten und auch um des Ansehens meines Mannes willen." War Katharina B. etwa auch an den Unterschlagungen des berüchtigten Dr. Fehnern beteiligt? (Die ZEITUNG *berichtete seinerzeit über diesen Fall.) War ihr Vater ein Simulant? Warum wurde ihr Bruder kriminell? Immer noch ungeklärt: ihr rascher Aufstieg und ihre hohen Einkünfte. Nun steht endgültig fest: Katharina Blum hat dem blutbefleckten Götten zur Flucht verholfen, sie hat das freundschaftliche Vertrauen und die spontane Hilfsbereitschaft eines hochangesehenen Wissenschaftlers und Industriellen schamlos mißbraucht. Es liegen inzwischen der* ZEITUNG *Informationen vor, die fast schlüssig beweisen: nicht sie erhielt Herrenbesuch, sondern sie stattete unaufgefordert Damenbesuch ab, um die Villa auszubaldowern. Die geheimnisvollen Autofahrten der Blum sind nun nicht mehr so geheimnisvoll. Sie setzte den Ruf eines ehrenwerten Menschen, dessen Familienglück, seine politische Karriere — über die die* ZEITUNG *schon mehrfach berichtet hat — skrupellos aufs Spiel, gleichgültig gegenüber den Gefühlen einer loyalen Ehefrau und den vier Kindern. Offenbar sollte die Blum im Auftrag einer Linksgruppe die Karriere von* S. *zerstören.*
Will die Polizei, will die Staatsanwaltschaft tatsächlich dem schandebedeckten Götten glauben, der die Blum voll entlastet? Die ZEITUNG *erhebt zum wiederholten Male die Frage: Sind unsere Vernehmungsmethoden nicht doch zu milde? Soll man gegen Unmenschen menschlich bleiben müssen?*
Unter den Bildern von Blorna, Frau Blorna und der Villa:
In diesem Haus arbeitete die Blum von sieben bis sechzehn Uhr dreißig selbständig, unbewacht, mit dem vollen Vertrauen von Dr. Blorna und Frau Dr. Blorna. Was mag sich hier alles abgespielt haben, während die ahnungslosen Blornas ihrem Beruf nachgingen? Oder waren sie nicht so ahnungslos? Ihr Verhältnis zur Blum wird als sehr vertraut, fast vertraulich bezeichnet. Nachbarn erzählten Zeitungsreportern, man könne fast von einem freundschaftlichen Verhältnis sprechen. Gewisse Andeutungen übergehen wir hier, da sie nicht zur Sache gehören. Oder doch? Welche Rolle spielte Frau Dr. Gertrud Blorna, die in den Annalen einer angesehenen TH heute noch als die „rote Trude" bekannt ist? Wie konnte Götten aus der Wohnung der Blum entkommen, obwohl ihm die Polizei auf den Fersen war? Wer kannte die Konstruktionspläne des

Appartementhauses „Elegant am Strom wohnen" bis ins letzte Detail? Frau Blorna. Die Verkäuferin Hertha Sch. und die Arbeiterin Claudia St. sagten übereinstimmend zur ZEITUNG: *„Die, wie die miteinander tanzten (gemeint sind die Blum und der Bandit Götten) — als hätten sie sich schon ewig gekannt. Das war kein zufälliges Treffen, das war ein Wiedersehen."*

48

Als Beizmenne später intern kritisiert wurde, weil er Götten, von dessen Aufenthalt in der Sträubledersdien Villa er schon seit Donnerstagabend 23.30 Uhr wußte, fast achtundvierzig Stunden unbehelligt gelassen und damit ein weiteres Entkommen Göttens riskiert hatte, lachte er und sagte, Götten habe schon ab Donnerstag um Mitternacht keine Chance mehr gehabt zu entkommen. Das Haus liege im Wald, sei aber auf eine geradezu ideale Weise von Hochsitzen „wie von Wachtürmen" umgeben, der Innenminister sei voll informiert und mit allen Maßnahmen einverstanden gewesen; es sei per Hubschrauber, der natürlich nicht in Hörnähe gelandet sei, sofort ein Spezialtrupp in Marsch gesetzt, auf die Hochsitze verteilt worden, am anderen Morgen sei die lokale Polizeidienststelle durch weitere zwei Dutzend Beamte auf die diskreteste Weise verstärkt worden. Das wichtigste wäre gewesen, Göttens Kontaktversuche zu beobachten, und der Erfolg habe das Risiko gerechtfertigt. Es seien fünf Kontakte ausgemacht worden. Und man habe natürlich diese fünf Kontaktpersonen erst stellen und festnehmen, ihre Wohnungen durchsuchen müssen, bevor man Götten festnahm. Man habe bei diesem erst zugegriffen, als er auskontaktiert gewesen sei und leichtsinniger- oder frecherweise sich so sicher gefühlt habe, daß man ihn von außen habe beobachten können. Einige wichtige Details verdanke er übrigens den Reportern der ZEITUNG, dem dazu gehörenden Verlag und den mit diesem Haus verbundenen Organen, die nun einmal lockere und nicht immer konventionelle Methoden hätten, Einzelheiten zu erfahren, die amtlichen Rechercheuren verborgen blieben. So habe sich zum Beispiel herausgestellt, daß Frau Woltersheim ebensowenig ein unbeschriebenes Blatt sei wie Frau Blorna. Die Woltersheim sei 1930 als uneheliches Kind einer Arbeiterin in Kuir geboren. Die Mutter lebe noch, und zwar wo? In der DDR, und das keineswegs gezwungenermaßen, sondern freiwillig; es sei ihr mehrmals, erstmalig 1945, noch einmal 1952, ein weiteres Mal 1961 kurz vor dem Mauerbau, angeboten worden, in ihre Heimat Kuir zurückzukommen, wo sie ein kleines Haus und einen Morgen Land besitze. Aber sie habe — und das dreimal und alle drei Male ausdrücklich — abgelehnt. Noch ein paar Stufen interessanter sei der Vater der Woltersheim, ein gewisser Lumm, ebenfalls Arbeiter, außerdem Mitglied der damaligen KPD, der 1932 in die Sowjetunion emigriert sei und dort angeblich verschollen sei. Er, Beizmenne, nehme an, auf den Vermißtenlisten der Deutschen Wehrmacht sei diese Art von Verschollenen nicht zu finden.

49

Da man nicht sicher sein kann, daß bestimmte, relativ deutliche Hinweise auf Handlungs- und Tatzusammenhänge nicht doch möglicherweise als bloße Andeutungen verlorengehen oder mißverstanden werden, sollte man hier doch noch einen Hinweis gestatten: Die ZEITUNG, die ja durch ihren Reporter Tötges den zweifellos verfrühten Tod von Katharinas Mutter verursachte, stellte nun in der SONNTAGSZEITUNG Katharina als am Tode ihrer Mutter schuldig dar und bezichtigte sie außerdem — eben nur mehr oder weniger offen — des Diebstahls an Sträubleders Schlüssel zu dessen Zweitvilla! Das sollte doch noch einmal hervorgehoben werden, denn man kann da nie sicher sein. Auch nicht ganz sicher, ob man alle Verleumdungen, Lügen, Verdrehungen der ZEITUNG richtig kapiert.
Es sei hier am Beispiel Blorna dargestellt, *wie* die ZEITUNG sogar auf relativ rationale Menschen wirken konnte. In dem Villenvorort, in dem Blornas wohnten, wurde natürlich die SONNTAGSZEITUNG nicht verkauft. Dort las man Edleres. So kam es, daß Blorna, der glaubte, es sei ja nun alles vorbei, und der nur ein wenig bange auf Katharinas Gespräch mit Tötges wartete, erst am Mittag, als er bei Frau Woltersheim anrief, von dem Artikel in der SONNTAGSZEITUNG erfuhr. Die Woltersheim ihrerseits hatte es als selbstverständlich angesehen, daß Blorna die SONNTAGSZEITUNG schon gele-

sen habe. Nun hat man doch hoffentlich begriffen, daß Blorna ein zwar herzlicher, ehrlich um Katharina besorgter, aber auch ein nüchterner Mensch war. Als er nun sich von Frau Woltersheim die entsprechenden Passagen aus der SONNTAGS-ZEITUNG am Telefon vorlesen ließ, traute er — wie man das so nennt — seinen Sinnen nicht (in diesem Fall nur einem Sinn: dem Gehör) — er ließ sich das noch einmal vorlesen, mußte es dann wohl glauben, und — so nennt man es wohl — es platzte ihm regelrecht der Kragen. Er schrie, brüllte, suchte in der Küche nach einer leeren Flasche, fand eine, rannte damit in die Garage, wo er zum Glück von seiner Frau gestellt und daran gehindert wurde, einen regelrechten Molotow-Cocktail zu basteln, den er in die Redaktion der ZEITUNG und später einen zweiten in Sträubleders „Erstvilla" werfen wollte. Man muß sich das vor Augen führen: ein akademisch gebildeter Mann von 42 Jahren, der seit sieben Jahren Lüdings Achtung, Sträubleders Respekt wegen seiner nüchternen und klaren Verhandlungsführung hatte — und das international sowohl in Brasilien wie in Saudi-Arabien wie in Nordirland —, also es handelte sich keineswegs um einen provinziellen, sondern um einen durch und durch weltläufigen Menschen; *der* wollte Molotow-Cocktails basteln!
Frau Blorna erklärte das kurzerhand als spontan-kleinbürgerlich-romantischen Anarchismus, besprach ihn regelrecht, so, wie man eine kranke oder wunde Körperstelle *bespricht*, griff selbst zum Telefon, ließ sich von Frau Woltersheim die entsprechenden Passagen vorlesen, und es muß hier gesagt werden: sie wurde ziemlich blaß, sogar sie, und sie tat etwas, das vielleicht schlimmer war als Molotow-Cocktails je sein können, sie griff zum Telefon, rief Lüding an (der um diese Zeit gerade über seinen Erdbeeren *mit* Sahne und *mit* Vanilleeis saß) und sagte einfach zu ihm: „Sie Schwein, Sie elendes Ferkel." Sie nannte zwar ihren Namen nicht, doch man kann voraussetzen, daß alle Bekannten von Blornas die Stimme seiner Frau, die um ihrer treffenden und scharfen Bemerkungen willen berüchtigt war, kannten. Das wiederum ging ihrem Mann zu weit, der glaubte, sie habe mit Sträubleder telefoniert. Nun, es kam da noch zu verschiedenen Krächen, selbst zwischen Blornas, zwischen Blornas und anderen, aber da dabei niemand umgebracht wurde, soll man gestatten, daß darüber hinweggegangen wird. Diese an sich unwichtigen,

wenn auch beabsichtigten Folgen der SONNTAGSZEITUNG werden hier nur erwähnt, damit man weiß, wie sogar gebildete und etablierte Menschen empört waren und Gewalttaten gröbster Art erwogen.
Erwiesen ist, daß Katharina um diese Zeit — so gegen zwölf Uhr —, nachdem sie sich eineinhalb Stunden unerkannt dort aufgehalten und wahrscheinlich Informationen über Tötges gesammelt hatte, das Journalistenlokal „Zur Goldente" verlassen hatte und in ihrer Wohnung auf Tötges, der etwa eine Viertelstunde später eintraf, wartete. Über das „Interview" braucht ja wohl nichts mehr gesagt zu werden. Man weiß, wie es ausging. (Siehe Seite 257.)

50

Um die überraschende — *alle* Beteiligten überraschende Auskunft des Pfarrers von Gemmelsbroich, Katharinas Vater sei ein verkappter Kommunist gewesen, auf ihren Wahrheitsgehalt zu prüfen, fuhr Blorna für einen Tag in dieses Dorf. Zunächst: der Pfarrer bekräftigte seine Aussage, gab zu, daß die ZEITUNG ihn wörtlich und richtig zitiert habe, Beweise für seine Behauptungen könnte er keine bringen, wollte er auch nicht, sagte sogar, die *brauche* er nicht, er könne sich auf seinen Geruchssinn immer noch verlassen, und er habe einfach gerochen, daß Blum ein Kommunist sei. Definieren wollte er seinen Geruchssinn nicht, war auch nicht sehr hilfsbereit, als Blorna ihn bat, ihm doch zu erklären, wenn er schon seinen Geruchssinn nicht definieren könne, *wie* denn nun der Geruch eines Kommunisten sei, sozusagen, *wie* ein Kommunist denn rieche, und hier nun — es muß leider gesagt werden — wurde der Pfarrer ziemlich unhöflich, fragte Blorna, ob dieser katholisch sei, und als jener das bejahte, verwies ihn der Pfarrer auf seine Gehorsamspflicht, was Blorna nicht verstand. Natürlich hatte er von da an Schwierigkeiten bei den Recherchen über die Blums, die nicht sonderlich beliebt gewesen zu sein schienen; er hörte Schlimmes über Katharinas verstorbene Mutter, die tatsächlich einmal in Gesellschaft des inzwischen entlassenen Küsters *eine* Flasche Meßwein in der Sakristei geleert hatte, hörte Schlimmes über Katharinas Bruder, der eine regelrechte Plage gewesen sei, aber das einzige, den

Kommunismus von Katharinas Vater belegende Zitat war eine von jenem im Jahre 1949 in einer der sieben Kneipen des Dorfes dem Bauern Scheumel gegenüber getane Äußerung, die gelautet haben sollte: „Der Sozialismus ist gar nicht das schlechteste." Mehr war nicht herauszukriegen. Das einzige, was Blorna erntete, war, daß er am Ende seiner mißglückten Recherchen im Dorf selbst als Kommunist nicht gerade beschimpft, aber bezeichnet wurde, und zwar, was ihn besonders schmerzlich überraschte, durch eine Dame, die ihm bis dato eine gewisse Hilfe, fast sogar Sympathie entgegengebracht hatte: die pensionierte Lehrerin Elma Zubringer, die ihn, als er sich von ihr verabschiedete, spöttisch anlächelte, ihm sogar zuzwinkerte und sagte: „Warum geben Sie nicht zu, daß Sie selbst einer von denen sind — und Ihre Frau erst recht."

51

Es kann hier leider die eine oder andere Gewalttätigkeit nicht verschwiegen werden, die sich ergab, während Blorna sich auf den Prozeß gegen Katharina vorbereitete. Den größten Fehler beging er, als er auf Katharinas Bitten auch die Verteidigung Göttens übernahm und immer wieder versuchte, für die beiden gegenseitige Besuchserlaubnis zu erwirken, da er darauf bestand, sie seien verlobt. Es habe eben an jenem fraglichen Abend des zwanzigsten Februar und in der darauffolgenden Nacht die Verlobung stattgefunden. Etc. Etc. Man kann sich ausmalen, was die ZEITUNG alles über ihn, über Götten, über Katharina, über Frau Blorna schrieb. Das soll hier nicht alles erwähnt oder zitiert werden. Gewisse Niveauverletzungen oder -verlassungen sollen nur dann vorgenommen werden, wenn sie notwendig sind, und hier sind sie nicht notwendig, weil man ja inzwischen die ZEITUNG wohl kennt. Es wurde das Gerücht ausgestreut, Blorna wolle sich scheiden lassen, ein Gerücht, an dem nichts, aber auch gar nichts wahr war, das aber dennoch zwischen den Eheleuten ein gewisses Mißtrauen säte. Es wurde behauptet, es ginge ihm finanziell dreckig, was schlimm war, weil es zutraf. Tatsächlich hatte er sich ein bißchen übernommen, da er außerdem eine Art Treuhänderschaft über Katharinas Wohnung übernommen hatte, die schwer zu vermieten war und auch nicht zu verkaufen, weil sie als „blutbefleckt" galt. Jedenfalls sank sie im Preis, und Blorna mußte gleichzeitig Amortisation, Zinsen etc. in unverminderter Höhe zahlen. Es gab sogar die ersten Anzeichen dafür, daß die „Haftex", was ihren Wohnkomplex „Elegant am Strom wohnen" betraf, eine Schadenersatzklage gegen Katharina Blum erwog, weil diese den Miet-, Handels- und Gesellschaftswert geschädigt habe. Man sieht: Ärger, ziemlich viel Ärger. Ein Versuch, Frau Blorna aus der Architekturfirma zu entlassen wegen des Vertrauensbruches, der darin bestanden hatte, Katharina mit der Substruktur des Wohnkomplexes vertraut zu machen, wurde zwar in erster Instanz abgewiesen, aber niemand ist sicher, wie die zweite und die dritte Instanz entscheiden werden. Noch eins: der Zweitwagen ist schon abgeschafft, und kürzlich war ein Foto von Blornas wirklich ziemlich elegantem „Superschlitten" in der ZEITUNG mit der Unterschrift: „Wann wird der rote Anwalt auf den Wagen des kleinen Mannes umsteigen müssen?"

52

Natürlich ist auch Blornas Verhältnis zur „Lüstra" (Lüding und Sträubleder Investment) gestört, wenn nicht gelöst. Man spricht lediglich noch von „Abwicklungen". Immerhin bekam er von Sträubleder kürzlich die telefonische Auskunft: „Verhungern lassen wir euch nicht", wobei das überraschende für Blorna war, daß Sträubleder „euch" statt „dich" sagte. Er ist natürlich noch für die „Lüstra" und die „Haftex" tätig, aber nicht mehr auf internationaler Ebene, sogar nicht mehr auf nationaler, nur noch selten auf regionaler, meistens auf lokaler, was bedeutet, daß er sich mit miesen Vertragsbrechern und Querulanten herumschlagen muß, die etwa ihnen versprochene Marmorverkleidungen einklagen, die nur in Solnhofener Schiefer ausgeführt worden sind, oder Typen, die, wenn ihnen drei Schleiflackschichten auf Badzimmertüren versprochen wurden, mit dem Messer Farbe abkratzen, Gutachter anheuern, die feststellen, daß es nur zwei Schichten sind; tropfende Badewannenhähne, defekte Müllschlucker, die man zum Anlaß nimmt, vertraglich abgemachte Zahlungen nicht zu leisten — das sind so die Fälle, die man ihm jetzt überläßt, während er früher zwischen Buenos Aires und Persepolis nicht gerade ständig, aber doch ziemlich häufig unterwegs war, um bei der Planung großer Projekte mitzuwirken. Im militärischen Dienst nennt man das eine Degradierung, die meistens mit demütigenden Tendenzen verbunden ist. Folge: noch keine Magengeschwüre, aber Blornas Magen beginnt sich zu melden. Schlimm: daß er in Kohlforstenheim eigene Recherchen unternahm, um von dem örtlichen Polizeimeister zu erfahren, ob der Schlüssel, als man Götten verhaftete, innen oder außen steckte oder ob man Anzeichen dafür gefunden habe, daß Götten eingebrochen sei. Was soll das, wo die Ermittlungen abgeschlossen sind? Das — es muß festgestellt werden — heilt die Magengeschwüre keinesfalls, wenn auch Polizeimeister Hermanns sehr nett zu ihm war, ihn keineswegs des Kommunismus verdächtigte, aber ihm dringend riet, die Finger davonzulassen. Einen Trost hat Blorna: seine Frau wird immer netter zu ihm, sie hat ihre scharfe Zunge immer noch, wendet sie aber nicht mehr gegen ihn an, nur noch gegen andere, wenn auch nicht gegen alle. Ihr Plan, die Villa zu verkaufen, Katharinas Wohnung freizukaufen und dorthin zu ziehen, scheiterte bisher nur an der Größe der Wohnung, was bedeutet: an deren Kleinheit, denn Blorna will sein Stadtbüro aufgeben und seine Abwicklungen zu Hause erledigen; er, der als Liberaler mit Bonvivant-Zügen galt, ein beliebter, lebenslustiger Kollege, dessen Partys beliebt waren, beginnt, asketische Züge zu zeigen, seine Kleidung, auf die er immer großen Wert legte, zu vernachlässigen, und da er sie *wirklich*, nicht auf eine modische Weise vernachlässigt, behaupten manche Kollegen sogar, er betreibe nicht einmal mehr ein Minimum an Körperpflege und beginne zu riechen. So kann man sich wenig Hoffnung auf eine neue Karriere für ihn machen, denn tatsächlich — hier soll nichts, aber auch gar nichts verschwiegen werden — ist sein Körpergeruch nicht mehr der alte, der eines Mannes, der morgens munter unter die Dusche springt, reichlich Seife, Desodorants und Duftwasser verwendet. Kurz: es geht eine erhebliche Veränderung mit ihm vor sich. Seine Freunde — er hat noch einige, unter anderem Hach, mit dem er im übrigen in den Fällen Ludwig Götten und Katharina Blum beruflich zu tun hat — sind besorgt, zumal seine Aggressionen — etwa gegen die ZEITUNG, die ihn immer wieder mit kurzen Publikationen bedenkt — nicht mehr ausbrechen, sondern offensichtlich geschluckt werden. Die Sorge seiner Freunde geht so weit, daß sie Trude Blorna gebeten haben, unauffällig zu kontrollieren, ob Blorna sich Waffen besorgt oder Explosivkörper bastelt, denn der erschossene Tötges hat einen Nachfolger gefunden, der unter dem Namen Eginhard Templer eine Art Fortsetzung von Tötges betreibt: es gelang diesem Templer, Blorna beim Betreten einer privaten Pfandleihe zu fotografieren, dann, offenbar durchs Schaufenster fotografiert, den Lesern der ZEITUNG Einblick in die Verhandlungen zwischen Blorna und dem Pfandleiher zu geben: es wurde dort über den Leihwert eines Ringes verhandelt, den der Pfandleiher mit einer Lupe begutachtete. Unterschrift des Bildes: „Fließen die roten Quellen wirklich nicht mehr, oder wird hier Not vorgetäuscht?"

53

Blornas größte Sorge ist, Katharina so weit zu bringen, daß sie bei der Hauptverhandlung aussagen wird, sie habe erst am Sonntagmorgen den Entschluß gefaßt, sich an Tötges zu rächen, keineswegs mit tödlicher, nur mit abschreckender Absicht. Sie habe zwar bereits am Samstag, als sie Tötges zu einem Interview einlud, die Absicht gehabt, ihm tüchtig die Meinung zu sagen und ihn darauf aufmerksam zu machen, was er in ihrem Leben und im Leben ihrer Mutter angerichtet habe, aber töten wollen habe sie ihn nicht einmal am Sonntag, nicht einmal nach Lektüre des Artikels in der SONNTAGSZEITUNG. Es soll der Eindruck vermieden werden, Katharina habe den Mord tagelang geplant und auch planmäßig ausgeführt. Er versucht ihr — die angibt, schon am Donnerstag nach Lektüre des ersten Artikels *Mordgedanken* gehabt zu haben — klarzumachen, daß manch einer — auch er — gelegentlich Mordgedanken habe, daß man aber den Unterschied zwischen Mordgedanken und Mordplan herausarbeiten müsse. Was ihn außerdem beunruhigt: daß Katharina immer noch keine Reue empfindet, sie deshalb auch nicht vor Gericht wird zeigen können. Sie ist keineswegs deprimiert, sondern irgendwie glücklich, weil sie „unter denselben Bedingungen wie mein lieber Ludwig" lebt. Sie gilt als vorbildliche Gefangene, arbeitet in der Küche, soll aber, wenn sich der Beginn der

Hauptverhandlung noch hinauszögert, in die Wirtschaftsleitung (Ökonomie) versetzt werden; dort aber — so ist zu erfahren — erwartet man sie keineswegs begeistert: man fürchtet — auf Verwaltungs- und auf Häftlingsseite — den Ruf der Korrektheit, der ihr vorangeht, und die Aussicht, daß Katharina möglicherweise ihre ganze Haftzeit — man rechnet damit, daß fünfzehn Jahre beantragt werden und daß sie acht bis zehn Jahre bekommt — im Wirtschaftswesen beschäftigt werden soll, verbreitet sich als Schreckensnachricht durch alle Haftanstalten. Man sieht: Korrektheit, mit planerischer Intelligenz verbunden, ist nirgendwo erwünscht, nicht einmal in Gefängnissen und nicht einmal von der Verwaltung.

54

Wie Hach Blorna vertraulich mitteilte, wird man die Mordanklage gegen Götten wahrscheinlich nicht aufrechterhalten können und also auch nicht erheben. Daß er aus der Bundeswehr nicht nur desertiert ist, sondern diese segensreiche Einrichtung außerdem erheblich geschädigt hat (auch materiell, nicht nur moralisch), gilt als erwiesen. Nicht Bankraub, sondern totale Ausplünderung eines Safes, der den Wehrsold für zwei Regimenter und erhebliche Geldreserven enthielt; außerdem Bilanzfälschung, Waffendiebstahl. Nun, man muß auch für ihn mit acht bis zehn Jahren rechnen. Er wäre dann bei seiner Entlassung etwa 34, Katharina wäre 35, und sie hat tatsächlich Zukunftspläne: sie rechnet damit, daß sich ihr Kapital bis zu ihrer Entlassung erheblich verzinst und will dann „irgendwo, natürlich nicht hier" ein „Restaurant mit Traiteurservice" aufmachen. Ob sie nun als Göttens Verlobte gelten darf, das wird wahrscheinlich nicht an höherer, sondern an höchster Stelle entschieden. Entsprechende Anträge liegen vor und sind auf dem langen Marsch durch die Instanzen. Übrigens handelte es sich bei den Telefonkontakten, die Götten von Sträubleders Villa aus aufnahm, ausschließlich um Bundeswehrangehörige oder deren Frauen, darunter Offiziere und Offiziersfrauen. Man rechnet mit einem Skandal mittleren Umfangs.

55

Während Katharina fast unangefochten, lediglich in ihrer Freiheit eingeschränkt, der Zukunft entgegensieht, befindet sich auch Else Woltersheim auf dem Weg in eine sich steigernde Verbitterung. Es hat sie sehr getroffen, daß man ihre Mutter und ihren verstorbenen Vater diffamierte, der als Opfer des Stalinismus gilt. Man kann bei Else Woltersheim verstärkte gesellschaftsfeindliche Tendenzen feststellen, die zu mildern nicht einmal Konrad Beiters gelingt. Da Else sich immer mehr aufs kalte Büfett spezialisiert hat, sowohl was die Planung wie Erstellung und Überwachung betrifft, wendet sich ihre Aggressivität immer mehr gegen die Partygäste, mögen es nun ausländische oder inländische Journalisten, Industrielle, Gewerkschaftsfunktionäre, Bankiers oder leitende Angestellte sein. „Manchmal", sagte sie neulich zu Blorna, „muß ich mich mit Gewalt zurückhalten, um nicht irgendeinem Seeger eine Schüssel Kartoffelsalat über den Frack oder irgendeiner Zicke eine Platte mit Lachsschnittchen in den Busenausschnitt zu kippen, damit die endlich das Gruseln lernen. Sie müssen sich das mal von der anderen, von unserer Seite aus vorstellen: wie sie da alle mit ihren aufgesperrten Mündern, oder sagen wir lieber Fressen, stehen und wie sich natürlich alle erst einmal auf die Kaviarbrötchen stürzen — und da gibt es Typen, von denen ich weiß, daß sie Millionäre sind oder Millionärsfrauen, die stecken sich auch noch Zigaretten und Streichhölzer, Petit fours in die Tasche. Nächstens bringen sie noch irgendwelche Plastiktüten mit, in denen sie den Kaffee davonschleppen — und das alles, alles wird doch irgendwie von unseren Steuern bezahlt, so oder so. Da gibt es Typen, die sich das Frühstück oder das Mittagessen sparen und wie die Geier übers Büfett herfallen — aber ich möchte damit natürlich die Geier nicht beleidigen."

56

An handgreiflichen Gewalttätigkeiten ist bisher eine bekanntgeworden, die leider ziemlich viel öffentliche Beachtung fand. Anläßlich einer Ausstellungseröffnung des Malers Frederick Le Boche, als dessen Mäzen Blorna gilt, traf er zum erstenmal wieder Sträubleder persönlich, und als dieser ihm strahlend entgegenkam, Blorna ihm aber die Hand nicht geben wollte, Sträubleder Blornas Hand aber geradezu ergriff und ihm zuflüsterte: „Mein Gott, nimm das doch nicht zu ernst, wir lassen euch schon nicht verkommen — nur läßt du dich leider verkommen.“ Nun, es muß korrekterweise leider berichtet werden, daß in diesem Moment Blorna Sträubleder wirklich in die F . . . schlug. Rasch gesagt, um ebenso rasch vergessen zu werden: es floß Blut, aus Sträubleders Nase, nach privaten Schätzungen etwa vier bis sieben Tropfen, aber, was schlimmer war: Sträubleder wich zwar zurück, sagte aber dann: „Ich verzeihe dir, verzeihe dir alles — angesichts deines emotionellen Zustandes.“ — Und so kam es, da diese Bemerkung Blorna über die Maßen zu reizen schien, zu etwas, das Augenzeugen als „Handgemenge“ bezeichneten, und wie es nun einmal so ist, wenn Leute wie Sträubleder und Blorna sich in der Öffentlichkeit zeigen, war auch der Fotograf von der ZEITUNG, ein gewisser Kottensehl, der Nachfolger des erschossenen Schönner, zugegen, und man kann es vielleicht der ZEITUNG — da man ja ihren Charakter inzwischen kennt — nicht übelnehmen, daß sie das Foto von diesem Handgemenge publizierte mit der Überschrift: „Konservativer Politiker von linkem Anwalt tätlich angegriffen“. Am nächsten Morgen natürlich erst. Während der Ausstellung kam es noch zu einer Begegnung zwischen Maud Sträubleder und Trude Blorna. Maud Sträubleder sagte zu Trude Blorna: „Mein Mitleid ist dir gewiß, liebe Trude“, woraufhin Trude B. zu Maud S. sagte: „Tu dein Mitleid nur schleunigst in den Eisschrank zurück, wo alle deine Gefühle lagern.“ Als sie dann noch einmal von Maud S. Verzeihung, Milde, Mitleid, ja fast Liebe angeboten bekam mit den Worten: „Nichts, gar nichts, auch deine zersetzenden Äußerungen können meine Sympathie verringern“, antwortete Trude B. mit Worten, die hier nicht wiedergegeben werden können, über die nur in referierender Form berichtet werden kann; damenhaft waren die Worte nicht, mit denen Trude B. auf die zahlreichen Annäherungsversuche von Sträubleder anspielte und unter anderem — unter Verletzung der Schweigepflicht, der auch die Frau eines Anwalts unterliegt — auf Ring, Briefe und Schlüssel hinwies, die „dein immer wieder abgewiesener Freier in einer gewissen Wohnung gelassen hat“. Hier wurden die streitenden Damen durch Frederick Le Boche getrennt, der es sich nicht hatte nehmen lassen, Sträubleders Blut geistesgegenwärtig mit einem Löschblatt aufzufangen und zu einem — wie er es nannte — „One minute piece of art" zu verarbeiten, dem er den Titel „Ende einer langjährigen Männerfreundschaft" gab, signierte und nicht Sträubleder, sondern Blorna schenkte, mit den Worten: „Das kannst du verscheuern, um deine Kasse ein bißchen aufzubessern." Man sollte an dieser letzterwähnten Tatsache an den eingangs beschriebenen Gewalttätigkeiten erkennen dürfen, daß die Kunst doch noch eine soziale Funktion hat.

57

Es ist natürlich äußerst bedauerlich, daß hier zum Ende hin so wenig Harmonie mitgeteilt und nur sehr geringe Hoffnung auf solche gemacht werden kann. Nicht Integration, Konfrontation hat sich ergeben. Man muß sich natürlich die Frage erlauben dürfen, wieso oder warum eigentlich. Da ist eine junge Frau gut gelaunt, fast fröhlich zu einem harmlosen Tanzvergnügen gegangen, vier Tage später wird sie — da hier nicht ge-, sondern nur berichtet werden soll, soll es bei der Mitteilung von Fakten bleiben — zur Mörderin, eigentlich, wenn man genau hinsieht, auf Grund von Zeitungsberichten. Es kommt zu Gereiztheiten und Spannungen, schließlich Handgreiflichkeiten zwischen zwei sehr lange befreundeten Männern. Spitze Bemerkungen von deren Frauen. Abgewiesenes Mitleid, ja abgewiesene Liebe. Höchst unerfreuliche Entwicklungen. Ein fröhlicher, weltoffener Mensch, der das Leben, das Reisen, Luxus liebt — vernachlässigt sich so sehr, daß er Körpergeruch ausströmt! Sogar Mundgeruch ist bei ihm festgestellt worden. Er bietet seine Villa zum Verkauf an, er geht zum Pfandleiher. Seine Frau sieht sich „nach etwas anderem um", da sie sicher ist, in der zweiten Instanz zu verlieren; sie ist sogar bereit, diese begabte Frau ist bereit, wieder als bessere Verkäuferin mit dem Titel „Beraterin für Innenarchitektur" zu einer großen Möbelfirma zu gehen, aber dort läßt man sie wissen, „daß die Kreise, an die wir üblicherweise verkaufen, genau die Kreise sind, gnädige Frau, mit denen Sie sich überworfen haben". Kurz gesagt: es sieht nicht gut aus. Staatsanwalt Hach hat Freunden bereits im Vertrauen zugeflüstert, was er Blorna selbst noch nicht zu sagen gewagt hat: daß man ihn als Verteidiger möglicherweise wegen erheblicher Befangenheit ablehnen wird. Was soll daraus werden, wie soll das enden? Was wird aus Blorna, wenn er nicht mehr die Möglichkeit hat, Katharina zu besuchen und mit ihr — man sollte es jetzt nicht mehr länger verschweigen! — Händchen zu halten! Kein Zweifel: er liebt sie, sie ihn nicht, und er hat nicht die geringste Hoffnung, denn alles, alles gehört doch ihrem „lieben Ludwig"! Und es muß hinzugefügt werden, daß „Händchenhalten" hier eine vollkommen einseitige Sache ist, denn es besteht lediglich darin, daß er, wenn Katharina Akten oder Notizen oder Aktennotizen hinüberreiche, seine Hände auf ihre legt, länger, vielleicht drei, vier, höchstens fünf Zehntelsekunden länger, als üblich wäre. Verflucht, wie soll man hier Harmonie herstellen, und nicht einmal seine heftige Zuneigung zu Katharina veranlaßt ihn, sich — nun sagen wir einmal — ein bißchen häufiger zu waschen. Nicht einmal die Tatsache, daß er, er allein, die Herkunft der Tatwaffe herausgefunden hat — was Beizmenne, Moeding und ihren Helfern nicht gelang —, tröstet ihn. Nun ist „herausgefunden" vielleicht zuviel gesagt, es handelt sich um ein freiwilliges Geständnis von Konrad Beiters, der bei dieser Gelegenheit zugab, er sei ein alter Nazi, und dieser Tatsache allein verdanke er es wahrscheinlich, daß man bisher auf ihn nicht aufmerksam geworden sei. Nun, er sei Politischer Leiter in Kuir gewesen und habe seinerzeit etwas für Frau Woltersheims Mutter tun können, und, nun, die Pistole sei eine alte Dienstpistole, die er versteckt, aber dummerweise Else und Katharina gelegentlich gezeigt habe; man sei sogar einmal zu dreien in den Wald gefahren und habe dort Schießübungen veranstaltet; Katharina habe sich als sehr gute Schützin erwiesen und ihn drauf aufmerksam gemacht, daß sie schon als junges Mädchen beim Schützenverein gekellnert habe und gelegentlich mal habe ballern dürfen. Nun, am Samstagabend habe Katharina ihn um seinen Wohnungsschlüssel gebeten mit der Begründung, er müsse doch verstehen, sie wolle einmal allein sein, ihre eigene Wohnung sei für sie tot, tot . . ., sie sei aber am Samstag doch bei Else geblieben und müsse sich die Pistole am Sonntag aus seiner Wohnung geholt haben, und zwar, als sie nach dem Frühstück und nach der Lektüre der SONNTAGSZEITUNG als Beduinenfrau verkleidet in diese Journalistenbumsbude gefahren sei.

Letzten Endes bleibt da doch noch etwas halbwegs Erfreuliches mitzuteilen: Katharina erzählte Blorna den Tathergang, erzählte ihm auch, wie sie die sieben oder sechseinhalb Stunden zwischen dem Mord und ihrem Eintreffen bei Moeding verbracht hatte. Man ist in der glücklichen Lage, diese Schilderung wörtlich zu zitieren, da Katharina alles schriftlich niederlegte und Blorna zur Verwendung beim Prozeß überließ.

„In das Journalistenlokal bin ich nur gegangen, um ihn mir mal anzuschauen. Ich wollte wissen, wie solch ein Mensch aussieht, was er für Gebärden hat, wie er spricht, trinkt, tanzt — dieser Mensch, der mein Leben zerstört hat. Ja, ich bin vorher in Konrads Wohnung gegangen und habe mir die Pistole geholt, und ich habe sie sogar selbst geladen. Das hatte ich mir genau zeigen lassen, als wir damals im Wald geschossen haben. Ich wartete in dem Lokal eineinhalb bis zwei Stunden, aber er kam nicht. Ich hatte mir vorgenommen, wenn er zu widerlich wäre, gar nicht zu dem Interview zu gehen, und hätte ich ihn vorher gesehen, wäre ich auch nicht hingegangen. Aber er kam ja nicht in die Kneipe. Um den Belästigungen zu entgehen, habe ich den Wirt — er heißt Kraffluhn, Peter, und ich kenne ihn von meinen Nebenbeschäftigungen her, wo er manchmal als Oberkellner aushilft —, ich habe ihn gebeten, mich beim Ausschank hinter der Theke helfen zu lassen. Peter wußte natürlich, was in der ZEITUNG über mich gelaufen war, er hatte mir versprochen, mir ein Zeichen zu geben, wenn Tötges auftauchen sollte. Ein paarmal, weil ja nun Karneval war, habe ich mich auch zum Tanz auffordern lassen, aber als Tötges nicht kam, wurde ich doch sehr nervös, denn ich wollte nicht unvorbereitet mit ihm zusammentreffen. Nun, um zwölf bin ich dann nach Hause gefahren, und es war mir scheußlich in der verschmierten und verdreckten Wohnung. Ich habe nur ein paar Minuten warten müssen, bis es klingelte, gerade Zeit genug, die Pistole zu entsichern und griffbereit in meiner Handtasche zu plazieren. Ja, und dann klingelte es, und er stand schon vor der Tür, als ich aufmachte, und ich hatte doch gedacht, er hätte unten geklingelt, und ich hätte noch ein paar Minuten Zeit, aber er war schon mit dem Aufzug raufgefahren, und da stand er vor mir, und ich war erschrocken. Nun, ich sah sofort, welch ein Schwein er war, ein richtiges Schwein. Und dazu hübsch. Was man so hübsch nennt. Nun, Sie haben ja die Fotos gesehen. Er sagte: ‚Na, Blümchen, was machen wir zwei denn jetzt?' Ich sagte kein Wort, wich ins Wohnzimmer zurück, und er kam mir nach und sagte: ‚Was guckst du mich denn so entgeistert an, mein Blümelein — ich schlage vor, daß wir jetzt erst einmal bumsen.' Nun, inzwischen war ich bei meiner Handtasche, und er ging mir an die Kledasche, und ich dachte: ‚Bumsen, meinetwegen', und ich hab die Pistole rausgenommen und sofort auf ihn geschossen. Zweimal, dreimal, viermal. Ich weiß nicht mehr genau. Wie oft, das können Sie ja in dem Polizeibericht nachlesen. Ja, nun müssen Sie nicht glauben, daß es was Neues für mich war, daß ein Mann mir an die Kledasche wollte — wenn Sie von Ihrem vierzehnten Lebensjahr an, und schon früher, in Haushalten arbeiten, sind Sie was gewohnt. Aber *dieser* Kerl — und dann ‚Bumsen', und ich dachte: ‚Gut, jetzt bumst's' Natürlich hatte er damit nicht gerechnet, und guckte mich noch 'ne halbe Sekunde oder so erstaunt an, so wie im Kino, wenn einer plötzlich aus heiterem Himmel erschossen wird. Dann fiel er um, und ich glaube, daß er tot war. Ich habe die Pistole neben ihn geschmissen und bin raus, mit dem Aufzug runter und zurück in die Kneipe, und Peter war erstaunt, denn ich war kaum eine halbe Stunde weg gewesen. Ich hab dann weiter an der Theke gearbeitet, habe nicht mehr getanzt, und die ganze Zeit über dachte ich: ‚Es ist wohl doch nicht wahr', ich wußte aber, daß es wahr war. Und Peter kam manchmal zu mir und sagte: ‚Der kommt heute nicht, dein Kumpel da', und ich sagte: ‚Sieht ganz so aus.' Und tat gleichgültig. Bis vier habe ich Schnäpse ausgeschenkt und Bier gezapft und Sektflaschen geöffnet und Rollmöpse serviert. Dann bin ich gegangen, ohne mich von Peter zu verabschieden, bin erst in eine Kirche nebenan, hab da vielleicht eine halbe Stunde gesessen und an meine Mutter gedacht, an dieses verfluchte, elende Leben, das sie gehabt hat, und auch an meinen Vater, der immer, immer nörgelte, immer, und auf Staat und Kirche, Behörden und Beamte, Offiziere und alles schimpfte, aber wenn er mal mit einem von denen zu tun hatte, dann ist er gekrochen, hat fast gewinselt vor Unterwürfigkeit. Und an meinen Mann, Brettloh, an diesen miesen Dreck, den er diesem Tötges erzählt hatte, an meinen Bruder natürlich, der ewig und ewig hinter meinem Geld her war, wenn ich nur ein paar Mark verdient hatte, und sie mir abknöpfte für irgendeinen Blödsinn, Kleider oder Motorräder oder Spielsalons, und natürlich auch an den Pfarrer, der mich in der Schule immer ‚unser rötliches Kathrinchen' genannt hat, und ich wußte gar nicht, was er meinte, und die ganze Klasse lachte, weil ich dann wirklich rot wurde. Ja. Und natürlich auch an Ludwig. Dann bin ich aus der Kirche raus und ins nächstbeste Kino und wieder raus aus dem Kino und wieder in eine Kirche, weil das an diesem Karnevalssonntag der einzige Ort war, wo man ein bißchen Ruhe fand. Ich dachte natürlich auch an den Erschossenen da in meiner Wohnung. Ohne Reue, ohne Bedauern. Er wollte doch bumsen, und ich habe gebumst, oder? Und einen Augenblick lang dachte ich, es wäre der Kerl, der mich nachts angerufen hat und der auch die arme Else dauernd belästigt hat. Ich dachte, das ist doch die Stimme, und ich wollte ihn noch ein bißchen quatschen lassen, um es herauszukriegen, aber was hätte mir das genutzt? Und dann hatte ich plötzlich Lust auf einen starken Kaffee und bin zum Café Bekering gegangen, nicht ins Lokal, sondern in die Küche, weil ich Käthe Bekering, die Frau des Besitzers, von der Haushaltsschule her kenne. Käthe war sehr nett zu mir, obwohl sie ziemlich viel zu tun hatte. Sie hat mir eine Tasse von ihrem eigenen Kaffee gegeben, den sie ganz nach Omas Art noch richtig auf den gemahlenen Kaffee aufschüttet. Aber dann fing sie auch mit dem Kram aus der ZEITUNG an, nett, aber doch auf eine Weise, als glaubte sie wenigstens ein bißchen davon — und wie sollen die Leute denn auch wissen, daß das alles gelogen ist. Ich habe ihr zu erklären versucht, aber sie hat nicht verstanden, sondern nur mit den Augen gezwinkert und gesagt: ‚Und du liebst also diesen Kerl wirklich', und ich habe gesagt: ‚Ja.' Und dann habe ich mich für den Kaffee bedankt, hab mir draußen ein Taxi genommen und bin zu diesem Moeding gefahren, der damals so nett zu mir war."

Berichte zur Gesinnungslage der Nation

Personen und Handlungen dieser Berichte sind frei erfunden.

Rotgimpel an Rotkopfwürger

Inzwischen bin ich sehr behaglich plaziert, und obwohl mein Atelier ja schon seit Monaten vertraglich gesichert war, habe ich mich verabredungsgemäß sechs Wochen vor Vertragsbeginn hierher begeben, um an Hand der Liste, die Sie mir gegeben haben, den wenig bemittelten Wohnungssuchenden zu spielen. Wenn man bedenkt, welcher Ruf mir voranging: immerhin drei Verhöre und Verhaftungen, so fand ich ziemliches Entgegenkommen; ob ich dieses nun der Sympathie für meine fragwürdigen Aktivitäten zuschreiben muß oder meiner öffentlich bekundeten Reue, dem Kredit des „Verlorenen Sohnes", das ist schwer zu sagen. Jedenfalls schicke ich Ihnen, damit sich Ihnen die Szene ein wenig erhellt, mit gesonderter Post eine Liste jener Personen, die mir unverhohlen Sympathie entgegenbrachten; ich bediene mich in diesem Fall, da wir übereingekommen sind, keine Namen zu nennen, unseres bewährten „Doppeldeckers"; ich neige dazu, die Sympathisanten als Sympathisanten für meine *Reue*, nicht als solche für meine verflossenen Aktivitäten zu werten, überlasse aber Ihnen die endgültige Auswertung, die ja erst möglich ist bei Kenntnis jener Dossiers, die mir nicht zur Verfügung stehen. Dasselbe trifft auf die Personen zu, die mir offen Antipathie zeigten: ob sie mir *wegen* meiner Reue Abneigung bekundeten oder weil sie meiner Reue mißtrauen: das zu beurteilen wäre mir nur möglich, wenn ich so umfassend informiert wäre wie Sie. Ich beneide Sie nicht um die Aufgabe, Sympathie und Antipathie in ihrer Verwurzelung zu analysieren, denn man müßte ja — bei Sympathisanten wie Antipathisanten — auch immer die Möglichkeit des Gesinnungswandels voraussetzen dürfen, wie er bei mir stattgefunden hat.
Ihre kleine Empfehlung an ein hiesiges Mitglied des ZK war sehr nützlich: da fand ich sofort ein paar Türen und einige Paar Arme offen; ich habe nirgendwo meine umstrittene Rolle auf der Berliner und Dortmunder Anarchoszene geleugnet und

meinen Decknamen „Rotgimpel“ ganz bewußt als meinen Spitznamen lanciert.
Nach meinem ersten künstlerischen Auftritt (den jenes ZK-Mitglied mir ermöglichte) kam es dann so, wie ich es vorgesehen hatte: ich brauchte mich niemandem zu nähern: man näherte sich mir. Ich gab in einem sehr hübschen Pfarrsaal „mein Bestes“: die „franziskanisch-johanneische Feuerkette“, eine pyrotechnische Spielerei; es gab Diskussionen, das übliche „engagé or not“; es gab Streit, einen kleinen Pressebericht, ein Interview, während dessen ich den Begriff der „Ignition-art“ prägte und einführte, und da nicht nur die katholische Szene, sondern das gesamte Szenario hier nach Kunst geradezu ausgehungert ist, wurde ich weitergereicht. Das läuft also gut an (und aus, wie ich hoffe). Ich habe Boden unter den Füßen, gelte, als was zu gelten ich vorhatte: als undurchsichtig, gebe mich *relativ* reaktionär, so daß mir schon der Spitzname „Beuys der Schülerunion“ anhaftet.
Es will mir nicht recht einleuchten, daß Sie mir Philologismus vorwerfen angesichts der Tatsache, daß ich ja nun wirklich das Kauder- und Rotwelsch der Leute entziffern muß, die ich ins Auge fassen soll. Wenn ich also jemanden als „rotbrüchig“ bezeichne, so bedeutet das keineswegs, daß er ein gebrochener Roter ist, sondern daß an den Bruchstellen seiner Existenz und seines Bewußtseins „rot“ sichtbar wird, und entsprechend verhält es sich mit „schwarzbrüchigen“ oder „braunbrüchigen“. Ich halte solche Abkürzungen für sehr nützlich und schlage vor, sie folgendermaßen zu chiffrieren: rb; sb; bb. Das ist doch für Aktenvermerke sehr empfehlenswert. Und wenn ich von einer Person sage, daß sie „rotfaul“ ist, so meine ich natürlich nicht, daß sie zu faul ist, rot zu sein oder zu werden, sondern daß sie von Rotfäule befallen ist; das „faul“ in „rotfaul“ kommt nicht von Faulheit, sondern von Fäulnis; Abkürzungsvorschlag: rf. Es kann also vorkommen, daß ich eine Person als sbrf bezeichne oder gar rbrf.
Obwohl mir der einschlägige Jargon — wenn auch nur bis zum Jahre 72 — vertraut war, hatte ich ziemliche sprachliche Schwierigkeiten mit einer Gruppe, die sich mir fast etwas zu aufdringlich näherte: sie nennen sich „Rotmolche“, bewegen sich gänzlich außerhalb der *etablierten* linken Szene, mischen harten Dogmatismus mit liebenswürdigem Gebaren. Ich habe fast eine Woche gebraucht, um herauszufinden, daß man *nicht*

UM meint, wenn man von der „Chefin einer Anarchistenbande" spricht, „die den bisher größten Abstauber gelandet hat", sondern eine berittene Industrielle, die lediglich die Steuergesetze etwas eigenwillig ausgelegt hat. Und wenn man von einem „millionenschweren Ding" spricht, „das man für die Kriminelle Vereinigung gebaut hat", dann meint man nicht den Stammheimer Neubau, sondern den Sitz der Bundesvereinigung der Arbeitgeberverbände in Köln — natürlich ohne weder den einen noch die andere mit Namen zu nennen: solche Wahrnehmungen und Interpretationen ergeben sich einfach aus dem sorgfältigen (und mühseligen, übrigens auch spesenfressenden) Gesamtstudium von Stimmung und Wortschatz. Wie lange habe ich gebraucht, um herauszufinden, daß man mit der kriminellen Vereinigung EDEKA nicht die Konsumgesellschaft meint, sondern die Erzdiözese Köln; und: daß Likaki, eine mit verächtlichem Tonfall auf gewisse kirchlich gebundene Personen angewandte Abkürzung, nicht eine Dissimilierung des Wortes Lakai ist (was nahe gelegen hätte), sondern eine simple Abkürzung für: linkskatholischer Kirchgänger. Logischerweise gibt es dann auch den Kaki — das ist ein rechtskatholischer Kirchgänger, wobei die Anspielung auf den bräunlichen Unterton des Khaki keineswegs zufällig ist. Natürlich habe ich auch meine Zweifel über die Relevanz der „Rotmolche", aber als Kristallisationsvehikel sind sie keineswegs zu unterschätzen. Sie bestehen aus fünf Personen: einem Rundfunkredakteur, einer Studentin, die die Anführerin zu sein scheint, einer Sekretärin und zwei Arbeitern, denen die Jusos zu rechts waren. (Namensliste wie verabredet im „Doppeldecker"!) Sie konfrontieren sich mit allen *nicht* der DKP nahestehenden linken Gruppen, mit kirchlichen Jugendgruppen beider Konfessionen und mit Bundeswehrangehörigen. Ich erlaube mir den Hinweis, daß es vielleicht doch angebracht wäre, dem MAD einen Tip zu geben. Da laufen junge, gesprächswillige Offiziere, denen Demokratie kein leeres Wort ist und die freiheitlich demokratische Grundordnung kein leerer Begriff, mit Lammsgeduld in offene Messer, lassen sich auf Diskussionen ein, denen sie nicht gewachsen sind und in denen offen natofeindlich argumentiert wird. Nur ungern gebe ich hier ein Detail zur Kenntnis, das eigentlich den Kompetenzen des INTIM-SERVICE unterliegt, diesem aber möglicherweise entgehen könnte: ein junger,

sehr aufgeschlossener Major aus dem Verteidigungsministerium unterhält ganz offensichtlich ein Verhältnis mit der Person, die sich Rotmolch I nennt (eine *Frauensperson*, wie ich hinzufügen möchte): jedenfalls bin ich ungewollt Augenzeuge recht eindeutiger Zärtlichkeiten geworden, die während einer Diskussionspause im Garten eines Jugendzentrums gewechselt wurden. Sechs Wochen lang habe ich auch ausgiebig einen Herrn beobachtet, den wir den Pseudodänen nennen wollen. Still, fast stumm, schüchtern umschleicht er das Geschehen; da ich in sein kulturpolitisches Arbeitsgebiet falle, spricht er mich gelegentlich an, bittet um ein Interview (das ich ihm zu gegebener Zeit gewähren werde), sammelt Daten und Informationen, und nun plötzlich ist er *aktiv* geworden und schlug mir (ausgerechnet während eines Empfanges, den die CSU gab) die Gründung eines „Komitees für die Opfer der Klassenjustiz" vor. Ich habe Sympathie bekundet, doch noch nicht direkt angebissen. Da er behauptet, er habe in einem nahegelegenen Kloster Verbündete, will ich doch bei nächster Gelegenheit meine Sympathie verstärkt bekunden: vielleicht führt das auf die internationale monastische Sympathisantenszene; er — der Pseudodäne — deutete auch an, daß ich im Kloster wohl eines Auftritts sicher sein könnte, da ein gewisser Farmfried (Pater?) aufmerksam meine künstlerische Entwicklung verfolge.
Auftritte und Begegnungen dieser Art muß ich wohl hinnehmen, weil sie sich aus meiner Plazierung ergeben und sozusagen aus und auf meinem Boden wachsen; auch führen sie mich ja in den intellektuellen Zwischenbereich, den Sie mir dringend empfohlen haben: akademische Ministerialbürokratie, Publizisten, Kommentatoren, kirchliche rf-Szene, Journalisten, Diplomaten. Um in diese Kreise vorzudringen, muß ich mich eben „interessant" machen.
Auf wie mechanische Weise hier die Vorurteile funktionieren, erfuhr ich neulich, als ich anläßlich eines Diskussionsabends: „Ist Kunst politische Aktion — kann politische Aktion Kunst sein?" mit ebenjenem so liebenswürdigen wie zärtlichkeitshungrigen Major ins Gespräch kam. Er sagte zu mir, es sei doch eigentlich schade, daß wir — gemeint waren Künstler schlechthin — samt und sonders Wehrdienstverweigerer seien; wie erstaunt war er, zu erfahren, daß ich in den Jahren 69/70 meinen Wehrdienst regelrecht absolviert hatte, als Feuer-

werker, so daß ich meine handwerklichen Fähigkeiten der Bundeswehr, ihre künstlerische Weiterentwicklung mir selbst verdanke. Daß der Major erstaunt darüber war, überraschte mich nicht, es hätte mich noch weniger überrascht, wenn er erstaunt *getan* hätte; beunruhigend ist: er wußte es wirklich nicht, hatte sich offenbar, obwohl wir uns inzwischen wohl ein halbes Dutzend mal begegnet sind, noch nicht über mich informieren lassen. Ich denke, Rotkopfwürger, das wäre mal wieder eine Gelegenheit, dem MAD eins auszuwischen! Eben dieser sympathische Mensch fragte mich, ob ich wohl gelegentlich dem Wachbataillon mal meine Künste vorführen würde, und als ich ihn scherzhaft fragte, ob er mir denn bei der Beschaffung von Schwarzpulver und Phosphor behilflich sein könnte, lachte er und meinte, die Armee habe dies zwar nicht in unverarbeiteter Form zur Verfügung, denn die Zeiten der Pulverhörner seien ja nun endgültig vorüber, aber eine gewisse Kooperation mit Munitionsfabriken lasse sich vielleicht arrangieren. Ich muß gestehen, daß mich soviel Ahnungslosigkeit erschüttert hat. Stellen Sie sich vor, ich hätte sein Angebot angenommen! Irgendein beliebiger, vorübergehend bekannter PYRO-Aktionist bekäme dann möglicherweise von der Armee selbst Material geliefert, mit dem er das ganze Bundeskanzleramt in die Luft sprengen könnte (was ja bei *dem* Bundeskanzler — rein abstrakt betrachtet — nicht so schädlich wäre!).
Immerhin war der Herr Major clever genug, während der Veranstaltung nun doch endlich aktiv zu werden, er telefonierte ausgiebig, verriet aber dann in unvorsichtiger Eitelkeit die Natur seiner Telefonate, indem er sich von mir mit den Worten verabschiedete: „Auf Wiedersehen, Herr Kamerad Künstler." Offenbar hat er herausgefunden, daß ich nicht nur ein gewöhnlicher Dienstpflichtiger bin, sondern nach Übungen in den Jahren 71, 72, 73 zum Leutnant der Reserve avanciert bin.
Im „Doppeldecker" finden Sie Namen, Adressen und Zitate von 16 Pädagogik-, vier Theologie-, zwei Soziologiestudenten, die alle ausgesprochen rbrf sind; außerdem vier Ministerialbeamte, drei Journalisten, die ich mit dem Prädikat diff. belege (ich erinnere Sie daran, daß mit diff. nicht diffizil oder difficult, sondern Differenzierer abgekürzt sind); außerdem sei darauf hingewiesen, daß ich lediglich solche Personen der

strengen Beobachtung unterwerfe, die sich *nicht* öffentlich, sondern lediglich privat äußern, also auch nicht auf Diskussionsabenden, sondern in Kneipen, auf Partys, in Cafés, während kurzer Gespräche auf der Straße. Rotgimpel

Ackergaul an Stallmeister

Es war, wie sich herausgestellt hat, doch eine gute Idee, mich als freien Mitarbeiter einer dänischen Rundfunkanstalt zu plazieren, und da mein (dänischer) Auftrag weiträumig ist, das Thema schwer zu umgrenzen, zeitraubende Recherchen notwendig sind, habe ich Spielfläche und Zeit genug. Eine mehrstündige Sendereihe über „Kulturpolitische Entwicklung in der deutschen Nachkriegsgesellschaft" verschafft mir auch Zutritt zu genau jenen Kreisen, die wir die „Kandidaten der strengen Observanz" nennen wollen. Ich halte es für meine Pflicht, Ihnen mitzuteilen, daß man hier sehr, sehr mißtrauisch ist; kaum hatte ich mich beim Bundespresseamt eingeführt, ein paar Journalistenkneipen besucht, erfolgte prompt die Rückfrage bei meinem Auftraggeber F-sen; ob die Rückfragen vom Presseamt, von dänischen Kollegen oder auf Grund der gewöhnlichen Stallroutine erfolgten, werden Sie besser wissen als ich; wahrscheinlich erfolgte die Rückfrage auf allen drei Ebenen. Nun, F-sen bestätigte meinen Auftrag, meinen Ausweis — und nach einiger Verwirrung (es gibt hier einen gleichnamigen Journalisten, der nicht sonderlich beliebt zu sein scheint; Spitzname: Polterknecht!) kann ich mich als plaziert und akzeptiert betrachten. Da ich außerdem an meiner Vita nichts zu interpolieren brauche (wie verabredet gebe ich freimütig meine Daten preis, Jahrgang 40, kaufm. Lehre mit Abschluß, Abendabitur, Studium der Publizistik, Redaktionsvolontär im Sonderbereich Bildungspolitik, freier Journalist mit einschlägigen, z. T. markanten Publikationen), brauche ich keine Rückfrage zu fürchten. Nachdem ich jetzt schon unbehelligt zehn Jahre lang meine Furchen ziehe, bedurfte es nur zweier Wochen, um in den *Dunst*kreis, zweier weiterer, um in den *Um*kreis der Kandidaten zu geraten, und nach zwei weiteren Wochen, also insgesamt sechs, gehöre ich fast schon zur etablierten Garnitur. Als Titel für die erste Sendefolge habe ich „Die Hauptstadt und die Kunst" gewählt. Mein

Exposé dazu ist akzeptiert, und ich sammle fleißig Informationen, notiere, entwerfe, beginne langsam mit der Reinschrift und empfinde es gar nicht als lästig, daß der (ahnungslose) F-sen ein wenig drängt, denn wenn die erste Sendefolge mal gelaufen ist und — wie Sie mir versprochen haben — die dänische Presse diese nicht völlig ignoriert, kann ich dem Presseamt und der Kulturabteilung des Auswärtigen Amtes die „Schnippel" übergeben und zuschicken und bin dann endgültig ausgewiesen.
Sie wissen, daß ich nichts von „Briefkästen" halte, sondern immer noch die Briefkästen der Bundespost für die sichersten halte; da mir auch die Postlagerung zu unsicher ist, adressiere ich direkt an unsere gemeinsame Freundin, in deren Westerwälder Familienpension wir schon so manchen friedlichen Skat haben dreschen dürfen. Ich nehme an, daß Sie dort immer noch Ihre Wochenenden verbringen, und falls meine Berichte dramatisch oder dringend werden und sofortige Aktionen erforderlich machen, so habe ich ja immer noch das nahe gelegene Klösterchen, unser gutes altes Tagungsnest, in dem Pater Farmfried — ich schlage für ihn die Chiffre Ff vor — sein „rotes" Telefon (und seinen stets gekühlten Steinhäger) zur Verfügung stellt. Ich nehme an, daß er innernestliche Informationen direkt an Sie gibt, berichte also darüber nicht, falls keine gegenteilige Weisung kommt. Immerhin ist ja die Erwägung eines Radikalenerlasses für Klosternachwuchs innerkirchlich und heikel, und Ff steht ja direkt an dieser Front. Wie bisher folgen Daten, Namen, Zitate gesondert im „Schleimbeutel".
Ich habe mich nun auftragsgemäß zunächst mit den erwiesenen bzw. schon überführten Radikalsympathisanten beschäftigt, sie beobachtet bzw. mich mit ihnen sogar unterhalten, und ich schlage vor, sie konkurrenzlos ihrer psychischen Strafe zu überlassen. Nehmen wir zuerst den Herrn, den wir „Rüfflin" zu nennen übereingekommen sind; er hat ja nicht nur seine Verfehlungen zugegeben, er ist auch reumütig — und ein bißchen gestört. Bei jeder Gelegenheit murmelt er: „Ich hab's wirklich gewußt, gewußt hab ich's" und spielt damit auf die Tatsache an, daß er seinerzeit einem Hund (ich glaube mich zu erinnern, daß es ein Boxer war), von dem er *wußte*, daß er einer Verwandten von Gudrun Ensslin gehörte, eine ganze Tüte voll saftiger Hammelknochen hingeworfen hat; wir

brauchen uns hier nicht mehr mit der Frage zu beschäftigen, die ja schon Gegenstand einiger Zeitungskommentare war, ob er die Knochen demonstrativ für *diesen* Hund gekauft hat oder ob er sie ursprünglich seinem Hund (einem Spaniel, glaube ich) zugedacht hatte. Lassen wir das endgültig auf sich beruhen: er ist *reumütig*, und er zeigt seine Reue so offen, daß ich ein wenig Mitleid mit ihm verspüre, obwohl ich *an sich* in einem solchen Falle mitleidslos bin. Nun, man kann ihn Tag für Tag in einem ziemlich gut frequentierten Café sitzen sehen, wo er entweder den Leitartikel des *Rheinischen Merkur*, diesen durch beifällig skandierendes Nicken sozusagen voll gutheißend, liest, wobei die *FAZ* aus seiner Rocktasche lugt, oder er liest — mit entsprechendem Nicken — den Leitartikel der *FAZ*, und der *Rheinische Merkur* lugt ihm aus der Tasche. Inzwischen darf er auch — zunächst unter Pseudonym — in einer völlig unverdächtigen Zeitung hin und wieder Glossen schreiben, und wenn auch schon das Pseudonym „Superthieu", das er gewählt hat, für ihn spräche, so erst recht der Inhalt. Entlassen wir also „Rüfflin-Superthieu" aus der strengen Observanz. Lesen Sie Superthieus Gelegenheitskolumnen, und Sie werden mir recht geben.

Ganz anders verhält es sich mit dem Kerl, den wir seinerzeit, als er auf der Berliner und Dortmunder Anarchoszene einen gewissen Wirbel verursachte, wegen seines leicht iberischen Aussehens Mendoza nannten; er figuriert hier unter einem Spitz- (oder Deck-?) Namen, den er selbst sich gegeben hat, den er aber als von anderen ihm gegeben ausgibt. Man nennt ihn den „Rotgimpel", aber meine (wie Sie sich vorstellen können) mühseligen Recherchen haben ergeben, daß der Ursprung dieser Benennung bei ihm allein liegt: er hat einfach auf zwei, drei Partys ausgestreut: „Irgend so ein Springer-Schwein hat mich neulich Rotgimpel genannt" oder „Irgend so ein reaktionärer RCDS-Typ hat mich gestern Rotgimpel genannt" — und so hat er seinen Spitznamen geschickt unter die Leute gebracht. Ich denke, diesen Herrn „Mendoza-Rotgimpel" werde ich mir näher anschauen, und zum Glück verschafft mir mein Funkauftrag direkten und unverdächtigen Zutritt zu ihm; er nennt sich jetzt „Aktionskünstler", seine Spezialität: „Ignition-art" oder: die Kunst der Zündung. Da die Kunstszene hier spärlich, man könnte fast sagen ärmlich besetzt ist, ist es ihm innerhalb von zwei Monaten gelungen,

jenen Zustand zu erreichen, den man mit „überall dabei“ bezeichnet. Die Ungeniertheit, mit der er — unmotiviert, also offenbar demonstrativ — etwa ein Buch aus dem Wagenbach Verlag genau so weit aus seiner Rocktasche herausragen läßt, daß man es als solches erkennen kann, könnte man fast frivol nennen. Nach einigen Auftritten, denen man eine gewisse Liebenswürdigkeit nicht absprechen kann, ist er so sehr „eingeführt“ daß er sogar zu den Empfängen des „Zentralkomitees deutscher Katholiken“ eingeladen wird, und ich sah ihn dort kürzlich — diesmal mit einer Ausgabe von *das da* in der Tasche — mit dem Nuntius Bafile plaudern, dem er — wie ich im Vorbeigehen hörte — die mystischen Aktionen der Katharina von Siena zu erklären versuchte. Das trockene, erstaunte, jedoch noch nicht schockiert wirkende Gesicht des Prälaten hätten Sie sehen müssen. Eins ist sicher: Rotgimpel hat eine Marktlücke erkannt und baut sich in dieser breiten Nische bewußt auf. Der Abgrund, der CDU/CSU und ihr nahestehende kirchliche Kreise von der gesamtintellektuellen und der Kunstszene trennt, erzeugt einen Sog, der sich gefährlich auswirken kann. In diesem Zusammenhang wittere ich erhebliche Gefahr: da hat man nun endlich einen jungen Künstler, der sogar schon einen gewissen Namen hat, der als Aktionskünstler sogar literarische Dimensionen einbringt, der sich offen anarchistisch gebärdet — und man greift zu. Ich fürchte, hier ist wirklich Unheil im Anzug, denn immerhin gehören zu Rotgimpels Aktionen Ingredienzien, die in Knallkörpern, Karnevals- und Silvesterartikeln, wenn auch nicht ganz gefahrlos, so doch politisch harmlos sind, die aber in anderer Komposition und Ambition weniger harmlos sind: Schwarzpulver, Schwefel-Antimon, Phosphor etc. Sie wissen, daß „Feuerwerk“ ein so vieldeutiger Ausdruck ist wie „Feuerzauber“, und Rotgimpel spielt mit dem Feuer, im doppelten Sinne: denn seine Kunst besteht aus Feuerspielen — und die Flammen der Anarchie lauern hinter den Kulissen.
Obwohl ich weiß, daß hinter und auf der Szene Sicherheitskräfte genug am Werk sind, erlaube ich mir doch eine ernsthafte Warnung: hinter „Aktionskunst“ kann sich sehr viel verbergen. Immerhin gibt es Zündhölzer frei zu kaufen, und wenn Sie von einigen -zigtausend Zündhölzern die Köpfe abkratzen, so ergibt das ein potentielles Sprengmaterial, das man nicht als lächerlich abtun sollte. Mein Rat: die Zünd-

holzkäufe zu überwachen, im Kleinhandel, im Großhandel, auf Supermärkten. Nicht gerade Meldepflicht und noch keine Rationierung einführen, aber: Aufmerksamkeit.
Ich habe vorsichtig den verabredeten Köder ausgelegt: meinen Plan, ein „Hilfskomitee für die Opfer der Klassenjustiz" zu gründen. Sollte es Zufall sein, daß als erster „Rotgimpel" angebissen hat und daß er mir die wahrscheinliche Unterstützung einer Gruppe versprochen hat, die sich „Rotmolche" nennt?

Ackergaul

PS Diesmal wird der „Schleimbeutel" gut gefüllt sein. Ack.

Rotmolch I an Majordomus

Das gesamte Material liegt einsatzbereit an einem sicheren Ort; die einzige Schwierigkeit: der Drucker, den wir hoch bezahlen und zur Schweigsamkeit verpflichten mußten; zum Glück ist er ein wortkarger, einzelgängerischer Mann von der Sorte: verbitterter Linkskatholik mit Zwanziger-Jahre-Romantik. Notfalls mußt Du ihn zum Kronzeugen machen lassen. Ein halbes Jahr zu sitzen, ist er bereit, mehr nicht, aber ich denke, Du wirst ihn mit vier Monaten durchbringen. Man könnte sogar bei ihm auf § 51 gehen: er hat mal ein halbes Jahr im KZ gesessen. Bitte tue alles, alles, damit das Material nicht vor dem Einsatz entdeckt wird.
Der „Wikinger", dessen „Komitee für die Opfer der Klassenjustiz" wir beigetreten sind, hat mir „explosive Sachen" angeboten. Ich weiß noch nicht, ob er Sprengmaterial, Bomben etc. meint oder eine gewisse Sorte harter Pornos, die man vor der Liberalisierung der Pornoszene auch „Bomber" nannte. Laß ihn überprüfen. Ich möchte nichts riskieren. Er brachte so völlig unmotiviert die Sprache auf Aarhus; dort sitzt ja Dutschke und möglicherweise demnächst auch B 7. Es muß da ein „link" geben, das wir zum „Leck" machen müssen. Ich weiß natürlich nicht, wie zuverlässig die dänischen Sicherheitskräfte sind, aber frag doch dort mal nach.
Was den anderen, „Rotgimpel", betrifft, so habe ich eine Einladung zum Kaffee bei ihm angenommen; ob seine Lektüre — Wallraffiana etc. — seiner Gesinnung entspricht oder Tarnung ist (Tarnung gegenüber wem?), kann ich noch nicht

feststellen. Er zeigte mir auch ungeniert einen ziemlichen Vorrat an Pyrotechnika, von denen er behauptete, sie würden, „mißbräuchlich" angewandt, genügen, um das Parlament „auseinanderzubrechen". Ein neuer Guy Fawkes? Sein Haarwasser stammt aus der DDR, ebenfalls seine gesamte Lampenausstattung. Er redete ziemlich lange über den Dynamitero in Hemingways *Wem die Stunde schlägt*. Grinste dabei so komisch und meinte, er sei ja auch eine Art Dynamitero, Kunst-Dynamitero.

Später, als er mir seine Zünder, Zündschnüre, seine chemischen Vorräte und Batterien zeigte, wurde er mir doch unheimlich. Seine Annährungsversuche habe ich auf die liebenswürdigste Weise umgangen. Ich „entwand mich ihm", ohne ihn zu sehr zu kränken. Sei nicht eifersüchtig. Wir müssen ohnehin vorsichtig sein. Ich hatte den Eindruck, er ahnt etwas, fragte mich ungeniert nach meinen „privaten Beziehungen zur Bundeswehr", wie sich das mit meinem politischen Engagement vertrüge. Etc. Seine Einladung zu seinem nächsten Auftritt in einer ostasiatischen Botschaft habe ich angenommen.

Noch zwei kleine Hinweise: spontan dem Komitee beigetreten ist ein gewisser Lifterholt, Student der Theologie. Außerdem schwirrt da ein Ire namens McNulty durch die Gegend. Irgend etwas läuft da, das mit Käse zu tun hat. Vielleicht harmlos, aber es wäre besser, nachzuhaken. Dieser Ire ist mir ein bißchen *zu* verrückt. McN spielt Gitarre, singt dazu allerlei wehmütiges Zeug und ruft immer wieder, völlig unmotiviert mitten in einem Lied „Cheese". Das wirkt auf mich wie ein Stichwort, wie eine Losung — vielleicht die Losung für irgendeinen EWG-Export- oder Importschwindel? Produziert Irland viel Käse? In diesem Fall *weiß* ich nicht, ich *wittere* nur, und Du weißt, daß meine Witterung selten versagt. Den „Wikinger" und unseren ziemlich plumpen „Rotgimpel" halte ich nicht gerade für harmlos. Der Drucker ist mir so unheimlich wie der düstere Lifterholt. Dieser McNulty hingegen singt bei *jedem* Auftritt in jedem Lied dieses „Cheese" wie einen Schlachtruf, und er beendet jeden Auftritt mit den beiden Versen:

I want to go to Parma
I want to get some Cheese.

Laß über die Nato in London und Belfast und über die EWG in Dublin nachforschen, was es mit diesem Cheese aus Parma auf sich hat. Meint er etwa Parmesan und vielleicht geriebenen?
Laß uns erst sechzehn Stunden nach der Aktion verhaften. Ein paar Wochen lang werden wir wohl auf Zärtlichkeiten verzichten müssen.

Rotmolch I

Rotgimpel an Rotkopfwürger

Inzwischen werden Sie eingesehen haben, daß es dringend notwendig war, das Telefon des „Doppeldeckers" zu benutzen. Mein Auftritt in der ostasiatischen Botschaft war ernsthaft gefährdet, meine Operationsbasis wäre frühzeitig zerstört gewesen; nichts wirkt hier ruinöser als eine Blamage dieser Art. Ein Künstler, der das notwendige Material nicht auftreiben kann! Ja dem es beschlagnahmt wird. Die peinlichen Schwierigkeiten, die ich bei der Beschaffung größerer Mengen Zündhölzer hatte, stehen in einem absurden Widerspruch zu dem Schwarzpulverangebot durch die Armee selbst. Nachdem ich, wie immer, naiv meine 60000 Zündhölzer beim Großhandel bestellt hatte, erhielt ich prompt Besuch von drei (männlichen) Sicherheitskräften, die, wenn auch nicht gerade rüde, so doch sehr energisch Wohnräume und Atelier durchsuchten. Sie beschlagnahmten zwei Nummern von *Konkret*, drei Publikationen aus dem Wagenbach Verlag sowie ein Exemplar der *Frankfurter Hefte*. Nachdem sie die *Frankfurter Rundschau*, den *Spiegel* und die *Süddeutsche Zeitung* mit äußerstem Mißtrauen, ja fast mit Ekel studiert hatten, hatte ich den Eindruck, daß ihnen sogar die *FAZ* — genauer gesagt, das Feuilleton der *FAZ* — äußerst verdächtig vorkam. Zufällig hatte ich die *Zeit* nicht im Haus.
Was die Zündhölzer anbelangt, so half mir auch ein diskreter Hinweis auf meine Bekanntschaft mit zwei Kultusministern CDU-regierter Länder wenig, und sein schüchtern angebrachter Hinweis, daß auch ein Kultusminister eines CSU-regierten Landes mir nicht ganz unbekannt sei, wurde einfach ignoriert. Schließlich verwies ich auf das Auswärtige Amt, auf die erheblichen diplomatischen Komplikationen, die entstehen könnten, wenn man ein künstlerisches Ereignis in einer ost-

asiatischen Botschaft verhindere. Ich hatte eine längere Unterredung mit den Herren über Kunst und Zündhölzer, und obwohl ich einige Kunstzeitschriften mit Artikeln über mich vorweisen konnte, sogar eine Kulturnotiz in der *FAZ*: nichts fruchtete. Sie blieben hart, und einer der Herren meinte, Kunst, die von Zündhölzern abhängig sei, sei keine. Versetzen Sie sich in meine Lage! Fünf Stunden vor meinem Auftritt, drei Stunden vor der Probe! Schließlich gab ich zu bedenken, wie die ausländische Presse darauf reagieren könnte. Nichts! Was wäre — so argumentierte ich —, wenn man einem Maler die Farben, einem Schriftsteller die Bleistifte beschlagnahmen würde! Oder die Auslieferung dieser kunstnotwendigen Materialien verhinderte! Wo bliebe da die Kunst, ganz zu schweigen von deren verfassungsrechtlich verbürgter Freiheit.
Können Sie sich vorstellen, daß ich drauf und dran war, meine Identität preiszugeben? Ich tat's nicht. Wie nachlässig übrigens die Herren trotz scheinbarer Energie durchsuchten, mögen Sie daran erkennen, daß drei Exemplare von *das da*, zwei Bücher von Günter Wallraff unentdeckt blieben — und das unter meinem Kopfkissen! Schließlich allein gelassen, ging ich zu einer Zelle und „bestieg" ausnahmsweise den Telefon-„Doppeldecker". Außerdem rief ich die ostasiatische Botschaft an, deren Kulturattaché mich beruhigte und auf die Exterritorialiät, die Freiheit der Kunst und auf einen erheblichen Vorrat an zollfreien Zündhölzern irisch-englischer Machart der Firma „The Friendly Match" verwies. Inzwischen war auch der „Doppeldecker" aufgestiegen, und mein Auftritt — der übrigens ein phantastischer Erfolg wurde — war gerettet.
Ich bitte Sie jetzt, in dieser Sache nichts, nicht das geringste zu unternehmen: ein solcher Vorfall ist meinem Image, auch der Düngung meines Bodens hier sehr dienlich. Dieser Vorfall ist immerhin auch der Anlaß für die beigefügte Liste von Sympathisanten und Antipathisanten, die sich anläßlich des Vorfalls bei mir meldeten, mich ansprachen etc. Sie werden mit Erstaunen feststellen, *wer* alles sich *wie* darüber geäußert hat — und meine bescheidene Information, mit Ihrem Hintergrundmaterial angereichert, kann bei der Durchführung des Radikalenerlasses sehr nützlich sein. Beachten Sie vor allem die windige Liberal-Sympathie aus dem AA. Niemand dort

ahnt, wie gefährlich Zündholzköpfe wirklich sind. Völliger Mangel an Einsicht in Notwendigkeiten. Rotgimpel

Ackergaul an Stallmeister

Der Erfolg in der exotischen Botschaft hat ihn gesprächig gemacht. Er gab mir das Interview schon am folgenden Morgen. Gespreizt, stolz, angeberisch. Sagte mir auch, er müsse sich angesichts seiner steigenden Publizität doch überlegen, ob er dem Komitee beitreten wolle. Zunächst spielte er den Antichauvinisten, lobte die Qualität der englisch-irischen, der schwedischen, sogar der italienischen Zündhölzer (man hatte bei den verschiedenen Botschaften um „Amtshilfe" in Sachen Zündhölzer gebeten) und sagte, der bedauerliche Vorfall, dessen Notwendigkeit er durchaus einsehe, habe ihn auf die Idee gebracht, in Zukunft nur noch ausländische Zündhölzer zu verwenden. Als ich ihn fragte, wie es mit sowjetischen und Zündhölzern aus der DDR, Ungarn etc. stehe, grinste er ziemlich blöde und sagte, er wolle sie ausprobieren und „in Erwägung ziehen".
Ich legte verschiedene Köder aus. Ob das nicht schon Faschismus sei; welch ein Land das denn sei, das die Ausübung der Kunst verhindere; ob ich im dänischen Rundfunk über diesen Skandal berichten solle. Er biß nicht an, berief sich — ganz dem pseudoreaktionären Image, das er sich gegeben hat, entsprechend — auf eine „zwar bittere, aber einzusehende Notwendigkeit". Hegel? Er ging auf keinen Leim.
Wir sprachen dann ausgiebig über die Wirkung der Zündholzaktion (die er dann doch „Zündholzhysterie" nannte) auf den Lebensmittelhandel, die Drogerien, Apotheken, Offizinen aller Art, auf die Hersteller, Groß- und Kleinhändler von und mit Feuerwerkskörpern und Scherzartikeln. Er wußte auch schon, daß die Botschaft der Volksrepublik China bereits beim AA protestiert und angekündigt hat, sie werde in eigener Regie Raketen herstellen lassen; keineswegs dürften alte chinesische Traditionen zerstört bzw. deren Fortführung behindert werden. Es gab da außerdem — auch das wußte er — ein ziemlich gekränktes Statement des Reservistenverbandes, der irgendein Jubiläum (oder war es die Beförderung seines Vorsitzenden zum General der Reserve?) feiern und ein Feuerwerk ver-

anstalten wollte. Die Beschwörung der aktenkundig erwiesenen patriotischen Gesinnung und der geradezu makellosen politischen Vergangenheit, Gegenwart und Zukunft ihres Vorsitzenden nütze da nichts. Sogar eine Intervention des CSU-Vorsitzenden wurde ignoriert. Nichts da! Pulver ist Pulver, und wer weiß, ob da nicht plötzlich irgendein verrückter Major (es gibt deren!) auf krumme Ideen kommt. Schade, da der Verband an sich natürlich förderungswürdig ist, aber in diesem Stadium könnten Ausnahmen böses Blut machen. Man behindert die Kunst und fördert die Militaristen!

Erst spät, nachdem wir notwendigerweise die Aktualitäten gestreift hatten, kamen wir auf seine Kunstauffassung. Sein Atelier liegt übrigens in einem ehemals industriell genutzten Hinterhof, ist keineswegs spartanisch, eher sehr gemütlich eingerichtet; die Wände sind mit alten Aktionsplänen aus seiner Dortmunder und Berliner Zeit tapeziert, Grundthema: „Lichter stecken", Feuer entzünden, zündende Gedanken, Revolution von oben. Er argumentiert da schon sehr geschickt: alle Religionen, meint er, haben die Sitte, Kerzen oder Lichter „zu stecken". Luciafest, Jul, Sonnenwende, Weihnachtsbaum, Kerzen in den Kirchen, Votivaltäre etc. Im Orient wie im Okzident gleichermaßen verbreitet. Er spricht dann von einer „Internationale des Lichtersteckens". Die Zündung soll sich dann in Form von „Zündenden Gedanken" fortsetzen, weitergeleitet werden. Statt Telefon soll man Zündleitungen legen. Man erkennt in diesem Prinzip eindeutig das Modell der *Zündschnur*, die er „um die ganze Welt legen" möchte. Unterirdische Zündvorrichtungen, Zündleitungen, Fernzündsysteme, lauter Kunstwerke, „ein Wurzelwerk der Ignition und des Humors". Ich muß gestehen, daß mir der Humor dieses Herrn, der da bei (protugiesischem) Rotwein, Zigarillos und sehr leiser irischer Folkmusic die Revolution von oben predigt, von Fernzündleitungen spricht, sehr makaber vorkommt.

Er scheut sich auch nicht, die Pipelines in sein Zündungssystem einzubeziehen, und „weil nun einmal die Nato ein System weitverzweigter verschiedener Leitungen verwaltet", hält er Natofeindlichkeit geradezu für reaktionär.

Sie können sich denken, Stallmeister, daß ich ihn mit sehr gemischten Gefühlen verließ. Als ausgesprochene Frechheit empfand ich, was er mir beim Abschied zumutete. Er brachte

mich zur Tür, bot mir an, jederzeit zusätzliche Auskünfte zu erteilen über die Kunstszene der Hauptstadt. Dann flüsterte er mir zu: „Käse gerieben, Käse gerieben. Sie stehen doch mit einem Land in Verbindung, in dem die Herstellung von Käse Tradition hat!" Ich konnte mir auf diese Andeutungen keinen Reim machen, wollte mich aber auch nicht durch eine Rückfrage demütigen und bitte nun Sie, herauszufinden, was es damit nun wieder auf sich haben mag. Im Vorraum seines Badezimmers fand ich übrigens haufenweise Batterien verschiedener Voltstärke. Natürlich braucht er das wohl alles für seine „Kunstwerke". Es gibt auch Künstler, die mit Pistolen Farbe verspritzen. Ich rate zum Zugriff.
Natürlich bin ich auch nicht ohne Einschränkung glücklich über die Wirkung meiner Zündholzwarnung. Das Gerücht, Zündhölzer würden bald einer Kaufgenehmigung unterliegen, verbreitete sich rasch, es kam zu Panikkäufen; dann wurden plötzlich Feuerzeuge gehamstert, und als dann (irrtümlich, aber bevor sich der Irrtum herumgesprochen hatte und entsprechende Maßnahmen rückgängig gemacht waren, waren kostbare Stunden vergangen) die Feuerzeuggasbomben in Beschlagnahmungsgefahr gerieten, entstand eine hastige Nachfrage nach Luntenfeuerzeugen — aber sind nicht Lunten ebenso gefährlich? Prompt entstanden Schwarzhandelssituationen: partiell Hysterie — nicht nur wegen der Knappheit der Zündhölzer, mehr noch wegen der diesen innewohnenden Gefahr. Es gab ein paar Haussuchungen — nicht nur bei unserem Freund. Nun hat sich die Szene etwas beruhigt, seitdem die befaßten Behörden haben bekannt werden lassen, daß keineswegs *alle* Zündhölzer beschlagnahmt würden. Einer meiner englischen Kollegen schrieb prompt einen deutschfeindlichen Artikel mit der Überschrift „German Matchbox Revolution", schilderte darin, daß eine stadtbekannte kettenrauchende belgische Journalistin, die als Feuerzeughasserin gilt, einen Herzanfall bekommen habe. Die Regierungssprecher hatten einige Mühe, entsprechende Anfragen zu beantworten; ein (allerdings sehr böswilliger) Ostblockkorrespondent fragte, ob man nicht anfangen müsse, das deutsche Volk die Kunst des Feuerreibens zu lehren. Es fiel das Wort „Stein-", ja „Eiszeit". Das Wort „Behördenwillkür" und „übertriebene Vorsicht" ging um. Aber gibt es das: übertriebene Vorsicht?

Ackergaul

PS Damit ich die Ergebnisse der Beobachtungen zweier weiterer Radikalsympathisanten abhaken kann: Die „Dame", die wir „Küßchen" zu nennen übereingekommen sind (sie hat seinerzeit einen Onkel einer Verwandten von UM, der bei ihrem Nachbarn zu Besuch war, mit ihrem Auto zum Bahnhof gebracht, *wissend*, um wen es sich handelte!), zeigt keinerlei Reue! Sie verweigert Interviews, Statements, jegliche Auskunft, *obwohl* ihr Mann mittlerer Beamter im Innenministerium ist; ihr Mann, wenn er auf das merkwürdige Gebaren seiner Frau angesprochen wird, gibt sich lediglich verlegen. Konsequenzen scheint er nicht von sich aus ziehen zu wollen. Ob das IM Konsequenzen ziehen wird, erscheint mir äußerst fraglich, besonders nachdem unsere bezaubernde „Küßchen" kürzlich immerhin zur Kenntnis gab, der betreffende Herr sei äußerst charmant und gehbehindert gewesen. Mehr nicht. Keine Reue! Keine Konsequenzen und ein inkonsequentes Innenministerium.
Fall 4: „Ruffino" scheingeklärt. Er hat seine Pfarrstelle aufgegeben, sich beurlauben lassen müssen, auch bei ihm nicht die Spur von Einsicht oder Reue, im Gegenteil: er sagt, er würde es wieder tun, und wenn die Kinder noch einmal an einem heißen Sommertag vor seinem Haus (*wie* sie vor sein Haus kamen, ist ja nie geklärt worden) auf ein Auto warten müßten (es handelte sich, wie man ja ermittelt hat, um ein Auto von R I!), würde er ihnen wieder ein Eis stiften, dann aber mit Sahne und allem „drum und dran"; gefragt, was er mit „drum und dran" meine, sagte er: „Schokoladensoße noch drauf!" Der Kerl hat sein Haus räumen müssen, ist also beurlaubt, leider mit „vollen Bezügen" (es ist offensichtlich fast unmöglich, einem katholischen Priester seine materielle Basis zu entziehen!), und nach Mainz gezogen, wo er „endlich seinen theologischen Doktor machen" will. Ich schlage vor, „Ruffino" an „Äffin IV" zu übergeben. Er soll gegen weibliche Reize nicht ganz unanfällig sein. A.

Rotmolch I an Majordomus

In der Käse-Geschichte hat mich meine Witterung offenbar nicht betrogen! Inzwischen ist klargeworden, auch aus entsprechenden britischen Publikationen ersichtlich, daß geriebe-

ner Parmesan bei der Herstellung einer gewissen Sorte Bomben das wichtigste Ingrediens ist, und McNulty geht permanent in gewissen Kreisen aus und ein. Was die APO-Bank betrifft, kann ich Dich beruhigen. Ich habe zwar vorsichtshalber in den einschlägigen Kreisen herumgefragt, wo es denn „diese superlinke Bank gäbe", stieß aber überall auf Unverständnis, bis ich zufällig (auf einer Medizinerparty) herausfand, daß man mit APO-Bank die tatsächlich vorhandene „Apotheker- und Ärztebank" in Köln bezeichnet. Einfach war auch herauszufinden, wer mit den „M-Brothers" gemeint ist: es handelt sich um die Bundestagsabgeordneten Marx und Mertes (beide CDU) — also keine Gefahr. Ich weiß zwar nicht genau, wie Eure Eros-Abteilung arbeitet, hätte da aber einen guten Tip: ein Mädchen aus der Fleurop-Verrechnungsstelle, das sich uns noch nicht angeschlossen, aber genähert hat; sie sagte neulich kichernd: „Wenn ich plaudern dürfte!" und als wir ein bißchen nachbohrten, fügte sie hinzu: „Was glaubt ihr denn, wer alles an wen — und wohin — Blumen schickt — und nicht nur Männer an Frauen!" Mir fiel es wie Schuppen von den Augen. Falls man sie nicht zum Plaudern bekäme oder mit Geld (es müßte sich schon für sie lohnen) nichts zu machen wäre, es wäre sehr einfach, in das Büro einzusteigen und die Durchschläge der Blumenrechnungen zu fotografieren, auf denen man Absender, Adressen, Preis, Blumensorte etc. findet. Rotmolch 4 wäre bereit, das zu übernehmen. Von „Rotgimpel" und „Wikinger" nicht viel Neues. Dem ersteren ist der Kamm geschwollen, seitdem er so etwas wie eine Haussuchung und einen — wie auch ich gestehen muß — erfolgreichen Auftritt in der Ost-Botschaft gehabt hat. „Wikinger" fängt jetzt an, Geld für sein Komitee zu sammeln.
Die Aktion Lehrerpult war kein voller, jedoch ein ziemlicher Erfolg. Wir haben in verschiedenen umliegenden Dörfern und Städtchen Diskussionsabende mit Lehrern und Schülern von Haupt-, Realschulen und Gymnasien veranstaltet. Thema: „Die Verderblichkeit des Kapitalismus". Während ich mit Rotmolch 3 die Diskussion bestritt, verließen Rotmolch 2, 4 und 5 unauffällig die Szene und erkundeten in den Klassenzimmern die Lehrerpulte, soweit sie nicht verschlossen waren. Es wurden an insgesamt 7 Schulen 112 Pulte erkundet. Ergebnis: 4 Fotos von Rosa Luxemburg. Ziemlich viele Unterlagen über den Bauernkrieg, 1848, 1918; DDR-Broschüren,

einschlägige Zeitungen. Leninismus. Plakate und Postkarten von Staeck. Wagenbach. Wallraff. *Konkret, das da.* Details — Namen, Fundorte, exakte Erkundungslisten wie immer in der „Flüstertüte". Ich denke, daß unsere Nachfolger diese Aktionen fortsetzen sollten. Ich rate dringend davon ab, Schlösser gewaltsam zu öffnen. Die Versuchung war stark, besonders an den Spinden in den Lehrerzimmern. Zum Glück konnte Rotmolch 5, der diese Aktion leitete, Disziplin durchsetzen. Dies in Eile.

Küßchen von Deinem Rotmolch I

Aktennotiz von Stallmeister

(Nicht wörtlich, nur inhaltlich notiert nach einem mit Ff aus dem „Nest" per rotem Telefon geführten Gespräch über Ackergaul)

A. verhaftet und verhört. Ff durfte ihn als Seelsorger besuchen, A. fünf Stunden lang verhört auf peinliche und keineswegs angenehme Weise. Ff fand (wie ich ebenfalls) die Tatsache alarmierend, daß das Stichwort „Rotbrecht" weder den Verhafteten noch Verhörenden etwas zu sagen schien. Ff und A. tippen auf Denunziation von „rg". Der Ruf von A. ist angeschlagen, muß unverzüglich (am besten durch AA und PA) repariert werden. Verhaftung erfolgte nach gemeinsamem mit „rg" Besuch im „Nest"; auch das „Nest" untersucht. Geringer Trost, daß auch „rg" noch am gleichen Abend auf unsere Veranlassung hin verhaftet wurde. Zusammenhang mit Unkraut-Ex, Puderzucker und geriebenem Parmesan noch nicht hergestellt. Das „rote" Telefon in Ffs Zelle wurde nicht entdeckt. Herausfinden, welcher Dienst für A.s Verhaftung verantwortlich. Wie kann man diesem Dienst wegen Nichtauffinden des Telefons einem Rüffel verpassen lassen, ohne das unersetzliche r.t. preiszugeben? Ff hält es nicht für ausgeschlossen, daß im „Nest" Gegengesinnungsarbeit getrieben wird.

Ff versprach einen „reichgefüllten, weitgestreut-assortierten Schleimbeutel" über „Nest"-Interna. St.

Rotgimpel an Rotkopfwürger
(Kassiber)

Verhaftung und strengstes Verhör keineswegs schädlich, weder körperlich noch psychisch, noch meinem Image. Durch solche Vorfälle wird die Verwirrung gesteigert — auf beiden Seiten. Nichts unternehmen.
(Nach der Entlassung im Klartext)
Ich verspreche einen bis zur Belastungsgrenze beladenen „Doppeldecker“! Was mir das Gefängnispersonal in einem Nachbarort an Sympathien bezeigte! Der einzig zuverlässige ist der Gefängnisgeistliche, der strikt und erbarmungslos Linie hielt. Keinerlei Sentimentalität. Kann als verwendbar aktenkundig gemacht werden. War aktiver Offizier und hielt politische Diskussionen für „schlechthin unchristlich“. Fragte mich, warum ich nicht in die DDR zöge. Sehr guter Mann. Abends nach meiner Entlassung ging ich dann demonstrativ im schwarzen Anzug, rasiert, mit frisch gewaschenem Haar und weißer Krawatte in eine Claudel-Aufführung, traf dort einen einflußreichen (nicht klerikalen) ZK-Mann, der mich einem Redakteur der *Neuen Bild Post* und der *Welt* vorstellte; später einem hohen CDU-Funktionär, der sehr geistreiche Vergleiche zwischen Pyroart und Pyromanie zog, von bayrischen „Brandstiftern“ sprach, ausdrücklich betonend, daß Strauß *nicht* damit gemeint sei, sondern gewisse Versicherungserfahrungen mit bäuerlichen Brandstiftern.
Erst später, gegen Mitternacht, erfuhren wir von der Aktion der „Rotmolche“ und deren Verhaftung. Nach umfangreichen nächtlichen Recherchen, die ich anstellte, ergibt sich folgende Rekonstruktion des skandalösen Vorgangs:
Im Morgengrauen hatten die Rotmolche an allen Verkehrsengpässen der Stadt (etwa 10—12 lokalisierbare Kreuzungen!) aus Leichtmetall und Holz geschickt improvisierte Stellwände aufgestellt, auf denen offenbar auf Autofahreraugenhöhe berechnete, relativ kleine (etwa 60 × 60 cm) Plakate aufgeklebt waren. Inhalt der Plakate:
1. Zeile: WARNUNG (rot)
2. Zeile: vor kriminellen Vereinigungen in der Kölner Oberwelt
Zeilen 3—6, offenbar aus dem Kölner Telefonbuch fotokopiert:

Bundesverband d. Deutschen Industrie
Bundesverband deutscher Banken e. V.
Bundesvereinigung d. Deutschen Arbeitgeberverbände
Bundesverband d. Körperpflegemittel Großhandels e. V.

Letzte Zeile (wiederum rot): Bitte dort *keine* Sprengkörper anbringen.

Offenbar hatten die meisten Autofahrer zu dieser frühen Stunde den Sinn der Sache nicht erfaßt, das Plakat für eins der üblichen Fahndungsplakate gehalten; erst später, als sich längere Autoschlangen bildeten, Wartezeiten unvermeidlich wurden, steigt ein CSU-Abgeordneter, dem die Sache nicht geheuer war, aus, studierte den Text, alarmierte Sicherheitskräfte, die ungewöhnlich rasch aktiv wurden, die Stellwände abräumten. Unglücklicherweise hatte ein ausländischer Zeitungskorrespondent an einem anderen Verkehrsknotenpunkt ebenfalls das Plakat genau studiert. Zum Glück kein Ostblockjournalist, sondern ein Loyal-Royal Spanier, der nun seinerseits die Polizei alarmierte. Die Sache schien halbwegs glimpflich abgelaufen zu sein — aber abends gegen 19 Uhr bekamen sämtliche in- und ausländische Pressevertretungen per Eilpost eingeschrieben das Plakat ins Haus geliefert. Schon um 20.30 Uhr, während ich im Theater war, wurden die Rotmolche verhaftet, eine Stunde später der Drucker, ein gewisser Zweikammer, über den noch ermittelt wird.

Erst gegen 22 bis 23 Uhr wurde der Vorfall in Kneipen, Bars, auf Partys, rasch einberufenen Treffen Gesprächsgegenstand. Wir haben allen Grund, diesen desparaten Akt der „Rotmolche“ als freudiges Ereignis zu feiern: in dieser einen Nacht, mich von Party zu Party schleichend, mich hier und da selbst einladend, in Hotelhallen, Wohnungen, Lokalen habe ich mehr erfahren als in den zwei Monaten davor. Gesamtergebnis: erschreckend! Zynische Kommentare, peinliche Formen der Belustigungsbekundung, nur sehr selten wahre und echte Empörung. Sogar ein freier Mitarbeiter der *Welt am Sonntag* und ein dem *Rheinischen Merkur* nahestehender Kolumnist fanden die Sache „doch ganz amüsant“. Im „Doppeldecker“ finden Sie eine komplette Liste aller mir namentlich bekannt gewordenen Personen mit einer exakten Beschreibung ihrer Reaktionen. Mit ihren zahlreichen Taxis, Alkoholika, einer

gelegentlichen Schachtel Pralinen ging diese Nacht natürlich ziemlich in die Spesen — aber es hat sich gelohnt. *Fast* die gesamte hiesige Presse ist mit ihren Reaktionen erfaßt. Ich frage mich nach dieser Erfahrung, ob es noch genügt, lediglich Reaktionen in ihrer Verbalität zu zitieren; ob es nicht angebracht wäre, den physiognomischen Beweis (per Film oder Foto) einzuführen. Manche Gesinnungsobservationen sind, da viele stumm, eben nur durch ihren Gesichtsausdruck reagieren, doch nur als Foto beweiskräftig. Ich bitte, diesen Vorschlag, der sich leicht realisieren ließe, zu bedenken und an entsprechender Stelle zur Sprache zu bringen.
Einhellig war die Empörung nur in kirchlichen Kreisen (bezeichnenderweise r.k. *nicht* ev.). (Ausnehmen muß ich gewisse Personen im „Klösterchen", die doch auf ziemlich eindeutige Weise sbrf sind. Sie finden alles, alles, mit Namen, Daten, Details, Zitaten etc. im „Doppeldecker".)
Ich kam erst gegen 7 Uhr früh nach Hause, badete, zog mich um und ging sofort wieder in die Stadt, um die Reaktionen in der Bevölkerung zu erfassen. Peinliche Überraschung: auch hier fast nur höhnische Genugtuung, kaum Empörung, überall der Hinweis darauf, daß ja *kein Blut geflossen* sei. Diese Einschränkung muß sorgfältig bedacht werden. Zwar hatten weder die Lokalpresse noch die überregionale den Vorfall auch nur erwähnt, aber eine Boulevardzeitung hatte es nicht unterlassen können, das Plakat wortwörtlich abzudrucken: schon lief das Wort „Studentenulk" um, von ebenjener Zeitung unters Volk gebracht. Damit wird sich wohl der Presserat beschäftigen müssen.
Ich besuchte Märkte, Supermärkte, schlich mich in Beerdigungsgesellschaften ein, besuchte eine gewerkschaftliche Versammlung von Kellnern, benutzte mehrmals die Fähre, fuhr etwa zehnmal mit dem Taxi, mischte mich unter Ankömmlinge und Abfahrende auf verschiedenen Bahnhöfen, trank hin und wieder an Theken Bier, in Imbißstuben Kaffee, wartete die Mittagspause einiger größerer Betriebe ab: Gesamtergebnis: negativ. Nur kirchlich gefestigte Bevölkerungskreise waren wirklich empört (*nicht* — damit kein Mißverständnis entsteht — Theologiestudenten, ich verschaffte mir Zutritt zu Vorlesungen, Seminaren und Mensen); der liberale, linksliberale und (soweit vorhanden) linke Teil der Bevölkerung gab sich belustigt bis befriedigt. Äußerungen etwa auf

den Nenner zu bringen „Gut, daß die es auch mal kriegen" bis „Immer feste druff auf die Herren". Was mich besonders beunruhigt: der Berufsstand der Taxifahrer ist offenbar einem Gesinnungswandel unterworfen gewesen: weit mehr Belustigung als Empörung, kein einziger sprach von der Todesstrafe. Lediglich eine Fahrer*in* sagte: „Das geht denn doch zu weit." Ihre Empörung war jedoch mehr auf der „So was tut man nicht"-Seite als auf der politisch bewußten.
Ich hielt es für angebracht, auch zwei Massagesalons zu testen: einen teuren, einen billigeren. Ergebnis negativ. Natürlich, Rotkopfwürger: Spesen, Spesen, Spesen — aber ich denke, es hat sich gelohnt. Rotgimpel

Vertraulicher Bericht

über ein Koordinierungsgespräch dreier Geheimdienstbeauftragter zur Vorlage beim Vertrauensmännergremium.

Gewisse Pannen bei den verschiedenen Aktivitäten zweier Informationsträger und einer Informationsgruppe können nicht geleugnet werden; es wird aber darauf hingewiesen, daß der Schaden gering ist, zusätzliche Kosten nicht entstanden sind und daß Pannen unvermeidlich sind, denn es handelt sich nicht um Tatermittlungsinformationen, sondern um *Gesinnungseinsatz*, und letzterer kann nicht durch „Anseilen" abgesichert werden; eine gelegentliche Verhaftung, ein strenges Verhör ist arbeitsvertraglich eingeplant und somit abgesichert; außerdem muß betont werden, daß Pannen bis zu einem gewissen Grade willkommen sind:

1. Um die absolute Zuverlässigkeit der Informationsträger zu prüfen.
2. Um ihre Härte zu prüfen, d. h., den Punkt herauszufinden, an dem sie bereit sind, ihre Identität preiszugeben.
3. Um fehlerhafte Koordination herauszufinden, muß es zu Pannen kommen.

In den hier zur Sprache stehenden Fällen haben alle Beteiligten den Zuverlässigkeits- *und* den Härtetest bestanden. Bevor nun detailliert über einzelne Erfolge berichtet wird, wird noch einmal ausdrücklich auf den Unterschied zwischen Tatermittlungs- und Gesinnungseinsatz hingewiesen. Im Gesinnungseinsatz werden bestimmte Sicherungen bewußt ausgeschaltet.

Die öffentliche Kritik an den Anordnungen, die man in der Öffentlichkeit fälschlicherweise „Zündholzhysterie" genannt hat, wird ausdrücklich zurückgewiesen, weil ein verspäteter Erfolg diese Aktion, bei der öffentlicher Unwillen unvermeidlich war, gerechtfertigt hat.

Nach dem Hinweis einer Kassiererin im Supermarkt „Mondial" und einem weiteren Hinweis eines Scherzartikeleinzelhändlers konnte inzwischen der Student der Theologie Nikolaus Lifterholt verhaftet werden. Man fand in seiner Stube hinreichende Mengen Kaliumchlorid, Schwarzpulver, Dextrinlösung, Phosphor sowie zerhackte Ein-, Zwei-, Fünf- und Zehnpfennigstücke im Gesamtwert von DM 18,80. Lifterholt hat inzwischen gestanden, daß er ein Attentat auf einen Kardinal geplant hat. Er wollte sich ein hochexplosives Gemisch mit den zerhackten Geldstücken in zwei flachen Spezialrucksäcken während der Priesterweihe (die an ihm in etwa einem halben Jahr vollzogen werden sollte) auf den Rücken schnallen und sich und den hochwürdigsten Herrn Kardinal in die Luft sprengen. Ungeklärt ist lediglich Lifterholts Motiv: er gab an, die „fortgesetzte Fortschrittlichkeit" des Kardinals habe ihn „zum Eingreifen gezwungen". Und zwar wurde dieses Motiv sowohl von progressiven wie von konservativen kirchlichen Kreisen — die unabhängig voneinander befragt wurden — als „sonderbar" bezeichnet. Daß bei der Verhaftung Lifterholts und der notwendigen Untersuchungen aller Studentenbuden dort einmal ausgiebig „gelüftet" werden konnte, ist ein nicht zu unterschätzender Nebeneffekt ebenjener „Zündholzhysterie". Eine Liste der beschlagnahmten Bücher, Zeitschriften etc. wird nachgereicht, sobald die erstellt ist. Daß dort auch Sartre gelesen wurde, kann schon jetzt als erwiesen gelten.

Die Beschlagnahme von eineinhalb Kilo geriebenen Parmesans anläßlich des Jahresempfangs der CSU ist ebenfalls als „hysterisch" bezeichnet worden. Es ist jedoch nachweisbar, daß radikale Kräfte sich Zutritt zu diesem Empfang zu verschaffen wußten — und daß man mittels geriebenen Käses sehr rasch Bomben improvisieren kann. Und wenn da ein einzelner

Landwirt, der seiner „übertriebenen Nachdenklichkeit" wegen aktenkundig ist, seine Kühe erschossen hat, weil ihm die Gedankenkette: Kühe—Milch—Käse—geriebener Käse bedrohlich erschien, so sollte dieser extreme Einzelfall nicht die bereits beschlossenen Maßnahmen behindern. Das gleiche gilt für Unkraut-Ex und Puderzucker: wo *beide* Ingredienzien in größeren Mengen (etwa ab 1 Kilo) eingekauft werden, sollte Wachsamkeit garantiert, die Bewachung von Lagerbeständen sollte gewiß sein. Es ist uns klar, daß solche Maßnahmen die Mode der Gärtnerei wie die des Einmachens erheblich beeinträchtigt, aber man muß auf Unpopularität gefaßt sein. Von der Verwendung geriebenen Käses bei größeren Empfängen wird dringend abgeraten.
Daß die Zündholzeinkaufsmeldebedingungen aufrechterhalten bleiben, erscheint uns angesichts des Falles Lifterholt undiskutabel.
Abschließend kann festgestellt werden, daß der dreimonatige Einsatz im Gesinnungsermittlungsverfahren der zwei Informationsträger und einer Informationsgruppe durch den Erfolg weit über die Erwartungen hinaus gerechtfertigt ist; daß die wenigen Pannen zu Bagatellen erklärt werden können.
Es wurden insgesamt namentlich erfaßt: 736 Journalisten, Studenten, Ministerialbeamte, nicht in ihrer öffentlichen, sondern in ihrer *privaten* Artikulation; die nicht namentlich erfaßten Personen und Personengruppen, die der Stimmungserkundung unterworfen wurden, gehen in die Tausende. Sowohl namentlich erfaßte Einzelpersonen wie anonyme Gruppen sind akribisch gegliedert. Bei allen erfaßten Personen und Gruppen wurde vor allem die Differierungsbereitschaft (im Jargon: „Weichmacherkomponente"!) erfaßt. Merkmale: undiff.; diff.; überdiff.; superdiff. In ähnlicher Weise wurde die Radikalitätsanfälligkeit erfaßt. Außerdem: Lektüre, Neigungen, bevorzugte Reiseziele (im gegenwärtigen Stadium besonders wichtig: Wer reist nach Portugal?). Als Vorergebnis etwa der Erfassungsgruppe Lektüregesinnung kann eine Erfassung der Sartre-Sympathisanten bereits mit eingereicht werden: Von den 736 namentlich erfaßten Personen:
kannten Sartre 204
davon *schätzten* Sartre 78
verteidigten Sartre 23.
Dieses Detail nur als Hinweis für die Wichtigkeit der Ge-

sinnungsarbeit, die bei der Beurteilung beruflicher Förderungswürdigkeit besonders Gewicht bekommt. Es wird beantragt, die Mittel für den Gesinnungseinsatz zu erhöhen.
Es wird außerdem beantragt, Mittel für die physiognomische Erfassung von Gesinnung zu bewilligen. Es ist längst bekannt, daß Fingerabdrücke, Zitate, die üblichen Mittel der Ermittlung durch Beweise für oder über den *Gesichtsausdruck* in bestimmten Situationen ergänzt werden müssen. Das gilt besonders für Zuschauer bei Demonstrationen, es gilt für Teilnehmer an Diskussionen, die sich nie zu Wort melden, aber durch ihren Gesichtsausdruck ihre Gesinnung, Sympathie oder Antipathie bekunden und verraten. Es darf als vorausgesetzt gelten, daß der physiognomische Gesinnungsbeweis nur im Zusammenhang mit der exakt geschilderten Situation, mit der in Frage stehenden Diskussionsverbalität sinnvoll verwendet werden kann. Es sollte für den Gesinnungserfassungseinsatz hinreichend Foto- und Filmmaterial bereitgestellt werden können, erfahrene Porträtfotografen und Psychologen sollten sorgfältig geschult werden, um als physiognomische Gutachter in Verfügung gehalten werden zu können. Eine intern veranstaltete Versuchsreihe oben beschriebener Art ist bereits mit dem Stichwort „Freiheitlich demokratische Grundordnung" vorgenommen worden, und zwar mit Personen aller Alters-, Berufs- und Sozialgruppen, deren Reaktion auf dieses Wort man mit verborgener Kamera erfaßte. Die wissenschaftlich abgesicherte Auswertung dieses Experiments liegt noch nicht vor, es ist aber mit einem verblüffenden Ergebnis zu rechnen.
Falls unüberwindliche Finanzierungsschwierigkeiten auftreten sollten, wird vorgeschlagen, gemeinsam mit dem Forschungsministerium und dem Justizministerium ein Forschungsinstitut unter dem Titel „Gesinnungsphysiognomik" ins Leben zu rufen.

Die Drei

Erwünschte Reportage

Georg Weerth zum Gedächtnis und Günter Wallraff gewidmet

Daß seltsame Dinge auf dieser Erde geschehen, mag als Banalität gelten, und doch, geschehen sie, werden wir von ihnen überrascht, und wohl kaum ein Ereignis hat in letzter Zeit soviel Überraschung hervorgerufen wie die Tat des Land- und Forstarbeiters Heinrich Sohlweg, der die letzte tarifliche Lohnerhöhung seinem Arbeitgeber, dem Grafen Kleroth, nicht demonstrativ, sondern *überzeugt* zurückgab. Man hat dieses Ereignis lange Zeit für eine von der Reaktion manipulierte, von der Presse hochgejubelte Ente gehalten, selbst rechtsgerichtete Blätter sind nur zögernd in diese Story eingestiegen, erschien sie doch auch ihnen wenig glaubwürdig. Jedoch getreu der Devise: „Was wahr ist, muß auch wahr bleiben" soll hier berichtet werden, daß diese wahre Geschichte, die man wie alle wahren Geschichten zunächst für verlogen hielt, tatsächlich wahr ist.
Wer sich heutzutage, aus welcher Richtung immer, Groß-Kleroth nähert, wird selbst an Regentagen den einen oder anderen Pilgerbus nicht übersehen können, der zwischen Kirch- und Schloßplatz auf dem eigens dazu hergerichteten Grundstück des Gastwirts Heuschneider parkt. Nicht alle diese Pilgerbusse sind von jener Organisation in Bewegung gesetzt, die sich „Rettet das Abendland vor dem Materialismus" nennt (Abkürzung RAM, nicht zu verwechseln mit RAF!), gar mancher Bus wird spontan geheuert, nicht nur von ländlichen Gruppen. Und gar mancher Neugierige kommt nicht aus ungemischt edlen Motiven. Mag dem einen oder anderen Pilger wirklich daran liegen, das Abendland vor dem Materialismus zu retten, so wird doch auch dem gläubigsten Pilgrim, und wäre er der krasseste Idealist, ein Arbeiter seltsam vorkommen, der eine Lohnerhöhung ablehnt, nur weil er sie gewerkschaftlichen Tarifverhandlungen verdankt.
Es war denn auch zunächst allen Betroffenen und auch den Betreffenden eher peinlich, als Heinrich Sohlwegs Aktion durch die gezielte Indiskretion eines gewerkschaftsfeindlichen Buchhalters in der gräflichen Forstverwaltung publik wurde. Es

wurde alles getan, um den Vorfall geheimzuhalten, und es muß hier besonders der geradezu unermüdliche Einsatz der jungen Gräfin Kleroth gelobt werden, die alles versucht hat, die Publizierung der Sohlwegschen Tat zu verhindern. Doch da wir in einem freien Land mit einer freien Presse leben, und da besagter gewerkschaftsfeindlicher Buchhalter ebenfalls als freier Mensch in einem freien Land lebt, war da nichts zu machen: es wurde publik, daß Heinrich Sohlweg nach der letzten Tarifrunde eine Lohnerhöhung, die in seinem Fall 67,80 DM netto betrug, gar nicht erst in Empfang nahm, sondern ebendiesen Betrag dem Buchhalter sofort über den Tisch zurückschob mit der Bermerkung, er wolle die „roten Groschen" nicht.

Gefragt, was denn damit geschehen solle, ob man sie einem wohltätigen Zweck zuführen solle, sagte Sohlweg energisch, nein, das Geld gehöre dem Herrn Grafen und niemand sonst, und der solle es auch zurückerhalten; für sich persönlich? Sozusagen als zusätzliche Einnahme? Ja. Es gehöre dem Herrn Grafen, und der solle es haben. Wer je mit Buchhaltung zu tun gehabt oder auch nur in diese hineingerochen hat, wird sich denken können, daß nicht nur die sozusagen moralische Seite der Sache peinlich genug war, auch die buchungstechnische. Wie sollte man den Betrag buchen? Als Spende? Zusätzliche Einnahme? Selbst als er — diesmal von der jungen Gräfin Kleroth, die keineswegs linksverdächtig ist — darauf aufmerksam gemacht wurde, daß mehr als die Hälfte des Betrages angesichts der gräflichen Steuerklasse ohnehin ans Finanzamt ginge, bestand Sohlweg auf die Rücknahme des Betrags, den man dann nach einer langwierigen mündlichen Verhandlung als „verweigerte Lohnerhöhung" buchte.

Es muß noch einmal hervorgehoben werden, daß selbst erklärt reaktionäre, extrem gewerkschaftsfeindliche Kreise, zu denen man auch die junge Gräfin Kleroth zählen muß, mit äußerster Zurückhaltung auf Sohlwegs Aktion reagierten, während mehr oder weniger linke Publikationsorgane an der Version „Zeitungsente der Reaktion" festhielten. Hatte sich der gute Heinrich Sohlweg, sechsunddreißig Jahre alt, verheiratet, zwei Kinder, r. k., zwischen sämtliche Stühle gesetzt? Keineswegs. Graf Kleroth nahm die Lohnrückzahlung ungerührt an, verleibte das Geld bar seiner Brieftasche bzw. das Kleingeld seinem Portemonnaie ein und genehmigte sich zwei besonders gute Flaschen trockenen Moselweins, und selbst als Sohlweg davon erfuhr (es wurde gemunkelt, daß der Graf ihn zu einem Schoppen eingeladen habe, was Sohlweg, Antialkoholiker, aber ablehnte), traf ihn keineswegs auf der verdrießlichen Seite seines Gemüts, sondern er nahm's fröhlich und sagte: „So soll es ja sein, der Herr Graf ist mein Herr, und meinem Herren soll es wohl ergehen. Nicht mein Herr soll mir unterworfen sein, sondern ich ihm, und mag er als Zeichen meiner Unterwerfung von den roten Groschen, die nicht mir, sondern ihm gehören, einen guten Tropfen trinken." Gar mancher Leser wird sich inzwischen die Augen gerieben haben und sich fragen, ob er wache oder träume, ob er einem Lügner oder Märchenerzähler aufgesessen sei. Diese Frage muß hier energisch verneint werden: die Sohlweg-Story ist *wahr*, und mag sie — analysiert man sie — noch so verlogen wirken, wahr ist sie, im Sinne von: So hat es sich zugetragen. Sohlweg lehnte auch künftige (inzwischen vergangene) Lohnerhöhungen ab, und wenn man den Angaben des Hauptbuchhalters der gräflichen Landwirtschafts- und Forstverwaltung glauben kann, so beläuft sich die Summe der verweigerten Lohnerhöhungen bisher auf 1870 DM, eine Summe, von der Frau Sohlweg gesagt haben soll: „Das ist ja das Drittel eines Autos." Die Sohlwegschen Kinder, Brigitte, 12, Klaus Anton, 9, sollen sich ähnlich zynisch geäußert haben. Brigitte, linksinfiziert, wird eine Äußerung zugeschrieben, die sie in einer Diskothek in Klein-Kleroth getan haben soll: „Diesem feudalistischen Ausbeuterschwein die Piepen zurückzugeben!" Während Klaus Anton, noch in der katholischen Grundschule von Groß-Kleroth, lediglich mit weinerlichem Unterton gesagt haben soll: „Der Graf hat doch Geld genug — und ich hab immer noch kein Fahrrad."

Alle dieser der Familie Sohlweg zugeschriebenen Äußerungen sind *unwahr*. Frau Sohlweg ist mit dem Opfer ihres Mannes einverstanden, die beiden Kinder leugnen die ihnen zugeschriebenen Äußerungen und gehen weiterhin, um das karge Einkommen der Familie aufzubessern, zur Ähren- und Kartoffelnachlese, zum Brombeerpflücken und Pilzesammeln, sie weigern sich, Geld und Geschenke anzunehmen, die die junge Gräfin ihnen gelegentlich zustecken möchte.

Nun könnte man annehmen wollen, daß die Familie Sohlweg

duckmäuserisch oder gar muffig sei: das Gegenteil ist der Fall. Es werden dort fröhliche Lieder gesungen und muntere Tänze getanzt, wenn auch der einzige Wandschmuck in einer Tafel besteht, auf der zu lesen ist: „Ich dien'."
Im Saal der Gastwirtschaft Heuschneider — bei gutem Wetter im Wirtshausgarten — gibt Sohlweg denn auch fröhlich vor kleineren Pilgergruppen — er weigert sich, an Massenveranstaltungen teilzunehmen — seine Philosophie zum besten: Der Graf, so sagt er, sei nun einmal sein Herr, der Besitz seines Herrn sei ihm heilig, und jeder Groschen, den die Roten seinem Herrn abknöpften, sei eine Verminderung des Herrentums, dem er sich freiwillig, fröhlich unterwerfe, und außerdem, er brauche das Geld tatsächlich nicht; seine Familie und er seien zweifach gesegnet: mit Bescheidenheit und Fleiß, und wer fleißig und bescheiden sei, sei noch immer auf dieser Erde zurechtgekommen. Es müsse endlich ein Zeichen gesetzt werden, das dem Materialismus, dem Lohnegoismus der Arbeiter ein Ende setze, und er, Sohlweg, habe dieses Zeichen setzen wollen. Nicht mehr und nicht weniger, und wenn dann die Pilger, so verlegen wie gerührt, irgendeinen Obolus loswerden wollen — sie sind gewöhnt, nichts kostenlos zu erhalten —, so verweist Sohlweg sie auf den Opferstock der nahe gelegenen Pfarrkirche; er nimmt nichts, nicht einmal ein Bier: nur wenn man ihn arg bedrängt, läßt er vielleicht sich herab, eine Zigarette anzunehmen.
Die RAM ist inzwischen massiv in die Sohlweg-Story eingestiegen, bisher ohne Erfolg, was die Werbung von Sohlweg-Nachfolgern betrifft, und zwar, das hat eine Analyse ergeben, schämen sich diejenigen unter den Arbeitern, denen Sohlwegs „Grundgedanken nicht unsympathisch sind". Nicht den geringsten Anklang, nicht einmal theoretischen, hat der Sohlwegismus bisher unter Beamten gefunden; der Klerus schwankt: gewisse klerikale Gruppen sympathisieren, andere fürchten den moralischen Rigorismus. Graf Kleroth äußert sich nie zu Sohlweg: weiterhin ungerührt nimmt er die zusätzliche Einnahme oder — zutreffender ausgedrückt — zurückgegebene Nichtausgabe aus den Händen seines Buchhalters entgegen als direktes, ihm zustehendes Opfer, das er in Wein verwandelt. Und doch: irgendwie wird man in Groß-Kleroth dieser Sache nicht ganz froh. Nach neuesten Informationen soll die Vermutung geäußert worden sein, Sohlweg

sei kein Knecht der Reaktion, sondern ein Söldling der Gewerkschaften. Die RAM hat eine entsprechende Untersuchung eingeleitet. Wahr ist: unheimlich ist Sohlweg allen Beteiligten, Interessierten und Betroffenen, aber vielleicht sollte man von der Wahrheit keine Gemütlichkeit erwarten.

Höflichkeit bei verschiedenen unvermeidlichen Gesetzesübertretungen

Es scheint müßig, die selbstverständlichen Formen der Höflichkeit zu loben:
daß man natürlich einem Kind die Haustür aufhält
ein Kind beim Einkaufen nicht nur nicht zurückdrängt, sondern vorläßt
ein ermüdetes Schulkind, das streßgeplagt heimwärts fährt, friedlich seinen Sitzplatz in der Straßenbahn, in Bus oder Eisenbahn genießen läßt, ohne es verbal oder sei es auch nur durch erzieherisch-moralisches Anstarren in seinem wohlverdienten Frieden zu stören
für selbstverständlich halte ich auch, daß man sein Kind, seine Katze, Hund oder Vogel nicht hungern läßt und notfalls zum Mundraub bereit ist, und natürlich sollte man auch seine Frau oder Freundin nicht hungern oder dursten lassen
Und sie alle soll man auch nicht prügeln, auch dann nicht, wenn sie danach verlangen, wie ja überhaupt die Höflichkeit der Hände eine der wichtigsten Höflichkeiten ist
auch soll man dem geehrten Gast nicht die erste, auch nicht die zweite, wenn eben geht auch nicht die dritte, sondern die vierte Tasse aus der Teekanne einschenken, eingedenk des chinesischen Spruches: die Höflichkeit liegt nahe am Boden der Teekanne....
zu den selbstverständlichen Höflichkeiten gehört auch, daß man im Umgang mit Menschen beiderlei Geschlechts, die sich als Untergebene empfinden — denn AN SICH ist der Begriff der Untergebenheit natürlich unzulässig —, ein paar Töne leiser, zurückhaltender sein soll als im Umgang mit denen, die sich für Vorgesetzte halten; natürlich ist auch der Begriff des Vorgesetzten AN SICH unzulässig, denn man kann ja nicht einfach einen Menschen vorgesetzt bekommen, wie man etwa eine Suppe vorgesetzt bekommt, und man sollte ja zu diesen Vorgesetzten nicht etwa laut und grob, sondern nur ein paar Töne leiser und weniger höflich sein; dieses Vorgehen könnte die Strukturen ein wenig ändern.
Man sollte auch nicht jemandem, der einem unsympathisch ist,

das einfach ins Gesicht sagen, etwa mit den Worten: „Ihre Fresse gefällt mir nicht!" Man kann sein Mißfallen auch höflich ausdrücken, etwa in folgender, möglichst schriftlicher Form, da die Mündlichkeit immer die Gefahr der Grobheit enthält: „Auf Grund unerfindlicher, nicht analysierbarer, ich will nicht sagen auf Grund kosmischer Konstellationen, denn ich will nicht die Gestirne und ihre Aszendenten allein verantwortlich machen — auf Grund also von Gegebenheiten, die weder allein schuld- noch allein schicksalhaft sind, sind die — sagen wir — Sympathiestränge zwischen uns leider — ich bitte Sie dieses „leider" als einen Ausdruck sowohl meiner Trauer als meines abstrakten Respekts vor Ihrer Persönlichkeit zu interpretieren —, die Sympathiestränge zwischen uns haben sich als nicht belebbar erwiesen. Obwohl Sie eine ‚an sich' durchaus angenehme Person und Erscheinung sind, halte ich es deshalb für angebracht, ja geboten, die Anzahl unserer Begegnungen auf ein Minimum zu beschränken, jenes Minimum, das uns aus beruflichen Gründen zwingt, hin und wieder Hände zu schütteln, Details zu besprechen, die nun einmal bei der immer wichtiger werdenden Produktion von (hier kann das jeweilige Produkt eingesetzt werden, etwa: Romane, Muttern, Heringe in Aspik) unerläßlich sind. Über dies notwendige Maß hinaus wollen wir uns den Klang unserer Stimmen, den Anblick von Haut und Haaren, die Wahrnehmung der Gerüche, die wir ausstrahlen, ersparen. Ich teile Ihnen dies mit, nicht ohne Trauer, in der Hoffnung, daß jene unerfindlichen Konstellationen und Kombinationen sich ändern, die Sympathiestränge zwischen uns sich beleben, daß eine veränderte Gesamt-Sympathielage uns möglicherweise in den Stand versetzen könnte, die notwendigen beruflichen Kontakte ins Private hinaus auszudehnen. Mit dem Ausdruck meiner vorzüglichsten Hochachtung."

Solche Formen der Höflichkeit erscheinen mir als zu selbstverständlich, als daß ich mehr als andeutungsweise auf sie eingehen möchte.

So schwierig wie notwendig dagegen erscheint es mir, auf Höflichkeit in unkonventionellen, ja sogar illegalen Situationen hinzuweisen. Es muß betont werden, daß die Handlungen, auf die ich eingehen möchte, AN SICH nicht nur unkonventionell oder unsittlich, sondern ausgesprochen kriminell sind. Nehmen wir etwa ein AN SICH so kriminelles wie unhöfliches Delikt wie den Bankraub oder den Banküberfall, und denken wir an jene bis dato so gesetzestreue, anständige, ehrenwerte Dame, die am hellichten Tag — genauer gesagt gegen 15.29 Uhr — im Vorort einer deutschen Großstadt eine Sparkasse um 7 000 Mark erleichterte. Man muß sich das einmal vorstellen: eine einundsechzigjährige Dame von der Sorte, die man zerbrechlich nennt, bei deren Anblick man an Patiencen oder Bridge denkt, Witwe eines Oberstleutnants, betritt die Filiale einer Sparkasse, um sich illegal in den Besitz von Geld zu bringen! Wenn diese Dame als die „höfliche Bankräuberin“ bekannt geworden, sogar in den Polizeiakten als solche bezeichnet worden ist, so ist mit dem Adjektiv höflich ihre besondere Gefährlichkeit gemeint. Diese Dame hat instinktiv getan, was der höfliche Bankräuber tun muß: an Waffen, an Gewalt, an Geschrei gar nicht erst zu denken, solche plumpen Methoden gar nicht erst zu erwägen. Es ist ja nicht nur unhöflich, auch gefährlich, mit Pistolen oder Maschinengewehren herumzufuchteln und zu schreien: „Her mit dem Zaster, oder es knallt!“, und natürlich geht eine Dame wie die unsrige nicht einfach aus abstrakter Geldgier in die nächstbeste Bank, auch nicht, weil sie plötzlich aus dem Gleichgewicht geraten ist, sondern weil sie in einer vertrackten Situation ihr Gleichgewicht wiedergefunden hat. Sie hat sich diese Aktion genau überlegt und hat ihre Motive!

Die Zwangslage, die diese Dame zu jener, gelinde gesagt, unkonventionellen Handlung zwingt, muß kurz skizziert werden: sie hat einen Sohn, der auf die schiefe Bahn geraten, verschiedene kleine Haftstrafen abgesessen, nun aber, wieder einmal aus dem Gefängnis entlassen, eine Freundin gefunden hat, die stabilisierend auf ihn wirkt und einwirkt, er soll eine Chance als Arzneimittelvertreter bekommen — seine Mutter hat ein kleines Vermögen an Telefon und Portokosten ausgegeben, hat sämtliche Beziehungen — darunter solche zu zwei noch aktiven Generalen — spielen lassen, um ihm diese Chance zu verschaffen. Und nun kommt unerwartet und im letzten Augenblick die Forderung der Firma: 5 000 Mark Kaution! Die Mutter — jene Dame, die als die höfliche Bankräuberin bekannt geworden ist — hat ihm eine kleine Wohnung besorgt, sie hat Zuneigung zu seiner Freundin gefaßt, alles läuft bestens, und nun das Unvorhergesehene: 5 000 Mark Kaution! Man muß sich das einmal vorstellen: die Dame hat ihr Bankkonto schon erheblich überstrapaziert, ihre Pension ist auf ein Existenzminimum geschrumpft, der größere Teil geht in die Kasse der Bank zurück; sie hat angepumpt, wen immer sie anpumpen konnte, Bridgefreundinnen, alte Kameraden ihres Mannes, darunter zwei Obristen und ein General, lauter nette Menschen; sie hat schon das Frühstücksei von ihrem Menü gestrichen, und nun steht sie da in ihrer Wohnung, und es fällt ihr nur der Spruch ein: „Woher nehmen, ohne zu stehlen?", und dieser so beliebte Spruch wird der Sparkasse zum relativen Verhängnis. „Woher nehmen, ohne zu stehlen" — da bietet sich ja das Stehlen sozusagen von selbst an. Es muß hinzugefügt werden, daß die Dame nicht nur zerbrechlich, auch stolz ist. Immer wieder hat sie sich demütigen, hat sich belehren lassen müssen, sie hat einige tausend wohlmeinende Ratschläge über sich ergehen lassen, hämische Bemerkungen über ihren geliebten Sohn geschluckt, sie hat den größeren Teil ihrer Möbel verkauft, hat ihren Collie abgeschafft, an dem sie sehr hing, und sich darüber mit ihrer besten Freundin zerstritten, die tatsächlich sagte: „Ein Hund für einen Hund — das ist kein Geschäft", sie hat ihren Sohn in einigen Gefängnissen besucht, Anwälte bezahlt, Reisekosten gehabt. Der einzige Luxus, den sie noch hat, ist das Telefon: damit ihr Sohn sie jederzeit anrufen kann, sie ihn, wenn er gerade Telefon hat. Es gibt sogar Augenblicke, wo sie ihn nicht nur zu verstehen *glaubt*, sondern sogar versteht. Die gesellschaftlichen Erfahrungen der vergangenen vier Jahre haben sie *innerlich* an den Rand der Asozialität gedrängt, äußerlich noch nicht: sie ist eine gepflegte ältere Dame, sieht jünger aus, als sie ist, und nun, nachdem ihr Sohn telefonisch Alarm gegeben hat, fällt ihr der verhängnisvolle Spruch ein: „Woher nehmen, ohne zu stehlen", und die Moral dieses Spruchs hakt bei ihr an einer Stelle ein, die die Verbreiter solcher Sprüche nicht vorausgeahnt haben. Stehlen, denkt sie, das ist die Lösung, als ihr gegen 14.30 Uhr jene gepflegte kleine Sparkassenzweigstelle einfällt, die in einem benachbarten Vorort am Rande eines Parks liegt. Bevor sie das Haus verläßt, füttert sie noch ihre hübschen Zwergfinken, das sind winzige Vögel von der Größe eines halben Daumens, die sie sich noch leisten kann. Das Wort Stehlen, ihr so unvertraut, wird ihr immer geläufiger, während sie sich dem Park im Nachbarvorort nähert, den sie ungefähr gegen 15.05 erreicht. Stehlen, denkt sie, wo stiehlt man Brot? In der

Bäckerei. Wo stiehlt man Wurst? In der Metzgerei. Wo stiehlt man Geld? Aus einer Ladenkasse oder in einer Bank. Die Ladenkasse wird sofort ausgeschlossen, das ist ihr zu *persönlich*, sie will niemanden direkt berauben; außerdem: in welcher Ladenkasse sind schon 5000 Mark? Eine Ladenkasse zu berauben kommt ihr auch zu zudringlich, fast aufdringlich vor. Gewissensbisse hat sie schon längst keine mehr, schon ist sie in taktischen und strategischen Überlegungen begriffen; sie blickt aus einem Gebüsch auf die kleine, sehr vornehme Sparkasse da drüben, von der sie weiß, daß sie um 15.30 schließt. Der Schalterraum ist leer, und es schießen ihr merkwürdige Dinge durch den Kopf: sie hat natürlich hin und wieder ferngesehen, geht auch schon mal ins Kino, und sie denkt — nicht an Waffen, nicht einmal an Spielzeugwaffen, sondern sie denkt an den Strumpf, den man sich übers Gesicht zieht: das hat ihr immer ein Schaudern verursacht, weil es ihr ästhetisches Gefühl verletzte, wie da ein menschliches Antlitz verunstaltet wurde; außerdem findet sie es unter ihrer Würde, hier in diesem Gebüsch eines ihrer Beine des Strumpfes zu berauben; das würde sie ja auch für eventuelle Verfolger kenntlich machen. In dieser Überlegung *treffen* sich — wie der geneigte Leser sofort feststellt — Ästhetik, Moral und Taktik in einmaliger Weise! In ihrer Handtasche hat sie eine riesige Sonnenbrille — ein Geschenk ihres Sohnes, der meinte, die würde ihr gut stehen —, sie setzt die Brille auf, zerwühlt sich das ansonsten so gepflegte Haar, tritt aus dem Gebüsch, überquert die Straße, betritt die Sparkasse: am rechten Schalter eine junge Dame, die mit Buchungsbelegen beschäftigt ist und ihr freundlich zulächelt, ein bißchen gequält, weil der Schalterschluß nur noch wenige Minuten bevorsteht; der mittlere Schalter ist geschlossen; am linken steht ein junger Mann von etwa 34 und zählt die Tageskasse; er blickt auf, lächelt sie höflich an und sagt das übliche: „Womit kann ich Ihnen dienen, gnädige Frau?" In diesem Augenblick greift sie in ihre Handtasche, zieht die Hand als geballte Faust heraus, tritt näher an den Schalter heran und flüstert: „Eine außergewöhnliche Zwangslage zwingt mich zu diesem leider unvermeidlichen Überfall. In meiner rechten Hand habe ich eine Nitritkapsel, die großes Unheil anrichten kann. Ich bedauere außerordentlich, daß ich Ihnen drohen muß, aber ich brauche sofort 5000 Mark. Geben Sie sie mir. Sonst ..."

Die Tragik der Situation wird hier erhöht durch die Tatsache, daß auch der Bankbeamte — wie die meisten seiner Kollegen — ein höflicher Mensch ist, dem das „sonst" nicht den geringsten Schrecken einjagt, der die Not der Dame aber sofort begreift. Außerdem fordern professionelle Bankräuber nie bestimmte Summen, sondern alles. Er hält im Zählen — er ist ausgerechnet bei den Fünfhundertmarkscheinen! — inne und flüstert: „Sie bringen mich in eine peinliche Lage, wenn Sie nicht mehr Gewalt anwenden. Kein Mensch wird mir die explosive Kapsel glauben, wenn Sie nicht schreien, drohen, eine glaubwürdige Szene aufführen. Schließlich gibt es auch bei Banküberfällen Spielregeln. Sie machen das ganz falsch." In diesem Augenblick verläßt die junge Dame ihren Schalter, schließt die Bank von innen ab, läßt aber den Schlüssel stekken. Die alte Dame, nicht weniger entschlossen, sondern entschlossener denn je, erkennt ihre Chance. „Diese Kapsel", flüstert sie drohend. „Nitrit" sagt der Bankbeamte, „ist nicht explosiv, sondern nur giftig. Wahrscheinlich meinen Sie Nitroglyzerin." — „Das meine ich nicht nur, das habe ich." Man sieht schon, daß der Bankbeamte — bzw. sein Geld — verloren ist. Anstatt einfach den Alarmknopf zu drücken, läßt er sich auf Diskussion ein, außerdem hat er doch inzwischen Schweißtröpfchen auf Stirn und Oberlippe und grübelt darüber nach, wozu die Dame das Geld wohl brauchen könnte: Trinkt sie? Ist sie süchtig? Hat sie Spielschulden? Einen rebellischen Liebhaber? Er grübelt zuviel, macht nicht von seinem Recht Gebrauch, und in diesem — man kann wohl sagen *stark* meditativen Intermezzo greift die alte Dame einfach durch den Schalter, schlau genug, dies mit der linken Hand zu tun, ergreift so viel Fünfhundertmarkscheine, wie sie greifen kann, rennt zur Tür, schließt sie auf, überquert die Straße, verschwindet im Gebüsch — und erst als sie schon lange außer Sichtweite ist, gibt der Beamte Alarm. Es ist ziemlich sicher, daß *dieser* Bankbeamte einem unhöflichen Bankräuber viel energischer entgegengetreten wäre, er hätte ihm auf die geballte Faust geschlagen, Alarm gegeben.
Diese Sache hatte natürlich verschiedene Nachspiele. Die wichtigsten seien hier angedeutet: die Dame wurde nie geschnappt, der Kassierer wurde nicht entlassen, nur an eine Stelle versetzt, wo er weder mit Geld noch mit Publikum direkten Kontakt hatte. Als die Dame feststellt, daß sie statt

5000 Mark 7000 Mark erwischt hatte, überwies sie 1900 zurück, denn sie war raffiniert genug, das Geld nicht telegrafisch zu überweisen, was ja zu ihrer Identifizierung hätte führen können, sie erlaubte sich ein Taxi, fuhr zum Bahnhof, mit dem nächsten Zug zu ihrem Sohn — und das kostete sie etwa 90 Mark, die restlichen 10 gebrauchte sie für Kaffee und Kognak, die sie im Speisewagen zu sich nahm und verdient zu haben glaubte. Sie legte ihrem Sohn, als sie ihm das Geld übergab, die Hand auf den Mund und sagte: „Frag *nie*, woher ich's habe." Sie telefonierte dann mit ihrer Nachbarin und bat sie, den hübschen Zwergfinken Futter zu geben. Fast überflüssig, zu sagen, daß es mit ihrem Sohn ein gutes Ende nahm: er las natürlich in der Zeitung von dem merkwürdigen Überfall der „höflichen Bankräuberin", und dieser Akt der Solidarisierung durch eine kriminelle Handlung von seiten seiner Mutter wirkte moralisch stabilisierend auf ihn, mehr als einige tausend gute Ratschläge, mehr auch als seine stabilisierende Freundin; er wurde ein zuverlässiger Arzneimittelvertreter mit Aufstiegschancen, konnte sich allerdings nicht verkneifen, seiner Mutter bei mehreren Gelegenheiten zu sagen: „Daß du *das* für mich getan hast." *Was*, wurde nie ausgesprochen. Nach längeren Beratungen mit sich selbst setzte die Dame die Rückzahlungsrate an die Bank auf eine Mark monatlich an, ihre Begründung für diese geringe Rate: „Banken können warten." Dem Bankbeamten schickte sie hin und wieder Blumen, ein Buch oder ein Theaterbillett und vermachte ihm in ihrem Testament das einzige wertvolle Möbelstück, das sie noch besaß: eine geschnitzte Hausapotheke in neogotischem Stil.

Man sieht: Höflichkeit lohnt sich, für Bankbeamte und Bankräuber, und wenn Bankräuber Waffen oder Sprengkapseln, grobe Worte, grobes Auftreten völlig aus ihren Überlegungen ausschließen, wird man eines Tages vielleicht gar nicht mehr von Banküberfällen, sondern nur noch von erzwungenen Darlehen sprechen, bei denen nur von einem gewaltlosen Zweikampf zwischen zwei verschiedenen Erscheinungsformen der Höflichkeit gesprochen werden kann.

Nun muß hinzugefügt werden, daß Bankraub — wenn er gewaltlos und ohne körperliche Schäden verläuft — ein ziemlich populäres Vergehen ist: jeder geglückte Bankraub, bei dem

niemand verletzt wurde, löst Glücksgefühle und auch Neid bei denen aus, die jederzeit einen geglückten und gewaltlosen Bankraub ausführen würden, hätten sie den Mut dazu.
Viel schwieriger ist es, bei einem ebenfalls strafwürdigen Vergehen wie der *Desertion* Höflichkeit auch nur zu erwähnen. Seltsamerweise hält man Deserteure für feige, ein Urteil, das bei näherer Betrachtung nicht aufrechterhalten werden kann. Der Deserteur im Krieg riskiert, erschossen zu werden — von Freund oder Feind, denn er weiß ja nie, wem er sich da in die Hände begibt, wenn er auch zu wissen glaubt, aus wessen Händen er sich da entfernt. Wie immer man da welche nationalen Maßstäbe anlegen möchte — und seltsamerweise sind sich da alle Nationen einig — der Deserteur im Krieg riskiert etwas, und man sollte sein Risiko respektieren. Doch hier soll vom *höflichen* Deserteur *im Frieden* gesprochen werden, von jenem unbekannten jungen Mann, der den Militärdienst verläßt, ohne von seinen Rechten — etwa das Recht der Verweigerung — Gebrauch zu machen; der abhaut, untertaucht, wenn möglich ins Ausland, weil er einfach keine Lust mehr hat und der Hauptbürde des Soldatenlebens — der Langeweile — überdrüssig ist, den weder die mehr oder weniger erzwungene Kameraderie noch der sogenannte Dienst locken, den Geld, Essen, Führerschein, Bildungschancen, Aufstiegsangebote gleichgültig lassen; ein netter deutscher Junge, der — sagen wir — seinen Eichendorff in der Schule gelesen hat — und ihn „umwerfend“ fand; ein sympathischer Junge, der die Schule nicht absolvierte, weil sie ihm zu langweilig wurde; der Tischler wurde, eine Sache, die ihm Spaß machte; der kurz nach der Gehilfenprüfung zum Wehrdienst eingezogen wurde, an Panzerfahrzeugen, Waffen aller Art völlig desinteressiert, auch an Politik nicht interessiert, sondern nicht ausschließlich, aber sehr stark an der Herstellung von Möbeln, wie er sie bei verschiedenen Aufenthalten in Italien in den Erdgeschoßwerkstätten von Rom oder Florenz, vielleicht auch Siena beobachtet hat; moralische Probleme — daß da hin und wieder Möbel regelrecht gefälscht werden — interessieren ihn nicht, er will, er wollte dorthin und findet sich statt dessen unversehens in einer Infanteriekaserne in — sagen wir — Neu-Offenbach. Natürlich kann man diesem jungen Mann eine Menge ernsthafter Vorwürfe machen: daß er kein Staatsbürgerbewußtsein hat, daß er nicht nach, sondern besser vor

der Einberufung hätte abhauen sollen, nach — sagen wir — Bologna; man kann ihm vorwerfen, daß er kein Pflichtbewußtsein hat — obwohl das nicht zutrifft, denn der Meister, bei dem er gelernt hat, der inzwischen ein Opfer wirtschaftlicher Strukturwandlungen geworden ist, hat ihm ein vorzügliches Zeugnis ausgestellt; seine Eltern, seine Lehrer, sogar sein Freund haben ihm immer wieder beizubringen versucht, daß man *realistisch* denken muß, doch dieser sympathische junge Mann denkt *realistisch*, er denkt an abgelagertes Holz, an Leim und Schrauben, an Hobelbänke und geschweifte Stuhlbeine, er denkt natürlich auch an Mädchen und Wein und solche Sachen. *Nur*: die Bundeswehr sagt ihm nicht nur nicht zu: sie sagt ihm nichts, sie gibt ihm nichts. Solche Fälle gibt es ja. Es nutzt nichts, das zu beklagen, wenn es auch AN SICH beklagenswert ist. Der Junge ist nun einmal so, und man muß ihm zugestehen, daß er sich relativ fair verhalten hat, denn er hat den sogenannten Grunddienst getreulich absolviert: das hat er nicht etwa eingesehen, es hat seine Neugierde erregt, wenn auch nicht seine Einsicht geweckt. Nun aber hat er einfach die Nase voll, und er wendet sich nicht an irgendwelche Beratungsstellen — kirchliche, staatliche, überparteiliche —, nein, er haut einfach ab, da er aber ein höflicher Mensch ist, haut er nicht sang- und klanglos ab, er schreibt — aus sicherer Entfernung und mit irreführendem, nämlich Schweizer Porto — einen Brief an seinen Kompaniechef.

„Sehr geehrter Herr Hauptmann, daß ich Ihrem Beruf, den ich jetzt noch ein Jahr lang ausüben müßte, keinen Reiz abgewinnen kann, sollte Sie nicht kränken, wie ich Sie überhaupt bitte, meine Desertion nicht persönlich und schon gar nicht als beleidigend zu empfinden. Ich bin nun einmal kein Soldat und werde nie einer werden, und nichts läge mir ferner, als Ihnen einen Vorwurf draus zu machen, daß Sie kein Tischler sind und wahrscheinlich nicht wissen, was eine Zarge ist, und schon gar nicht, wie man eine solche erstellt. Natürlich weiß ich, und ich bitte Sie, das immer vorauszusetzen, daß es zwar Gesetze gibt, die einen Menschen zwingen können, für eineinviertel Jahre Soldat zu sein, aber keine Gesetze, die einen zwingen, etwas von Zargen zu verstehen, und so weiß ich auch, daß mein Vergleich Soldat/Tischler hinkt. Lassen wir ihn also hinken, und wenn es dieses Gesetz gibt, das mich zwingt, mich ein weiteres Jahr auf eine fürchterliche Weise zu langweilen, so teile ich Ihnen hierdurch mit, daß ich dieses Gesetz eben breche. Was mich daran schmerzt, ist die Tatsache, daß Sie ein so netter, sympathischer, verständnisvoller Vorgesetzter waren, daß ich es natürlich vorziehen würde, einem miesen, biestigen Offizier den Schmerz zuzufügen, den ich Ihnen möglicherweise zufüge. Sie haben mich, der ich sowenig die absurden Dienstvorschriften begreife, einige Male vor Bestrafung geschützt, Sie haben zu so mancher Torheit, die meine Unteroffiziere und sogar meine Kameraden erregte, verständnisvoll gelächelt, so verständnisvoll, daß ich in Ihnen einen heimlichen Deserteur vermute, und das sollten Sie nun wiederum nicht als Beleidigung, sondern als Schmeichelei verstehen. Ich will mich kurz fassen: *als* Vorgesetzter waren Sie noch besser als mein Meister, aber *was* Sie — oder besser gesagt: die Armee — mir vorsetzte, war einfach unerträglich, es gilt weder dem Essen noch dem Taschengeld, sondern einfach dieser entsetzlichen Tätigkeit, die man ‚die Zeit totschlagen' nennt. Ich will einfach meine Zeit nicht mehr totschlagen, ich will sie zum Leben erwecken — mehr nicht — und auch nicht weniger.

Das einzige Vernünftige, das einzige, was mir Spaß gemacht, war der viertägige Katastropheneinsatz bei den Überschwemmungen in Oberduffendorf: das war wohltuend, mit dem Schlauchboot von Haus zu Haus zu paddeln und den Eingeschlossenen von Oberduffendorf heiße Suppe, Kaffee, Brot und die Bildzeitung zu bringen — da leuchtete so manches Gesicht in Dankbarkeit. Aber ich bitte Sie, Herr Hauptmann, wäre es nicht geradezu makaber oder gar frevelhaft, auf weitere Katastrophen zu warten, um im Wehrdienst einen Sinn zu sehen? In der Hoffnung, daß Sie einige meiner Gedanken verstehen, meine Motive nicht verachten, bin ich mit höflichem Gruß der Ihre."

Du fährst zu oft nach Heidelberg

Für Klaus Staeck, der weiß, daß die Geschichte von Anfang bis Ende erfunden ist und doch zutrifft.

Abends, als er im Schlafanzug auf der Bettkante saß, auf die Zwölf-Uhr-Nachrichten wartete und noch eine Zigarette rauchte, versuchte er im Rückblick den Punkt zu finden, an dem ihm dieser schöne Sonntag weggerutscht war. Der Morgen war sonnig gewesen, frisch, maikühl noch im Juni, und doch war die Wärme, die gegen Mittag kommen würde, schon spürbar: Licht und Temperatur erinnerten an vergangene Trainingstage, an denen er zwischen sechs und acht, vor der Arbeit, trainiert hatte.

Eineinhalb Stunden lang war er radgefahren am Morgen, auf Nebenwegen zwischen den Vororten, zwischen Schrebergärten und Industriegelände, an grünen Feldern, Lauben, Gärten, am großen Friedhof vorbei bis zu den Waldrändern hin, die schon weit jenseits der Stadtgrenze lagen; auf asphaltierten Strecken hatte er Tempo gegeben, Beschleunigung, Geschwindigkeit getestet, Spurts eingelegt und gefunden, daß er immer noch gut in Form war und vielleicht doch wieder einen Start bei den Amateuren riskieren konnte; in den Beinen die Freude übers bestandene Examen und der Vorsatz, wieder regelmäßig zu trainieren. Beruf, Abendgymnasium, Geldverdienen, Studium — er hatte wenig dran tun können in den vergangenen drei Jahren; er würde nur einen neuen Schlitten brauchen; kein Problem, wenn er morgen mit Kronsorgeler zurechtkam, und es bestand kein Zweifel, daß er mit Kronsorgeler zurechtkommen würde.

Nach dem Training Gymnastik auf dem Teppichboden in seiner Bude, Dusche, frische Wäsche, und dann war er mit dem Auto zum Frühstück zu den Eltern hinausgefahren: Kaffee und Toast, Butter, frische Eier und Honig auf der Terrasse, die Vater ans Häuschen angebaut hatte; die hübsche Jalousie — ein Geschenk von Karl — und im wärmer werdenden Morgen der beruhigende, stereotype Spruch der Eltern: „Nun hast du's ja fast geschafft; nun hast du's ja bald geschafft." Die Mutter hatte „bald", der Vater „fast" gesagt — und immer wieder der wohlige Rückgriff auf die Angst der vergangenen Jahre, die sie einander nicht vorgeworfen, die sie miteinander geteilt hatten: über den Amateurbezirksmeister und Elektriker zum gestern bestandenen Examen, überstandene Angst, die anfing, Veteranenstolz zu werden; und immer wieder wollten sie von ihm wissen, was dies oder jenes auf spanisch hieß: Mohrrübe und Auto, Himmelskönigin, Biene und Fleiß, Frühstück, Abendbrot und Abendrot, und wie glücklich sie waren, als er auch zum Essen blieb und sie zur Examensfeier am Dienstag in seine Bude einlud: Vater fuhr weg, um zum Nachtisch Eis zu holen, und er nahm auch noch den Kaffee, obwohl er eine Stunde später bei Carolas Eltern wieder würde Kaffee trinken müssen; sogar einen Kirsch nahm er und plauderte mit ihnen über seinen Bruder Karl, die Schwägerin Hilda, Elke und Klaus, die beiden Kinder, von denen sie einmütig glaubten, sie würden verwöhnt — mit all dem Hosen- und Fransen- und Rekorderkram, und immer wieder dazwischen die wohligen Seufzer: „Nun hast du's ja bald, nun hast du's ja fast geschafft." Diese „fast", diese „bald" hatten ihn unruhig gemacht. Er hatte es geschafft! Blieb nur noch die Unterredung mit Kronsorgeler, der ihm von Anfang an freundlich gesinnt gewesen war. Er hatte doch an der Volkshochschule mit seinen Spanisch-, am spanischen Abendgymnasium mit seinen Deutschkursen Erfolg gehabt.

Später half er dem Vater beim Autowaschen, der Mutter beim Unkrautjäten, und als er sich verabschiedete, holte sie noch Mohrrüben, Blattspinat und einen Beutel Kirschen in Frischhaltepackungen aus ihrem Tiefkühler, packte es ihm in eine Kühltasche und zwang ihn, zu warten, bis sie für Carolas Mutter Tulpen aus dem Garten geholt hatte; inzwischen prüfte der Vater die Bereifung, ließ sich den laufenden Motor vorführen, horchte ihn mißtrauisch ab, trat dann näher ans heruntergekurbelte Fenster und fragte: „Fährst du immer noch so oft nach Heidelberg — und über die Autobahn?" Das sollte so klingen, als gelte die Frage der Leistungsfähigkeit seines alten, ziemlich klapprigen Autos, das zweimal, manchmal dreimal in der Woche diese insgesamt 80 Kilometer schaffen mußte.

„Heidelberg? Ja, da fahr ich noch zwei-, dreimal die Woche hin — es wird noch eine Weile dauern, bis ich mir einen Mercedes leisten kann."

„Ach ja, Mercedes", sagte der Vater, „da ist doch dieser

Mensch von der Regierung, Kultur, glaube ich, der hat mir gestern wieder seinen Mercedes zur Inspektion gebracht. Will nur von mir bedient werden. Wie heißt er doch noch?"
„Kronsorgeler?"
„Ja, der. Ein sehr netter Mensch — ich würde ihn sogar ohne Ironie vornehm nennen."
Dann kam die Mutter mit dem Blumenstrauß und sagte: „Grüß Carola von uns und die Herrschaften natürlich. Wir sehen uns ja am Dienstag." Der Vater trat, kurz bevor er startete, noch einmal näher und sagte: „Fahr nicht zu oft nach Heidelberg — mit dieser Karre!"

Carola war noch nicht da, als er zu Schulte-Bebrungs kam. Sie hatte angerufen und ließ ausrichten, daß sie mit ihren Berichten noch nicht fertig war, sich aber beeilen würde; man sollte mit dem Kaffee schon anfangen.
Die Terrasse war größer, die Jalousie, wenn auch verblaßt, großzügiger, eleganter das Ganze, und sogar in der kaum merklichen Verkommenheit der Gartenmöbel, dem Gras, das zwischen den Fugen der roten Fliesen wuchs, war etwas, das ihn ebenso reizte wie manches Gerede bei Studentendemonstrationen; solches und Kleidung, das waren ärgerliche Gegenstände zwischen Carola und ihm, die ihm immer vorwarf, zu korrekt, zu bürgerlich gekleidet zu sein. Er sprach mit Carolas Mutter über Gemüsegärten, mit ihrem Vater über Radsport, fand den Kaffee schlechter als zu Hause und versuchte, seine Nervosität nicht zu Gereiztheit werden zu lassen. Es waren doch wirklich nette, progressive Leute, die ihn völlig vorurteilslos, sogar offiziell, per Verlobungsanzeige akzeptiert hatten; inzwischen mochte er sie regelrecht, auch Carolas Mutter, deren häufiges „entzückend" ihm anfangs auf die Nerven gegangen war.
Schließlich bat ihn Dr. Schulte-Bebrung — ein bißchen verlegen, wie ihm schien — in die Garage und führte ihm sein neu erworbenes Fahrrad vor, mit dem er morgens regelmäßig ein „paar Runden" drehte, um den Park, den Alten Friedhof herum; ein Prachtschlitten von einem Rad; er lobte es begeistert, ganz ohne Neid, bestieg es zu einer Probefahrt rund um den Garten, erklärte Schulte-Bebrung die Beinmuskelarbeit (er erinnerte sich, daß die alten Herren im Verein immer Krämpfe bekommen hatten!), und als er wieder abgestiegen war und das

Rad in der Garage an die Wand lehnte, fragte Schulte-Bebrung ihn: „Was denkst du, wie lange würde ich mit diesem Prachtschlitten, wie du ihn nennst, brauchen, um von hier nach — sagen wir — Heidelberg zu fahren?“ Es klang wie zufällig, harmlos, zumal Schulte-Bebrung fortfuhr: „Ich habe nämlich in Heidelberg studiert, hab auch damals ein Rad gehabt und von dort bis hier habe ich damals — noch bei jugendlichen Kräften — zweieinhalb Stunden gebraucht.“ Er lächelte wirklich ohne Hintergedanken, sprach von Ampeln, Stauungen, dem Autoverkehr, den es damals so nicht gegeben habe; mit dem Auto, das habe er schon ausprobiert, brauche er ins Büro 35, mit dem Rad nur 30 Minuten. „Und wie lange brauchst du mit dem Auto nach Heidelberg?“ — „Eine halbe Stunde.“

Daß er das Auto erwähnte, nahm der Nennung Heidelbergs ein bißchen das Zufällige, aber dann kam gerade Carola, und sie war nett wie immer, hübsch wie immer, ein bißchen zerzaust, und man sah ihr an, daß sie tatsächlich todmüde war, und er wußte eben nicht, als er jetzt auf der Bettkante saß, eine zweite Zigarette noch unangezündet in der Hand, er wußte eben nicht, ob seine Nervosität schon Gereiztheit gewesen, von ihm auf sie übergesprungen war oder ob sie nervös und gereizt gewesen war — und es von ihr auf ihn übergesprungen war. Sie küßte ihn natürlich, flüsterte ihm aber zu, daß sie heute nicht mit ihm gehen würde. Dann sprachen sie über Kronsorgeler, der ihn so sehr gelobt hatte, sprachen über Planstellen, die Grenzen des Regierungsbezirks, über Radfahren, Tennis, Spanisch, und ob er eine Eins oder nur eine Zwei bekommen würde. Sie selbst hatte nur eine knappe Drei bekommen. Als er eingeladen wurde, zum Abendessen zu bleiben, schützte er Müdigkeit und Arbeit vor, und niemand hatte ihn besonders gedrängt, doch zu bleiben; rasch wurde es auf der Terrasse wieder kühl; er half Stühle und Geschirr ins Haus tragen, und als Carola ihn zum Auto brachte, hatte sie ihn überraschend heftig geküßt, ihn umarmt, sich an ihn gelehnt und gesagt: „Du weißt, daß ich dich sehr, sehr gern habe, und ich weiß, daß du ein prima Kerl bist, du hast nur einen kleinen Fehler: du fährst zu oft nach Heidelberg.“

Sie war rasch ins Haus gelaufen, hatte gewinkt, gelächelt, Kußhände geworfen, und er konnte noch im Rückspiegel sehen, wie sie immer noch dastand und heftig winkte.

Es konnte doch nicht Eifersucht sein. Sie wußte doch, daß er dort zu Diego und Teresa fuhr, ihnen beim Übersetzen von Anträgen half, beim Ausfüllen von Formularen und Fragebögen; daß er Gesuche aufsetzte, ins reine tippte; für die Ausländerpolizei, das Sozialamt, die Gewerkschaft, die Universität, das Arbeitsamt; daß es um Schul- und Kindergartenplätze ging, Stipendien, Zuschüsse, Kleider, Erholungsheime; sie wußte doch, was er in Heidelberg machte, war ein paarmal mitgefahren, hatte eifrig getippt und eine erstaunliche Kenntnis von Amtsdeutsch bewiesen; ein paarmal hatte sie sogar Teresa mit ins Kino und ins Café genommen und von ihrem Vater Geld für einen Chilenen-Fonds bekommen.
Er war statt nach Hause nach Heidelberg gefahren, hatte Diego und Teresa nicht angetroffen, auch Raoul nicht, Diegos Freund; war auf der Rückfahrt in eine Autoschlange geraten, gegen neun bei seinem Bruder Karl vorbeigefahren, der ihm Bier aus dem Eisschrank holte, während Hilde ihm Spiegeleier briet; sie sahen gemeinsam im Fernsehen eine Reportage über die Tour de Suisse, bei der Eddy Merckx keine gute Figur machte, und als er wegging, hatte Hilde ihm einen Papiersack voll abgelegter Kinderkleider gegeben für „diesen spirrigen netten Chilenen und seine Frau".

Nun kamen endlich die Nachrichten, die er mit halbem Ohr nur hörte: er dachte an die Mohrrüben, den Spinat und die Kirschen, die er noch ins Tiefkühlfach packen mußte; er zündete die zweite Zigarette doch an: irgendwo — war es Irland? — waren Wahlen gewesen: Erdrutsch; irgendeiner — war es wirklich der Bundespräsident? — hatte irgendwas sehr Positives über Krawatten gesagt; irgendeiner ließ irgendwas dementieren; die Kurse stiegen; Idi Amin blieb verschwunden.
Er rauchte die zweite Zigarette nicht zu Ende, drückte sie in einen halb leergegessenen Yoghurtbecher aus; er war wirklich todmüde und schlief bald ein, obwohl das Wort Heidelberg in seinem Kopf rumorte.

Er frühstückte frugal: nur Brot und Milch, räumte auf, duschte und zog sich sorgfältig an; als er die Krawatte umband, dachte er an den Bundespräsidenten — oder war's der Bundeskanzler gewesen? Eine Viertelstunde vor der Zeit saß

er auf der Bank vor Kronsorgelers Vorzimmer, neben ihm saß ein Dicker, der modisch und salopp gekleidet war; er kannte ihn von den Pädagogikvorlesungen her, seinen Namen wußte er nicht. Der Dicke flüsterte ihm zu: „Ich bin Kommunist, du auch?"
„Nein", sagte er, „nein, wirklich nicht — nimm's mir nicht übel."
Der Dicke blieb nicht lange bei Kronsorgeler, machte, als er herauskam eine Geste, die wohl „aus" bedeuten sollte. Dann wurde er von der Sekretärin hineingebeten; sie war nett, nicht mehr ganz so junge, hatte ihn immer freundlich behandelt — es überraschte ihn, daß sie ihm einen aufmunternden Stubs gab, er hatte sie für zu spröde für so etwas gehalten. Kronsorgeler empfing ihn freundlich; er war nett, konservativ, aber nett; objektiv; nicht alt, höchstens Anfang Vierzig. Radsportanhänger, hatte ihn sehr gefördert, und sie sprachen erst über die Tour de Suisse; ob Merckx geblufft habe, um bei der Tour de France unterschätzt zu werden, oder ob er wirklich abgesunken sei; Kronsorgeler meinte, Merckx habe geblufft; er nicht, er meinte, Merckx sei wohl wirklich fast am Ende, gewisse Erschöpfungsmerkmale könne man nicht bluffen. Dann über die Prüfung; daß sie lange überlegt hätten, ob sie ihm doch eine Eins geben könnten; es sei an der Philosophie gescheitert; aber sonst: die vorzügliche Arbeit an der VHS, am Abendgymnasium; keinerlei Teilnahme an Demonstrationen, nur gäbe es — Kronsorgeler lächelte wirklich liebenswürdig — einen einzigen, einen kleinen Fehler.
„Ja, ich weiß", sagte er, „ich fahre zu oft nach Heidelberg."
Kronsorgeler wurde fast rot, jedenfalls war seine Verlegenheit deutlich; er war ein zartfühlender, zurückhaltender Mensch, fast schüchtern, Direktheiten lagen ihm nicht.
„Woher wissen Sie?"
„Ich höre es von allen Seiten. Wohin ich auch komme, mit wem ich auch spreche. Mein Vater, Carola, deren Vater, ich höre nur immer: Heidelberg. Deutlich höre ich's, und ich frage mich: wenn ich die Zeitansage anrufe oder die Bahnhofs-Auskunft, ob ich nicht hören werde: Heidelberg."
Einen Augenblick lang sah es so aus, als ob Kronsorgeler aufstehen und ihm beruhigend die Hände auf die Schulter legen würde, erhoben hatte er sie schon, senkte die Hände wieder, legte sie flach auf seinen Schreibtisch und sagte: „Ich

kann Ihnen nicht sagen, wie peinlich mir das ist. Ich habe Ihren Weg, einen schweren Weg, mit Sympathie verfolgt — aber es liegt da ein Bericht über diesen Chilenen vor, der nicht sehr günstig ist. Ich darf diesen Bericht nicht ignorieren, ich darf nicht. Ich habe nicht nur Vorschriften, auch Anweisungen, ich habe nicht nur Richtlinien, ich bekomme auch telefonische Ratschläge. Ihr Freund — ich nehme an, er ist Ihr Freund?"
„Ja."
„Sie haben jetzt einige Wochen lang viel freie Zeit. Was werden Sie tun?"
„Ich werde viel trainieren — wieder radfahren, und ich werde oft nach Heidelberg fahren."
„Mit dem Rad?"
„Nein, mit dem Auto."
Kronsorgeler seufzte. Es war offensichtlich, daß er litt, echt litt. Als er ihm die Hand gab, flüsterte er: „Fahren Sie nicht nach Heidelberg, mehr kann ich nicht sagen." Dann lächelte er und sagte: „Denken Sie an Eddy Merckx."
Schon als er die Tür hinter sich schloß und durchs Vorzimmer ging, dachte er an Alternativen: Übersetzer, Dolmetscher, Reiseleiter, Spanischkorrespondent bei einer Maklerfirma. Um Profi zu werden, war er zu alt, und Elektriker gab's inzwischen genug. Er hatte vergessen, sich von der Sekretärin zu verabschieden, ging noch einmal zurück und winkte ihr zu.

Inhalt

Die schwarzen Schafe (1949) 5
Mein teures Bein (1950) 14
Geschäft ist Geschäft (1950) 17
An der Angel (1950) 23
Mein trauriges Gesicht (1950) 31
Nicht nur zur Weihnachtszeit (1951) 38
Mein Onkel Fred (1951) 63
Die Postkarte (1952) 67
Der Lacher (1952) 74
Schicksal einer henkellosen Tasse (1952) 77
Die unsterbliche Theodora (1953) 84
Bekenntnis eines Hundefängers (1953) 89
Erinnerungen eines jungen Königs (1953) 91
Im Lande der Rujuks (1953) 97
Hier ist Tibten (1953) 101
Es wird etwas geschehen (1954) 105
Unberechenbare Gäste (1954) 110
Die Suche nach dem Leser (1954) 116
Doktor Murkes gesammeltes Schweigen (1954) 120
Wie in schlechten Romanen (1956) 143
Hauptstädtisches Journal (1957) 150
Der Wegwerfer (1957) 159
Ein Pfirsichbaum in seinem Garten stand (1957) . . . 161
Der Bahnhof von Zimpren (1958) 172
Anekdote zur Senkung der Arbeitsmoral (1963) . . . 182
Entfernung von der Truppe (1964) 185
Warum ich kurze Prosa wie Jakob Maria Hermes und
Heinrich Knecht schreibe (1965) 239
Veränderungen in Staech (1969) 247
Die verlorene Ehre der Katharina Blum (1974) 255
Berichte zur Gesinnungslage der Nation (1975) . . . 346
Erwünschte Reportage (1975) 372
Höflichkeit bei verschiedenen unvermeidlichen
Gesetzesübertretungen (1977) 377
Du fährst zu oft nach Heidelberg (1977) 387

ESTEBANILLO GONZÁLEZ
Ein Mann fröhlicher Gelassenheit

Sein Leben und seine Taten aufgeschrieben von ihm selbst.
Aus dem Spanischen und mit einem Nachwort
von F. R. Fries
Band 318. Broschur 2,50 M

Estebanillo González an den Leser: „Ich halte es für ausgeschlossen, daß ich nicht deinen Beifall finde, so du nicht etwa von allem guten Geschmack verlassen bist oder dir die Geringschätzung im Gesicht geschrieben steht und du mit Lob geizest, wenn etwas gut ist, um so einen Beweis von Verständigkeit zu geben. Hier wird der Wißbegierigen Neugier sinnreiche Sprichworte finden, der Soldat Feldschlachten und Reisen zur Levante; der Liebende Liebesverwicklungen; der Fröhliche mannigfaltige Späße und vielfältige Narreteien; der Schwermütige düstere Grabinschriften auf die rührend fehlgeschlagenen Hoffnungen des Kardinalsinfanten, der Königin von Spanien und der Kaiserin Maria; der Dichter neue Stilübungen und ridiküle Romanzen; der in seiner Klause Zurückgezogene die Kunstkniffe des Falschspielens, die Gesetze der Leute aus der Unterwelt, die Vorrechte der Schelme bei ihren Fischzügen, die Verschlagenheit der Küchenjungen, die Pfiffigkeit der Marketender und zu guter Letzt die wundersamen Ereignisse meines Lebens, die mehr Wege und Windungen gegangen sind, als sie das Labyrinth auf Kreta hat …“

Universal Bibliothek BELLETRISTIK

SERGEJ SALYGIN
Festival

Erzählungen

Aus dem Russischen von G. Löffler, L. Robiné · Herausgegeben und mit einem Nachwort von G. Schaumann · Mit 12 Illustrationen von St. Volmer · Band 983 (Sonderreihe) · Broschur 2,50 M

S. Salygin (geb. 1913), dem Leser der DDR vorwiegend als Romancier bekannt, wird hier mit seit Ende der sechziger Jahre entstandener Kurzprosa vorgestellt, wobei in den jüngsten Arbeiten immer neu sich verzweigendes Nachdenken über Mensch und Welt, eine phantastisch-ironische Brechung der Wirklichkeit mit dem strengen Realismus seiner Romane kontrastiert. Er erzählt außergewöhnliche, logisch wenig erklärbare Vorfälle, die sich aus der Verflechtung individueller Absichten und äußerer Umstände ergeben, weist auf Probleme, die formal als gelöst erscheinen, es tatsächlich aber nicht sind.

Universal Bibliothek

BELLETRISTIK

Die tanzende Katze

Rumänische Erzähler des 20. Jahrhunderts

Aus dem Rumänischen
Herausgegeben und mit einem Nachwort von E. Behring
Mit 8 Illustrationen von H. Teutsch
Band 1096 · Broschur 3,– M

„Die tanzende Katze" gehört zu der wenig bekannten Kurzprosa Arghezis, mit dem die Anthologie rumänischer Erzähler des 20. Jahrhunderts eröffnet wird. Etliche Geschichten spielen auf dem Dorf, so auch „Regen" von Barbu. Drei vom Blitz getroffene Brüder werden bis zu den Schultern eingegraben – damit die Elektrizität in den Boden übergehe! Aber einer lebt noch und wartet vergeblich auf Erlösung. – Neben diesen realistisch beschreibenden Texten finden sich satirische Zuspitzung, tiefenpsychologisches Ausloten, Mythisches, Märchenhaftes, Magisches, auch science fiction. Mit Urmuz schließlich wird ein Dichter des Absurden vorgestellt: „Zuerst umarmte er seine treue Gemahlin, dann überzog er sie eiligst mit einer dünnen Farbschicht und nähte sie in einen wasserdichten Sack ein, um auf diese Weise die Kulturtradition der Familie unbeschädigt zu bewahren ..."
Bio-Bibliographische Angaben im Anhang bereichern diese Zusammenschau rumänischer Erzählkunst.